te Due

Biblioteca Era

Elena Poniatowska
Nada, nadie

Elena Poniatowska

Nada, nadie
Las voces del temblor

Ediciones Era

Primera edición: 1988
ISBN: 968-411-173-8
DR © 1988, Ediciones Era, S.A. de C.V.
Avena 102, 09810 México, D.F.
Impreso y hecho en México
Printed and made in Mexico

Este libro está irremediablemente ligado a Cocó Zea, quien luchó por la vida hasta el último momento (¿ves, Cocó?, terminamos tu libro).

También a Alicia Trueba, Carlos Miranda, Yolanda Domínguez, César Hernández, Neus Espresate, Rosita Nissan, Laureana Gutiérrez, Isabel Vericat, Sandy Ramos, Fabrizio Escobar, Lola Creel, Rosa Eugenia Guzmán, Ángeles Ibarra, Tessa Brissac, Jesús González Almaguer, Carmen Lugo, Carlos Monsiváis, Elenita Guerra, Emmanuel Haro, Felipe Haro, Paula Haro, Ángela Portillo Cruz y Aarón Huerta Romero.

■

La bitácora del terremoto fue hecha por Alicia Trueba y el mismo grupo de autores.

■

Raúl Álvarez Garín, Daniel Molina, José Barberán en el CIASES (Centro de Investigación y Análisis de los Efectos del Sismo) propiciaron el encuentro de damnificados con periodistas.

■

A Julio Scherer, a *Proceso* y a los compañeros de *La Jornada*, gracias.

■

Las regalías de *Nada, nadie* son para los damnificados.

Textos escritos especialmente
para este libro por

Alicia Trueba
Silvia Reyna
Elena Alonso
Francisco Durán
Miguel Cházaro
Fidela Cabrera
Antonio Lazcano
Helga Herrera
Beatriz Graf
Clara Arnús
Marisol Martín del Campo
Olga de Juambelz
Juan Antonio Ascensio
Esmeralda Loyden
Gloria Alonso
Concha Creel
Marie-Pierre Toll
Yolanda Serratos

Agradecemos a *La Jornada*
el derecho de reproducción de
fotografías de su archivo

Jueves 19 de septiembre, 1985

7:18

El sol y los mexicanos están levantados desde hace bastante tiempo. Mi ventana, equipada con un fino mosquitero, está abierta; la mañana es aún fresca. Debido al cambio de horario de Europa a México, estoy despierto desde hace unos minutos (¡cosa rara para quien me conozca!).

En pleno centro de esta monstruosa megalópolis de dieciocho millones de habitantes y de seiscientos kilómetros cuadrados, hace dos días vivo en un encantador hotelito. Está situado a un paso del Paseo de la Reforma. Del otro lado del Paseo de la Reforma se encuentra la "Zona Rosa". Subiendo hacia el ángel dorado de la Independencia que domina la plaza (que el sismo de 1957 hizo caer de su pedestal), se extiende el centro histórico de México: una inmenza plaza, el Zócalo, el Palacio Nacional, la Catedral, las Secretarías, las grandes tiendas, los hoteles, algunos más recientes que el mío.

7:18.30

Ignoro todavía si hice una buena elección escogiendo este encantador edificio rosa de tres pisos, construido a la española, con su patio, su ancha escalera de piedra que conduce a cada piso, su hall equipado de sillones y divanes de cuero y en el rincón una televisión. Sin lujos pero confortable. Mi cuarto está en el primer piso. El ruido de la ciudad sube hasta mí. Los alumnos están en clase desde hace diecinueve minutos, pero los empleados se dirigen hacia sus trabajos.

La circulación es intensa como de costumbre. México es una de las ciudades más contaminadas del mundo. No solamente por el humo de las fábricas y los gases que se escapan sino también por el ruido. Aquí no está prohibido el claxon y se toca en una forma muy latina.

7:19
De pronto un crujido sordo. Estoy sobre la cama y siento como un vértigo pasajero. Mientras que el crujido de la tierra crece, tengo la leve impresión de que mi cama se mueve. La puerta del baño, que se había quedado abierta, golpea contra el marco sin volver a cerrarse, después se pega contra el muro. Por un momento, todavía sin despertar bien, me pregunto quién entró. ¿La empleada, probablemente creyendo que yo ya me había ido? Escucho un ruido de vasos que chocan, y la luz que dejé prendida sobre el lavabo se apaga.

7:19.30
"Caramba", por supuesto, es un temblor. Eso es frecuente en México. Inmediatamente vuelvo a la impresión que tuve durante el sismo de la Navidad de 1969 en la Martinica. No sólo mi cama, sino todo se mueve: la puerta golpea como si alguna mano invisible tratara de cerrarla; la empuja con fuerza, la empuja hasta el hartazgo, la mesa, el sillón. Mi radio se cae del buró. Un ruido de vidrio roto en el cuarto de baño.

7:20
Bueno, esperemos. Esto tiene que terminar. Es entonces cuando un golpe sordo, de una violencia inusitada, sacude el muro que está tras de mí.

De la ventana me llega un ruido lejano de vidrios rotos. Descubriré más tarde, en la calle, que se trata de los vidrios de los edificios vecinos.

Los golpes frecuentes sacuden mi muro, toman un ritmo de metrónomo, aproximadamente cada 5 segundos.

Esta vez estoy en el camarote de un velero en mar abierto y con mal tiempo, con cabeceo y balanceo.

El ritmo de golpes monstruosos se acelera. Trato de levantarme. Imposible estar de pie sin asirse a la pared o a la cama.

7:20.30
Desde este instante pierdo la noción del tiempo. Solamente después de terminado el terremoto sabré que duró casi dos minutos, con una intensidad de 8 grados en la escala de Richter (¡graduada solamente hasta 9 grados!).

Por la ventana el espectáculo es terrorífico. Los coches estacionados caminan hacia adelante, hacia atrás, chocan entre sí. Los cables eléctricos se estiran, se contraen, se azotan centellando.

Pero lo peor son los edificios de doce y catorce pisos que nos rodean y que se mueven de izquierda a derecha frente a mí, con una amplitud de varios metros.

Entonces comprendo que los golpes que sacuden el hotel están provocados por el movimiento de balanceo del edificio que está junto a éste. Creo recordar que es cuatro veces más alto (verificación hecha, resulta ser más o menos de catorce pisos).

Mi hotel y la torre vecina se mueven de manera arrítmica.

Cuando el hotel se inclina hacia la derecha, la torre se inclina hacia la izquierda, y se alcanzan a tocar al repetirse el movimiento, con una intensidad más y más fuerte.

Las personas que pasan por la calle se agrupan en medio de ésta. No se pueden tener en pie. Yo tampoco. Dos policías se agarran de sus cinturones. Los otros se detienen de las manos, de los hombros, atrapados por un extraño bailoteo de San Vito.

7:21
Espantado, me vuelvo a acostar.

Estoy en una coctelera, movido por la mano maestra de un cantinero cuya energía aumenta constantemente.

En el muro, los cuadros se vuelven manecillas de reloj. No queda nada encima del buró, ni sobre las estanterías. En mi cuarto hay un amontonamiento de artículos personales, de libros y periódicos. Trepidaciones, choques ensordecedores, se ondula el suelo, la puerta de entrada se entreabre más y más; a decir verdad empiezo a angustiarme.

7:21.30
Alargado sobre mi cama, veo el techo. Se agrieta. Pequeños pedazos de yeso caen del techo y de los muros. Un olor a polvo invade mi recámara.

Desde que empezó el sismo me parece una eternidad.

No pienso en nada.

Espero acostado.

Miro el techo.

Poco a poco tengo la seguridad de que éste se va a derrumbar por el peso de la torre vecina, es decir, empujado por los muros del hotel.

7:22

Es en este momento cuando tomo conciencia de que el edificio de al lado ya no golpea detrás de mí. También me doy cuenta de que la cabecera de mi cama se mece. El hotel y la torre se balancean ahora al unísono.

Aunque esto parezca extraño, sigo sin pensar en nada. Ni actor, ni siquiera espectador. Fuera del tiempo y del espacio de mi recámara. ¿Inconciencia? ¡Seguramente falta de valor!

De pronto se me ocurre que debería yo de estar desenrollando la película de mi vida, pensando en las personas que quiero.

Nada de eso. Una profunda ansiedad, egoísta. Como anestesiado por la intensidad del cataclismo.

7:22.30

Esta vez, pienso en mí.

Titubeando me levanto y encorvado voy hacia el marco de la puerta, me acuerdo de que es allí en donde se está un poco resguardado, esta infraestructura puede resistir el peso de un derrumbe.

Poco a poco, tengo la impresión —pero mi deseo ¿es verdaderamente realidad?— de que el movimiento realmente disminuye. Unos instantes más y esto es cierto.

Me siento todavía a destiempo, pero sólidamente protegido bajo mi puerta.

La calma vuelve. Espero todavía bastante, pensando que puede volver a empezar. ¿Cuánto tiempo? Lo ignoro.

7:23

Se acabó: ya nada se mueve.

Ningún ruido del exterior.

Me dirijo rápidamente a la ventana.

Los sobrevivientes se abrazan en medio de la calle.

Yo no tengo a nadie a quien abrazar.

Me visto rápidamente y salgo. Quiero ver. En la escalera me cruzo con los clientes del hotel. Algunos medio desnudos, lívidos. Yo debo de estarlo también...

Al final de la calle, el Paseo de la Reforma hierve de gente y de coches inmóviles. El espectáculo es alucinante. El silencio es extraño.

Pero estoy aún lejos de la carga de horror que me espera en los días y las noches que seguirán.

Un inmenso alivio me invade. Unas extraordinarias ganas de vivir, como para exorcizar esos cuatro minutos.

Fue hasta ese momento cuando de verdad tuve miedo. La torre vecina está todavía en pie. A la altura de la terraza de mi hotel se pueden ver las marcas de los golpes. Y descubro a pocos metros tres hoteles reducidos al estado de mil hojas de losas de hormigón y de fierro, bajo los cuales, lo sé, cientos de turistas quedaron atrapados; tengo dos sentimientos: que no me tocaba y —reflexionando— no me imaginé ni una sola vez que algo me hubiera podido suceder. Esto no es presunción, sino una profunda intuición.

De esta experiencia, dos cosas me vienen a la cabeza: el descubrimiento de la vanidad, y la conciencia de lo efímero.

A fin de cuentas nada ha sido inútil.

Que me perdonen: cuando estuve en la calle, sonreí. Sobre la manija de la puerta, había yo colgado el letrero: "No molestar".

Una hora más tarde, hubiera sido el holocausto.

La versión que Jean Miot, consejero delegado de *Le Figaro*, le da a Concha Creel, es más distante que la de los reporteros del *Unomásuno*:

A las 7:21 el tripulante de la patrulla 5214 reporta nervioso por el rastreador de la policía:

—¡Control, está temblando!

Voz anónima de otro agente:

—¡Ya despierta, mi cuate!

A las 7:22 la voz ahora angustiada del conductor de la patrulla 5214:

—Se derrumba la scop. ¡Mándeme todas las unidades de rescate y ambulancias de la Cruz Roja!

7:36, frente al inmóvil reloj de H. Steele, ruge en su desplome el Hotel Regis, que muere entre una nube de polvo. Y el límpido cielo matinal de la ciudad toda es ya una masa grisácea. Porque caen edificios uno tras otro. Y la tragedia va de norte a sur.

Y la ciudad se divide: gente que lo sabe y gente que no lo sabe... gente que, a toda prisa, desaloja las aulas porque la escuela se derrumba... gente que termina su ejercicio matutino y se apresta a la ducha. Parques y jardines quedan vacíos. Y gente que enfrenta la tragedia: que remueve escombros, que rescata cuerpos sin vida, que salva existencias, que con trapos y franelas desvía el tránsito de las zonas dañadas. Gente que lucha dentro de las llamas.

Antes de las cuatro de la mañana, la malla de la ciudad se aprieta de cargueros, autobuses y transportistas que van cubriendo la zona metropolitana; de Milpa Alta a El Peñón, de Los Reyes a Nezahualcóyotl, de Ciudad Azteca a Texcoco, Barrientos, Ecatepec, Ciudad Labor, Moctezuma, Iztapalapa, Contreras, Cuajimalpa, Cuautitlán Izcalli, Molinito, Nadim, Chimalhuacán, más allá de Neza hacia Tlalpan, Santa Fe, La Estrella, Tlanepantla, Tultitlán, Zona Industrial de Toluca, entrando por la Súper, vía Tapo, Calzada Vallejo, Camarones, Central, 2 500 kilómetros cuadrados son recorridos de una punta a la otra en pesero, combi, minibús, ferrocarril suburbano, "tolerado", autobús foráneo o urbano, metro, moto o bici, de aventón o como se pueda, por hombres y mujeres que van a la chamba, niños y niñas que van a la escuela; la red vial lo atrapa todo, es la x de México la que rayan una y otra vez en un crucigrama gigantesco de 18 millones (nacen 560 mil capitalinos cada año), cruz, cruz, cruz, la misma que Cristo cargó en su camino de la cruz, la de la misa de siete en la Sagrada Familia en Puebla y Orizaba, la de la Coronación en el Parque España, la de San Juan Bautista en Tacubaya, la de Nuestra Señora de Fátima en la colonia Roma, por la señal de la santa cruz, de nuestros enemigos líbranos señor Dios nuestro, la larga letanía amodorrada de los persignados se esparce también en el Centro Médico, Natalia Cruz la enfermera se dispone al cambio de turno, dentro de cinco minutos les toca a las otras. A los enfermos les gusta verlas entrar; sus rostros frescos remplazan los nocturnos; empieza la charla cariñosa: "¿Qué tal amaneció? ¿Pasó buena noche? Hoy le toca gelatina". Un nuevo día, uno más, hacia la recuperación.

En Tlanepantla, la familia Pérez Cruz se hace cruces: "A las cuatro de la mañana caliento un poco de café o de hojas para no salir con el estómago vacío", dice Martina Pérez Cruz. "Salimos a oscuras. Si no instalamos el puesto temprano perdemos la venta de los trasnochados." Vienen a diario a poner su puesto de tacos en la Plaza de Toros de la Ciudad de los Deportes. "Damos mole de olla, de cola de res, frijoles charros, pambazos y flautas, y no es que le presuma pero todo bien rico." Cada día son más grandes las distancias, cada día más lento el trayecto: "Hago dos horas y media y cuando me va bien, dos —dice Jorge Múgica, tornero que vive en la colonia Pólvora—, transbordo tres veces. Cuando me toca ir colgado afuera, me alegro porque me ahorro los tres pesos del pasaje. Camino un kilómetro hasta el taller y me gusta porque a esa hora pienso en mi casa y en mis hijos que están durmiendo".

Jesús Zavala, proveniente de la Cuchilla del Tesoro, calle Poniente 8, manzana 12, lote II, informa: "Me paro a las cinco de la mañana y si hay tiempo, mi mujer me da de desayunar, y si no, así me quedo, con la panza de farol hasta que llego al trabajo. Espero quince o veinte minutos el camión en la avenida Texcoco, pero si viene muy lleno, me trepo en el que sigue y así me voy hasta Francisco del Paso donde espero a que otro me lleve hasta Nativitas. Ya luego nomás camino para acá unas ocho cuadras. Es por eso que tengo que madrugar, porque los camiones vienen bien llenos y allí va uno a los puros arrempujones, pero no nos queda otra, ¿no?"

La luz bonita del amanecer ni quien la recuerde. El sol no se ha ni levantado cuando ya la cantidad de motores aumenta la nata que se quedó flotando en el aire desde ayer, desde hace muchos días. Es una cachucha de mugre la que cubre nuestra ciudad. Silvia y José Luis Vital despiertan a las cuatro: "¿No puedes dormir?", le pregunta José Luis a su mujer. "No, no puedo." Platican y a las seis de la mañana él inquiere: "¿No te vas a parar a bañarte?" "No, no tengo ganas siquiera de ir a trabajar." Al cuarto para las siete José Luis le insiste a su mujer: "Ándale pues, ya". "No, no voy a ir." Silvia trabaja en Ginecobstetricia del Hospital General. "Faltaste el 16." José Luis trabaja en la Secofi. "Si te quedas tú, nos quedamos los dos, ninguno va a trabajar." Silvia entra antes que José Luis; se viste muy aprisa y cierra la puerta de la calle. José Luis, como siempre, lleva a los chavitos a la guardería, ¡qué día tan feo, a ver si se compone!

En su departamento de Tehuantepec 12 en la colonia Roma, Judith García le dice a su segundo hijo: "Rodrigo, apúrate, es hora de que te levantes; parece mentira que Estrella que es más chiquita que tú ya esté en la cocina tomando su fruta". Rodrigo tiene el sueño muy pesado. En el mismo edificio, su vecino el ingeniero Raúl Pérez Pereyra le ofrece a su mujer: "Yo llevo a la escuela al niño, Elvira, no te preocupes". En el edificio Nuevo León de Tlatelolco, Gloria Guerrero le saca su ropa a Gabriela; Alondra, su gemela, todavía está dormida.

Como todos los días, Lucas Gutiérrez llega a abrir el restaurante de treinta y tres mesas y reservados a lo largo del muro, el "Super Leche" que su padre fundó en 1949 —dice Elena Alonso—. El personal (treinta meseros, cocineros y galopinas) empieza a trabajar; a las 7 en punto se abren las puertas del número 41 de San Juan de Letrán, ahora Eje Central Lázaro Cárdenas, esquina con Victoria, y entra la clientela habitual. A las 7:10 hrs, Lucas, contra su costumbre, avisa: "Voy a la farmacia a inyectarme". Tiene gripa. Al pasar junto a la mesa de salida oye a una niña de trenzas muy bien alisadas pedir: "Yo chocolate y bísquets". A las 7:18, un ruido extraño, seguido de una fuerte sacudida, atemoriza a la gente, alguien grita: "Tranquilos, está temblando, pero no pasa nada". Al intensificarse el movimiento, uno de los meseros suelta la cafetera y sale corriendo, acompañado por un aterrado turista argentino. Desde la acera de enfrente ven cómo se abre un hoyo en el suelo por donde desaparece el restaurante junto con el edificio de departamentos donde viven más de trescientas personas, igual que si una gigantesca aspiradora lo hubiera succionado. Incrédulos, incapaces de moverse, oyen el estallido de los tanques de gas, ven cómo un humo negrísimo tapa el sol, el cielo, la tierra.

Tres cuadras más hacia el centro se desploma el edificio de la Procuraduría y en la calle Victoria, la Central de Teléfonos. En la avenida Juárez, el Hotel Regis, el Conalep en Humboldt cercano a Balderas, el Hotel Romano en Artículo 123 es un gigantesco mil hojas, la torre maestra, la antena de Televisa y Televisa, el Centro Médico, el Hospital Juárez, el General, el edificio Nuevo León en Tlatelolco, la Secretaría del Trabajo en Río de la Loza, la Secretaría de Comunicaciones, el Multifamiliar Juárez, la Secretaría de Comercio, la de Marina, Tehuantepec 13, Bruselas 8, el Versalles, el Hotel de Carlo, el Hotel Principado vecino al De Carlo, en José María Iglesias, la Secofi, la colonia Roma, la Doctores, las vecindades de Tepito, Guerrero y Morelos, cinco subestaciones de la Comisión Federal de Electricidad, todo se ha venido abajo.

La ciudad está cubierta por el polvo, que raspa la garganta, sale de cientos de edificios; asfixia el polvo, lo cubre todo. Aterrados, los madrugadores tratan de abrirse paso en medio de esa neblina café, terrosa. De pronto, una voz: "Está ardiendo el Regis". Alguien ha prendido a todo volumen un radio de transistores, en un coche estacionado. El locutor anuncia: "Se acaba de caer una parte del conjunto Pino Suárez, el 'Super Leche' es un montón de escombros".

—Yo ya no soy nadie.

Silvia Reyna
Ya me iba a trabajar —dice José Luis Vital— cuando una persona que vive en mi calle le dijo a Gloria Pallares, nuestra vecina, en una forma muy, muy callada:

18

—Oye, se cayó Ginecología.

Gloria se volvió hacia mí:

—Córrele, José Luis, porque se cayó Gine...

Y que me echo a correr. Llegando a la Cuauhtémoc me detuve: "Bueno, no tengo por qué correr ni desesperarme, Silvia acaba de salir, no pudo haber llegado". Y sí, adelantito la encontré. Venía como loca, de veras, increíble, bañada en lágrimas. Ni ella sabía dónde estaba; entre toda la gente que venía, era la más desesperada. No sé si porque me vio empezó a gritar: "Se cayó todo, se cayó todo, se cayó todo. Ven a ayudarnos". La abracé. "Córrele para ver si puedes ayudar a sacarlas." Las muchachas, sus amigas. Traté de calmarla.

Al llegar al General volteé al lugar donde estaba Ginecología, y, como si no hubiera estado nunca. Vi un altero de escombros, con perdón dije: "Ay, en la madre". Uno no es rico ni nada. Ese día estrené unos botines, ¿no?, y pensé: "Mis botas", y luego dije: "Que viva México", total si salvo una vida voy a quedar mejor que pagado. Y a puros arañazos empezamos a sacar, no sé, no sé. Cuando sacábamos muertos ni decíamos nada. Cuando sacábamos un vivo o un herido era una fiesta: "Que ya sacaron uno".

—¿Vivo?

—Sí.

—¡Eeeeeeeh!

Llegaron los scouts y uno de ellos, al ver una rendija bajo una losa en medio del montón de escombros, dijo:

—Yo me meto.

Se oía un llanto. Entró el scoutito y sacó al niño. Al salir dijo: "Hay otro".

Se volvió a meter y se cae la losa.

Un señor, ya grande, llegó a la torre de los Residentes:

—Vengo a buscar a mi hijo.

Subió a los escombros y dijo:

—Aquí está mi hijo, aquí en este lugar está mi hijo, voy por gente que me ayude a sacar a mi hijo.

Se trajo a seis o siete, y otros más que estábamos allí nos juntamos a escarbar donde dijo el señor: "Aquí está mi hijo, está vivo y yo lo voy a sacar".

Sacó a su hijo muy, muy malherido, no sé si moriría después, pero lo sacó de allí, de abajo de donde dijo: "Aquí está mi hijo". ∎

Los encabezados de los periódicos de mediodía son gritos de horror:
¡OH DIOS! dice *Ovaciones*.
TRAGEDIA, *Últimas Noticias*, primera edición.
CATASTRÓFICO, *El Sol de México*
TERREMOTO, *El Gráfico*
FUE ESPANTOSO, *Novedades*
MILES DE MUERTOS, *Últimas Noticias*, segunda edición.

El día 20 se desmenuzan los gritos. *Excélsior, La Jornada, El Día, Unomásuno, El Universal, Novedades, La Prensa, El Sol de México, El Financiero, Ovaciones, El Nacional*, hablan inicialmente de cuatro mil muertos, siete mil desaparecidos, diez mil heridos, aunque la cifra exacta tal vez nunca se sepa. Los daños son incalculables, las pérdidas multimillonarias. Los diarios hacen hincapié en que cien médicos, doscientas mujeres y un gran número de recién nacidos están atrapados en el Hospital General. Del Centro Médico, arrasado, dos mil treinta pacientes son trasladados a otros hospitales o dados de alta precipitadamente. *El Día* elogia el heroísmo popular y la solidaridad de las brigadas de auxilio y el *Unomásuno* describe el ambiente demencial en que se mezclan los gritos, las sirenas de las ambulancias y de los automóviles policiales. El edificio Nuevo León (secciones E y F) está en el suelo doblado sobre sí mismo como pastel mal cocido; sus escombros alcanzan cuatro pisos. Encima de esta masa informe, rescatistas improvisados inician la operación hormiga.

Como hace diecisiete años, la Plaza de las Tres Culturas es un campo de batalla, en la cual se han improvisado tiendas de campaña donde familias incompletas comparten la desgracia con sus vecinos. Televisores hechos pedazos, máquinas de coser y de escribir, maletas, latas de conservas, mantas, sábanas, colchones, forman pequeñas pirámides. En la lavandería se van alineando los cadáveres, más de treinta en los primeros minutos. La encargada relata: "La gente corría despavorida en paños menores. El edificio Veracruz fue evacuado en un santiamén, tan grande fue el miedo de morir sepultados. Madres con hijos en brazos caían al piso. En minutos, el departamento de lavandería fue insuficiente para tantos cadáveres".

No es sólo la lavandería, los cuerpos ya no caben en ningún lado. "¿A dónde los llevamos?" Las agencias de los Ministerios Públicos están saturadas de cadáveres. Ni una sola caja en las funerarias. A los heridos hay que llevarlos a nosocomios del estado de México. En los derrumbes se forman enormes cadenas de personas de todas las edades. El cascajo y las piedras pasan de mano en mano en cubetas, cacerolas, trastes de cocina, lo que sea. El espectáculo de un brazo buscando el aire entre piedras y varillas es intolerable. La atroz conciencia de que personas vivas respiran atrapadas entre los escombros moviliza a los sobrevivientes. Vacían las tlapalerías de picos, palas y lámparas, los que no alcanzan implementos con las manos remueven la tierra. Es constante la amenaza de incendios o estallidos de gas, derrumbes y accidentes; sin embargo, a nadie se le ocurre ir a su casa.

Cada minuto que pasa, el sismo adquiere más víctimas. De boca en boca van corriendo las malas noticias. El edificio del Conalep (Colegio Nacional de Educación Profesional, en la calle de Humboldt casi esquina con la avenida Juárez) ha sepultado a cientos de muchachos. Cuatrocientos alumnos por turno en varios salones de clase. En la noche, a pesar de tener que trabajar con lámparas, los bomberos logran hacer contacto con un grupo de sepultados. Les dicen que son dieciocho y pueden respirar porque el aire se cuela por una fisura. "Que nadie se preocupe", añaden —según Jorge Escobosa Licona— los valerosos chamacos, "solamente un favor, traigan agua y comida, tenemos sed y hambre, de lo demás no se preocupen."

La Pulga, Marcos Efrén Zariñana, de no más de 1.54 de estatura, lo cual le permite entrar a túneles vedados para otros, viene de Cuautla, donde es socorrista, y salva muchas vidas, entre ellas a Abelito, a los tres días, después de dieciocho horas de excavar.

—No quedó nadita.

Una multitud se echa a la calle, una turba espantada se detiene frente a los edificios. De esa multitud se desprenden muchos voluntarios. Entran a la cadena de manos, suben a los escombros, piden un pico, una pala. Las solicitudes se multiplican. "Me regreso a mi casa a traer comida y a hervir agua —dice doña Carmen—, y ahorita vengo."

—¿Qué le pasa, compadre?
—No pues es que todos los días Conchita se iba por la leche y pasaba por la esquina de la torre del Yucatán y mire cómo quedó el edificio.
—Ahorita mismo nos ponemos a escarbar y sacamos a mi comadre, ahorita mismo, ah, cómo de que no.

21

Muchos quedaron atrapados en las escaleras y en los ascensores, a unos cuantos pasos no alcanzados de la vida.

Los habitantes abandonan sus departamentos; salen sólo con lo puesto. Se hincan a rezar en jardines y estacionamientos.

No sabíamos aún cuántos mexicanos habían muerto, cuando el Comité Organizador de la Copa Mundial México 86 enviaba a la Federación Internacional de Futbol, FIFA, un cable el mismo jueves 19 de septiembre informándole que no obstante los trágicos acontecimientos provocados por el terremoto, los escenarios destinados a la competencia no habían sufrido daño alguno. Ni el Estadio Azteca, ni el México 68 de la Ciudad Universitaria, resintieron el movimiento, como tampoco las oficinas del mismo Comité ni los centros de información y prensa.

El cable habla de la "mejor disposición del Comité Organizador de México para continuar con su labor con la normalidad acostumbrada".

Sevilla, España, 19 de septiembre (*Efe*). No se suspenderá el Mundial por el terremoto: Guillermo Cañedo.

Río de Janeiro, 19 de septiembre (*Efe*). La FIFA realizó hoy una reunión de urgencia en Río de Janeiro con la presencia de su presidente y al término de la reunión, Abilio Almeida (del comité organizador de México 86), declaró que no se puede cambiar de sede cuando faltan nueve meses para el inicio porque todo está preparado para recibir a los equipos y al turismo.

Las zonas de Tepito, la Merced, la Lagunilla y la Morelos están muy dañadas. El pavimento del arroyo de la Avenida Circunvalación se levantó formando montañas de escombros. Se calculan mil quinientos muertos.

La nave mayor del mercado de la Merced sufrió la caída del primer piso, dañando algunos automóviles. Las autoridades ordenan el cierre de los mercados Mixcoac, Ampudia, Flores, anexo, nave menor y nave mayor de la Merced, para evitar tragedias personales.

A las seis de la mañana entran a trabajar, en talleres clandestinos del centro, humildes costureras en edificios viejos y sin mantenimiento que se derrumban por la sobrecarga de maquinaria y de telas. San Antonio Abad parece una calle bombardeada. Un individuo con actitudes de patrón intenta romper el cerco policiaco para rescatar facturas, mientras los médicos improvisan camillas con los rollos de tela diseminados entre los escombros.

—No es nada m'hijo, no es nada.

"Nos faltan sueros, jeringas, vendas, equipo de venoclisis, benzal, material de sutura, antibióticos, merthiolate" dicen los estudiantes de la Facultad de Medicina de la UNAM y del IPN encargados de un puesto de socorro en la colonia Roma.

La sede de la Secretaría de Trabajo y Previsión Social, de cinco pisos, en Fray Servando Teresa de Mier esquina con Doctor Vértiz, se derrumbó por completo. Están atrapadas por lo menos quince personas, algunas vivas porque contestan a las llamadas de sus compañeros. Sin embargo, no se puede hacer maniobras para rescatarlas porque no hay maquinaria adecuada para remover las toneladas de concreto.

Una de las Torres del conjunto Pino Suárez giró tres cuartos de vuelta sobre su eje vertical y acostó sus catorce niveles a ras del suelo. Otras torres del mismo conjunto muestran un inicio claro de giro.

La Procuraduría del Distrito Federal, las Juntas de Conciliación y Arbitraje, en la colonia de los Doctores, las dos torres de los juzgados de lo civil en Niños Héroes, quedan inservibles. En el eje central Lázaro Cárdenas un gran número de socorristas luchan por rescatar a empleados de la Secretaría de Comunicaciones y Transportes (SCT); los cuatro últimos pisos se derrumbaron. A las ocho horas surgió un incendio en la torre central de Telecomunicaciones que cortó todos los servicios por télex, telefonía y larga distancia internacional.

En los pisos destruidos quedaron 5 muertos. Los heridos fueron rescatados por el cuerpo de bomberos, que subió con escaleras.

En pésimas condiciones, prácticamente desplomada (oh ironía), la Secretaría de Protección y Vialidad tuvo que mudarse al corralón de Tlaxcoaque. La Secretaría de Hacienda y Crédito Público y la Asociación Mexicana de Bancos informaron que 71 edificios de sus 902 están seriamente dañados. La de Comercio y Fomento Industrial (Secofi) es un polvorón de escombros.

Hace menos de una semana el Hotel Regis celebraba sus setenta y un años de fundado, con el Día del Huésped. Estaba ocupado en un 90%. Aún quedan 60 personas atrapadas.

El Hotel Romano, situado en Humboldt y Artículo 123, tenía veinte cuartos ocupados, la mayor parte de ellos con becarios de la Secretaría de Relaciones Exteriores. Quedó totalmente destrozado, ninguno de sus huéspedes se encuentra aún en la lista de sobrevivientes.

El Hotel Versalles, en la calle Versalles, se vino abajo en su totalidad.

El Hotel Principado, en José María Iglesias, cercano al Monumento a la Revolución, tenía más del 60% de sus cuartos ocupados. Se declaró un incendio que aún persiste. No ha sido posible siquiera iniciar las tareas del rescate.

Cayó el Hotel de Carlo, vecino del Principado, con 50% de ocupación. Hasta el momento no se ha iniciado el rescate.

Dos hoteles en el sur: el Finisterre, de Calzada de Tlalpan casi esquina con Taxqueña, sufrió el colapso de dos de sus pisos. Amenaza con desplomarse totalmente y en su caída llevarse el paso peatonal que cruza la calzada de Tlalpan hacia el Metro Taxqueña.

Los que no llegaron a derrumbarse, pero ameritan la evacuación, son el Hotel Ambassador en la calle Humboldt, el Hotel del Prado en la Avenida Juárez y los hoteles Presidente y Chapultepec en la Zona Rosa.

A medida que avanza el día se acumulan los desastres. Las consecuencias son inimaginables.

MÉXICO RECHAZA LA AYUDA EXTERIOR

A raíz de su primer recorrido, Miguel de la Madrid declara a la prensa: "Estamos preparados para atender esta situación y no necesitamos recurrir a la ayuda externa. México tiene los suficientes recursos y unidos, pueblo y gobierno, saldremos adelante. Agradecemos las buenas intenciones, pero somos autosuficientes".

El embajador mexicano en Washington, Espinosa de los Monteros, declaró: "Solitos vamos a salir. México es más grande que sus problemas".

YA NO, DIOS MÍO, YA NO

El 20 de septiembre, a las 7:39 de la noche, un nuevo terremoto de 5.6 grados en la escala de Richter sacude a la ciudad de México. La gente se hinca en la calle. "¡Ya no, Dios mío, ya no!" escucha Marta Anaya en la avenida Cuauhtémoc. Los voluntarios y rescatistas salen aterrados de los derrumbes en los que estaban ayudando. Una multitud avanza desesperada sin saber cómo ni a dónde en una espantosa caminata.

A las 21:20 la gente está buscando dónde dormir; bancas, parques, camellones.

Después de este segundo terremoto, el presidente Miguel de la Madrid dirige un mensaje a los mexicanos por televisión:

La tragedia que nos azotó el día de ayer ha sido una de las más graves que ha resentido México en su historia. Hay cientos de muertos y lesionados. Todavía no tenemos cifras precisas ni completas. Aún hay atrapados en muchas construcciones, que no hemos podido rescatar.

Frente al siniestro se han producido no sólo actos de extraordinaria solidaridad por parte de los distintos sectores de nuestro pueblo, sino actos que merecen plenamente el calificativo de actos de heroísmo que mucho honran al pueblo de México.

Es más, todavía hace una hora, hora y media, tuvimos un nuevo temblor de menor intensidad y duración que el de ayer, pero que sigue provocando incertidumbre, miedo, inquietud.

El gobierno de la República y los gobiernos de los estados hemos reaccionado al máximo de nuestros esfuerzos y capacidades. Infortunadamente —lo tengo que reconocer— la tragedia es de tal magnitud que nos ha rebasado en muchos casos. No podemos hacer lo que quisiéramos con la rapidez que también deseamos, sobre todo para rescatar vidas.

Frente a este cuadro de tragedia y tristeza, nos estimula la actitud de la ciudadanía a través de sus distintas organizaciones y en lo individual...

Según *El Universal*, los lesionados registrados en puestos de emergencia son siete mil ciento sesenta y más de cien mil personas que abandonaron sus hogares se encuentran a la intemperie. En tanto que el subsecretario de Gobernación, Fernando Pérez Correa, reconoce únicamente dos mil muertos, Locatel registra veintiocho mil personas desaparecidas.

Treinta mil damnificados en más de treinta gimnasios y locales convertidos en albergues.

Los muros del Colegio Juan Bosco, detenidos con alambres, dice Carlos Álvarez H., mataron a la maestra de química y a sus 25 alumnas. Los padres de familia y algunas alumnas habían denunciado las malas condiciones en que se encontraba la escuela. De las 50 alumnas, la mitad logró salir, y la otra mitad murió al buscar protección alrededor de su maestra.

La escuela Centenario del Himno Nacional se vino abajo, reporta el *Unomásuno*. Quedaron atrapados una maestra y muchos niños. A la maestra la sacaron sobre una tabla.

En el Hospital General murieron sepultados, en la Unidad de Ginecología, 35 jóvenes médicos cuando desayunaban, y más de 100 pacientes, informa *Novedades*. Una enfermera que se niega a dar su nombre salió de turno en Pediatría momentos antes del temblor. Detenida en la calle vio cómo se precipitaban al vacío, por las ventanas reventadas, varias cunas con bebés adentro.

Frente al Centro Médico una larga fila de rostros demudados aguarda turno para preguntar por sus familiares.

Ingresaron 116 lesionados graves a la Cruz Verde en Xoco. El Hospital Balbuena pide que no le envíen más heridos.

Sacaron con vida esta mañana a 40 personas que llevaban más de 24 horas sepultadas.

Estimaciones extraoficiales señalan que aún podrían estar atrapadas casi tres mil personas en el 90% de los aproximadamente 300 edificios que se derrumbaron en el centro del Distrito Federal y en las colonias Roma, Guerrero, Morelos y Doctores, entre otras.

Más de mil cadáveres rescatados entre los escombros, según *La Jornada*. La televisión estatal informó que tan sólo en la colonia Roma hay 1 500 muertos. Las funerarias se declaran insuficientes.

En San Camilito, donde duermen los mariachis, la mayoría de las viviendas estaban ocupadas, todos los músicos acababan de acostarse.

Los féretros forman fila en el pasillo del velatorio del ISSSTE, y en los de Jardines del Recuerdo, San Lorenzo Tezonco, Parque Memorial y el Civil de Dolores.

La Secretaría General de Protección y Vialidad informó que se habían rescatado 6 299 cadáveres y en el Servicio Médico Forense hay 700 cadáveres. Se extrajeron 35 muertos del edificio de la calle de Ahorro Postal 14.

De la Secretaría del Trabajo rescataron a 22 personas con vida, 8 muertos; hay 50 desaparecidos. En las delegaciones Cuauhtémoc, Venustiano Carranza, Benito Juárez e Iztacalco están los cuerpos. Allí deben acudir a identificarlos, a las 36 horas serán inhumados en fosa común.

UN HURACÁN NOS JALABA Y NOS SACABA A LA INTEMPERIE

El diputado oaxaqueño Jesús Martínez Álvarez salió temprano de su habitación del hotel Del Prado, a correr. Pasó por su paisano, el también diputado Erciel Gómez Nucamendi, que se hospedaba en el hotel Regis, y mientras trotaban por la Alameda Central vieron que el Regis se desplomaba y el Del Prado quedaba tambaleante. Otro diputado, por el sector obrero, de Nuevo León, salió también del Principado, minutos antes, para correr alrededor del Monumento a la Revolución.

Durante tres días el diputado veracruzano Héctor Sen Flores figuró en la lista de los 7 diputados desaparecidos a consecuencia del terremoto: "Un día antes —relata—, pedí a la administración que me cambiara del cuarto 506, con vista a la calle Balderas, al 602, con vista a la avenida Juárez. Este cambio fue vital, ya que el primer cuarto se encontraba en la parte nueva, la primera en derrumbarse". Cuando Héctor Sen Flores iba a reunirse con sus compañeros de la Comisión de Marina en la Cámara, el Regis comenzó a moverse; todo se cimbraba; él y un amigo, Matías García Cobos, corrieron a los marcos de las puertas: "En ese momento observé por la ventana cómo el edificio de la Secretaría de Marina se derrumbaba estrepitosamente. Fue cuando sentí el mayor temor. En toda la zona se hizo un vacío y se desencadenó algo así como un huracán que jalaba y nos sacaba a la intemperie.

"Todo se oscureció, el aire se llenó de polvo, de un calor intenso, se hizo irrespirable y sobrevino la caída. El ruido fue terrible. Matías García Cobos y yo corrimos en busca de las escaleras, 60 o 70 personas temían bajar. Olía a gas en forma tremenda y apenas podía verse a través del polvo. No se podía respirar por la nube de polvo; estábamos arriba del lobby del hotel, iniciamos el descenso, que duró varios minutos e hicimos en forma ordenada; fueron momentos de verdadera angustia en los que sólo el instinto de sobrevivencia acucia a uno a buscar una salida; cuando vimos que la escalera del segundo piso se había derrumbado y que al fondo del pasillo se notaba luz del día, saltamos los escombros como pudimos en esa

27

dirección —dijo Sen Flores a Manuel Ponce—. Frente a mí se derrumbó un muro y aproveché ese instante para correr hacia la luz y salir con los demás a la avenida Juárez.

"Fueron impresionantes los gritos de espanto y desesperación; los ayes, la histeria y el pánico que se apoderaron de la mayor parte de la gente.

"Unos minutos después sobrevino una explosión y cayó la otra pared del hotel y con ella mi habitación.

"No lo pensé dos veces y me dirigí al aeropuerto, abordé un avión para Coatzacoalcos, llegué a las cinco de la tarde a mi casa en donde mi familia veía por televisión el incendio del Regis.

"Ya me daban por muerto y lloraban mi esposa Lidia Carmen y mis hijos Lidia de 17 años, Héctor de 14 y Octavio apenas de 5.

"De puro milagro me había salvado."

"Hay gente viva en el hotel, por favor, vengan a salvarlos", gritaban desesperados policías.

Ramón Uribe Urzúa, ex-diputado federal de la 48 Legislatura, vivía en forma permanente en un cuarto del séptimo piso del Regis, ocupado en un 90%. "Cuando empezó el temblor salí del cuarto con mi portafolios y me dirigí a las escaleras. Sólo cuatro conseguimos salir."

El periodista acapulqueño Mario García Rodríguez, corresponsal de *El Día*, quien se encontraba en el quinto piso, se asomó a la ventana apenas sintió las primeras oscilaciones del terremoto: "Voy a ver qué tal aguantan un temblor estos pinches chilangos siempre tan mitoteros". Y dicho y hecho. Pero al asomarse por la ventana, el movimiento arreció y Mario García Rodríguez se agarró de la pesada cortina y ésta lo salvó al precipitarse sobre los escombros, de donde Mario fue rescatado envuelto en la cortina, con lesiones pero vivito y reporteando.

"Fue algo espantoso, un infierno todo aquello, y ahora vivimos horas extras, ¿o no?" relatan Manuel Bustillos Valdez y Joel Lazaga Macías a Sergio Galindo. "Éramos como 300 huéspedes en el Regis, aunque yo sólo vi salir a 50. Algunas personas trataban de echarse por la ventana.

"Trabajaron socorristas, marinos, soldados, bomberos y voluntarios; con ayuda de máquinas retiraron escombros, lanzaron agua, usaron sopletes para romper varillas: querían apagar el fuego, no pensaban que hubiese sobrevivientes. Por fin, esta madrugada, la fachada del Regis cedió ante el fuego. Ardió durante 50 horas. Los agentes de la policía judicial esperaban inmóviles; deseaban rescatar la caja de seguridad del hotel.

"Tomamos un taxi al aeropuerto, tardamos tres horas en llegar. Le pagamos con una esclava y un reloj. Había mucha gente; todos querían un boleto para irse fuera de la ciudad."

En sentido inverso, Miguel Capistrán, procedente de Veracruz, tomó un taxi para llegar a casa de sus dos hermanas y sobrinos en la calle Chilpancingo. Al acercarse dijo el taxista:
—No, pues hasta aquí pude llegar.
Capistrán caminó en una nube de polvo hasta el edificio donde vivían sus parientes. Estaba en el suelo.
Los últimos cadáveres en salir fueron los de sus hermanas y sobrinitos.

SALDO DEL PRIMER DÍA
- ☐ 250 edificios destruidos.
- ☐ 50 en riesgo de desplomarse.
- ☐ 1 000 construcciones inutilizables.
- ☐ 5 000 heridos.
- ☐ 1 000 o más bajo los escombros.

☐ Se recomienda hervir el agua.

☐ No hay luz en todo el primer cuadro: muchas zonas de la ciudad están a oscuras, ocho subestaciones de potencia de la Comisión Federal de Electricidad y cuatro líneas de transmisión de 230 kilovatios, dos de 85 y una enorme multitud de cables, están dañados.

☐ No hay servicio telefónico.

☐ En un 60% de las colonias del DF no hay agua potable.

☐ El abasto de alimentos y combustibles es normal.

☐ Se cierran los cines, los teatros, los centros nocturnos y los estadios.

☐ Se garantiza que en la ciudad, estrictamente vigilada por la policía y el ejército, todo acto de pillaje, todo saqueo será severamente castigado; el DF bajo control.

☐ 250 mil mexicanos sin hogar.

☐ El Departamento del Distrito Federal envía 100 tiendas móviles a las zonas de desastre.

☐ Después del segundo sismo, 500 mil mexicanos duermen en los camellones, en la calle, frente a sus viviendas. "No queremos perder lo poco que nos queda.''

☐ El Hospital de La Raza, que había recibido a enfermos de otros hospitales colapsados, también es evacuado.

☐ El hotel Del Prado seriamente dañado. Peligra el mural de Diego Rivera.

Joerg Hafkemeyer
Ha sido la impresión más devastadora y radical que he tenido en mi vida. A lo largo de cuatro cuadras conté 36 muertos. La gente sacaba cuerpos de las casas destruidas. Desde la calle, podían verse edificios de departamentos y oficinas. Vi muertos sentados frente a sus escritorios. ■

LOS VI SEMBRADOS EN LA TIERRA COMO PINITOS

Rodolfo Mora Rodríguez pertenece al comité ejecutivo de la Sección número 15 del Hospital Juárez; es un hombre pequeño, delgado y más bien tímido:

Quisiera dar una explicación rápida, para no aburrir, de lo que pasó el día 19. El temblor me agarró en el camino, en el monumento a la Revolución. Luego luego pensé en el Hospital Juárez, que estaba averiado. Llegué como a las 10 y era un caos tremendo; en el camino me encontré al director, Jesús Aguilar, y en ese momento me dieron ganas de golpearlo.

Los compañeros se metieron a las grietas sin importarles que se les fueran a caer encima bloques de concreto y acero. Había una grieta de 20 centímetros y oímos voces: Ayúdennos, ayúdennos, y empezamos a rascar con lo que se podía, a tratar de mover la piedra con barretas, con palas, con las manos. A uno se le ensangrentaron toditas. Un socorrista dijo:

—Necesitamos gente delgadita; un delgadito que se pueda meter.

En ese momento a mí —que soy muy acelerado, según dicen los muchachos, muy aventado—, me temblaron las piernas y traté de esconderme. Vi que se empezaron a ver y que nadie decía nada y dije: Yo voy.

—Ten una lámpara y métete a ver —me encargaron— ¿o tienes miedo?

Todas las losas estaban hacia abajo. Como pude me metí.

—¿Cuántos son ustedes? —pregunté una vez adentro.

—Somos ocho.

—¿Cómo están?

—Pásanos oxígeno.

Los compañeros médicos me dieron suero y oxígeno y con barretas y con lo que pude agrandé un poquito la grieta, muy poquito, apenas se podía pasar.

—Tengan calma —les dije—, los vamos a sacar.

Uno de ellos me reconoció, allí en el Hospital me conocen como Niño Mora, yo me llamo Rodolfo Mora Rodríguez.

—Niño Mora, Niño Mora, sácanos.

Mandamos a que trajeran una autógena para romper unas varillas y hacer un boquete más grande, así pude introducirme más, los muchachos me agarraron de los pies. Les pedí que me pasaran una cubeta para ir sacando escombros, pero cuando vi el cuadro, sentí que me iba a quedar adentro porque estaban todos parados, enterrados de pie, y los escombros cubriéndoles casi todo el cuerpo —sólo uno de ellos tenía más o menos las manos libres—, estaban como tiesos, amontonados, sembrados como pinitos. Sentí desesperación fuerte. Les grité a los de arriba: Jálenme, jálenme, me sacaron y les informé cómo estaba la situación. Pusimos palos para que no se cayera todo; empezamos como a las 12 del día y terminamos como a las 8 de la noche. Al final yo estaba tan mal que me decían que ya no entrara: Mejor ve a que te encamen.

—No, son mis compañeros y no los puedo dejar allá abajo, si no los puedo sacar, yo aquí me quedo.

Con las barretas se hizo más grande el boquete. Me llamaban y entré de nuevo. Allá adentro un médico, el único que podía mover las manos, me agarró de los hombros: Mora, Morita, te doy lo que quieras pero sácanos. Me acordé de las albercas, cuando el que se lanza se ahoga con el otro: Espérate, si no, aquí nos quedamos los dos.

Con los compañeros de afuera fuimos a pedirle a los médicos ayuda. Yo me asomaba por el boquete: Aguántense tantito, los vamos a sacar. Como pudimos, sacamos a tres. Entonces los médicos me dijeron que a los que quedaban les hiciera una prueba con el bisturí; les cortara cualquier pedacito, de cualquier parte, para ver si estaban vivos. Luego de ver a una doctora jovencita, pero jovencita de veras, yo me sentí... pues... sentí temor. Cualquier movimiento lo veía grave. Entonces a los de afuera les dije la verdad, que ya no tenían vida.

SE PERDIERON DÍAS VALIOSOS EN LOS QUE SE PUDO RESCATAR COMPAÑEROS VIVOS

Después vino un médico —porque nadie le quería entrar allí—, también delgadito. Pudo meterse. A las personas muertas teníamos que rescatarlas, ¿no?, pero lo urgente eran los que más o menos estaban vivos, en tarea de hormiga que duró como hasta eso de las 3 de la mañana. A esa hora entró el ejército y a todos los civiles nos desalojaron; nos dijeron que traían gente preparada. No podíamos seguir entrándole. El viernes nos echaron más para atrás, acordonaron toda la zona de desastre, y no nos dejaron hacer lo que es nada y ellos tampoco hicieron lo que es nada, andaban viendo más o menos por dónde podían entrar, el sábado fue lo mismo. Del otro lado de la reja del hospital, los familiares de pie día y noche preguntando. Querían cooperar. Ya estábamos a domingo cuando llegaron los equipos franceses e israelíes y empezaron a trabajar, pero nosotros queríamos entrarle, como cuadrilla. Cuando vimos que ya se iban, detuvimos a los franceses por medio de un niño que sabía francés. Contestaron que se retiraban porque los soldados los habían corrido. Y que ya estaban cerca de unos compañeros sepultados vivos, y que lo que necesitaban ellos era tiempo, y que los dejaran trabajar y, púmbale, que los soldados arbitrariamente los corren. Qué tiempo ni qué tiempo, el ejército era el que mandaba y punto.

Como nosotros éramos del Comité Ejecutivo pues ¿qué hacer? Fuimos a hablar con el director, Jesús Aguilar, pero ni nos dio la cara. Lueguito allí se hizo un pequeño mitin, empezamos a decir a todos que por culpa de las autoridades estaban nuestros compañeros bajo tierra y no nos dejaban ir en su auxilio. Después vino un soldado que comandaba toda esa zona y nos echó un rollo, que no, que ellos estaban allí para cuidar físicamente de nosotros. Le dijimos que en lugar de traer metralletas que fueran por palas, ¿no? Total que ya nos dejaron a las cuadrillas y a mí me pusieron al mando de una, y una compañera me dice:

—¿Sabes qué? Tengan cuidado, tú no le entres porque te van a meter en un agujero y te dan en la torre.

—No, no lo creo, porque vamos a ir varios.

De todos modos el domingo en la noche y con mayor razón el lunes empezaron a echar a la gente para atrás. Se perdieron unos días bien valiosos en los que se pudo haber rescatado a muchos compañeros.

Ahorita lo que pedimos es que se rescaten los cuerpos y se informe a los familiares que acampan a un lado del Hospital Juárez. Los pobres toda la noche se quedan allí y no hay ni quien les lleve una taza de café. Lo que quieren es ver a sus gentes para enterrarlos. Lo que nosotros tenemos es coraje, un coraje harto. Ese coraje nos va a hacer levantar de nuevo el Hospital Juárez, porque ahorita con la austeridad, con el Mundial que viene, es probable que pongan unos árboles, hagan un centro recreativo, hagan lo que sea, pero nada de hospital. Queremos que el Juárez vuelva a ser lo que era: un hospital para la gente más necesitada del país. Quieren evitar a toda costa que un grupo organizado haga presión sobre las autoridades. Eso es lo que nos da a nosotros coraje, la sordera de las autoridades.

Ni siquiera como Comité nos dejan estar allí; en la noche sacan los cadáveres por otro lado, rápido, como si quisieran borrarlo todo para acabar más pronto.

Elena Alonso
Lucas Gutiérrez tuvo que ser atendido de una honda depresión. Se pregunta constantemente: "¿Por qué salí a ponerme esa inyección?"

En otra parte de la ciudad, Víctor Manuel Fernández, socio del Super Leche, a salvo con su familia, se enteró del desastre; en los departamentos arriba del Super Leche vivían su madre, hermana, sobrinos, cuñado. Pensó en Lucas su tío, en los empleados y los clientes a quienes conocía; su mundo entero destrozado en sólo dos minutos y medio.

Cuando llegó, enloquecido, se unió al grupo de espontáneos que con las manos quitaban piedras con la esperanza de salvar vidas. A los dos días, sin moverse de allí, identificó el cadáver de su madre. Lo cremó, guardó sus cenizas y regresó. Faltaban su hermana, sus sobrinos, su cuñado, sus empleados. Supo que una vieja amiga y vecina de su madre se había salvado, tuvo alguna esperanza y siguió buscando. Vio cómo maquinaria pesada limpiaba los escombros del edificio. Los cuerpos de su gente jamás aparecieron.

A diez días del desastre su búsqueda no termina: recorre hospitales, albergues, pone anuncios en la televisión y el periódico y día a día espera a que alguien lo llame.■

—Nada hombre, no quiero nada.

De mano en mano, en cadenas de cincuenta, de cien hombres, pasan las cubetas de cascajo. Los voluntarios despejan escombros, llegan hasta el punto donde voces desesperadas tratan de orientar a las brigadas de salvamento.

Alguien grita: "¡Una lámpara, una lámpara!" y la exigencia, según Ricardo Gómez Moreno, se multiplica desde lo alto de los escombros, hasta el estacionamiento.

¡Una lámpara!, sigue la petición angustiada y de pronto otro grito del mismo socorrista: "¡Silencio, silencio!" Todos callan. "¡Nadie se mueva, nadie se mueva, silencio!"

Se hace el silencio y el socorrista exclama: "¡Guadalupe Molina, Guadalupe Molina está aquí!"

A Guadalupe Molina apenas se le puede escuchar bajo enormes losas de concreto.

La lámpara llega al final de la larga cadena, el socorrista alumbra bajo la losa, pero no se ve a Guadalupe Molina.

La cadena de manos y cubetas trabaja en esa dirección y los pequeños puñados de escombros empiezan a ser sacados. La esperanza de rescatar una vida da nueva fuerza; es tal la emoción que las cubetas vacías caen sin llegar a las temblorosas manos que deben pasarlas a otro compañero.

Esfuerzos como éste se multiplican en las entradas C, D, E y F del edificio Nuevo León. Cientos de personas colaboran, muchas desde el momento mismo en que un crujir y múltiples lamentos anunciaron la tragedia a las 7:19 de la mañana.

—Estamos aquí unos diez, agua para diez —dice un bombero.

Desde abajo, el reportero Ricardo Gómez Moreno le pide su nombre:

—Soy un bombero —responde.

—Pero, ¿cómo se llama? Dígamelo.

—Soy bombero— única respuesta.

Otro bombero informa:

—Se llama Jesús Vásquez, pero aquí sólo somos bomberos.

—¿Desde qué hora están aquí trabajando?

—Llegamos a las diez de la mañana.

Entre los voluntarios destaca un joven alto, barbado, con lentes cubiertos de polvo. Se ve exhausto.

—¿Cómo se llama?

—¿Para qué? Simplemente estoy aquí, ayudando.

—¿Por qué no dar tu nombre si haces algo meritorio?

—Me llamo Alberto, así nada más.

—¿A qué te dedicas, Alberto?

El joven, de unos 27 años, deja caer los brazos, se sacude arena de la barba y responde:

—Soy maestro de filosofía en la ENEP Zaragoza, me llamo Alberto Herr.

Llegó a las 10 de la mañana y a las cinco y media de la tarde no ha comido, pero tomó mucha agua.

Como Alberto Herr hay otros; entre ellos Eligio Ávalos, demacrado, de apenas 1.50 de estatura, macilento, de unos 30 años, que está allí "no sabe por qué" pero "tenía que hacer algo, no podía quedarme con los brazos cruzados".

La noche comienza a caer y una dama, la doctora Martha Solís, está sentada en una banca con un perrito faldero que ladra lastimero, calladamente. No es de ella; alguien lo rescató de entre los escombros y lo puso en sus brazos. Ella lo cobija con su bata de casa.

Empieza a hacer frío.

—¿Dónde está Jorge?
—¿No has visto a Patricia y a Roberto?
No hay respuesta.

—¿Quieres un café?
—No.
—¿Necesitan algo?
—No, nada.

MIXTECO POR PARTE DE PADRE, NAHUA POR PARTE DE MADRE;
ALONSO MIXTECO

Jamás imaginó Alonso Solano González, al venir de su estado, Guerrero, a trabajar a la Dirección General de Educación Indígena, que una mañana se encontraría buscando una rendija de luz entre los escombros del edificio número 39 de la calle Manuel Doblado. Traductor del idioma mixteco, vino comisionado al departamento de Materiales y Apoyos Didácticos. Alonso Solano González es un hombre muy bonito, no porque sea bonito, sino porque sus palabras suenan redondas, rotundas, sonoras, son campanas. Es pequeño y fuerte, "xocoyotito —diría la Jesusa Palancares—, una cosa así apochadita", su cabeza redonda y maciza como sus palabras, sus pómulos altos, sus ademanes convincentes. ¡Ah, cómo hubiera sido bueno escucharlo en el acto de la Comisión de Reconstrucción en el Museo Nacional de Antropología! ¡Qué bella su voz antigua y no la cansada repetición de rollos políticos!

ENCONTRÉ LO QUE ERA MI CUERPO, Y CON LOS BRAZOS
EMPECÉ A LUCHAR

Soy mixteco por parte de mi padre, por eso me pongo Alonso Mixteco; soy nahua por parte de mi madre; provengo de dos culturas indígenas. Vine a trabajar desde Guerrero. Vine un poquito con afecto por la ciudad capital, pero también siento tristeza de narrar todo lo que sucedió a nuestra ciudad. El día 19 de septiembre, a las 7 de la mañana me levanté del lugar donde habito y a las 7:10 llegué al edificio que ocupaba la Comisión Nacional Mixta de Escalafón, en Manuel Doblado 39. Compañeros, siempre me ha preocupado llegar un poquito temprano a los trabajos; desde cuando estaba yo en el campo, cuando entraba a las 7 en mi escuela, lo mismo en mi ciudad. A las 7:10 mi departamento, Materiales y Apoyos Didácticos, estaba cerrado con candado y me senté en la escalera. A las 7:15 llegó una compañera, que en paz descanse. Traía la llave, a las 7:16 abrió, a las 7:17 firmamos nuestra lista de asistencia, platicamos un ratito y yo iba entrando a mi cubículo cuando me dice la compañera:

—Profesor, está temblando.

Vi una cunita de bebé que una secretaria tenía colgada de adorno, vi que se estaba haciendo así, la compañera corrió a recargarse en un muro, no pude correr a traerla, yo parado en la puerta, el edificio era una ola, le gritaba llamándola:

—Vente para acá, Virginia.

Empezó a crujir el edificio, estaba cayéndose en pedazos. En eso se troza el muro donde estaba la compañera, le cae encima, viene otro muro y de nuevo se cae encima de ella. Entonces cubrí mi cabeza con mi portafolio, cae algo sobre mi cabeza, caigo yo sentado, no sé cuánto, caigo para abajo, caigo, caigo, todo bloqueado y entonces digo estas palabras, perdónenlas porque no las acostumbro, dije: "Pinche madre, por qué me voy a morir si no debo nada".

Cuando cayó el edificio, hagan de cuenta que lo empujaron hacia el norte, si ponen atención, todos los edificios están caídos hacia el norte, excepto algunos que se cayeron de este lado. Lo único que volví a decir fue: "Mis hijos. ¡Adiós mis hijos, ya no los voy a ver!" Luego todo se hizo oscuro, todo cubierto yo, todo enterrado en el piso donde quedé sentado, bueno, ya no sentado sino un poco alargadito, no tenía espacio para moverme pero encontré un botecito y empecé a sonarlo en el piso, dale y dale a sonarlo porque podía yo mover el brazo y grité durante más de quince minutos: "Auxilio. Vengan. Sáquenme de aquí, por favor. Auxilio". Y seguí gritando solo, solo, suene y suene el bote. Un poco más tarde —recuerden que amaneció nublado— entró un rayo solar, pero a una distancia de 30 metros. Yo dije: "Aquí está mi salvación". Arrastrándome, agarrándome así mi cabeza, con todo lo que era mi cuerpo, iba hacia ese boquete, todo lo que yo era iba al boquete. Apenas cabía mi mano, un boquetito así de chiquito. Me di una vueltecita para acá, para allá, a ver si estaba yo bien, encontré lo que era mi cuerpo, lo reconocí y empecé a luchar con los hombros, con los brazos, con la cabeza, como quien se da de cabezazos contra un muro, y tengo mi cabeza buena de dura, fuertes los huesos como de hierro. Aunque me quedara calvo, yo iba a abrir el boquete y lo abrí tanto que pude jalar el resto de mi cuerpo y cavé con el propio cuerpo un túnel de 30 metros arrastrándome, agarrándome así la cabeza, hasta que llegué al filo de luz. Ni una herida me hice en la choya. Sólo entonces volví a hablar, y perdonarán las groserías, yo no las acostumbro, pero dije: "Pinche madre, estuvo duro".

Vi mi edificio de ocho pisos aplastado hasta ser de un piso. Corrí gritando: "Virginia, Virginia". Mucho que grité Virginia, pero Virginia no me contestó.

—Ya se murió.

Entonces corrí para otro lado. Recordé al compañero Javier Garnica, dibujante que entraba también temprano, y empecé a gritar encima del montón de tierra:

—Javier —le grité—, Javier.

—¿Qué?

Entonces le dije:

—Estás vivo.

Después pensé: "¡Qué tonto soy!, por qué le digo que si está vivo, por eso me contesta". Entonces volví a decirle:

—No te preocupes, hermano, orita regreso por ti, voy a pedir auxilio para venir a sacarte.

Di vuelta hacia el lado oriente; en la calle se estaba escapando gas; dije voy a cerrar esto, pero el tapón quién sabe dónde cayó. Fue cuando me di cuenta, discúlpenme por ser natural, cuando digo natural es porque soy indio. Creía yo que el gas era caliente y no, estaba bien helado, no lo pude cerrar. "¡Auxilio! ¡Auxilio!" Fue cuando me di cuenta que había personas sacando a sus seres queridos. Yo me quité el suéter, miren, este suéter que traigo es el testigo, ojalá que pudiera hablar, y empecé a hacer así en el aire: "¡Auxilio! ¡Auxilio!" Nadie vino. Entonces bajé; porque había yo estado dando vueltas en el edificio de Manuel Doblado 39, hasta que encontré a un señor que siempre hacía guardia.

—Profesor, profesor, se salvó usted.

—Sí, señor, me salvé.

Corrí por otro lado, no había nadie. Sólo encontré a un policía todo asustado. Entonces vi a un compañero maestro que venía llegando y me dijo:

—Maestro, volviste a nacer.

—Yo creo que volví a nacer, pero vamos a buscar ayuda para sacar a Javier Garnica y a otros compañeros que se quedaron arriba.

Empezaron a llegar muchos curiosos y fue cuando me di cuenta de que había bastantes otros edificios derrumbados. Yo repetía: "Garnica, Garnica". Todo el tiempo decía Garnica. Corrí por Argentina; por Venezuela me encontré a nuestro director general de Educación Indígena, profesor Cándido Cueto Martínez.

—Qué bueno que lo encuentro, el edificio de Manuel Doblado 39 se cayó y se quedó Garnica y algún otro compañero atrapados.

—Bueno, como llegan ustedes tan temprano.

—Sí maestro, nosotros llegamos temprano.

—Pues yo no sabía eso.

—Sí maestro, pero ahora hay que sacar a Garnica y a los otros.

Lo que quería yo era un compañero voluntario para ayudarme a sacar a Garnica y al otro compañero, y a la compañera Virginia; y vino un muchacho que nadie, nadie se acuerda ni cómo se llama ni de qué división, ni de qué departamento. Ése no me trató de loco. Me ayudó. Le dije: "Por aquí están". No teníamos herramientas. Conseguimos un marro por allá, una segueta por acá, un pico.

—Oiga, párele, usted —me gritaban con desprecio los otros—, usted párele, usted no es de rescate.

Por eso yo odio a esas gentes.

—Javier —grité—, Javier.

Yo les insistía y les señalaba el lugar donde estaban el compañero Javier y la compañera Virginia.

—Tú bájate, nosotros somos los que sabemos, tú no sabes, tú no puedes.

¿Cómo no iba yo a poder si era el único que sabía dónde habían quedado? Pero asegún ellos, no podía meter mano porque no era de rescate. Solamente ellos eran autoridades. Por eso yo, como indio, a esas gentes de rescate no las quiero porque no hacen las cosas como se debe; solamente quieren ser héroes. "Llévenselo", gritaban, "llévenselo". ¿Con qué derecho me trataban así? ¿A poco ellos habían estado bajo los escombros, o podían compartir mi desesperación? No, ellos eran los técnicos. Insistí, dije dónde, escárbenle, aquí, aquí estaba la compañera Virginia. "Pero tú bájate, nosotros la vamos a sacar porque tú no sabes."

Me bajaron y ustedes saben que una persona contra muchas gentes... no puede uno. Pero estando abajo les decía: "Para acá, de este lado está mi compañero, de este lado está mi otro compañero. La compañera Virginia..."

Llegaron los periodistas y me señalaron, allí en la misma calle de Manuel Doblado; uno de la prensa se me acercó porque algunos señores que estaban allí le dijeron:

—Ése es el señor que se salió solo.

No quise que me entrevistara porque yo quería rescatar aquel cuerpo que estaba atrapado. Dice el periodista:

—¿Cómo se llama usted?

Yo le respondí:

—Ahorita nos vemos.

YA NO QUIERO POLVO NI SALITRE; AHORA ME REBELO

Los oí darle con el pico un rato y no quise esperar más; me volví a subir porque no encontraban dónde estaba mi compañera. Nadie me daba la oportunidad de trabajar, todos me creían loco. Tampoco me creían que efectivamente me había salvado yo solo porque no traía ni una herida, nada, sólo este suéter cubierto de tierra. Pensé: no les voy a poner atención, gente alzada, y empecé con el pico a darle fuerte y sacamos al compañero Javier Garnica. Cuando saqué a la compañera Virginia, ya difunta, fue cuando me creyeron. Me tranquilicé porque por lo menos, vivos o muertos, a los cuerpos ya les estaba dando el aire. Yo no podía soportar que estuvieran adentro, asfixiándose, con tierra en los ojos.

No, yo no soy valiente, cuando me salvé, mi primera idea fue marcharme a mi tierra, ver a los míos, busqué un teléfono en la calle, pero ¿cuándo? si todo estaba descompuesto, nada servía en la ciudad de México, ya me andaba por estar con los míos, a mis compañeros quise abandonarlos, pero dije: "Soy muy cobarde si no rescato yo a esa gente". Y qué bueno que me quedé porque los del auxilio no sabían ni por dónde meter el pico, en el octavo piso. Los rescatamos hasta las 9:30 de la noche. Por la compañera Virginia sentía yo mucho dolor porque ella era la que me había avisado: "Profesor, está temblando".

"¿Qué vamos a hacer con la compañera?", decían los otros trabajadores que habían llegado. La llevamos a Gayosso Sullivan, y cuando veníamos por Reforma nos dimos cuenta del desastre. En el radio de pilas escuché que los estados más afectados eran Michoacán, Guerrero, Jalisco, Nayarit y yo en ese momento lloré, recordando a mis hijos. No decían en qué parte de Guerrero y yo pensaba en mis hijos solitos. ¿Qué sería de mi casa, que es de adobe, de tejamanil, de morillos y de teja? Uy, ésa fácilmente se derrumbó. Se derrumbó la ciudad de México construida con grandes tecnologías, cuantimás mi casita.

Al día siguiente, regresé a Manuel Doblado buscando mi suéter porque es el único que cargo; allí estaba tirado lo que ven que traigo puesto y me tapa muy bien. Regresé a Sullivan para el entierro y me dice el papá de la difunta: "Profesor, profesor, ¿qué vamos a hacer? No aceptan a mi hija porque no nos alcanza el dinero, falta el número de acta, pero lo que más falta es el dinero".

Fíjense ustedes hasta dónde llega la humanidad.

PIDO UN BUEN TRATO PARA TODOS LOS MEXICANOS

El Presidente visitó muchos edificios, el Regis, Tlatelolco, la colonia Roma, tantos lugares pero nunca dijeron que se cayó Manuel Doblado, jamás salió esto. Yo siento que a todas las gentes como yo podrían llamarles de tercera clase, y por eso el Presidente no las visita. Y a los que más mal les fue el jueves 19 y el viernes 20 fue a los más pobres. Yo como indio —ustedes se dan cuenta— llamo marginados de tercera clase a los que viven mal. Ni siquiera tuvo la gentileza de recorrer toda la zona dañada; nada más la grandota, no la de las perreras.

Por otro lado, a mí me dijeron allá en Guerrero los viejos, que no había que sacarle agua a la tierra de Tenochtitlán, que así se llamaba antes. Eso lo saben los antiguos y lo dicen. La técnica moderna ¿no sabe que eso hizo resentirse a la ciudad?

Ah, compañeros, otra cosa quiero decirles: aquí uno se desespera de tanto papeleo, de tanto oficio, de tanto que se tienen que levantar actas burocráticas. Papel y papel. Mire ahora: ¡ya todos los papeles volaron por los aires! El terremoto todo lo alevantó.

Si se acuerdan, en 1980 hubo un temblor y el edificio se dañó todo. ¡Pero a los jefes de gobierno se les olvidó! A las advertencias el gobierno no les hace caso, por eso nosotros no podemos estar tranquilos, porque tal vez con esos malos tratos nos llevan a nuestra perdición.

Así es que, compañeros, me cansé de masticar tanto polvo para salir del agujero y llegar hasta el boquete; como gusano me arrastré, como gusano. Ahora me rebelo. Ya no quiero polvo ni salitre ni casa agujereada. Quiero un buen trato para todos los mexicanos.

MÉXICO, CORTADO DEL MUNDO

Destruida la Central Telefónica en la calle Victoria, México quedó incomunicado. (¿Cómo es posible que se concentraran en un solo y viejo edificio de la calle Victoria 55 mil ramales que comunican el sur con el norte del país y al país entero con el exterior?) Sólo funcionaban radios de transistores que muchos escuchaban incrédulos. Nuestras instalaciones administrativas, nuestros archivos, y peor aún, nuestros grandes conjuntos hospitalarios, yacían vueltos un haz de fierros retorcidos, cables desenchufados, montón de basura.

Diez telefonistas muertas, once heridas, veintinueve desaparecidas.

Al derrumbarse el sistema de telecomunicaciones (radio, télex y televisión) el país quedó cortado del mundo. Los radioaficionados, viajeros y corresponsales hicieron de mensajeros para comunicar a México con el resto del mundo y también a la capital con los estados de la república.

"Por un radioaficionado nos enteramos de la tragedia que ocurría en México", dice Cecilia Alvear Treviño, productora en jefe para América Latina de la NBC, una de las tres cadenas más importantes de televisión norteamericana. La noticia se conoció en Estados Unidos como a las 9 de la mañana, por un radioaficionado. A las 4 de la tarde, ocho aviones llegaron a México con modernísimos aparatos de tecnología norteamericana y japonesa; enlazan directamente a los satélites. Sólo entonces el mundo pudo observar la magnitud del desastre.

Marshall Gourley, amigo de nuestro Miguel Concha y sacerdote como él, recibió por cablevisión la noticia de la tragedia de México. Convirtió su parroquia, Nuestra Señora de Guadalupe, en centro de acopio y en unas cuantas horas, más que iglesia parecía el estadio Azteca en día de futbol: mexicanos documentados e indocumentados le hicieron entrega de víveres y medicinas hasta juntar 35 mil libras, y 21 mil dólares en efectivo se reunieron de a poquito en donaciones de uno, dos, cinco por persona. La movilización fue tan grande que se les unieron "los güeros" con el ofrecimiento de cajas para empacar, tres tráilers, y una compañía aérea, que se comprometió al transporte de todo a México. En las cajas escribieron: México, te queremos, México estamos contigo.

41

El mundo se enteró de lo que le había sucedido a México por los 1 820 radioaficionados con licencia. Señales enviadas a través del aire alto y delgado esparcieron avisos urgentes. Frank J. Meckel en Lago de Guadalupe se aventó un fantástico maratón de comunicaciones a Estados Unidos y pasó mensajes de la Cruz Roja: medicamentos, instrumental y necesidades de primera urgencia. El día anterior nadie lo conocía, ahora había mucho que agradecerle a este norteamericano cuyo padre vino a vivir de Illinois a México en 1902 y cuyos hijos son mexicanos.

—Como si nada, seño, como si nada.

AVISAR ERA LO URGENTE
Francisco Durán

No había teléfonos. Los provincianos temían por sus parientes en la capital. Muchos querían avisar que estaban bien, otros ya no avisarían jamás. La radio comenzó a transmitir mensajes a los familiares: la familia López informa al señor Heriberto López en la ciudad de Puebla, que están bien.

Aurora y Amparo Zúñiga comunican a sus padres en la ciudad de Jalapa que se encuentran bien.

Uno tras otro se fueron sucediendo los avisos. Los teléfonos de las radiodifusoras locales se encontraban siempre ocupados.

—Dígale a mi mamá que estamos bien.

—¿A qué ciudad, señorita? —preguntaban en la radio.

—Dígale que estamos bien, por favor, que no se asuste, que estamos bien.

—¿A qué ciudad, señorita?, ¿a qué ciudad?

—Que estamos bien, por lo que más quiera, que estamos bien.

La angustia no dejaba hablar. La gente no razonaba; querían decir que estaban vivos.

—Señor, mi padre no aparece, se llama Eduardo Rodríguez, no ha llegado a su trabajo, creo que ya no hay trabajo, allá en Azcapotzalco. Pregunte si lo han visto.

La crisis de la ciudadanía se volcaba en el único medio de comunicación accesible: la radio. No había más voz que la de la radio. Las plantas de emergencia de las radiodifusoras estuvieron transmitiendo durante dos horas (dependiendo de las zonas) la información del desastre. Todos escuchábamos la radio, medíamos la dimensión del desastre a través de la voz de los locutores que impresionados nos daban información aún no autorizada por el gobierno. Con la autoridad de su voz comenzaron a organizarse las primeras brigadas; a través de ella se nos reveló cada vez más el siniestro. La historia del desastre se comenzaba a relatar. Las radiodifusoras hicieron labor social, la señora Elsa Jaramillo informó por la radio que ella tenía forma de transmitir mensajes a Veracruz. Sus teléfonos: 523-83-33 y 687-29-66.

José Luis Armida, de 22 años, rescatado de un edificio que se desplomó en la calle Querétaro, se encontraba en la Cruz Roja y quería avisar a su hermano, en el puerto de Veracruz, quien no tiene teléfono y vive en la Unidad Ruiz Cortines, calle Bugambilia esquina Pensamiento número 216. La señora Jaramillo pasó el mensaje; a los tres días el hermano de José Luis llegaba a verlo en la Cruz Roja.

Desafortunadamente José Luis Armida falleció una semana después a consecuencia de un paro respiratorio. Al menos no murió solo, no fue otro cadáver sin identificar. Hasta en la muerte es buena la compañía.

Cientos y cientos de mensajes por la radio. Hernán Figueroa, rescatado de un edificio de la calle de Monterrey, presentó serias contusiones; un hombro dislocado, el estallamiento de un pulmón. Fue llevado al hospital Rubén Leñero, cama 2504; pero había que avisar a sus padres en Villahermosa, Tabasco. Un conductor que viajaba de Puebla a Veracruz oyó el mensaje. Hizo un alto, anotó el número y al llegar a Veracruz llamó a Villahermosa. Informó a la familia. Un día después los Figueroa estaban con su hijo en el Rubén Leñero.

Radio Universidad comenzó a informar desde las 7:30 del día del terremoto. Manuel Álvarez, del departamento de Programación, señaló que no llevaron el conteo de las llamadas que pasaron, pero sumaron miles. Radio Universidad, al igual que otras radiodifusoras, trabajó con planta de emergencia. A las dos horas pudieron transmitir con energía normal no obstante las interrupciones eléctricas. Tres semanas más tarde, Radio UNAM seguía informando de las necesidades de las brigadas de rescate, de los albergues y las consecuencias sociales del desastre, amén de transmitir los mensajes particulares.

Radio Fórmula fue una de las estaciones en donde el terremoto cobró víctimas. Cuando se pasaba el programa "Batas, pijamas y pantuflas", Sergio Rod, Marcelino Bravo, Gustavo Armando Calderón, Francisco Garamendi, Francisco Margarito, Alejando Sánchez, Miguel Morales perecieron.

Núcleo Radio Mil estuvo presente con más de quince reporteros, quienes desde las zonas dañadas transmitían información vívida y aún no oficializada. Con la impresión del momento, hicieron sentir la catástrofe; muchos, con la voz entrecortada y temblorosa, describían hasta los cadáveres, la labor de rescate y la actitud de un pueblo que se lanzaba a costa de su propia vida.

Radio Mil también pasó mensajes a la gente de provincia durante los días de desgracias.

Radio Barrilito, La Charrita del Cuadrante, Radio AI cumplieron labor social invaluable: informaban, servían, eran auténtico lazo de unión; sus mensajes tranquilizaron a sus oyentes.

Radio Educación, por iniciativa de sus trabajadores, organizó la brigada de transmisión, que envió mensajes traducidos al inglés, al francés, al italiano y al alemán, y los radioaficionados posteriormente los transmitieron. Esta estación se convirtió en centro de acopio de medicinas. La labor de Radio Educación nació de su profunda conciencia social, que naturalmente floreció en los momentos de crisis.

Más de treinta radiodifusoras AM y FM de la capital hicieron labor de enlace con emisoras de provincia y del extranjero por onda corta, informaron sobre requerimientos urgentes para los damnificados y proporcionaron nombres de desaparecidos.

La radio de automóviles y de transistores resultó el medio más eficaz; tomó un sentido social verdadero. A pesar de que Radio Fórmula se había desplomado y la antena de FM Globo se cayó en el segundo terremoto, sus micrófonos se abrieron al servicio público y voces anónimas, pero serviciales, colaboraron en todas las frecuencias, incluyendo FM.

XE-1-RCR (Ratón con Ruedas), desde su base en Mixcoac, no perdió un momento. La señora Mónica Miguel necesitaba avisar a su madre, Rafaela Miguel, en Nayarit, que tanto ella como su hermano se encontraban bien. Todo intento de Ratón con Ruedas por comunicarse a Nayarit era en vano; finalmente entró en contacto con otro radioaficionado de Sonora: "Pásale el recado a la señora Miguel. De México no hay vía telefónica". Emma Ortega avisaba a Silvia Sandoval de Alfonso en Maracay, estado de Aragua, Venezuela, que todos estaban vivos.

Sigfrid Lind comunicaba a sus padres en Alemania que estaba bien. Eftalía Chopa recibía mensajes de radioaficionados; desde Grecia y Australia querían tener noticias.

La actividad de los radioaficionados, hasta entonces un *hobby*, tomó una magnitud determinante. Todos se hermanaban en avisar.

Al caerse la torre de Televisa Chapultepec, la radio la sustituyó mientras se arreglaban las plantas de energía eléctrica y se restablecía la señal.

Ernesto Villanueva, jefe de redacción del noticiero "Hoy mismo", murió en plenas funciones. Después del 19 de septiembre quedó descartada la esperanza de que Félix Sordo llegara a ser otro Paco Malgesto. La que fuera Radiópolis en 1943, fundada por Emilio Azcárraga Vidaurreta, resurgía asumiendo el control informativo. ■

—Pinche gobierno, no sirve pa'nada.

LUGAR DE DESAPARICIÓN, NOMBRE, EDAD Y SEÑAS PARTICULARES
Suena en el Consejo Técnico de la Investigación Científica el teléfono 550-58-24. Claudia Ovando, voluntaria, responde. Una voz de mujer inquiere si le pueden dar informes de una persona desaparecida. "¿Cuáles son los dos últimos apellidos?" Arellano Franco, María del Jesús, edad 30 años, lugar de desaparición, la Procuraduría. "¿Su nombre de usted?" María Concepción Arellano de Franco.

Desde el 23 de septiembre se reciben seis llamadas por minuto: en el Instituto de Astronomía, en la Facultad de Ciencias, en Ingeniería, en la Dirección General de Servicios de Cómputo, en el Instituto de Investigación en Matemáticas Aplicadas y Sistemas, en el Instituto de Física, y otros. Claudia Ovando repite siempre lo mismo: Por el momento no podemos darle ningún informe. Ya lo integramos al listado y en cuanto tengamos alguna noticia nos comunicamos a su teléfono. Siguen las llamadas indagando el paradero de Peña Peláez Gabriel y de Sanabria Hugo Martín, ambos del Conalep. Claudia Ovando pide señas particulares: "Se peinaba para atrás y tenía barritos", "Es alto, mide 1.60", "Estaba embarazada", "Ese día se puso un vestido blanco con florecitas azules; ya me acordé muy bien". La madre de un niño del Conalep no sabe dar su número: "5-82-5...". "Falta un número señora, falta un número."

Dos días antes —relata Claudia— fui con una brigada que salió del Centro Médico de CU al parque de beisbol del Seguro Social, a fumigar tanto a cadáveres como a personas que entraban en busca de sus muertos. Los cuerpos aguardaban en el suelo en bolsas de plástico, cubiertos por hielo. Fue terrible pensar en la posibilidad de que estos cuerpos correspondieran a los nombres por quienes preguntaban con tanta ansiedad cuando respondía yo al teléfono durante las horas de guardia.

Hasta cinco días después de la tragedia empezó a trabajar en la UNAM un banco de datos de desaparecidos. Se perdió la información de los primeros días. El viernes, en el Canal 11, listas y listas de nombres de desaparecidos tapizaban las paredes de la subdirección. Diana Sánchez Mújica, coordinadora de Prensa y Relaciones Públicas, estaba totalmente abocada a la búsqueda de los parientes de los damnificados que acudían al Canal, y que inquirían con angustia y desconcierto. "¿Dónde, dónde trabaja?" "En el Centro." "¿Pero en dónde?" La gente, fuera de sí. "Es que llevaba su ropa de trabajo, no sé dónde era su chamba." En medio de la confusión, Diana Sánchez Mújica aclaraba, tranquilizaba. La gente buscó en Locatel, en el Canal 13, en Televisa, en el 7, iba en un atroz peregrinar de un albergue en la colonia Morelos al del Crea en la Villa Olímpica, de la Cruz Roja a Xoco, caminando agotados en una ciudad rayada por las sirenas. "Hugo Martín está en Xoco." No, información equivocada. Sólo tres veces en cuatro días, Claudia Ovando y Mauricio Derbez pudieron decir: "Está hospitalizado". Prácticamente las únicas dos respuestas eran: "Se reporta desaparecido". "Ya está reportado, lo vamos a integrar en la lista." El Canal 11 sirvió de enlace entre miles de afectados y se transformó en un centro de servicio a la sociedad.

La UNAM tiene tres Burroughs modelo 7800, o sea tres equipos grandes de computación, dice Mauricio Derbez. "Varias dependencias gubernamentales cuentan con equipos similares pero los de la UNAM son de lo más sofisticado. Sin embargo, se pusieron al servicio de la población cinco días después del sismo, cuando hubiera sido indispensable que lo hicieran el mismo día. Se reportaron 12 mil 449 llamadas, a partir del 23 de septiembre. Si la UNAM se hubiera propuesto transmitir a través del satélite Morelos al interior de la república, mensajes acerca de la situación de las familias en el Distrito Federal, la televisión y la radio hubieran dejado de repetir durante horas: La familia Pérez le avisa a sus familiares de Tabasco que están bien, y el tiempo y la imagen de Televisa, de Imevisión y del Canal 11 habrían servido de enlace entre ofertas de ayuda y necesidades prioritarias.

¿Con qué se alimentaba la computadora? Se captó parcial y desorganizadamente en qué hospital o albergue estaban los damnificados. El teléfono era la fuente de demanda, la computadora Burroughs no tenía respuesta. Los voluntarios que se quedaron de guardia se sintieron desesperados porque no había respuesta que dar.

Los voluntarios no salían a comer por estar pendientes de las llamadas, pero la desorganización fue quebrando el ánimo de la gente. Nunca se hicieron recuentos directos en hospitales, albergues y zonas de desastre. Hoy, Locatel sigue informando, pero no estuvo preparado para un volumen de datos tan grande; el número de telefonistas y de líneas de teléfono es suficiente, pero el sistema de cómputo no tenía el programa adecuado. Las dimensiones del problema rebasaron hasta a los que idean las técnicas más avanzadas. Resulta aterrador pensar en fallas relacionadas con la vida humana. ¡Cuánto sufrimiento se habría evitado!

Por lo pronto, en el Metro, en algunos vagones, los usuarios han pegado fotitos de credencial; rostros redondos, graves, algunos risueños, para pedir informes, por si alguien vio, por si acaso alguien sabe. El desaparecido "salió de su casa el 19 de septiembre y no ha regresado. Para cualquier información comunicarse a los teléfonos..."

¿Cuántos y quiénes estaban en los edificios destruidos? Nunca lo sabremos: Miguel Ángel Granados Chapa.

Ovaciones, 21 de septiembre
Locatel recibe 25 llamadas por minuto de personas que buscan a desaparecidos. Hasta ayer se habían recibido 25 mil llamadas.
Locatel reportó que hasta ayer se habían atendido 4 000 heridos.

Excélsior, 21 de septiembre
El Crea dio a conocer que en sus listas hay 20 mil extraviados de los que sólo han podido ser localizados 2 500.
En las delegaciones Cuauhtémoc, Venustiano Carranza, Benito Juárez e Iztacalco están los cuerpos. Allí deberán acudir a identificarlos; a las 36 horas serán inhumados.

Unomásuno, 23 de septiembre
En coordinación con la Secretaría de Turismo, se instalaron en el aeropuerto capitalino módulos de información en donde se proporcionaron domicilios, números telefónicos y una lista parcial de los extranjeros que se encontraban en México.

La Jornada, 23 de septiembre
Cientos de cadáveres no identificados depositados en el parque del Seguro Social fueron enviados a la fosa común. A los familiares les preocupa el "trato inhumano a los restos, trasladados en camiones de basura a la fosa común". Se les explicó que era por motivos de salud.

47

Ovaciones, 23 de septiembre
   Se han recibido 40 300 llamadas telefónicas de deudos y familiares según la computadora del DDF y se ha dado información a 4 150 interesados.

Punto, octubre
   Número oficial de muertos por el terremoto del 19 de septiembre: 6 000
   Número de llamadas recibidas en el Consejo Técnico de Investigación Científica de la UNAM, uno de los centros informativos sobre desaparecidos: 12 449.

En los muros de los hospitales aparecen listas de personas desaparecidas cuyos datos fueron dados por los familiares.

☐ Buscamos desde el 19 de septiembre a René Antonio Loo Almaguer. Viste pantalón de mezclilla, chamarra rompevientos blanca, calcetines blancos, tenis "Charly" azul marino. Tiene 11 años, mide 1.68, tez morena, cabello lacio. Asistió a la Universidad Chapultepec ubicada en Chihuahua 156, colonia Roma. Esta escuela se derrumbó a causa del sismo. Informes a 597 46 21 y 392 19 78.

☐ Flor Angélica García Morteo. 22 años, 1.56 de estatura, robusta, pelo largo, negro, ondulado. Estado: embarazada. Avisó el miércoles 18 de septiembre que ingresaba a Ginecología; estaba a punto de dar a luz, no se sabe a qué hospital ingresó y no ha sido localizada hasta este momento. Favor de informar a los teléfonos: 687 74 76 y 687 50 90.

☐ Se agradecerá cualquier informe sobre el paradero del doctor González Sierra Francisco José que se encontraba en el Hospital Juárez el 19 de septiembre. Vestía uniforme blanco. 557 80 87.

☐ Elisa o Érika Kuntze Navarro, edificio Nuevo León, 5° piso. Blanca, 60 años. 1.63 altura. Delgada, güera, cara alargada con arrugas. Se busca desde el jueves 19. Una vecina la vio con vida, muy desquiciada, tememos que perdió la memoria y no recuerde su nombre.

   —¿Quién anda ahí?
   —Nadie, soy yo.
   —Ya no tengo nada.

EL EDIFICIO SE BAMBOLEABA CON UNA FUERZA QUE NO PUEDO DESCRIBIR
Fidela Cabrera
Es un verdadero milagro que haya sobrevivientes —dice Pedro Fe-

rriz de Con— porque tal y como sucedieron las cosas fue para que todos estuviéramos muertos.

Todo empezó a las 7:18 de la mañana. Sentimos el típico temblor muy tenue. Yo estaba pasando una nota en que Mario Moya Palencia se confirmaba como embajador de México ante la ONU. Seguimos sintiendo aquel temblor oscilatorio. Avenida Cuauhtémoc y Río de la Loza es una zona en donde empieza el lodo en el subsuelo de la ciudad de México. Pensé que iba a ser oscilatorio todo el tiempo y que, como tantas veces, iría disminuyendo. Le pedí al operador de audio en la cabina de enfrente y del que sólo me separaba un cancel con un vidrio, que quitara la grabación para empezar a hablar del temblor. Por deformación profesional, mi primer impulso, en vez de correr, fue el de hacer la crónica. Entonces vi que se le salían los ojos de las órbitas, estaba realmente muy asustado. Lo vi como semisentado en el aire a punto de dar un brinco. Margarito, tranquilo, tú sigue allí en tu puesto y vamos a narrarle a la gente lo que está pasando: Señoras y señores: se está sintiendo en la ciudad de México un temblor oscilatorio. Vamos a ponernos en contacto con el observatorio de Tacubaya para averiguar de qué magnitud es. Creí que iba a durar como un minuto y ¡nada! ¡cuál minuto, siguió oscilando más, y cada vez más, y cada vez más! Empezó a asomar el miedo en una forma muy tenue, y pensé en los míos; mi mujer, mis hijos. El edificio se bamboleaba con una fuerza que no puedo describir. Vi, a través del vidrio de mi cabina, cómo caían los lóckers encima de las personas que tenía enfrente: el productor ejecutivo del programa y mi operador, y las columnas empezaron a tronar y las losas también y fue entonces cuando me di cuenta de que estábamos en medio de un verdadero terremoto. Vi los ojos del operador, vi su expresión de pánico. Ya no le obedecían los músculos de la cara y tenía un rictus de terror, lo vi brincar como una gacela hacia la puerta de su cabina y en ese momento todo fue oscuridad, perdimos piso, me caí en el vacío con todo y mesas, sillas, alfombras, todo lo que, según yo, era sinónimo de solidez. Yo sentía que íbamos desplomándonos como en escalonazos, y creo que desde el séptimo en que estábamos caímos al quinto. El edificio constaba de una planta baja y seis pisos. Luego caímos al primer piso y con nosotros una losa junto con una catarata de escombros, de pedazos de losa, varillas, discos, vidrio, madera, ruido. Sobre todo ruido. Lo que más vivamente recuerdo es el ruido. Me acordé de Alicia en el país de las maravillas, cuando se va cayendo por un túnel en medio de la más completa oscuridad. Y entonces, sepultado bajo tantas cosas recordé a Joaquín Pardavé. De niño, mi papá o mi mamá me contaron, que cuando exhumaron sus restos lo encontraron boca abajo y con la seda que tapizaba el ataúd, rasguñada. Supuestamente lo habían enterrado vivo. Yo me decía que aquella muerte tan horrible, a la que más le había temido, me había venido a tocar a mí. Le pedí a Dios morir rápido, para no sufrir asfixia. No sentía miedo sino una profunda resignación y la tristeza de pensar en los míos; en mi mujer y mis hijos tan chicos. Me puse a rezar un Padre Nuestro y, acostado boca arriba sin poder moverme, supe que Dios estaba allí conmigo y me decía: "Ahora busca los medios para sobrevivir". Con trabajos quité de mi cara un pedazo de losa, y me di cuenta de que tenía encima un marco de ventana y eso me había ayudado a que no me aplastaran los escombros. Luego torcí un poco la cabeza y miré hacia atrás y vi un agujerito de luz y pensé que por allí estaría entrando un poquito de oxígeno y que no iba a morir asfixiado. Me puse a escupir lo más fuerte que podía, y había como un resoplido de todo el polvo de concreto que tenía en la boca, en la nariz y en los ojos. No podía abrirlos bien porque todo era una nube de polvo. De pronto vi a Alfonso Chang, a quien le decimos *el Chino*, productor del programa "Batas, pijamas y pantuflas", salir bajo los escombros sangrando de la cabeza. Exclamó:

—Pedro, ¿puedes caminar?

—No creo que pueda porque creo que tengo la espalda rota.

—¿Sabes qué?, si no te incorporas y salimos, se nos va a caer todo encima.

Volví la cara y vi un muro alto, alto, que tenía adheridos pedazos de pisos precipitándose hacia nosotros. Podía oler la adrenalina que secretaba mi cuerpo. *El Chino* me jaló y sentí que me partí en pedazos pero me levanté y apoyándome en él, nos fuimos caminando, junto con un muchacho Ricardo que de pronto apareció. Ascendimos una montaña de escombros. Desde allí se veía la calle. Conforme iba yo saliendo, oí los gritos de desesperación. En la avenida Cuauhtémoc, en vez de circular coches circulaban gentes, que corrían de un lado a otro como hormigas aturdidas. Lo veía todo en blanco y negro, como si hubiera huido el color, por el efecto del polvo de tanto edificio derrumbándose. Mientras subíamos a la montaña de escombros, pude oír los gritos ahogados y los lamentos de mis compañeros y hasta distinguía lo que algunos decían: "Sáquenme de aquí", "¿No ven que estoy aquí abajo?" Y yo sin poder hacer nada, como en una especie de shock.

Me ayudaron a bajar hasta la banqueta y recuerdo que vi a una compañera reportera que se llama Rosa Haydée Castillo que al verme se puso a llorar. "Debo estar muy deprimente para que al verme llore", y le pedí: "Dame un beso, Rosa Haydée, para que veas que estoy bien y que todos estamos bien y que nos vamos a salvar". Fue precisamente el papá de Rosa Haydée, el señor Castillo, quien se ofreció a manejar mi camioneta, cuyas llaves estaban en la bolsa de mi pantalón, y me llevó al hospital.

Cuando iba a arrancar la camioneta donde me subieron entre varias personas, les dije que si creían que era yo tan egoísta que me iba a ir solo al hospital, que subieran a todos los que cupieran, especialmente a mis compañeros de Radio Fórmula. "No, vete tú, los demás van a ir en otros vehículos." Me lo dijeron porque todos los demás estaban muertos.

Llegó mi papá:

—¿Cómo te viniste tan aprisa?

—En una moto.

—¿Y cómo están todos?

—Muy mal, hijo, es una zona de desastre.

Comencé a preguntar por mis compañeros. Por Gustavo Armando Calderón, tan querido, con el que subía todos los días en el elevador y bajaba en el quinto piso. Allí encontrábamos a un señor flaquito de la limpieza: "Buenos días", "Quiúbole, ¿cómo está?" Me informaron que el maestro Gorbachov estaba muerto junto con los del programa de "Batas, pijamas y pantuflas", que también estaba muerto Gustavo Calderón padre, y recordé cómo todos los días al saludarme me abrazaba; y Sergio Rod, con el que siempre bromeaba y me convidaba un tamal en su cabina y en medio del tamal y de las hojas y del café contábamos algún chiste. Y temblando pregunté: "¿Y Margarito?" Yo tenía el remordimiento de haber evitado que Margarito mi operador se fuera, a lo mejor a tiempo: "Está muerto".

Todo fue una pesadilla espantosa que espero sepamos capitalizar en experiencia. Debemos aprender alguna forma de conducta que evite que las cosas alcancen tan enorme dimensión. Decía el maestro Zeevaert, que es un experto en mecánica de estructuras, que no hay estructura hecha por el hombre que garantice que vaya a resistir un terremoto, tampoco hay estructura de sentimientos que resista un desastre como éste. ■

—Ya no tengo a nadie.

—Yo ya no soy nadie.

—Yo ya no soy yo.

—Aquí nadie se ha volado nada.

—El policía: yo lo vi robando.

—Si nunca hemos tenido nada, así de pránganas como nos ve, no vamos a aprovecharnos de otros que se quedaron ahora sí que con menos que nada.

SETENTA Y SIETE MUERTOS EN TELEVISA

Sabíamos dónde estaba el cuerpo de Félix Sordo pero fue imposible rescatarlo, fue hasta el primero de octubre a las 15:45; a esa hora lo sacamos —dice Miguel Alemán Velasco, vicepresidente del consorcio y uno de los dueños de Televisa—. Ernesto Villanueva Bustamante se metió bajo su escritorio y no fue prensado por la losa del techo sino por la de abajo. Seguramente el costado de los elevadores pegó en la base del edificio del lado norte y lo prensó hacia arriba. Le prensó el pecho. Un metro más adelante, donde estaba el cadáver de Félix Sordo Medina, se desplomó la losa y murieron instantáneamente Florencio Martínez Domínguez, Antonio González, Alemán, Cérvulo Ramón Casarín, Ernesto Villanueva Bustamante y Luis Alberto Delgado Anaya. Del cuerpo de Ernesto rescatamos el gafete y pudimos darle a su viuda su anillo, su reloj, sus cosas personales, pero la losa nos impedía ver el cuerpo de Félix Sordo.

Un elevadorista, Miguel, se quedó en el marco del elevador, se cerró la puerta, se le desplomó el edificio enfrente y no le pasó nada. Nada. Salió por su propio pie; al igual que dos policías; otros en cambio tuvieron mala suerte, corrieron o no se movieron del sitio donde desgraciadamente se desplomó el edificio sobre la esquina de Río de la Loza y Niños Héroes; el de Chapultepec 18 se fue sobre la avenida Chapultepec. Los pilares de sostén —que se llaman de fricción de arcilla— se aflojaron posiblemente con la construcción del Metro porque primero se vino toda la parte de enfrente y la de atrás quedó suspendida un momento y luego cayó. El otro edificio que estaba en la continuación de Río de la Loza, Pino Suárez, donde funcionaba el sistema *Radiópolis*, era un edificio rentado. Se cayó piso sobre piso; y era de once.

La duración del movimiento sísmico, y sobre todo el cambio en su oscilación, provocaron el desplome. No descarto que los edificios estuvieran mal construidos; que hubiera mala calidad o robo en los materiales.

PÉRDIDA DE DIEZ MIL MILLONES

Ha sido muy grande nuestra pérdida. Setenta y siete vidas, empleados de Televisa. Aproximadamente quince personas más, entre vendedores de periódicos o de jugos, boleros en la acera de Niños Héroes 27 o mensajeros que vienen a dejar algún paquete o un boletín. Sus cuerpos fueron llevados a los distintos anfiteatros para ser reconocidos por sus parientes. No hemos seguido el récord de esos quince cuerpos. Los primeros días recogimos los cuerpos de Guillermo Gutiérrez Colmenares, Sotero Mejía Haro, Alejandro Fuentes, Erick R. Yáñez y Pablo Téllez, que murió en el hospital. Félix Sordo tenía 25 años, Ernesto Villanueva 61. ¿Quiere la lista completa de los muertos? La tengo aquí, pero me da tristeza enumerar tantas muertes.

Indemnizamos a cada uno de nuestros muertos. A Ernesto Villanueva y a Félix Sordo con 10 millones —tanto por su responsabilidad como por los años que tenían trabajando con nosotros. Sordo era muy joven pero comenzó en XEW —parte de Televisa— y los demás, todos muchachos, técnicos con una capacidad sensacional, han recibido cuatro millones de pesos y un millón por el seguro de trabajo que da el STIRT, el sindicato; les tocaron cinco millones exactamente. A un bolero viejito de pelo blanco muy simpático, a la señora que vende periódicos en la puerta de Niños Héroes, y a los del puesto de jugos, a los del puesto de periódicos, se les ha ayudado económicamente aunque no sean trabajadores de Televisa. Mucha gente murió en el quicio de la puerta, la encontramos prensada con los cables y losas de cemento.

Perdimos 15 mil metros cuadrados de construcción y todo el equipo de noticieros, todo lo que eran cámaras, películas, videotapes, instalaciones. Lo que era Noticieros se acabó. La mitad de nuestra videoteca la teníamos duplicada; esa parte se salvó porque siempre quisimos descentralizarnos.

Lo único que quedó en pie fue el Estudio A, "Paco Malgesto", que tuvimos que derrumbar por peligroso. Al principio rentamos un equipo, y después solicitamos a la Secretaría de Comercio y a Hacienda que nos permitieran importar equipo y, como una excepción —porque viene el futbol—, nos autorizaron a traer equipo para los noticieros.

Es indispensable un lugar céntrico para nuestros programas en vivo, por eso no vamos a irnos al sur. ¿Los televiteatros? Ésos no eran nuestros, los teníamos rentados. Por lo de "Televi" parecía que eran de Televisa, pero no, los alquilábamos.

El monto de nuestra pérdida es de 10 mil millones y el Seguro paga casi 2 mil 900 millones, o sea que faltan 7 mil millones y pico que deberemos pagar.

¿Recuperarnos con el Mundial? Televisa lo único que hace es dar la imagen de los juegos; no interviene en la preparación del Mundial. Todo el mundo lo ve como un gran negocio nuestro, pero dista mucho de ser la realidad.

¿QUIÉN MANDA AQUÍ?

A las 4 horas con 40 minutos pudimos entrar al aire de nuevo, pero ya no teníamos la facilidad de mandar unidades a filmar; en cuanto conseguimos un helicóptero filmamos las consecuencias del terremoto en su totalidad; después fui personalmente a los edificios derrumbados; por ejemplo, apoyamos a Plácido Domingo en el Nuevo León, en Tlatelolco; ayudamos a Yuri, a Susana Alexander y a otro grupo de actores que no quisieron dar su nombre; ayudamos a las costureras. Hicimos brigadas con actores: Chabelo, Ana Martín. En Ginecobstetricia del Hospital General nos tocó oír a los franceses y a los norteamericanos preguntar: ¿Quién manda aquí? y tenían toda la razón, por falta de responsabilidad y organización gubernamental se perdió mucho tiempo. Creo que durante 48 horas esta ciudad fue una ciudad abierta. ¿Recuerda usted la película *Roma ciudad abierta*? Podían haberse levantado en armas y la gente no lo hizo. Esto le demuestra claramente la calidad humana del pueblo de México. La gente se mantuvo por encima de cualquier organización que yo conozca hasta la fecha. Había voluntarios que trabajaron lo mismo una hora que dieciocho, sin cobrar, sin comer, sin tomar agua, fue una organización popular increíble. Niños y scouts que en esos días dirigieron el tránsito. El segundo temblor causó pánico; por más organizada que hubiera estado la gente, la situación nos desbordó a todos.

PEOR QUE UNA GUERRA

Los rescatistas de Israel dijeron que esto era más desastroso que una guerra; en una guerra hay más orden, hay refugios antiaéreos, sabe uno hacia dónde correr, dónde resguardarse, cuál va a ser más o menos la duración del bombardeo, pero en México no había nada. En México sólo hubo un vacío pavoroso, no existió autoridad hasta que las autoridades fueron resucitando. Cuando habló el Presidente como que renació un poco la calma, pero entre tanto, fue la gente la que ocupó este vacío. Cuando De la Madrid habló de unidad, mucha gente creyó que habló de uniformidad, de no criticar, de obedecer y hacer lo que piden las autoridades. No. Siento que la unidad es eso que demostramos inmediatamente después del temblor al ayudarnos todos sin pensarlo dos veces.

Miguel Alemán hijo menciona que se perdió el restaurante El Cisne, pero olvida a la gente que estaba adentro, de la que nos informa el 21 de septiembre *La Prensa*: aproximadamente 60 personas desaparecidas y 15 cadáveres rescatados.

MORBO Y AMARILLISMO

Televisa empezó a hacer amarillismo con las desapariciones, tal como lo demuestra el caso de Elia Palacios Cano. Le habían cortado el brazo, tenía fracturada la mandíbula, permaneció más de 60 horas bajo los escombros de su departamento con su hijo más pequeño, Quique; en el hospital, sabía que su esposo y su hija Leslie habían muerto, pero la señora en la cama de al lado le comunicó que habían reportado en el noticiero de Televisa *Hoy mismo*: "A la señora Elia Palacios se le informa que su hija Leslie está viva en el Hospital Infantil". Elia le dijo a Beatriz Graf: "Me emocioné, fue algo bellísimo, hablé con los doctores de la Cruz Roja y les pedí que consiguieran el traslado de mi gorda junto a mí, porque me desesperaba saber que ella estaba solita en otro hospital. Mi familia también vio la noticia por la tele y salieron a buscarla. Todavía del programa de Ochoa regresaron dos reporteros a asegurarme, categóricamente, que la niña estaba viva. César Piña, mi sobrino, se comunicó con mi familia: 'Díganle a Elia que ésa es una mentira, yo saqué a Leslie, estoy en los crematorios de la UNAM con los cuerpos de mi tío y de la niña. ¿Por qué es así la gente de desgraciada?' Perdí a mi hija por segunda vez; fue un dolor muy grande que me hizo sufrir mucho."

César Piña también sufrió por esta noticia. "Desde el crematorio hablé por teléfono con Elia. Le dije que tenía los cuerpos; desgraciadamente los reporteros inventaron esa horrible mentira."

VOY A SEGUIR CAMINANDO POR LA ESPERANZA DE MI RICARDITO

Con su negra gorra abombada en la que puede leerse "captain" encima de la visera, sus brazos apretados contra su pecho como para retener la emoción, Salomón Reyes comienza su relato:

Vide cómo se desató el temblor desde el estacionamiento Z-650 en la esquina del Nuevo León y lo primero que pensé fue en mis hijos, mi mujer Jose, porque creí que ella estaba también arriba pero se había ido a la leche a la Conasupo. Vide claramente cómo se cayó el edificio, pero ¿qué se puede hacer?, ¿convertirse en Supermán y detenerlo? Esperaban mis hijos el desayuno para ir a la escuela: la más grande, Gloria Leticia, de 17; Miguel Ángel, de 15; Guadalupe Adriana, de 11; Mayito, Mario, al que encontré muerto en la delegación Cuauhtémoc, de 10; Dani, de 7; Ricardo, de 5; Alma Celia de 3 añitos. Lo primero que pensé fue, ¡mis hijos, mis hijos, Dios mío! y el edificio se vino para abajo, nada más que un rechinido y cuando cayó a tierra arrancado de cuajo salió humo negro, negro, negro que se tendió por Reforma. Eché a correr pues toditita la gente hacía lo mismo, ir a ver a su gente, a sus seres queridos, sus familiares, sus conocidos. Toditos a correr unos por un lado y otros por otro, a ver pa'dónde, a lo mismo todos, a dónde vide uno que... a ver qué se encontraban.

Sacaban a uno de acá, ya habían sacado a dos o tres más allá; de los muros tirados los iban sacando. Corrí, subí y nada, aquello duro macizo y ellos debajo y cómo rompe uno, con las manos rompí, me quedé muchos días escombrando a duro, duro y duro, luego cuando las trajeron, con pala, con pico. Mi familia y yo teníamos un cuarto en la azotea hasta arriba, en la parte del Nuevo León que se cayó, entonces pensé que podían haberse quedado hasta mero arriba ¿verdad? Pero el edificio quién sabe cómo se volteó, se hizo rosca, enconchado. Cuando después de muchos días vide que no aparecían, pues a buscarlos; he andado en muchas partes, en muchos hospitales, centros infantiles, albergues y voy a seguir buscando.

UNA BUENA RAZÓN PARA SALOMÓN REYES

Algunos se portan muy déspotas con uno, nada más porque lo ven a uno como es; yo también comprendo que por los nervios, por las prisas, en los hospitales le contesten de tal modo, se siente feo y más con el pesar que uno ya no lo aguanta, lo dejan a uno con la palabra en la boca, aquí no hay nadie, son muchas las malas razones, en la 27 que está en Tlatelolco me dijeron:

—Mira, todos los que recibieron golpes y eso, los mandaron al 1º de Octubre.

Llego al 1º de Octubre, no, pues se fueron al Lomas Verdes, de allí al Hospital Militar; para allá y para acá lo traen a uno como loco, yo ya siento cómo la cabeza me da vueltas, quién sabe qué voy a hacer, pero camino, pregunto, camino de un sitio a otro y pregunto. Cuando llegué al 1º de Octubre: que ya estaban evacuados todos los niños; que sólo los tienen tres días en los hospitales y después los cambian a otro lado y si no, los encargados gritan desde la puerta: "No pues a ése lo mandamos a su casa". ¿A cuál casa? ¿Quién tiene casa? He recorridos tantos hospitales que olvídese, el ISSSTE, la 17, la 24, la 18, el Rubén Leñero, Xoco, La Raza, el Español, el 20 de Noviembre, el Bernardino Sahagún y muchos más que no recuerdo ahorita. También en Naucalpan, la 76 y la 68. Le dije a un señor diputado que me diera una carta para que me dejaran pasar y ya me la dio el señor Verdugo y con esa carta he andado en muchas partes. Mario, Mayito, murió pero pues los otros no sé dónde están y vivo así con la incertidumbre de si estarán vivos o muertos. Fui hasta allá donde los van a identificar a todos los que se llevaron a la fosa común, a la Benito Juárez frente al parque de los Venados y allí nomás mirando fotografías y no, nada, nada, nada, hasta que di con el Hospital de la Magdalena Salinas del Seguro Social y en el segundo piso en la cama 209, el niño Néstor Quiñones, de cinco años, que lo tenían internadito y que vivía en el mismo edificio de mis hijos, me vio buscando y me dijo:

—¿Qué pasó, señor Salomón, qué anda haciendo?

—Buscando a los muchachos.

—Aquí andaba Ricardito.

—¿Estás seguro, hijo?

—Sí —dice—, mire yo estoy amolado de mi cachete, de mi mano y de mi pie. Ricardito nomás de los puros brazos está raspado. Estoy segurito que aquí andaba Ricardito.

NO APARECE EN NINGUNA DE LAS LISTAS EN NINGUNA PARTE
Entonces agarré fuerza y pedí la lista de los nombres, pero que no, que no aparece en ninguna de las listas de ninguna parte; en ninguno de los listados a máquina de los traslados o de los que después del hospital metieron en los centros de rehabilitación. La señorita se puso a hojear un montón de papeles buscando y luego le dije préstemelos y yo también seguí viendo las listas, no sea que se les haiga pasado entre los montones de nombres porque sucede que traspapelan; en el radio dicen muchos nombres y luego va uno con la ilusión y que siempre no.

He caminado de San Pablo La Merced a la Emergencia 68 de la Villa; ya se me acabaron los zapatos, los pies ni los siento de tan hinchados. He cortado calles y calles, ya las tengo todas aplanadas pero no me importa no comer ni dormir, nada me importa, voy a seguir caminando por la esperanza de mi Ricardito porque esa esperanza sí la tengo, a ver qué Dios dice, me conformo con uno, Dios mío, solamente uno, el Ricardito. Al niño Néstor Quiñones de la cama 209 he ido a buscarlo, me lo niegan porque los tienen un ratito y para afuera, como estén, a medio curar, los sacan porque necesitan la cama.

Pues mi esposa se puso bastante enferma; hizo dos intentos por matarse, se andaba ahorcando por allá en el baño; luego se echó a la alberca del Deportivo Morelos donde estábamos refugiados. Ya en la noche la encontré amarrada con las manos en la cama; la tuvieron que amarrar y me dijeron los encargados que hablara con ella porque así no la podían ellos tener, que viera yo qué podía hacer. Tenía los nervios muy así, temblaba toda, temblaba de pies a cabeza, pues claro, es difícil aguantar esto, muy difícil. Se llama Josefina Salgado Sánchez pero estoy enojado con ella, decepcionado porque no está ayudando. Sé que está mal pero yo también estoy mal, sólo piensa en ella, en su dolor de ella, está trastornada, también yo voy a tronar. Se imagina sin hijos, sin casa, sin empleo.

Aparte de ser velador sacaba otro sueldito lavando carros, encerándolos; yo cuidaba 104 carros y mis hijos, todos, estudiaban, iban bien en la escuela, al corriente en su año con todas sus materias, sus diplomas los teníamos colgados en la pared, todo se cayó, ni una foto me quedó de ellos, ni los papeles de la prepa 9 de la Universidad, ni los de la Secundaria 106, ni un comprobante de las escuelas. He visto que otros encuentran entre las cenizas una fotito, una boleta, yo ni eso, ni eso siquiera, ni un recuerdo, nada. Yo lavando carros y diciéndoles, órale hijos, hasta donde se pueda, ustedes estudien. Y sí, daba gusto porque, mire, papá revíseme las calificaciones, papá mira esto, papá mira mi cuaderno, caray, sí daba gusto, lo que me puso la maestra aquí en la esquina, pero mire nada más, fíjese en lo que vine a acabar. De tener una familia grande, siete hijos, y luego no tener ni uno, y estudiando todos, porque todos estaban estudiando.

¿Y ahora qué?, ¿qué es lo que me espera? Nada.

Hora: 7:19
Día: jueves 19 de septiembre de 1985.
Magnitud: 8.1 grados. Escala de Richter.
8 grados. Escala de Mercalli.
Energía: equivalente a 1 114 bombas atómicas de 20 kilotones cada una.

20 de septiembre

Excélsior

Mercalli 8 grados, Richter 7.8 grados.

El peor temblor del siglo. Hubo otras 19 sacudidas entre las 7:20 y 16 horas. Epicentro a 50 km de la costa michoacana.

El registro en la escala de Mercalli: 8 grados.

El doctor Ismael Herrera, director de Geofísica de la UNAM, explicó que debido a que el registro de los instrumentos sismológicos es muy fino y de alta precisión, más que la sensibilidad de las personas, no es posible establecer con precisión la duración del sismo, considerado en general como oscilatorio.

La Jornada

Mercalli 8 grados, Richter 7.3 grados.

El movimiento telúrico fue de 7.3 escala de Richter y de 8 grados en la de Mercalli. Tuvo un movimiento oscilatorio que por su magnitud fue catalogado como terremoto. Su epicentro se localizó a 50 km de la costa hacia el mar en la desembocadura del río Balsas, entre los estados de Guerrero y Michoacán. Su movimiento oscilatorio fue sentido en un área de 800 kilómetros cuadrados.

En París la televisión interrumpió sus transmisiones para informar del sismo con 7.3 grados Richter.

Novedades

Mercalli 8 grados, Richter 7.8 grados.

El más intenso, largo y mortífero de la historia. Alcanzó 7.8 grados escala de Richter, comparable a 8 en la de Mercalli, que mide los efectos telúricos en la corteza del planeta.

Tembló tres minutos y dos segundos a partir de las 7:19.

Ovaciones

El peor sismo de que se tenga memoria. El virtual terremoto cuyo epicentro fue a 350 kilómetros de las costas de Guerrero y Michoacán, según el sismológico de Tacubaya. El temblor duró 7 minutos y tuvo una intensidad de 8 grados en la escala de Mercalli.

La Prensa

En la escala de Richter 7.5 grados. En Guerrero y Michoacán, el epicentro.

Los aparatos sismológicos instalados en Tacubaya indicaron 1.30 minutos.

El doctor Herrera y el físico Zenón Jiménez explicaron que después del terremoto se sucedieron más de 10 temblores de menor intensidad, registrados por los sismógrafos de Tacubaya.

Un experto sismólogo ha dicho que el sismo registrado en México equivale a una bomba de 8 megatones.

El Heraldo
Su duración, 2 minutos.

El Día
El epicentro del movimiento sísmico se localizó a 17.6 grados latitud norte y 102.5 longitud oeste, frente a las costas de Guerrero y Michoacán.

El terremoto se originó en el fondo marino a 50 km de la costa y su área de influencia fue de 800 mil kilómetros cuadrados. Afectó los estados de Jalisco, Michoacán, Guerrero, México, Puebla, Veracruz, Oaxaca y Chiapas, y el Distrito Federal. La zona que más resintió los efectos del terremoto fue la de mayor densidad de población de toda la república: la ciudad de México.

Unomásuno
Desde el sismo del pasado 19, ha habido 38 movimientos más; su intensidad varía entre 3.5 y 5.5 grados en la escala de Richter, informó el Servicio Sismológico Nacional.

Grupos ecologistas y profesionales en ingeniería y arquitectura, atribuyen los efectos brutales del terremoto a la sobreexplotación de los mantos acuíferos de la ciudad. Hace ya 40 años, Nabor Carrillo, ingeniero en Mecánica de Suelos, dio la voz de alarma al demostrar el hundimiento del subsuelo, pero el gobierno capitalino no sólo continuó con la extracción desmedida del líquido, sino que, además, rehabilitó pozos que estaban clausurados y abrió otros nuevos.

La intensidad alcanzó 8 grados en la escala de Mercalli y 7.8 en la de Richter, desde las 7:19 horas.

Fue trepidatorio y en la capital repercutió en forma oscilatoria.

Las agujas del sismógrafo instalado en el Servicio Sismológico Nacional de la UNAM se detuvieron a las 7:19. Los datos del temblor sólo pudieron obtenerse en las estaciones más alejadas de la costa del Pacífico por la suspensión de energía eléctrica en el DF.

La primera información del SSN captada por las estaciones y las redes experimentales que sostienen los institutos de Ingeniería y de Geofísica, se entregó a las 8:30 horas. Más tarde hubo algunas correcciones. Su epicentro se localizó a 17.6 grados latitud norte y 102.5 longitud oeste, frente a las costas de Guerrero y Michoacán. Se originó a 50 kilómetros de la costa hacia el mar y su área de influencia fue de 800 mil kilómetros cuadrados, afectando los estados de Jalisco, Michoacán, Guerrero, Puebla, Veracruz, Oaxaca y Chiapas.

La ciudad de México está situada en el Cinturón de Fuego del océano Pacífico, zona sísmica que se extiende desde Australia, Japón (la zona más intensamente sísmica), Alaska y el oeste de Estados Unidos hasta Centroamérica y la costa sudoccidental de América del Sur. Según sostiene el SSN, nuestra historia sísmica empieza a conocerse desde el año 1400, y posteriormente religiosos como Clavijero y Sahagún hacen referencia a los movimientos telúricos.

Antonio Lazcano

"Hoy 20 de febrero de 1835 será recordado como un día memorable en los anales de Valdiviá", escribió en su diario Charles R. Darwin, "ya que ha ocurrido el temblor más fuerte de que se tenga memoria entre los habitantes de esta región. Yo ya había desembarcado y me encontraba descansando en un bosque, cuando inesperadamente comenzó a temblar; aunque el sismo duró únicamente dos minutos, el tiempo pareció alargarse indefinidamente. Las oscilaciones del suelo eran fácilmente perceptibles. No me costaba trabajo mantenerme de pie, pero el movimiento estuvo a punto de provocarme un vértigo. Era una sensación similar a la que se experimenta en una embarcación atrapada en un remolino, o a la de una persona que patina sobre una delgada capa de hielo y siente como ésta se deforma bajo su peso.

"Un temblor fuerte destruye de inmediato nuestras asociaciones más antiguas; la tierra, el emblema mismo de la solidez, se mueve y se agita bajo nuestros pies como si fuera una delgada corteza que descansara sobre un fluido."

Darwin no se equivocaba. A diferencia de otros cuerpos del Sistema Solar como la Luna, Mercurio y Marte, cuyo reducido tamaño les permitió enfriarse rápidamente y adquirir una corteza de un grosor considerable en unos cuantos millones de años, la superficie de nuestro planeta está formada por una docena de placas de grandes dimensiones que flotan, a la manera de una enorme nata fragmentada, sobre el manto terrestre. Empujadas por el calor que escapa del interior de la Tierra, estas placas, sobre las que descansan tanto las tierras emergidas como los fondos de los océanos, se han desplazado durante millones de años, formando y rompiendo continentes, abriendo y cerrando mares, y alterando constantemente la faz del planeta. Sin estos movimientos, a los que conocemos con el nombre de tectónica de placas, bastarían tan sólo unos cien millones de años para que la superficie terrestre fuera casi lisa, sin montañas ni valles, y cubierta en buena parte por mares someros apenas agitados por los vientos. La lluvia, el calor del Sol, el fluir de los ríos y la actividad biológica tienden a acabar con las montañas y a rellenar los valles, nivelando el terreno, pero el desplazamiento de las placas genera de nuevo cordilleras, enciende volcanes, hace surgir islas del fondo de los mares y, en un proceso de reciclaje geológico de enormes proporciones, renueva cada doscientos millones de años la corteza oceánica. La topografía de nuestro planeta cambia y se enriquece de manera constante gracias a la tectónica de placas; estas modificaciones en la configuración de los continentes y de los océanos han alterado a su vez las corrientes marinas y el clima, modificando la distribución de los nutrientes y generando condiciones ambientales que han propiciado la desaparición de un sinnúmero de especies y el surgimiento de muchas otras.

Los temblores siempre han acompañado al desplazamiento de estas grandes placas. Ha temblado desde antes que el hombre apareciera en la Tierra, y muchos millones de años después de que nos hayamos extinguido seguirá temblando en el planeta. No podemos evitar los temblores. Salvo unas cuantas excepciones, como ocurrió en 1975 en China, ni siquiera podemos predecirlos con un margen de días o meses. ■

Helga Herrera
No creo que las dimensiones ni la longitud de este tipo de sismo hayan sorprendido a ningún sismólogo —dice el doctor Cinna Lomnitz—. De hecho se sabía que faltaba por romperse un segmento de la apertura de la placa que comenzó a quebrarse en el año de 1911. La ruptura sucedió efectivamente en la zona y en el margen de tiempo predicho, porque se calculó que sucedería entre 1985 y 1991. El día 19 no se rompió del todo; faltó un cachito al sur (frente a Zihuatanejo, Petatlán) que 36 horas más tarde terminó de desgajarse. Este sismo es uno de los mejor registrados en la historia de la sismología gracias a los acelerógrafos colocados en 1984 en Michoacán.

Sabemos que los sismos grandes en la costa provocan desastres en el Distrito Federal. En otras ciudades sísmicas como Los Ángeles o Tokio los epicentros no están alejados y producen movimientos más largos y lentos; en el caso del Distrito Federal, el epicentro en la costa resulta desastroso. Lo que no sabíamos es qué tan desastroso podría ser.

Lo novedoso en este terremoto fue su alto contenido de energía. La pregunta sigue en el aire. ¿Qué es lo que falló? Desde luego no debió fallar ningún edificio. Resulta mortal que no se respeten las normas de construcción. ■

Eran dos edificios de nueve pisos cada uno; tú ves el derrumbe de las ilusiones de la clase media.

El sismo de 1957 fue revelador para la profesión ingeniera —dice el doctor en planeación y sistemas Felipe Ochoa— y el Instituto de Ingeniería de la UNAM abrió una nueva línea de investigación sobre emergencias urbanas. Esteva Maraboto y Emilio Rosenblueth incorporaron al Reglamento de Construcción del DF la tecnología sísmica en el año de 1976. Esta línea de investigación ha sido reconocida internacionalmente. Todos los reglamentos de construcción tienen que anticipar grados de sismos. Cuando el fenómeno natural sísmico se presenta, afecta la totalidad del complejo urbano: la infraestructura (agua potable, drenaje, red vial, electricidad) es altamente vulnerable. En el año de 1977, por influencia de muchos grupos conscientes del peligro que corre nuestra ciudad, se hizo un programa de emergencias urbanas. La SAHOP se encargó de él. Pero el 19 nos encontramos con un fenómeno diferente...

Robert Burns declaró en 1973 que la única causa de los movimientos sísmicos en la costa del Pacífico, desde Centroamérica hasta el sur de Chile, es el desplazamiento del magma volcánico que emerge del interior de una extensa cordillera submarina. El magma sale de una profundidad de 300 a 400 kilómetros y la presión del ensanchamiento de la cordillera produce fracturas, a lo cual sigue el movimiento terráqueo. Burns encabeza un equipo de científicos que a bordo del buque *Oceanographer* estudia los movimientos de la corteza terrestre. Aunque en 1970 un grupo de científicos estadounidenses afirmó que los temblores se pueden predecir con algunas horas de anticipación, hasta ahora sólo los chinos lograron vaticinar con precisión el terremoto que destruyó la ciudad de Haichen en febrero de 1975. Evacuaron a un millón de personas y evitaron así una gran catástrofe.

CHIN, OTRA VEZ LA TIRA

En la cuarta delegación, ubicada en Chimalpopoca 100, Colonia Obrera, el agente del Ministerio Público exigió a los deudos de las víctimas diversas cantidades de dinero para "agilizar la entrega de cuerpos".

Ante los ojos del jefe de área de la Delegación Cuauhtémoc, al que sólo conocimos por "Zorro 1", elementos de la Secretaría de Protección y Vialidad, consigna *La Prensa*, se dedicaron a la rapiña en los departamentos que quedaron de pie en el Nuevo León en Tlatelolco.

Los policías "acomedidos" aparentaron rescatar "cadáveres" envueltos en sábanas, pero su inmoralidad los hacía llevar a sus patrullas y automóviles particulares, objetos, ropa y enseres sacados de los departamentos. Hicieron lo mismo policías bancarios, quienes fueron descubiertos por los propios vecinos. El primer comandante L. Hernández resultó responsable de la desaparición de un cofre con joyas que sus hombres guardaron en una de sus patrullas.

Norma Ramos, reportera de *La Prensa*, fue amenazada, detenida y finalmente expulsada de la zona.

Cobraban cuotas para permitir el paso a zonas de peligro. En el cruce de Mosqueta y Guerrero, los policías con la patrulla 15114 y la panel 19901 sólo consentían el paso a quienes se "identificaban" con un billete en la mano. Golpearon a Raúl Hernández, fotógrafo, por tomar gráficas de los uniformados.

—No, si no pasa nada.

HE PERDIDO A MI HERMANA, A MI HIJA, A MIS TRES NIETOS

Cada vez es más impactante la fortaleza, qué digo, la grandeza de nuestras mujeres. Rosario, Chonita, doña Lupe, Cata, Romelia Navarro de Dimension Weld, Elena Rosales que sin más defensa que su suéter rojo se enfrenta al patrón Elías Serur: "No, señor Elías", Evangelina Corona de Jeans S.A., Margarita Flores, Luz Suárez, las trabajadoras que aguardan en San Antonio Abad y permanecen a media calle, en este campo de batalla que es San Antonio Abad, cubierto de maquinaria pesada, tiendas de campaña, escritorios bajo un toldo en el que se oye el teclear de la máquina de escribir, carros estacionados a una prudente distancia, esquinas de José T. Cuéllar, de Manuel José Othón, 600 costureras bajo escombros, compañeras que aguardan, literalmente en la calle, a pesar de sus 20, sus 17, sus 12 años de antigüedad. Aquí no hay patrones, sólo esta población damnificada.

Desde lo alto del edificio de Tehuantepec 12, Antonio Lazcano vio a "las gordas" instalar una cocina. Llegaron en una combi y bajaron sus delantales grandes de los que se pasan arriba de la cabeza, sus bolsas de mandado, sus cazuelas. "Traían ollotas con un chicharrón riquísimo, un arroz que olía delicioso. Ya llegó la comida, avisaban orondas, morenas, grandes, anchas como Zúñigas. Gracias a ellas los brigadistas comimos." Nadie les había dicho lo que tenían que hacer: por sus pistolas decidieron darle de comer a damnificados y voluntarios, y no sólo eso, traían una cubeta con agua y jabón para que los rescatistas se lavaran las manos: "Tállatelas bien". Después instalaron su cocina a unos pasos y se quedaron de planta durante días.

En una improvisada tienda de campaña, frente a Topeka, Consuelo Romo Campos, una mujer grande, fuerte, gorda, morena con porte de tehuana, brazos tan generosos y gallardos que uno la siente capaz de sostener por sí sola el edificio de San Antonio Abad número 150, cuenta con una voz monocorde y apagada para poder controlarla, cómo se vino de Mazatlán:

**DE TANTO AMOR QUE HE PUESTO EN ESTO,
YA TODO EL MUNDO ME QUIERE**

—Cuando vi en las noticias que se había caído el Nuevo León, me vine como pude porque no tenía dinero para nada. Cuando vi que el lado C del edificio Nuevo León en Tlatelolco —donde vivía mi hermana y estaban mi hija y mis tres nietos de visita— se había derrumbado, quedé decepcionada. Pasé toda una semana sin querer comer, sin querer dormir nada más abrazada a un árbol, esperando a que rescataran a mi familia. Tengo una testiga aquí.

Vi a mi alrededor, así como yo vi a otras madres desesperadas, entonces, en vez de destrozarme más dije: ¿por qué no ayudar un poco? Y empecé a repartir agua a los soldados, a la gente que estaba trabajando y a los que esperaban a sus familiares, igual que yo. Después me pusieron a repartir comida. Yo soy fuerte. Seguía con la esperanza, igual que todos, de encontrar a mi familia; todavía tenía una ilusión de que fueran a encontrarla viva en un huequito. Todavía al repartir el agua tenía esperanza, pasaron los días, ya no, ya no, no era posible. Perdí a una hermana que se llamaba Estela Romo, a mi hija, a tres nietos que eran míos, perdí a mi única familia, lo único que tenía, lo único, nada más a ellos, no tengo a más, sólo a ellos, quedé sola completamente. Lloraba yo sola. Dije, no, yo tengo que ayudar, no soy la única, tengo que ayudar, seguí con lo del agua, llorando, pero ¡a repartir agua! Alguien tenía que hacerlo ¿verdad? Luego la comida, repartirla también. Me vieron y el señor Plácido, encargado del rescate en Tlatelolco me hizo coordinadora de voluntarios con tarjeta que decía coordinadora, la tengo dobladita en mi otro delantal así como las cartas que me han escrito. En ese puesto puse todo mi amor, todo lo que tengo dentro de mí para poder ayudar. Yo ya sabía lo que la demás gente sentía, lo sentía en carne propia, porque a mí me estaba sucediendo; estaban tan destrozados como yo. Entonces puse más y más mi amor como voluntaria; me hundí en el voluntariado, fui y vine, hice, cargué, acarreé, repartí, preparé alimentos, calenté agua, serví café, descorché refrescos, todo hice. Barrí, escombré, saqué basura. Cargué piedras.

ME DICEN MAMÁ, ME DICEN TÍA

A mi familia no la hallaron, nada más encontraron en los últimos días a mi nietecita; a ella sí la encontraron, a la más chiquita de los tres. (Se le quiebra la voz.) Bueno... total, de tanto amor que he puesto en esta obra, todo el mundo me quiere, ya me dicen la voluntaria estrella, cosas muy bonitas, me dicen jefa, me dicen mamá, me dicen tía, inclusive he recibido cartas anónimas, búscalas m'hija, por allá están en la orillita, son cartas anónimas, te voy a leer esta: "Señora Chelo, gracias por todo lo que está haciendo por nuestros hermanos en desgracia; personas como usted debería de haber muchas, yo sé que usted está pasando por algo muy triste pero Dios es grande, Dios le dará su recompensa. A mi familia y a mí no nos afectó gracias a Dios, yo siento un dolor y una pena que me aflige el corazón, pero sabe, tengo un esposo que tiene un corazón más grande que yo y el valor de salir adelante para ayudar en lo que se necesite sin pedir nada a cambio".

"Chelito —dice esta otra carta— te ofrezco mi mano de hermana, no estás sola, tienes demasiados amigos y hermanos. Tu hermana Martha." Y esta última para hacerme reír me la regaló uno de los mismos voluntarios. Dice: "Esta tarjeta es para ti, si la tiras me amas, si la rompes, me adoras, si la guardas, te quieres casar conmigo, si la regalas te gusto, y si la devuelves es que quieres besarme, si la doblas, me quieres, mi amor, ¿cómo vas a salir de esto?'' Es un jovencito que lo hace nada más para que no me sienta más mal.

El ruido de las máquinas, las voces de los que entran y salen de la tienda de campaña a veces opacan la de Consuelo Romo. Afuera en la banqueta los ataúdes esperan los cuerpos de las costureras (600 bajo los escombros), los familiares se recargan contra la pared. Faltan cinco días para el 19 de octubre y cada día se vuelve más penoso el rescate de los cuerpos, en su mayoría destrozados cuando no en estado de descomposición. Como no hay ya el estímulo de encontrar gente con vida, la labor es lenta, la atmósfera se vuelve irrespirable. Doña Consuelo es la encargada de subir a los voluntarios al edificio:

—Les enseño, les hablo con cariño, les digo lo que es una voluntad, por qué si encuentran un cadáver no deben tocarlo; si tienen sed les ofrezco agua, si tienen hambre, una torta. Tienen que lavarse muy bien las manos. Si se marean, bajan a descansar a la tienda de campaña, que no se sientan mal. Los que esperan (cuadrillas de seis, de ocho, hasta de diez o doce) tienen que tener paciencia; metemos a un grupo a trabajar y ya pasan seis horas, siete, y veo que están cansados, les digo que se bajen y yo subo al edificio al siguiente grupo, y así van coordinándose.

YO SIGO CON USTED HASTA EL FINAL

Como al señor Plácido le gustó cómo trataba yo a mis voluntarios, me ascendió y me puso de Jefa de Voluntarios. No soy más que un ama de casa, esta gorda —porque hasta caricaturas me hacen—, ésa soy yo. Cuando terminó el trabajo en Tlatelolco le dije al señor Plácido: Yo sigo con usted hasta el final. No pude hacer otra cosa más que seguir. ¿Regresarme a Mazatlán? Si me voy a mi casa, los recuerdos, me sentaré a esperar a que llegue mi familia para estar con ellos, y no sabré cómo aguantarlo, no tengo a dónde ir, esta tienda de campaña es mi casa, aquí están hoy mis familiares; de todos he recibido demasiado cariño, de don Plácido en Tlatelolco: me han ayudado en mi pena, anduvieron en el rescate de mi familia. Son testigos de mi desgracia, por eso no puedo regresar a Mazatlán.

"Chinito —da la orden doña Consuelo— deja pasar a las señoras que traen ollas: acompáñalas por favor.'' Doña Consuelo tiende su mano. Nada tiene ya que perder y tiende su mano, lo ha perdido todo y abre su mano; dentro del más absoluto desasimiento, se tienden la mano los desprotegidos. Se protegen. No pretenden pasar a la historia. No se sienten héroes. Viven su duelo, lo consumen, juntos se apoyan. Recargados los unos en los otros, ninguno quiere ir al albergue. "Al fin que doña Chelo es muy buena para levantar tiendas de campaña." A medio San Antonio Abad, doña Consuelo, los brazos en jarras, da sus instrucciones: "Me van a poner el plástico así, el techo acá, lo amarran con mecate bien apretadito, así para que no esté colgado, lo amacizan bien jalándole con fuerza; estas tiendas de campaña están garantizadas contra aguaceros". Doña Consuelo llama a una brigadista que arrastra su pala: "Ven a lavarte las manos para que te tomes tu torta. Quítate el casco, así te descaloras". Su sola voz es un enorme consuelo, como consuelo es la palangana despostillada en que los socorristas lavan sus limpias manos de hombres limpios mientras doña Consuelo detiene un trapo a manera de toalla y dice, ahora sí, con un infinito cansancio: "Anda hijo, regrésate a tu trabajo".

—Nada, nada, yo ni pido nada.

Todos somos parte de una gran respuesta de compatriotas. Creo que prácticamente no hubo nadie que no hiciera algo.

Diego, estoy sola.
Frida Kahlo en su diario, 1955.
Diego, ya no estoy sola.
Frida Kahlo, 3 días después.

Mundo, estoy solo.
México, 19 de septiembre de 1985
Mundo, ya no estoy solo.
México, 21 de septiembre de 1985.

La NBC, la CBS, la ABC dieron la noticia de la muerte del DF. La tierra se lo había tragado. "Un fuerte jadeo infernal que todo lo arrasaba", dijo George Natanson de la CBS. Los noticieros de Europa dijeron que la Torre Latinoamericana se había caído. "La peor tragedia en quinientos años de la historia de México" divulgaron los noticieros latinoamericanos. Fidel Castro en el Foro de Prensa en La Habana sobre la Deuda Externa Regional informó a la asamblea: "No es un desastre nacional, es un desastre mundial". Regaló 2 millones de dólares y ofreció toda la ayuda cubana. Los nicaragüenses enviaron un avión con plasma sanguíneo. El periódico *Ba-*

rricada de Nicaragua dijo que nadie podía olvidar que México fue uno de los primeros países en ayudar durante el terremoto nicaragüense en 1972, y también el primero en romper relaciones con Somoza. México está empeñado en evitar la guerra en Centroamérica a través del Grupo Contadora. Prácticamente todos los países se hicieron presentes: de El Salvador en un destartalado automóvil vino una brigada de jóvenes rescatistas. En Chiapas, los refugiados guatemaltecos reunieron en una colecta 300 mil pesos. La ayuda empezó a fluir de Colombia, Argentina y la República Dominicana. De los Estados Unidos, ciudades enteras se volcaron en una ayuda de emergencia: Los Ángeles, San Diego, San Antonio, Houston. El avión que más viajes hizo entre San Antonio y México fue el Boing 707 llamado *La Reina del Mundo*. En las cajas, manos anónimas habían escrito: "México te queremos", "México estamos contigo". El presidente argentino Raúl Alfonsín, envió a México los 15 mil dólares del premio Príncipe de Asturias recibido en España.

De Europa, Canadá y Estados Unidos llegaron expertos y equipos para rescate de emergencia. Trece brigadas extranjeras participaron en labores de rescate utilizando equipo altamente sofisticado o perros rastreadores: Alemania Federal, Argelia, Bélgica, Belice, Canadá, España, Estados Unidos, Francia, Israel, Italia, Holanda, Suecia, Suiza, especialistas en fenómenos sísmicos. El mismo 21 de septiembre los suizos y sus perros iniciaron la búsqueda de sobrevivientes en el Conalep, el Regis y el Romano.

Asombrosamente, De la Madrid había declarado: "Somos autosuficientes". Azorados leímos: "México rechaza la ayuda exterior". 48 horas más tarde, los dos sismos nos desbordaban. Entre tanto, en el aeropuerto Benito Juárez eran detenidos los aviones con víveres; las autoridades no parecían salir de su autismo. El *Washington Post* escribió el 22 de septiembre: "Mientras las imágenes y las crónicas describen el horror del terremoto en México, en Estados Unidos se ha registrado una especie de temblor sentimental hacia nuestros vecinos. Los mexicanos son orgullosos y no piden ayuda cuando los desastres los golpean y, menos aún, a Estados Unidos. Sin embargo, si decidieran hacerlo, encontrarían una gran reserva de compasión para un vecino y amigo en desgracia".

Los trabajadores de los países socialistas ofrecieron un día de salario a los mexicanos en desgracia. La Comisión Polaca de Futbol donó el monto del partido entre Polonia e Italia, el 23 de septiembre. La Unión Soviética donó 6 millones de dólares. La ONU puso a la disposición de México 2 millones de dólares para las tareas más urgentes, y Mohamed Essaafi, coordinador de la Ayuda de las Naciones Unidas para casos de desastre vino en representación de Pérez de Cuéllar (De la Madrid canceló su visita a la ONU del 24 al 26 de septiembre). El Papa envió quinientos mil dólares a los damnificados y el 22 de septiembre en el Palacio de los Deportes en Génova lamentó no estar en México:

"No debería estar aquí sino con los mexicanos que sufren en el santuario de la Virgen de Guadalupe."

La solidaridad internacional hacia México está patente: el puente aéreo se ha mantenido durante tres días consecutivos con ayuda de catorce naciones. El presidente de la Asociación Internacional de la Cruz Roja dice que lo que ahora necesita México es dinero, pues ha recibido mucha ropa, comida, medicamentos, etcétera. Lista de aviones oficiales: 11 de EUA, 2 de la URSS, 2 de Francia, 2 de Argentina, 1 de Guatemala, 1 de República Dominicana, 4 de Argelia, 1 de Suiza, 1 de Colombia, 1 de Canadá, 1 de Perú, 1 de Italia, 1 de Cuba, 1 de Panamá, 2 de España.

Reagan habló por teléfono con Miguel de la Madrid, según *La Jornada*. Gavin recorrió las zonas afectadas. La señora Reagan llegará hoy. Juan Pablo II expresó su apoyo e invitó a los pueblos a solidarizarse. ASA comunicó que han arribado 32 aviones con mil 300 toneladas de carga, e indicó que la ayuda ha sido inmediatamente canalizada a las zonas que la requieren, de acuerdo con la Secretaría de Gobernación, el DDF, la Secretaría de la Defensa Nacional y la Cruz Roja. En la ONU se tratará de dar ayuda a mediano plazo. En Puerto Rico se formó un comité para ayuda económica. Muchas organizaciones y países donaron dinero: la Cruz Roja de Alemania donó 130 mil dólares, Japón 250 mil dólares, Austria medio millón. Cuba opina que no deben cobrarnos la deuda externa.

El *Washington Post* dijo que las instituciones gubernamentales, bancarias y empresariales deben cambiar de actitud hacia México.

EL MUNDO NOS COBIJA

El director de Aeropuertos y Servicios Auxiliares, Humberto Lugo Gil, informó que desde el momento en que se conoció en el extranjero la magnitud de la situación de la ciudad de México se han recibido 1 100 toneladas de carga, entre víveres y medicamentos, equipo hospitalario, helicópteros y vehículos de rescate procedentes de trece países. Se atendieron 28 vuelos especiales. Ayer llegaron dos aviones tipo Hércules, uno C-141 y otro C-S-A de la Fuerza Aérea de los Estados Unidos con tres helicópteros Bell y cuatro camionetas. Igualmente, tres vehículos blindados y una limusina 1985 con varios agentes de seguridad de la Casa Blanca. No se explicó el motivo pero es evidente que se prepara el arribo de Nancy Reagan, la esposa del presidente de Estados Unidos.

México no sabía que lo querían así.

—No me quedó nadie.

"ESTÁ TEMBLANDO", DIJE EN VOZ ALTA
Beatriz Graf

Amaneció el día normal, dice Elia Palacios Cano. Mi esposo fue el primero en despertarse, tenía un desayuno a las ocho. Luego me levanté yo, fui al cuarto de la niña. Le saqué su uniforme, lo puse en la cama, fui a la cocina a prepararle su fruta. "Ándale, gorda, tu amiguita ya salió de su casa." Vivíamos en Bruselas 8 esquina Liverpool, departamento 5, 2° piso. Los vecinos del departamento 3 sí salieron. "Sí mamá, ya sólo me faltan los zapatos." Iba a enjuagar un vaso y me mareé: "Está temblando", dije en voz alta, luego pensé, para qué lo digo, vi el foco mecerse. "Está temblando", repetí. Le grité a mi hija "Está temblando". "Sí mamita", y se vino junto a mí. El niño seguía dormido, lo cargué y nos dirigimos a la puerta; Enrique mi esposo salió del baño y tomó de la mano a Leslie, trató de abrir la chapa de arriba, luego la de abajo, se le cayeron las llaves, las recogió y pudo abrir; la puerta empezó a azotarse muy fuerte de un lado a otro, en una forma tremenda y dije: "Qué salir ni qué nada, esto nos va a botar por las escaleras", volví la cara hacia la calle, el edificio de enfrente se movía como yo nunca había visto moverse nada, estrellándose con el de junto, en la pared de mi sala se abrió una ranura grandísima. "Esto no es un temblor, es un terremoto." Pensé en mi mamá que vive en la colonia Obrera en una casa muy vieja y descuidada, luego sentí que caía y grité: "Enrique, la niña".

AY, MAMITA, ME APACHURRAS, ME LASTIMAS

Fue rapidísimo. Caí con el brazo izquierdo y la barba porque con el derecho estaba cargando a Quique; no quise caer encima de él, por eso metí la barba. Cuando nos detuvimos el niño me dijo "Ay, mamita, me apachurras, me lastimas". "Salte rápido", le contesté

71

y lo saqué de debajo de mí. Me traté de levantar pero me di cuenta de que mi brazo izquierdo estaba atrapado. Toqué al niño, le pregunté si le dolía algo. "Está muy oscuro" me dijo. "Sí, mi amor, es que se fue la luz, quédate quietecito." Traté de buscar a mi esposo en la oscuridad y encontré su cabeza: "Enrique, háblame". No me contestó. Le toqué el pulso, no, lo moví, nada. Estaba muerto. Al ver que no me podía sentar ni levantar me quedé tirada boca abajo. Me di cuenta de la situación, tenía que guardar mucha calma, estar tranquila. Traté de imaginar qué techo se había caído, qué pared, pero estaba muy oscuro. Busqué a mi niña, la llamé, Leslie, Leslie, me ayudó pensar que si no la oía fue porque había muerto y su muerte había sido instantánea, no había sufrido. Volví a tocar a mi esposo, su cabeza estaba sangrando, le tomé el pulso otra vez y no, no, no, no, no.

No sería la única que me encontraba en esa situación, tenía que estar pendiente por si alguien venía a rescatarnos, entonces me volví a decir "tengo que estar tranquila" para no gastarme el oxígeno del lugar donde quedé atrapada. ¿Cómo estaría la casa de mi mamá? En ese momento todos iban a tratar de saber de todos y al ver que yo no llamaba por teléfono me iban a venir a buscar, y al ver el edificio todo derrumbado me iban a sacar; pensé: "Ojalá así sea".

AYÚDENME, AYÚDENME

Después de diez o quince minutos oí a una persona que pedía ayuda: "Ayúdenme, ayúdenme". Yo también empecé a gritar "ayúdenme, ayúdenme"; seguramente se trataba de alguien que vivía en el edificio y estaba atrapado, era inútil, ni yo le podía ayudar ni él a mí, le grité: "Tranquilo, nos van a venir a sacar, no se gaste el oxígeno". Al rato oí voces, un hombre y una mujer preguntaban "¿Hay alguien ahí?" Les contesté que yo con mi hijo pero no me oyeron y es que, como se me había roto la mandíbula, la voz no me salía clara.

Estábamos en un lugar muy pequeño, de largo no eran más de dos metros; de ancho serían cuando mucho sesenta centímetros y otros sesenta de alto. Quedé boca abajo pero con los pies podía detener la losa que teníamos encima. Era un espacio muy reducido. Cuando César mi sobrino me rescató, estuvo encima de mí tratando de zafarme el brazo porque no había lugar para que él trabajara, por eso creo que eran sesenta centímetros de ancho. Yo le decía a mi sobrino que cómo no tuvimos la suerte de quedar todos juntos, con vida, y él me contestó que en ese espacio nos hubiéramos acabado el aire entre todos. Después era una angustia pensar "Si yo hubiera abrazado también a mi hija".

Olía a gas. A lo mejor se habían apagado los pilotos de mi estufa, a lo mejor se había caído una pared de la sala y la cocina estaba en pie, fue por eso que le pedí al niño que se arrastrara a ver si podía llegar a la cocina, que se trajera del refrigerador un jugo, un refresco, una fruta, le dije que se asomara al balcón con mucho cuidado y le gritara a la gente que allí estábamos, pero Enrique no quiso ir, y qué bueno, no hubiera podido llegar. El olor a gas desapareció al rato, o a lo mejor me acostumbré.

Hice el intento por zafar mi brazo. Había unas tablas cerca de mí y me di con una tabla, me quería romper el brazo; "si lo restiro me lo puedo romper, lo puedo cortar y luego lo amarro con mi camisón para no desangrarme", me di con el tacón de la zapatilla, con una piedra, pero nada. Me dije: "Si Dios quiso que quedara así atrapada, fue por algo, tal vez sí se derrumbó el edificio y si trato de salir, voy a perder la vida". Quique no tenía ni un raspón y decía yo: "¡Ay, Dios mío, permíteme salir con vida, que me sienta bien, porque si llego a desfallecer mi hijo se va a quedar aquí solo, atrapado, y va a ser una muerte muy fea, tengo que aguantar". Me quedé quieta junto a mi hijo. Sentí unas toallas en los pies, las jalé un poco pero no las alcanzaba, el niño sí se podía sentar, y le dije: "Mi amor, ve tocándome las piernas y cuando llegues a mis pies las vas a sentir". Y me dio las toallas, acomodé una tapando el cuerpo de mi esposo para que el niño no lo tocara, otra se la puse a Quique para que se pudiera acostar y la otra me la traté de acomodar debajo de las piernas porque había muchas piedras y me lastimaban, pero no pude; tapé al niño que decía que tenía frío, aunque yo no creo que era frío; eran sus nervios. No me pidió de comer, ni agua ni nada, sólo preguntó qué había pasado y le dije que había sido un temblor: "Pero van a venir a buscarnos, estate tranquilo, aquí vamos a estar los dos". Y se quedó dormido. Dormía bastante.

GRITABA: "ESTAMOS AQUÍ"

Horas más tarde oí cerca las máquinas, oí voces, taladros. Eso me dio serenidad, pero tuve miedo de que sin darse cuenta tiraran la protección que teníamos. Yo los oía pero ellos nunca me escucharon, yo les gritaba "estamos aquí, ayúdennos". Fue una de las cosas que me mantuvo despierta casi todo el tiempo, la preocupación de que se acercaran mucho y taladraran en la losa que nos cubría. En la oscuridad no sabía si era de día o de noche. Me imaginaba la noche cuando oía encima de mi cabeza menos actividad. "Debe ser de noche; no trabajan igual."

Al día y medio sentí mucha sed, tenía la cara muy inflamada, hambre no sentía, más bien era sed y la preocupación de que nos fueran a lastimar al tratar de rescatarnos, también tenía deseos de vivir, ganas de vivir, de salir de ahí. Sentí que cada vez estaban más cerca, los olía, los sentía cerca, gritaba "con cuidado, estamos vivos pero no me puedo zafar, con mucho cuidado por favor". Yo pensaba que iban a quitar la losa de encima, a sacar a mi esposo, a Leslie mi hija y después a Enriquito y a mí. Cuando los sentí muy cerca tomé el brazo de mi esposo, toqué su mano y le dije: "Ya vienen por nosotros y tú te vas". Le acaricié la cara, lo abracé: "Nos vamos a separar físicamente, pero siempre vamos a seguir juntos". Me despedí de él. Entonces sucedió el segundo temblor. Oí que las personas de afuera dijeron "está temblando, muchachos, tranquilos, que no haya pánico", acosté al niño boca abajo, le tapé la cara, subí los pies para detener la losa y le pedí a Dios que no se fuera a derrumbar el pedacito donde estábamos. Ya no trataron de rescatarnos. Creo que me quedé dormida porque luego no supe si de verdad había temblado o había sido un sueño, no sabía si ellos habían estado cerca o me lo imaginé, pero sí, creo que les dio miedo y se fueron.

Después supe que sólo mi sobrino seguía escarbando.

El sábado, día en que nos rescataron, yo estaba perdiendo el sentido. Vi a mi mamá, a mis hermanas, en perfectas condiciones, me decían que no me preocupara, por ese lado me sentí tranquila, pero empecé a sufrir alucinaciones porque soñé que me habían sacado y llevado a mi departamento y le dije a Quique: "Vas a dormir en tu recámara". "Pero ¿en cuál, mamita?" "En tu recámara, la televisión está encendida." Él sí estaba en la realidad de las cosas.

—No mamá, eso no es cierto —me decía.

Soñé que tenía mucho dinero y me compraba una casa con alberca, tenía hasta sirvienta. Alrededor de la alberca había muchas piedras que me lastimaban: "A ver, esas piedras, encérenlas, púlanlas, píntenlas, a ver qué les hacen porque ya no las aguanto". Le preguntaba al niño qué quería comer. "Pero no hay comida, mamá", "Sí, mi vida, ahí está la sirvienta y te va a preparar lo que se te antoje", "Pues quiero mi espagueti con quesito y crema", "¿Nada más? Ándale, mi amor, tú sí puedes levantarte, allí está tu comida en la mesa, ve por ella", "No mamita, yo creo que es un sueño porque yo no veo nada, mejor ya no como, no tengo hambre". Ésa fue una de mis alucinaciones, por eso cuando Enriquito salió lo primero que pidió fue espagueti.

Hubo un momento en que él me dijo: "Sabes, mamá, tengo una idea mejor para que podamos comer, por qué no sales tú a buscar". No sabía que no podía moverme.

En otro rato vi una luz, sentí la presencia de una persona aunque no la pude ver. Le dije: "Por favor ayúdeme, no le pido mucho, sólo que me desatore el brazo, mire, no lo voy a reportar con nadie, no voy a decir que usted no me quiso ayudar", pero en lugar de zafarme taladró más y volví a voltear boca abajo a mi niño y subí los pies, en esta posición le decía a esta persona: "Mire, yo no estoy loca ni borracha, estoy atrapada, si usted me ayuda a salir no le voy a decir a nadie que en lugar de sacarme me dejó caer el plafón, a nadie se lo voy a decir, pero ayúdeme, ¿qué no tiene corazón, qué no tiene hermanas, por qué no se le mueve tantito el corazón?"

Me di cuenta que estaba yo muy mal, muy débil. ¿Qué iba a pasarle a Quique?

—Hijo, dime, ¿cómo te llamas?

—Ay, mamá, pues me llamo Quique.

—A ver, hijo, repite, me llamo Enrique Cano Palacios.

—Me llamo Enrique Cano Palacios.

—Tengo tres años.

—Tengo tres años.

—Mi hermana se llama Leslie y tiene seis.

Se lo estuve repasando y repasando.

—Me llamo Enrique Cano Palacios. Tengo tres años. Mi hermana se llama Leslie. Tiene seis años. Mi papá se llama...

Hasta que se lo aprendió quedé más tranquila.

Lo primero que vieron fueron mis pies. Alguien dijo: "Tranquilos, paren las máquinas, aquí hay personas vivas". Reconocí la voz a pesar de que momentos antes estaba yo alucinando. Era mi sobrino César. Dijo: "Madrecita, tranquila, ahorita la vamos a sacar, cuál es su nombre". "Soy yo, hijo, tu tía Elia." Su voz cambió, estaba superemocionado, y yo en ese momento volví a recuperar la tranquilidad de antes, volví a ser yo. "Gordita, ¿estás bien? ¿No te falta el aire?" "En verdad estoy bien, el niño está bien, estate tranquilo y nos vas a poder sacar mejor."

Estuvo cortando varilla, echando agua para no levantar polvo: "Ya mero, ya te voy a sacar". El niño vio a su primo: "Tú eres César, el que me dijo que me iba a regalar unos perritos, ¿verdad? Tú eres el que me va a sacar de aquí". Hasta entonces empezó a llorar. Por ese hoyo que hizo mi sobrino cupo el niño. Luego entró César y empezó a tratar de zafarme el brazo.

Vi el cuerpo de mi esposo. Habían pasado tres días y ya estaba descompuesto, olía mal, se puso negro, yo creía que era un muñeco, pregunté: "César, ¿estamos en un teatro?" "No sé dónde estamos pero ayúdame, relájate para que pueda sacar tu brazo." Me arrimaron unas gasas con agua: "No las tomes, enjuágate la boca y arroja la sangre". Ya que dejé de escupir sangre me dieron suero, tomé un litro. Después supe que César tardó tres horas en zafarme. Mientras platicábamos le pregunté cómo había pasado todo, que qué día era. El lugar era muy pequeño, se acostó arriba de mí porque no tenía espacio para trabajar, le pasaban herramienta. Le pregunté si tenía mis dedos, si él creía que fuera necesario cortarme el brazo, me dijo que él creía que no pero bien sabía que sí y no tuvo valor para cortarlo en ese momento.

Me acostó en una camilla y la jalaron desde afuera. "Te voy a tapar la cara porque hay mucho polvo."

Llovía. Me cubrieron con un paraguas, había curiosos y me rodeó mi familia. Me subieron a una ambulancia. Al niño lo habían llevado a un puesto de socorro, estaba perfectamente bien. Me bañaron, llamaron a los doctores, se dieron cuenta de que tenía fracturada la mandíbula, me pusieron suero. Llegó otro doctor y me dijo: "Señora, la noto a usted muy tranquila y le voy a ser franco, su brazo está muy mal, vamos a hacer lo posible por salvarlo, estuvo usted casi 60 horas atrapada con el brazo aplastado, vamos a ver hasta qué altura lo podemos salvar". "Doctor, yo qué más quisiera que salvara mi brazo pero si usted cree que no tiene remedio, que cortándolo me salve, pues córtelo." Me llevaron al quirófano, me quedé dormida hasta el domingo a las 2 de la madrugada. Cuando desperté sentí calambres, fui levantando el brazo hasta que vi el muñón. Lo di por hecho. Cuando estuve atrapada me di cuenta de que mi brazo quedó cerca de la carne descompuesta de mi esposo, que tal vez yo tenía una herida y que me cortaran el brazo era una manera de salvar mi vida.

A la Cruz Roja me fue a ver mucha gente, parientes y amigos. Yo no quería que se pusieran a llorar y terminaran con mis fuerzas. ■

LOS HUECOS ERAN COMO ENTRADAS DE ESPERANZA

Yo no conocía Bruselas número 8, Elia se había cambiado hace poco —dice César Piña— y no podía creer que ése fuera su edificio. En la montaña de cascajo, los huecos eran como entradas de esperanza. Vi un hoyo y me lancé, quería escuchar algún ruido: "Elia, ¿estás aquí? Contesten, contesten, ¿hay alguien allí?" Escuché ruidos. "Silencio, por amor de Dios, silencio." El primer muerto que saqué fue un hombre totalmente recubierto de lodo, el segundo, un muchacho muy joven, muy güero, de cabellos como quebrados. Le decía a la gente: "Ayúdenme, que no lo aguanto." Y nadie lo agarraba, no querían tocarlo, tenía los pulmones destrozados.

De nuevo me metí al hoyo y me arrastré con la esperanza de encontrar a Elia y a mi familia. Ya para entonces había llegado la grúa y bajé a hablar con el conductor.

—Hay que levantar la losa un poquito más arriba para que yo pueda meterme.

—No, la grúa se puede voltear.

—Escúchame, carajo, tengo familia allá adentro, estoy seguro de que si tú tuvieras familia harías lo mismo ¿o no?

Por fin se convenció. Al apuntar con la luz bajo la losa vi a otro hombre güero y me ilusioné, podía ser mi tío. Me acerqué un poco. No era un cuerpo, eran dos. Estaban tiesos, desnudos, abrazados, las caras juntas, las piernas enlazadas. Había que sacarlos unidos. Me limpiaba las lágrimas, el sudor: "No se desesperen, aguanten tantito". Cuando los levanté vi que la muchacha también era güera. Afuera, la gente cuchicheaba:

—Miren cómo los agarró, miren esto, miren lo otro.

Reían, bola de morbosos, reían en lugar de ayudar.

Volví a meterme al hoyo y el tiempo se me perdió.

Me gritaron que en el otro lado del edificio había una mujer y que fuera a verla. Sin vida, hincada. Saqué ese cuerpo duro y lo entregué.

NO ES ÉSTA LA ESQUINA

Empecé a tirar a la calle todo lo que encontraba, le gritaba a la grúa que levantara una losa, otra losa, estaba como loco, le exigía al de la grúa que levantara las losas. Muy pronto encontré las paredes del cuarto de los niños: "Aquí está, aquí es". Me metí a la recámara, pero nada, encontré un paquete de dólares y lo aventé; mi misma familia me gritaba que no tirara las cosas, que eran de Elia. Limpiamos perfectamente el espacio y me seguí con el cuartito que supuse de los niños y nada, en la sala tampoco. Encontré fotos de la familia, regadas, se me partía el corazón, sacaba yo ropa y decía ya los encontré, pero nada, reconocí muebles y discos. Ellos ¿dónde habían quedado? Tal vez en las escaleras. Un ingeniero estaba muy pegado conmigo, me decía: "César, y ahora ¿qué hacemos?" "Hagan hoyos para que la grúa nada más levante." Serían las cuatro de la tarde cuando alguien gritó: "Algo se mueve". Vimos que era un pie que se movía. "Momento, por favor, aquí hay gente, no hagan ruido."

"Madrecita, ¿está bien?, no se preocupe, la voy a sacar, ¿está bien?, ¿cuál es su nombre?" "Soy yo, hijo, tu tía Elia." Grité: "Madre, yo te saco ahorita, te lo juro, gorda, te juro que te saco". Respondió: "Cálmate, hijo, cálmate y me vas a poder sacar mejor". Le pedí a uno de mis primos que bajara a avisar que Elia estaba viva y la iba a sacar.

Hicimos un hoyo más grande, cuando pude me metí, Quique me reconoció. Me sorprendió que estuvieran tan tranquilos. Los alumbré. Sentí que me moría. La losa se había detenido sesenta centímetros arriba de ellos. Olía muy feo, a gas, a cuerpo muerto. Empecé a maldecir; no podía ser que eso les hubiese pasado. Mi tío tenía su cabeza junto a Elia, estaba negra.

Elia me pidió que sacara primero al niño. Busqué a Leslie pero no la vi. Les mojé los labios con agua y le expliqué a Quique cómo iba a salir agachadito; exactamente como se lo ordené, lo hizo. Al sacarlo a la luz de la tarde sentimos que ese niño había vuelto a nacer, que ese niño era lo máximo.

Cuando regresé con Elia me puse a trabajar para desprender su brazo atrapado por la trabe. Tenía a mi tío junto y le pedí que no volteara. No cabíamos. El brazo me quedaba muy lejos, sudaba, lloraba, la verdad, ya no aguantaba más. Nos mandaron un tanque de oxígeno y suero. Elia estuvo tomando despacio por la manguerita de la solución, le mojaba los labios; no me di cuenta de que tenía la mandíbula fracturada, ni ella me lo dijo. Era muy difícil trabajar en la posición en la que estaba: "Gorda, me vas a perdonar, pero me voy a subir encima de ti". Le piqué su brazo con un cuchillo: "¿Sientes?" "No." "¿Sientes aquí?" "No." Yo sólo veía medio brazo. Todo lo que necesitaba caía por el hoyo como si fuera tienda de abarrotes, pedía un desarmador y me lo daban, pedía oxígeno y allí estaba. Trabajé con cincel y martillo. En una de ésas el doctor me dijo: "César, si quieres, yo bajo", no sé cómo me veía que me lo propuso.

DAME FUERZAS, DIOS MÍO

Elia empezó a decir incoherencias, que si ya antes la habían sacado de allí, que si tenía muchos sirvientes. Estuvimos tres horas. La gente preguntaba que qué pasaba, Elia decía "Ya, sácame como sea, pero sácame", yo no tuve valor para cortarle el brazo. "Pues córtamelo", me repitió y yo sentí regacho. Perdía la razón, creía que su esposo era un muñeco, un títere de un muchacho Frederick Van Malle que era un director de teatro que vivía en el edificio, junto con Rockdrigo. En medio de su delirio, Elia me dio valor: "Cálmate, yo estoy bien, el que está muy mal eres tú, cálmate y me vas a sacar mejor". Pedí aceite Mennen y en menos de dos minutos me lo pasaron, hice un buen hueco con el desarmador, cubrí el brazo de Elia con aceite, jalé fuerte, ella volvió la cabeza y salió el brazo. Salió deshecho: la mano aplastada, machucada, sin una gota de sangre, como cartón. No quedó conforme hasta que se lo tocó. La empecé a arrastrar, llegamos a la salida del hoyo. Me preguntó que quién estaba afuera, le dije que mucha gente y todavía me dijo: "Entonces tápame porque no quiero dar autógrafos".

AHORA SABEMOS CON QUIÉNES CONTAMOS

"No había planos de los edificios, mucho menos de las calles cerradas al tránsito; ningún delegado ofreció un mapa de su delegación señalando cuáles eran los inmuebles derruidos; nunca se anunció a qué zona debía acudirse, en qué sitio estaban trabajando tales o cuales delegaciones de socorristas. Por este caos, esta falta de indicaciones, explicables durante las primeras 72 horas pero imperdonables después, mucha gente que pudo haberse rescatado quedó bajo los escombros."

Así hablan algunos delegados de Acción de Urgencia Internacional (AUI), entrenados para acudir a sitios donde hay una catástrofe. Extraordinariamente capacitados para hacer frente a los desastres: terremotos, huracanes, inundaciones, este equipo de hombres y mujeres están dispuestos a partir en el instante en que son requeridos, con su equipo especializado. Así han ido a Italia, Yugoslavia, Túnez, Honduras, Guatemala, Santo Domingo, Haití, a trabajar junto con las víctimas.

"Se perdió el tiempo. Fue una vergüenza."

Las horas y los días y las semanas que siguieron al 19 de septiembre fueron de lucha por la sobrevivencia; salvar la vida. Sin embargo, estos voluntarios expertos en ayuda de emergencia se encontraron con un sinfín de obstáculos, dispersión de los esfuerzos, falta de organización, pérdida de tiempo cuando cada minuto que pasa puede ser fatal y, en muchos casos, un franco rechazo por parte de las autoridades que alegaban que todo lo podían hacer solas. Era más fuerte el orgullo, la ineptitud y el miedo a la injerencia extranjera por parte de nuestras autoridades, que la vida de miles de mexicanos cuyo pulso —como se vio hasta 15 días después— seguía latiendo en algún rincón de un edificio derrumbado.

¿El plan DN-III? ¿Qué será?

Juan Arévalo Gardoqui, Secretario de la Defensa Nacional, explica que en la Plaza de la Constitución se echó a andar ese plan el mismo día 20 de septiembre con 6 generales, 84 jefes, 257 oficiales y 3 500 elementos de tropa, 25 ambulancias y 600 motos. Precisó que 600 camiones DINA están dispuestos a transportar a la población; más de 50 000 hombres destacados en las zonas de desastre; elementos de la armada con fusiles automáticos se cercioran de que nadie entre a los comercios. Manuel Bartlett, secretario de Gobernación, subraya que el gobierno tiene el control sobre todo el país. Aguirre Velásquez exhorta a los habitantes a no salir por la noche salvo en caso de urgencia, y alega que todo está siendo atendido "aunque no se deje ver con la rapidez que todos quisiéramos". De la Madrid asegura que el gobierno cuenta con los medios materiales y humanos para hacer frente a la tragedia y desde el mismo día 20 lanza su llamado: "Estamos preparados para regresar a la normalidad".

—Me quedé sin nadie y sin nada, señito.

¿QUÉ MÁS SE VA A ACORDONAR?

Cuando el ejército empezó a tomar la dirección nadie sabía qué hacer porque nadie tenía conocimientos, lo cual resulta explicable. Lo inexplicable es la prepotencia: a los españoles por ejemplo, en el aeropuerto les retuvieron su equipo en la aduana. Roberto Zamarripa consignó en *La Jornada* que a los bomberos de Marsella los llevaron a dormir, a desayunar, a bañarse al Fiesta Palace cuando lo que ellos querían era entrar en acción y lo pedían continuamente. María Stoopen, quien se ofreció como intérprete de los franceses, dijo que no tenían escolta, ni mapa de la ciudad, ni apoyo en su desplazamiento, ni guía a los lugares del siniestro, y una tardanza criminal entorpecía los movimientos. "El grupo de rescate francés al que yo acompañaba ese día en Tepito, coincidió con un grupo mexicano

Veinte millones de habitantes y 50% de la industria; el Distrito Federal concentra la riqueza y la miseria de México. Para la mayoría no hay dónde ir, el D. F., lo acapara todo.

La ciudad sobrepoblada no nos garantiza los servicios básicos; el agua, la luz, el gas, los transportes. Al menos teníamos una certeza: el padre Hidalgo.

México, el cementerio más grande del mundo es también el ombligo de la luna.

Primero fue la masacre de Tlatelolco, ahora es el edificio Nuevo León: también la corrupción es crimen.

"¿A dónde los llevamos?" Ya no caben en ningún lado. Las agencias del Ministerio Público están saturadas de cadáveres.

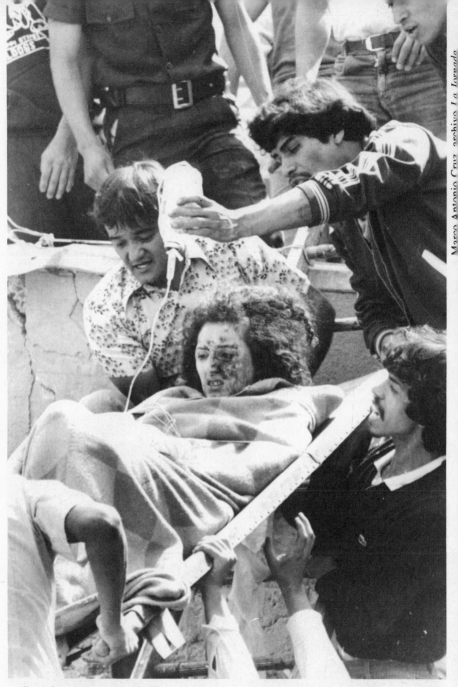

—¡Qué feo estuvo, verdad!
—Ya, ya, ya pasó.

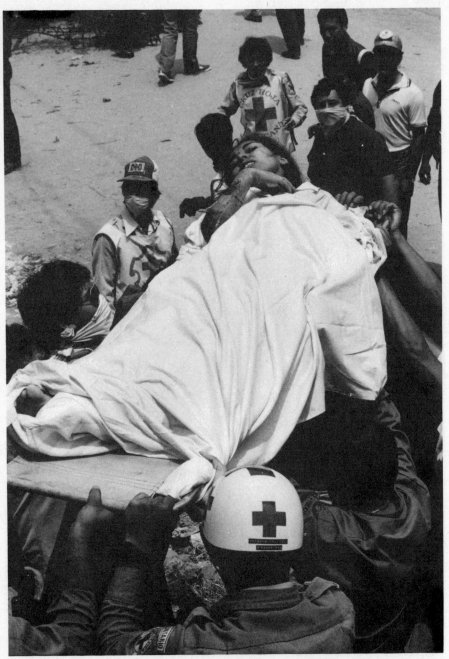

Muchos de los cuerpos tuvieron como destino final la fosa común.

Los sismos reavivaron el tejido humano de la ciudad.

y otro francés y, cuando nos íbamos, llegaba uno argelino, al que le comunicamos que ya no había nada que hacer. El entrenador francés de uno de los perros comentó con gran irritación que a las colonias pobres los estaban llamando demasiado tarde, cuando ya no había esperanzas de encontrar vida entre los escombros. De los centenares de edificios destruidos, muchísimos quedaron sin ninguna o muy poca ayuda. Es muy importante destacar el gran vacío administrativo y de autoridad que existe en el gobierno del DF, evidenciado en esta catástrofe.'' El gobierno incluso se permitió impedir la acción de los ciudadanos; a muchos desesperados se les prohibió el acceso a los escombros en que estaban sepultados sus familiares, como en el caso atroz de la familia Gironella, en el edificio de Liverpool 24. Según la periodista Manú Dornbierer, el general Mota, jefe de la Policía, se presentó a las cuatro de la madrugada del día 20, y ordenó una brigada de rescate en el lugar. La brigada nunca llegó. En cambio, los soldados impidieron el paso a los voluntarios. Corría la mañana del 20 cuando distinguieron que de los escombros más altos colgaban los cadáveres del padre y de la hijita. Los familiares tuvieron que conseguir una grúa para que les permitieran bajar los cuerpos. Ni a eso les ayudaron.

ACORDONAR ES IMPEDIR, ES OPRIMIR, ES ATEMORIZAR

Acordonar es separar. Muchos soldados no sabían en qué calle se encontraban. ''A mí, aquí me mandaron.'' ''No soy de aquí, no conozco, obedezco órdenes.'' Los que podían informar sobre el edificio, dónde estaba el garage, dónde los baños, dónde la escalera, dónde el patio central, la puerta de salida, las cocinas, eran los familiares. Fue a ellos a quienes alejaron. ''Repliéguense, repliéguense.'' El impulso popular se vio coartado; la voluntad de ayuda detenida. La impotencia enferma. También a los ciudadanos se les retuvo en su casa. ''No vengan, no estorben, no salgan de sus casas; no se muevan, los mirones son de palo, mucho ayuda el que no estorba.'' En vez de hacer un llamado a la población, se recluyó a la gente en su casa, de suerte que en una ciudad de 400 kilómetros de extensión, 400 kilómetros cuadrados de ausencia a lo largo y a lo ancho, colonias enteras permanecieron en la ignorancia de la tragedia y sólo de noche empezaron a visualizar la magnitud. Miles de vidas humanas perdidas, miles de seres golpeados y resquebrajados para siempre. Sin embargo, la orden era ''absténganse'', ''aléjense'', ''sáquense'', ''no estorben''. Si no es por los desobedientes, los que desoyeron la orden y fueron sin más a las zonas de desastre, si no es por los que se organizaron espontáneamente en la colonia Roma, en Tlatelolco, si no es por los que rascaron con sus uñas, si no es por los voluntarios, los chavos de las bandas, hubieran muerto más mexicanos. Todos nos preguntamos: "¿Por qué los miembros del ejército llegaron con metralletas en vez de presentarse con picos y palas? ¿Era indispensable añadir esta agresión a la ineptitud? ¿O qué, al que cacharan en un acto de pillaje lo iban a fusilar allí?" La propia UNAM juzgó indispensable cerrar la Universidad a partir del jueves. Privó así a la población de enormes recursos humanos y técnicos. Trescientos mil y pico de universitarios —al estar cerrada la Universidad— no podían congregarse ni organizar las brigadas que se integraron después por la presión de los propios estudiantes que espontáneamente se presentaron en el Centro Médico de CU. Aun así, la ayuda fue formidable. Entre vecinos, entre compadres, entre cuates, entre dolientes. Por encima de partidos políticos, de siglas, de organizaciones.

CONTAMOS CON EL CHANFLE Y CON EL VASELINAS, EL ÚJULE Y EL ESTOPEROLES

Ahora sabemos con quiénes contamos. Con el Chanfle, el Vaselinas, el Discoteco, el Pulgas, el Niño Mora. Son ellos los salvadores, los desalojados y los pateados. ¿A qué normalidad van a volver? ¿Qué chance les darán en la reconstrucción? ¿No los van a descentralizar para siempre? ¿Qué más se va a acordonar?

Clara Arnús, Marisol Martín del Campo

Vine a México con el grupo de rescate que organizó y coordinó el ministerio de Relaciones Exteriores de Israel —dice Shlomo Cohen, de 52 años. Somos una brigada militar de 25 personas y hemos traído diecisiete toneladas de equipo; llegamos el lunes a las seis de la mañana y se nos dio una bienvenida extraordinaria; en el aeropuerto entregamos treinta carpas y cinco toneladas de medicamentos y nos fuimos directamente al edificio Super Leche, luego a Banamex y al Nuevo León en Tlatelolco con nuestro equipo. Hasta ahora no hemos tenido la oportunidad de usar nuestro colchón de aire que levanta hasta cincuenta toneladas de concreto. No tiene caso usarlo sino únicamente donde hay posibilidades de vida; y hasta ahora no hemos sacado ningún sobreviviente. A eso venimos, a salvar vidas. Estamos esperando que nos coordinen. Dependemos de la doctora Aries, pero no la hemos visto. ¿Sabe usted quién es la doctora Aries? ■

Clara Arnús

Yo soy voluntario y trabajo como coordinador de los equipos de rescate extranjeros y me dediqué en especial a la brigada israelí formada por treinta militares —dice Marcos Béjar de 60 años, director de la Cruz Ámbar de México. Primero estuvieron en el Super Leche, después en Banamex y en Tlatelolco; al Hospital Juárez los llamaron pero no quisieron quedarse; habían construido hasta tarimas para el personal del ejército, aquello parecía un circo. A los israelíes, los admiré mucho, trabajaron dos turnos completos, a pesar de su fiesta del Yom Kippur. Debido a los constantes temblores de Israel, tienen un equipo muy perfeccionado y lograron salvar a diez personas. Uno consiste en tres mangueras, la primera de ultrasonido que se inserta para oír, la segunda de infrarrojos que da indicios del calor humano, la última para ver, conectada a un monitor de televisión. Traen también pequeñas compresoras portátiles que vuelven brigada a un solo hombre; se colocan en la espalda y se cambian como el tanque de un buzo cuando se les acaba el aire, cada una tiene cortadora, martillo y cincel.

A pesar de que ayer sacaron a un bebé con vida, ya están desalentados. Lo que vale en un rescate es salvar vidas, por muertos a nadie le gusta arriesgarse, y ahora son muertos los que quedan en los escombros.■

—En México nadie se responsabiliza de nada.

—¿A quién espera?
—Yo a nadie.

A MI FAMILIA NO LA MATÓ EL SISMO, LA MATÓ EL FRAUDE Y LA CORRUPCIÓN QUE AUSPICIA EL GOBIERNO

Encogida sobre sí misma, Judith García pasa inadvertida. Su bello rostro, pequeño y fino, como de filipina, tiene una expresión humilde. Todo en ella es recogido y humilde, su ropa, sus zapatos bajos, su voz se quiebra. Sin embargo, a medida que habla adquiere la misma fuerza de su tragedia:

El día 19 de septiembre a las 7:11 de la mañana fui la primera en levantarme. Tomé el teléfono y verifiqué que eran las 7:11. Pasé a la cocina y calenté la leche de mi hija América, de 3 años; estaba acostada con su papá. Regresé a vestir a mis otros dos hijos, Rodrigo y Álvaro Darío, cuando empecé a sentir un movimiento. En ese momento le hablé a mi esposo, él se paró y abrazó a la niña. "¡Luciano!'' volví a decir. Me dijo: ''Sí, ya oí''. El movimiento era muy leve y le dije a Álvaro Darío: ''Ve con tu papá''. Él los tomó en sus brazos y los cargó y yo estaba despertando a Rodrigo que estaba dormido, muy dormido, porque el pavor que me daba es que las ventanas iban del piso al techo y las camas estaban junto a las ventanas y pensé que se podía salir y eso me daba mucho espanto. En lo que recogía yo a Rodrigo, mi esposo se sentó con los niños en un pasillo encajonado. Agarré a Rodrigo del hombro e íbamos llegando al lugar donde estaba Luciano, cuando les dijo a los niños: ''Aquí nos vamos a acostar como si estuviéramos jugando''. Fue lo último que oí de mi esposo. Cuando iba con Rodrigo tomado del hombro en ese momento sentí un jalón, el niño se me cayó, yo ya no lo pude agarrar porque los pies se me hundieron en el suelo y empecé a gritar; veía a mi esposo y a mis hijos y a este niño que se me fue de boca; en ese instante parece que las paredes se comprimieron y saltaron las puertas del clóset; de allí de donde estaba yo salí disparada por el aire, sentí una corriente de aire muy fuerte que me impulsaba pero todavía vi a mi esposo con los otros dos hijos abrazados y a mi hijo desplomado hacia el frente. Pensé: ''Yo me voy a morir; estoy en el quinto piso, me voy a morir''. Tuve conciencia de ese momento. Sentí perfectamente que estaba siendo expulsada; tuve la idea de buscar el marco de la ventana y pensé que al caer del quinto piso la que iba a perder la vida era yo y ellos iban a vivir. Caí sobre la azotea de un primer piso en un edificio colindante. Perdí el conocimiento no sé por cuánto tiempo. Cuando desperté me di cuenta de que me podía mover, tenía la puerta del clóset encima de mí, la empujé y volteé a ver y entonces fue espantoso porque dije: ''Dios mío, Dios mío, cómo puede ser, no puede ser''. Lo único que podía pensar —en la total incredulidad— era repetir que no podía ser, que no era justo. ¿Por qué, Dios mío? ¿Por qué me has abandonado, Dios mío? Estuve viendo el edificio unos cuantos segundos y lo único que se me ocurrió fue pararme. Fui la primera, no se veía absolutamente nada, no se veía a nadie, no había polvo, no había nada; losa sobre losa. Lo que pasa es que exactamente sobre el departamento en que vivíamos estaba la cisterna de cuarenta toneladas. Empecé a gritar porque vi a los trabajadores del Metro: ''¡mis hijos, mis hijos, ayúdenme a sacar a mis hijos! ¡Mis hijos están allá arriba, mis hijos, por favor ayúdenme, mi esposo, mis hijos están allí y no puede ser! ¡Mi esposo, ayúdenme!'' No sabía yo qué hacer; inclusive veía yo un hoyo con la alfombra que tenía el cuarto y pensé que por allí me podía bajar; desde el primer momento pensé que mi esposo y mis dos hijos estaban muertos por el peso de la cisterna, pero el niño que estaba conmigo, tenía la esperanza de que él estuviera vivo; aunque herido, lo iba yo a encontrar. En el edificio de al lado había una construcción de Cometro; vi a los trabajadores de Cometro, inmóviles, aterrorizados, y a pesar de los gritos no se atrevían a venir conmigo. Yo les decía: "Mis hijos, mis hijos están allí, sáquenlos, allá hay un hoyo, por allí salí; yo sé el lugar donde están, ayúdenme a sacarlos. Mi familia está allí, sé dónde, ayúdenme, yo no puedo ir". Me dijeron: "No señora, no podemos hacer nada." Y se voltearon. Yo caí a la calle totalmente desnuda, sin zapatos ni nada; empezó a llegar la gente y era una desesperación. Me dijeron que estaban sacando a la gente por atrás en un edificio de la Renault y yo le pedí al señor: "Déjeme subir, ayúdeme, yo sé dónde están mis hijos, ayúdeme a buscarlos". Y me dijo: "No señora, está desnuda y así no puede subir". Insistí. "Señora, el tanque de gas va a estallar; es muy peligroso, señora, no se puede hacer nada."

LA GENTE PERMANECÍA HUNDIDA NOMÁS VIENDO
Para entonces ya había bastante gente en la calle; permanecía allí hundida. Alguien me prestó un overol de la Renault y en un andamio, como pude, subí, pero no vi nada; era imposible traspasar la azotea. Volví a bajar y ya toda la gente sabía que mis hijos estaban allí; en el momento en que bajé, una señora y un voluntario vinieron corriendo a decir: "Señora, señora, señora, están sacando heridos en el edificio contiguo de la Renault y ahorita salieron dos niños". Fui corriendo, pero los niños estaban muertos, nunca me habían dicho que estaban muertos. A Rodrigo me lo entregaron muerto, a las diez de la mañana totalmente desangrado y partido. Estaba cortado de atrás y tenía un golpe en el ojo; su cuerpecito tenía el ojo lastimado.

Yo a todo el mundo le decía de mis hijos y de mi esposo, a todos, a todos. Gritaba, lo gritaba. Cuando llegué lo único que vi fue sus cuerpos rotos, destruidos, tendidos en el piso. Me entró una desesperación muy grande. Era mi hijo mayor Rodrigo y el hijo de mi sirvienta Guadalupe Martínez Hernández de 24 años. No sabían qué hacer con los cuerpos; ellos eran los primeros. Para entonces ya había policías y no me permitieron tocar los cuerpos, a mí no me importó que estuviera la policía y me quedé con el cuerpo de mi hijo y el cuerpo del hijo de mi sirvienta. Los dos juntos. En ese momento todo era confusión. No sabían si llamar a la Delegación, qué hacer con los muertos, qué iba a pasar. Exigí que me dejaran con ellos y que me los llevaran a donde yo pudiera estar con ellos. Alguien trajo una sábana, los tendió sobre el piso de la Renault y permanecí como dos horas y media con los cuerpos de los niños. Llegó la ambulancia de la Delegación, se identificaron, me fui con los cuerpos, no me quise despegar de ellos. En la Delegación me quedé hasta las ocho de la noche, levantaron un acta de defunción, regresé a Tehuantepec para saber qué pasaba con mi hija América, mi hijo Álvaro Darío, mi esposo. El viernes por la noche velé a mi hijo Rodrigo, se hicieron los trámites de la funeraria y lo enterraron. Así estuve el viernes, el sábado, el domingo en labores de rescate. El domingo en la noche llegaron unos compañeros del trabajo de mi esposo de la Comisión Federal de Electricidad; se ponían a escarbar en todas partes del edificio menos por allí porque era una cisterna de 40 toneladas; eran exclusivamente amigos, voluntarios, familiares, con picos, con palas, intentaban rescatar cuerpos que se pudrían día a día sin que el gobierno o ninguna autoridad proporcionara ninguna ayuda. ¡Con picos y palas jamás ibamos a hacer nada! La grúa no podía levantar la cisterna; era imposible, y una desesperación, aunque el domingo en la noche metieron martillos neumáticos y lograron perforar el concreto, hacían falta sierras eléctricas y una cantidad de gente que pudiera hacer el trabajo. El domingo pensé mi familia sale, sale y me preparé, tuve una esperanza de que podían salir sus cuerpos porque se había logrado, con alguno de los bomberos y con las familias que estaban trabajando, perforar algo, no, no fue posible, empezaron a cortar el concreto pero era una cuadrícula de varillas donde era imposible sacar los cuerpos; había que cortar las varillas. El lunes a las doce del día ya se trabajaba sobre la cisterna, ya se estaban cortando las varillas; yo ya tenía la certeza de que mis hijos venían. Como a las doce y pico los encontraron. Me dijeron que ya iban a salir pero la labor de rescate tardó 4 o 5 horas, como a las tres de la tarde los encontraron; ya sabía yo que eran ellos, todo el mundo me había dicho que eran ellos; pensé que los cuerpos estaban totalmente destrozados por la cantidad de concreto y varillas que les había caído encima. Lo único que les decía es que podían identificar a Luciano por esta cruz que ahora traigo colgada y que él llevaba en el pecho; por eso y por los niños abrazados. A la una de la tarde del lunes, descubrieron a una persona que tenía una cadena y una cruz. Al estar escarbando nuevamente, el rescatista vio la mano de un niño que lo abrazaba. Efectivamente era mi familia. A las cinco de la tarde habían logrado rescatar los cuerpos de los dos niños. Había yo estado esperando desde el jueves pero cuando llegó el momento de identificarlos, no pude ir. Sabía que eran ellos, sin embargo, yo no quería presentarme. La gente me decía:

—Señora, son sus niños, vaya...

—No voy, no voy, no puedo ir.

SENTÍA YO UN PAVOR ESPANTOSO

Sentía yo un pavor espantoso de verlos descompuestos y destrozados. Cuando bajaron las camillas de los niños, uno de los trabajadores corrió a decirme que eran los míos, que fuera; en ese momento dije que no iba, que no iba a ir, que no me iba a presentar, que no quería.

—Si no los va a identificar nunca va a saber dónde van a quedar... Yo la acompaño para que vaya.

Otra gente me dijo que si no los identificaba los iban a cremar. Yo tenía pavor de ver sus caras destrozadas, sus cuerpos rotos cuando el jueves en la mañana los había visto reír y estar conmigo. El primero de los cuerpos que bajó fue el de mi hijo Álvaro Darío, que el 17 de octubre hubiera cumplido 4 años. En el momento en que identifiqué su cadáver me vino una especie de calma, lo vi de lejos, no con detalle, reconocí de inmediato su ropa, su cuerpo, su cara, sus manos, sorprendida, estaban enteras y dije sí, sí, sí es mi hijo. Inmediatamente después bajaron la camilla con mi hija América de 3 años y también la reconocí y dije, sí, sí, sí es mi hija, es mi hija. En ese momento ya se llevaban los cuerpos cuando uno de los trabajadores dijo:

—Dejen a la señora, esperen porque ya viene su esposo... En diez minutos a más tardar. ¡Espérense, es el cuerpo del señor esposo de la señora!

Reconocí a Luciano. No estaban mutilados afortunadamente. El espacio en que se encontraban era de cuarenta centímetros de alto, yo les veía volumen, decía, están bien, no huelen mal, o sea que uno ve lo que no es cierto, inventa lo que no es posible, en la desesperación. Yo me puse muy mal, empecé a pelearme con todo mundo, con los voluntarios, absolutamente con toda la gente, en la accesoria en que estaban custodiando los cadáveres yo reclamaba porque en el momento de la identificación nadie estuvo conmigo, no había ningún familiar, nadie, más que los trabajadores y yo necesitaba que alguien me ratificara que era mi familia, que me diera seguridad de que eran míos porque yo no sabía, que alguien me dijera que sí, que efectivamente eran ellos. Me peleé con los soldados, me cruzaron los rifles, los aventé, y a partir de ese momento, a mis gentes las metieron en bolsas de plástico, los amarraron. Como estuve los cinco días allí, no me ocupé de los panteones, yo había perdido toda la documentación, sabía que mi esposo tenía criptas en "Mausoleos del Ángel", pero en ese lugar nos pedían un comprobante, entonces llegamos a la Octava Delegación, no se pudo conseguir cajas de muerto y se fueron en las cajas de la Delegación y nos llevaron al Panteón Civil de San Lorenzo Tezonco. Uno tras otro, pero no eran los únicos, eran cientos y cientos de gentes, como si hubiera carreras por cerrar los hoyos, paladas de tierra que no acababan nunca, uno tras otro, sin posibilidad de estar una noche con ellos ni nada; lo que había que hacer era enterrarlos pronto; tres quedaron juntos, pero Rodrigo el mayor quedó separado porque lo sepultamos el viernes, y ahora trato de conseguir una orden de exhumación y por lo menos juntar los restos materiales de mi familia, porque a mí eso me provoca mucha angustia y desesperación el hecho de que tres hayan quedado juntos por un lado y otro por el otro. La diferencia en el tiempo fue bastante, fueron cuatro días; Rodrigo salió el jueves en la mañana y los otros se enterraron el lunes a las nueve de la noche porque en San Lorenzo Tezonco los entierros eran como carreras desenfrenadas; que entraba uno y luego el otro, hoyo tras hoyo, en una hilera interminable.

TODAS LAS NOCHES LOS SALVO MENTALMENTE

A estas alturas ya no creo tener lágrimas para llorar tanto. Ahora, por las noches, es la angustia de pensar, en medio de la soledad, las miles de posibilidades, como en un tablero de ajedrez, que pudieron darse para que se salvaran. Los salvo mentalmente todo el tiempo. ¿Por qué me salvé yo? Es muy desastroso eso. Y los retratos que cargo como testimonio de que alguna vez tuve una familia, tuve una casa.

Quiero decir que la gente que murió, no murió por el sismo, eso es mentira, la gente murió por la mala construcción, por el fraude, por culpa de la incapacidad y la ineficiencia de un gobierno corrupto al que no le importa que la gente viva y trabaje en edificios que se pueden caer. El gobierno sabe que los edificios se pueden caer. Porque el fraude no es sólo en la construcción sino en todos y en cada uno de los actos del gobierno. A raíz del 19 de septiembre he estado hablando con la gente, me reúno con la que vivía en el condominio, mis vecinos, la gente del rescate en el mismo edificio —porque todavía hay muertos sin rescatar—, he estado recorriendo los lugares donde han muerto cientos de gentes. En el edificio de Tehuantepec número 12 murieron 85 personas. El 90% de los habitantes de Tehuantepec 12 quedó muerto. He visto injusticias en todos los niveles, como en el caso de mi sirvienta Guadalupe Martínez Hernández, de 24 años. Ella tuvo una rotura en la columna vertebral con compresión de médula. Además de perder a su hijo, va a quedar inválida de por vida; está paralizada de la cintura para abajo, no puede hacer nada, nunca va a poder trabajar y ahora vive con su hermana. Prácticamente la echaron del Seguro Social, de la cama 636, no hay seguro para inválidos; no tiene la posibilidad de que ningún centro de asistencia la reciba, su situación económica obviamente es mala, he tratado de ayudarla en la medida de mis posibilidades pero como ella hay cientos de mutilados. Están en su casa, no pueden protestar y no los podemos ver. Es la mayor injusticia que puede existir.

CARRILLO ARENA, ASESINO

Que quede bien claro que no fue un problema sísmico sino un problema de asesinos que están en el poder y no les interesa la vida de los niños, la vida de los que pudieron ser el futuro del país. Los miles de muertos no se pueden borrar de la noche a la mañana. No es posible que una gente como Carrillo Arena se encuentre en el Fondo de Reconstrucción, cuando es uno de los responsables puesto que firmó los planos de la construcción de edificios donde murió tanta gente. ¡Y el Hospital General y el Hospital Juárez, qué gran vergüenza! No debemos permitir que el gobierno trate de olvidar e inste a regresar a la normalidad cuando ellos son responsables. ¿Qué no entienden que se trata de un genocidio? Hay que poner cruz al culpable. No puede ser posible que el responsable de la muerte de médicos, enfermeras, niños en hospitales y en Tlatelolco, en edificios de la Roma y al frente de la Sedue sea quien se vaya a encargar de los peritajes y de la reconstrucción. Es abominable que la gente que tuvo la mano asesina por obtener ganancias, sea la que ahora nos presenten como la que va a restituirnos bienes materiales. Como si además estuviéramos pidiendo limosna porque se exige solvencia económica a la gente que tiene derecho a una casa. No podemos permitir en ninguna forma que nuestro dolor sea burlado. No podemos permitir por dignidad que nuestros muertos se olviden. La sociedad no puede permanecer impávida ante esta situación de podredumbre. Aún se ven las ruinas que aplastaron a miles. Mentiras que fueron 4 mil, fueron 60 mil. Esto debemos gritarlo.

Invito a los que tienen un dolor tan fuerte como el que tengo en este momento a señalar responsables y a acusar. Esto no puede quedarse así. Que la gente utilice las tribunas que existen para denunciar que la ayuda internacional no llegó a manos de los damnificados, que los productos se andaban vendiendo en provincia y en el DF, que el ejército en vez de ayudarnos fue a robar pertenencias materiales y si no, que lo diga el ingeniero Raúl Pérez Pereyra a quien le robaron todo y que fue hasta el Campo Militar a buscar las joyas de su esposa muerta en el edificio de Tehuantepec 12; que lo diga su hijo, Jorge Alejandro Pérez Lara Pardo; que denuncien ante la Procuraduría las injurias de que fueron objeto; que la gente de la Morelos, de Tepito, de la Guerrero, de Tlatelolco, los que perdieron casa y trabajo, no permitan mayores vejaciones. Y que no sólo se queden en la denuncia sino que se plantee una organización que trascienda porque el problema social de México va mucho más allá del sismo. Para los damnificados, para los que todo lo perdimos, una forma de seguir viviendo y participar es no permitir que las cosas sigan como están. Que nadie viva en una casa que se va a caer.

El día 19 de septiembre a las 7:19 murieron mi esposo y mis tres hijos por la mala construcción del edificio de Tehuantepec 12. A mi familia no la mató el fenómeno natural, la mató el fraude y la corrupción que* auspicia el gobierno de México.

Mis hijos muertos se llamaban Rodrigo, Álvaro Darío y América. Mi esposo muerto Luciano Vega Calderón.

Yo me llamaba Judith García de Vega.

Ya no somos los mismos.

—¿Quién vino?
—Nadie.

Novedades, 23 de septiembre. En Tezonco están las zanjas listas para recibir a 1 500 cadáveres. Ya van 450 inhumados. Procedentes del ISSSTE llegan 20 cuerpos. Alumnos de una vocacional construyen ataúdes de madera.

En el Panteón de Dolores han cremado más de 100 cuerpos; el crematorio funciona las 24 horas, y las 10 personas que trabajan allí no descansan. El reporte dado por los cuerpos de auxilio es el siguiente: del primer cuadro se han rescatado 410 personas vivas y 160 cadáveres. De las 19 personas rescatadas ayer fallecieron 5.

Hasta las 13 horas de ayer las agencias del Ministerio Público habían recibido 1 700 cadáveres, de los cuales 225 no han sido identificados. Entre las ruinas de la Procuraduría se rescataron 18 muertos y 84 heridos y aún quedan bajo los escombros agentes de la Judicial. Los cuerpos de rescate lograron sacar de intendencia los cuerpos hincados y abrazados de Margarita Rodríguez Meza, de 70 años, y de María de Jesús Ramírez, de 33.

Excélsior, 23 de septiembre. La Secretaría de Protección y Vialidad dijo que el número de víctimas aumentó anoche a 2 822, los desaparecidos a 4 180 y a 6 000 damnificados. Se ordenó se envíen cientos de cadáveres a las fosas comunes de los cementerios de Dolores, San Lorenzo Tezonco y San Nicolás Tolentino.

En los anfiteatros de las delegaciones se complicó la situación debido al humor de los cuerpos descompuestos: se inhumaron 140 víctimas en 3 fosas comunes envueltos sólo en sábanas. Antes se les tomaron fotos y huellas digitales para su posterior reconocimiento.

La Jornada, 23 de septiembre. Cientos de cadáveres depositados en el Parque del Seguro Social y no identificados fueron enviados a la fosa común. Se denunció que debido a la falta de equipo murió un importante número de víctimas que habían sido encontradas con vida. Muchas, aunque ya se les había dado agua y oxígeno, murieron por no poder ser rescatadas. En el edificio de Liverpool y Bruselas sólo pudieron ser salvadas 6 personas de una familia de 12. Los cadáveres descuartizados son envueltos en bolsas de plástico.

EN EL PARQUE DELTA, LA GENTE RECOGE LOS RESTOS DE LOS SUYOS

Para fumigar necesitas llevar unas botas hasta acá, un chaquetón como de bombero francés y una gorra de tela. A nosotros en el Centro Médico nos dieron unas batas, guantes, tapabocas. Se fumiga con un aparato que te pones aquí atrás, cilíndrico como tanque de buceo o como los que a veces traen en la espalda los vendedores de café. Esos aparatos vibran mucho al echarlos a andar.

Salimos en una combi de la Universidad —para que veas todos los niveles que pueden coexistir al mismo tiempo en una tragedia—, todos parecíamos astronautas con nuestras gorras blancas, los tapabocas, las botas, los tambos de formol, los de pinol, la puerta abierta porque el olor era insoportable, una patrulla nos iba abriendo paso. En un momento dado, en la esquina de Insurgentes y Vito Alessio Robles, nos detuvo el semáforo. Entonces una muchacha de trajecito sastre y bolsita creyó que era un pesero y preguntó: "Oiga joven, ¿va al metro?" y dio el paso para subir. Curiosamente al tercer día del temblor había gente que seguía su vida normal, como si nada, mientras una buena parte de la ciudad se encontraba destrozada.

Llegamos al parque de beisbol del Seguro Social en Cuauhtémoc y Obrero Mundial, al que conocen como el Parque Delta, y se me cerró la garganta de la impresión. Empezamos a bajar de la combi todo el material, el formol, los tambos de desinfectante, los fumigadores. Entonces vi el estadio. Era como si estuvieras en el centro de un espectáculo pero sin espectadores porque todas las gradas estaban vacías, el centro de la arena iluminado y los actores abajo, a la mitad del foro, muertos. En el fondo tres grandes tiendas de plástico, también muy iluminadas por los reflectores, decían: "Cuerpos no identificados" una, "Cuerpos identificados" otra, "Restos", la última. Restos en bolsas de plástico que nunca quise ver y, bendito sea Dios, nunca tuve que ver. Esas bolsitas de plástico las trataban con el mismo cuidado como si fuera un cuerpo completo.

La gente entraba a recoger sus restos.

Como un mecanismo de defensa, empecé a sentir que estaba viendo una película. El olor a formol era muy fuerte. En la entrada oías el ruido de la máquina de escribir de los empleados que llenaban actas de defunción.

De las camionetas bajaban bultos y bultos, y esos bultos eran los cuerpos.

¿CÓMO ESTÁ LO DE LAS CAJAS?

Lo primero que hicimos fue un cordón más allá del cual la gente no podía pasar sin ser fumigada. Se llama tapete sanitario. Ya para entonces los hombres, mujeres, niños tenían tres días de fallecidos, y había procesos de putrefacción muy avanzados. Pusimos un largo plástico y telas en el suelo a modo de valla para que allí dos de nosotros rociáramos con aspersores de formol a los que entraban y salían: los camilleros, los familiares y los que traían las cajas.

Nos ordenó el doctor encargado: "A empezar a fumigar cadáveres".

Afortunadamente a mí no me tocó a la primera ni a la segunda rociada, sino hasta la tercera. A una distancia de casi 20 metros se veían las bolsas de plástico, el hielo seco y los montones, pero esos montones mal cubiertos de plástico eran los cuerpos. La máquina de aspersión soltaba el formol con tal fuerza que se levantaban los plásticos y pensé: "Me tengo que forzar porque puedo provocarles un problema a los otros dos que van conmigo si no volteo en la dirección correcta. La vida es parte de la muerte y me tengo que obligar a ver". Lo primero que vi fue una muchacha alta, tendida en el suelo, muy blanca, el cuerpo todo lleno de puros moretones, completamente desnuda con el pubis rasurado y unos pechos muy grandes cargados de leche. Decía: "Número 76 Ginecobstetricia, Hospital Juárez". Me fijé que tenía una rajada en forma de media luna en el vientre y me dio mucha tristeza darme cuenta de que esa mujer acababa de tener un hijo; era un vientre que no había sido estéril. De lo pálido, el cadáver era como una estatua, una estatua maltratada. "Bueno, pero ¿por qué te moriste?" Así, sin darme cuenta, inicié un diálogo con los muertos. Rociaba y me hablaba al hablarles. Les preguntaba: ¿por qué? Vi a una gorda con un vestido de tela muy corrientito. Vi a muchos. Sentía un gran pudor, se los decía: "No tengo derecho a estarte viendo con el vestido alzado, no tengo derecho a estarte viendo desnudo, no tengo derecho a verte". Vi cadáveres oscuros, ennegrecidos y en un momento dado empecé a repetirme: "Esto ya no tiene nada que ver con la gente, éstos ya no son humanos". Me lo repetí muchas veces, como para protegerme. "Esto no es más que materia orgánica, estos brazos prensados, estos rostros tumefactos, estas lenguas botadas, esto no es más que materia orgánica, aquí hay muchas bacterias y tengo que evitar que se dispersen, por eso estoy fumigando." De repente volví la cabeza y a mano izquierda vi una niñita con sus ojos abiertos, abiertos, en una sonrisa así como una mueca destrozada, una niña de ocho años: "Niña, pero ¿por qué no corriste? ¿Por qué te cayó la trabe encima?" Todo el tiempo estuve dialogando con los cadáveres con una insistencia en la que había rabia, coraje, odio: "No es justo". "No es justo que en este país se caigan los hospitales, las escuelas, los edificios del gobierno, los de oficinas públicas; no es justo que le toque siempre a la gente más fregada."

Todos los brigadistas sentíamos frío en las piernas por el hielo seco y el olor a formol. Además teníamos miedo. Quizás en el primer momento tuvimos miedo a contaminarnos pero nos dimos cuenta de que los que esparcíamos formol éramos los más protegidos. Alguien nos hizo ver: "Si alguien está inmune somos precisamente nosotros".

Llegó un muchacho así flaquito, chaparrito, morenito, el típico mexicano que ha tenido que chambear muy duro, que seguramente vive en una vecindad en una colonia perdida, con su suetercito demasiado delgado, caray, qué gente más desprotegida la nuestra, de veras qué desamparo el suyo, de veras que te da un coraje ver a esa gente así, sin nada. "¿Las cajas?" preguntó: "¿Cómo está lo de las cajas?" Para él eran tres cajas. Las cajas. Quería saber si había que pagarlas. ¿Pero con qué las pagaba el inocente?

—¿Ya identificaste a tu gente?

—Sí, están allí. Pero cómo está lo de las cajas.

—No, lo de las cajas es gratis; ahorita te las damos.

—¿Vienes tú solo?

Venía por su hermana, y por dos sobrinas, una de catorce años y otra de nueve. De veras me sentía muy apenado, soy muy cobarde pero en ese momento no podía cargar ningún cuerpo, y no pude ayudarle a recoger a su gente, no tuve fuerza, le dije: "Discúlpame, no puedo recoger un cadáver, yo no puedo, no puedo, no tengo la fuerza". Un trabajador gordo de la Universidad dijo: "Hijos, mano, a mí me da mucho susto, no es asco, es miedo, pero me da pena el muchacho, yo le ayudo, nomás rocíame bien de formol". Y acompañó al flaquito. Mientras nosotros, Claudia, Giovanna y yo, preparamos los ataúdes, uno grande y dos pequeños, y me di cuenta que uno tenía dos clavos salidos pero dije: "Ni modo, no importa". Después vimos cómo el flaquito empezó a apachurrar con sus tenis los clavos y como no lo logró, se puso a doblarlos con una tabla. Ese sólo acto le devolvió toda la dimensión humana a los cadáveres en el estadio porque a las cuatro horas, yo pensaba que lo único real eran las bacterias, pero para el flaquito, sus cuerpos, aunque estuvieran todos destrozados, eran su gente y su cadáver tenía derecho a no lastimarse con los clavos.

El gordo lo ayudó a acomodar sus cadáveres y a nosotros nos tocó rociarlos con cal. Le pedíamos permiso a la gente:

—¿Nos permiten rociarlos con cal?

A ese trabajador gordo de la UNAM le daba miedo igual que a nosotros, pero tuvo mucho más valor que cualquiera. Entonces le pregunté al flaquito: "Oye, ¿nos permites rociar con cal a tu gente?

—Sí.

A la muchacha de 14 años tuvimos que pasarla a un ataúd de adulto porque no cupo en el pequeño, y cuando empecé a rociarla con cal me acordé de *Hamlet*. En un momento dado, cuando Ofelia, ya loca, muere ahogada, la madre de Hamlet le echa violetas y piensa: "Mira, vengo a echar sobre tu cuerpo las flores que debí poner sobre tu lecho nupcial". Tuve exactamente la misma sensación: "Estoy echándote cal, niña, para que te vayas toda blanca, pero te vas blanca de cal. No viviste nada, niña de 14 años. Te vas blanquita''. Con todas esas asociaciones que tiene uno de la pureza, de la dignidad, de lo intocado, de todo eso, no pude sino rociarla con una poquita de cal. No le tocó ni una flor, sólo un poco de cal.

Así le tocó irse.

Este relato lo hace el profesor Antonio Lazcano Araujo, fundador de la cátedra de "Origen de la vida" en la UNAM.

Lo vivió el domingo 22 de septiembre, en el estadio del Seguro Social, de las 10 de la noche a las 2 de la mañana, hora en que regresó junto con nueve brigadistas en la misma combi, con los tambos de desinfectante vacíos, la puerta abierta por la intolerable picazón del olor a formol impregnado en las batas, las gorras y los tapabocas.

—Oye ¿no vino nadie?

CRÓNICA DE UNA DESILUSIÓN

Convocados por el Presidente de la República a la instalación de la Comisión Nacional de Reconstrucción en el Museo de Antropología, asistiremos el miércoles 9 de octubre a las 11 de la mañana al encuentro más grave, el más trascendente después del sismo. La cita es en el Museo Nacional de Antropología, y el motivo no puede ser más poderoso. De allí saldremos cada uno —ciudadano adolorido y atemorizado— con nuestra orden de trabajo bajo el brazo. Habrá una consulta popular, juntos haremos el recuento de nuestra tragedia, honraremos a nuestros muertos, repetiremos lo que hace años consignó el padre Ángel María Garibay K. al traducir el Manuscrito Anónimo de Tlatelolco: "En los caminos yacen dardos rotos; los cabellos están esparcidos. Destechadas están las casas, enrojecidos tienen sus muros. Gusanos pululan por calles y plazas, y están las paredes manchadas de sesos: Rojas están las aguas cual si las hubieran teñido, y si las bebemos, serán agua de salitre. Golpeábamos los muros de adobe en nuestra ansiedad y nos quedaba por herencia una red de agujeros''.

Nos abrazaremos. Los ingenieros y arquitectos, los sismólogos hablarán de su especialidad y de entre el público se levantarán las manos de conocedores; escucharemos a los damnificados; allí estará el voluntariado que todavía hoy trabaja en los albergues, los socorristas, los bomberos, los de Tepito, la Doctores, la Morelos y la Guerrero, los sobrevivientes de la Roma, aquellos que durante varios días ocuparon el espacio del que habló Carlos Monsiváis. El

Paseo de la Reforma parecerá cortejo mortuorio.

¡Ay, ilusa de mí!

El 9 de octubre entré con el corazón latiendo fuerte, a punto de dispararse, y de inmediato empezó el proceso intimidatorio, la solemnidad aplastante, aunque todavía pretendí llenar con emoción las cédulas que tenían las edecanes para entregarlas a la salida, el comité en el que se deseaba participar, el de vivienda, el de salud, educación, empleo, auxilio social o prevención de seguridad civil, reconstrucción del área metropolitana. "En el de auxilio social", pensé, en ese pongo la crucecita, y el nombre, la dirección, el teléfono.

Adentro, el púlpito altísimo para los oradores se mantenía aislado, la plataforma larga y verde separaba el presídium de las sillas plegadizas de los dos mil concurrentes, ya sentados. Bajo el monumental paraguas que Pedro Ramírez Vázquez levantó, el gobernador de Zacatecas Cervantes Corona se peinaba, ningún polvo de escombros en sus cabellos. Los funcionarios recién rasurados, su traje de tintorería, empezaron a llegar al asiento que les correspondía, ¡cuántas interrupciones en el trayecto! ¡Abrazo y abrazo! Sonrisas. ¿Qué no se darán cuenta de que en la calle demostraron que a la hora de la verdad las instituciones que dirigen son totalmente inútiles? No, se palmean la espalda, hacen futurismo, quieren ser presidenciables, saludan al que hay que saludar, se arremolinan. Aquí no huele a gas. Busco con la mirada a Humberto Romero, director de comunicación del DDF, y en su tiempo, secretario particular de López Mateos, su impecable traje de burócrata, su pelo engominado. Es el protagonista de una anécdota reveladora de la actitud de las autoridades hacia el pueblo. Un reportero le preguntó por qué su boletín daba como cifra oficial de muertos por el terremoto: 2 500 si el del día anterior reconocía: 3 000. "Por lógica, licenciado, deberían ser 3 500." Romero accedió y respondió sin más: "Mejor póngale 3 100." No sólo la vida no vale nada, sino que, para los funcionarios, es cosa de puntada. ¿A quién le importan 400 muertos más o menos si de todos modos van a ir a dar a la fosa común? ¿Qué puede preocuparle a Humberto Romero una fosa común de 2 × 4 al lado de su fortaleza de Tlacopac? El gran hit: cinco exregentes se alínean junto a Octavio Paz; Uruchurtu, Corona del Rosal, Baz, Sentíes, Hank González. ¿Vendrán a hablar de su propia experiencia, mientras en los edificios derrumbados aún se lucha por rescatar los cuerpos? Afuera, la operación-hormiga no cesa, cada minuto que pasa es precioso; cubiertos de polvo, los rescatistas se

96

detienen a tomar agua; aquí bajo el paraguas, el tiempo es el de antes, el de la política lenta, retórica, anacrónica, tracalera, personalista y usurera.

Son nueve los oradores. Ángel Olivo Solís, presidente del Congreso del Trabajo, enhebra frases que no dicen nada; el ingeniero Claudio González, presidente del Consejo Empresarial, advierte que no bajará la inflación; el secretario general de la CNC, Mario Hernández Posadas, grita su fe inquebrantable en los más espantosos lugares comunes; el representante de la Asociación de Ingenieros, Fernando Favela Lozoya, aventura que los que ejercemos una profesión tenemos el privilegio de ser guardianes de dos de las manifestaciones del nacionalismo, el arte y la ciencia, y que nuestras obligaciones son irrenunciables, y nadie dice lo que esperamos oír, a pesar de que todos volvemos nuestros ojos tensos hacia el presídium. Las frases quieren tomar vuelo: "Nunca México muestra mejor sus virtudes que cuando se enfrenta a la adversidad", "Saludamos con fe renovada a la Comisión y nos felicitamos por integrarnos a ella", "Se nos hace más claro el concepto de patria", "El dolor y la angustia es el acicate que nos apresura a la ayuda", "Emoción humana y ejemplar actitud ciudadana", "Estamos llamados a ser protagonistas de una epopeya", "No desmayamos ante la adversidad y sabemos unirnos en un esfuerzo común", "Es el momento de corregir errores", "Producir y distribuir con justicia social y eficacia económica", "Para nuestro país nada nunca ha sido fácil; casi dos siglos de vida independiente nos lo recuerdan", "Imperativo de reconstruir y fortalecer", "El liderazgo presidencial sereno y firme", "Las naciones y los hombres se conocen realmente en los tiempos difíciles", "Las oportunidades suelen ser efímeras y nunca regresan del mismo modo", "Tener la fortaleza de encarar el trabajo", "Dolámonos sí de nuestros males, pero hagamos de ellos punto de partida, no en busca de respuestas, sino de la respuesta que abarque la suma de los problemas".

Habla el rector de la UNAM, Jorge Carpizo: "Los universitarios estamos comprometidos con México", "La sociedad civil, convencida de esta grave responsabilidad, ha respondido desde el primer momento con la agilidad, energía y solidaridad que corresponde a la grandeza de nuestro pueblo; ha hecho resurgir el humanismo, que debiera ser siempre la base de todas nuestras acciones y que coloca al hombre en el centro de las cosas y no las cosas por encima de los hombres". Enrique Álvarez del Castillo, gobernador del estado de Jalisco, insiste en la solidaridad federalista. Alfredo del Mazo nos dice que "en San Juanico, tierra mexiquense, supimos los mexicanos resolver allí, el liderazgo presidencial, la solidaridad nacional, las responsabilidades públicas y privadas, atendieron con transparencia y oportunidad la grave emergencia". San Juanico es una prueba absoluta del abandono, la orfandad en que viven los mexicanos siempre dejados de la mano de Dios. Murieron 550 personas —según Enrique Maza—, hubo 7 000 heridos, más de 200 mil desalojados, cientos de casas destruidas. Se incendiaron unos 12 mil metros cúbicos de gas, 15 tanques de 20 toneladas volaron más de cien metros y pedazos de tanque cayeron a 1 000 y 1 200 metros de distancia. ¿Cómo se atreve del Mazo a hablar de transparencia si a un año del desastre no se conocen todavía sus causas ni se ha hecho pública la investigación que el gobierno prometió hacer, ni se sabe si la hizo ni se han deslindado responsabilidades (salvo la responsabilidad civil de Pemex) y en cambio se sabe que hubo negligencia criminal en el mantenimiento de las instalaciones? Aún más expuestos que durante el terremoto, porque allí sí había un culpable, los mexicanos de San Juan Ixhuatepec siguen viviendo sin sistema de alarma. Y ¿a nosotros quién nos protege? Nosotros mismos. ¿Somos creyentes? Sí, creemos en nosotros mismos. Dentro del recinto una mariposa vuela sin encontrar la salida, se oye la sirena de una ambulancia. Cuando le toca su turno a Cuauhtémoc, todos lo seguimos con los ojos; va hacia la tribuna, ¡ah, el hijo de Cárdenas! Es general el anhelo. (Probablemente Tata Lázaro se habría instalado en el Zócalo en una tienda de campaña.) Habla sin dotes de orador, los anteojos calados, los rasgos de la cara profundamente marcados; las arrugas en las comisuras de los labios caen a pique; hace el recuento escueto, seco, del terremoto en su estado Michoacán, la destrucción de Lázaro Cárdenas. Su parquedad contrasta con los demás; ni autoelogio, ni autocomplacencia, ni loas al presidente. Miguel León Portilla cosecha el mayor aplauso: "En tanto que dure el mundo, no acabará la gloria y la fama de México-Tenochtitlán", y recuerdo que anoche escuché la voz de Alonso Mixteco Pastor, originario del estado de Guerrero, mixteco por parte de padre (por eso se pone Alonso Mixteco), nahua por parte de madre, que trabaja en la Comisión Nacional Mixta de Escalafón en Manuel Doblado 39, bueno, trabajaba, y vio un rayo solar a la distancia de 30 metros cuando cayó su edificio y arrastrándose, "agarrándome así mi cabeza, todo lo que era mi cuerpo, llegué a ese boquete, era un boquetito así nada más, pero lastimándome pude salir". Allí, bajo las palabras grabadas en piedra sobre los gruesos muros, el dis-

curso de León Portilla coincide con la tragedia e intenta apaciguar-
la: "Toda luna, todo año, todo día, todo viento camina y pasa
también. También toda sangre llega al lugar de su quietud". El ga-
binete en pleno tiene la oportunidad de leer la frase escrita sobre
el muro de la sala occidental.

Quisiera encontrar el rostro de Hermann Bellinghausen, el de Antonio Saborit, pero me toca el de la Quina (Joaquín Hernández Ga-
licia), el de Fidel Velázquez.

LOS FUNCIONARIOS, ¿TENDRÁN SU PROPIO TEMBLOR?

¿Sabrá Arsenio Farell allá arriba y tras sus anteojos negros que más
de 70 mil mujeres trabajan en México en talleres clandestinos, sin
Seguro Social, sin prestaciones de ningún tipo, en tugurios infames,
y que 800 de ellas quedaron sepultadas porque los patrones prefirieron sacar su maquinaria? La procuradora Victoria Adato de Ibarra, esa sí que no sabe. Sólo se sorprende de lo que sucede en la
Procuraduría cuando entre los escombros amanecen el abogado Saúl
Ocampo y los colombianos torturados, y entonces niega saber.

Siento que hay luto en el traje azul marino del Presidente de la
República, luto en sus palabras. Ningún presidente en la historia de
México había tenido esa suerte, a ninguno le había tocado ver a su
ciudad destrozada, su país debatiéndose en la asfixia, su gente escarbando para encontrar cadáveres. El temblor lo ha sorprendido
sin recursos, el temblor le llueve sobre mojado. Dice Enrique Maza:
"Por el despojo, por la injusticia, por el saqueo, en México hay miseria. No como parte de la vida, sino como toda la vida para muchos mexicanos. La miseria es una servidumbre sin excepción. Es
una muerte viva... Y la desgracia que se suma a la crisis revela hasta
qué punto nos toma descobijados y cansados de carencias. Conscientes, además, de que esas carencias hubieran tenido remedio si
nuestros recursos, entregados al extranjero, se hubieran empleado
aquí y se hubieran hecho tantas cosas que se debieron hacer". Pienso que el Presidente de la República debe sentirse muy mal, rebasado por la tragedia, dolido hasta la médula, no en balde vio de cerca
la ferocidad del desamparo del pueblo que gobierna. Propone un
cambio estructural: "...No se trata de volver al punto de donde partimos, reponiendo simplemente lo destruido, sino transformar la realidad en beneficio del hombre y recimentar el destino nacional; la
reconstrucción exigirá esfuerzos adicionales de trabajo, productivi-
dad, generación de ahorro, inversiones y divisas.

"Paradójicamente, la solución de fondo de la ciudad capital está fuera de ella. Las decisiones están en la República toda, en la provincia, y hay programas que ya están en marcha.

"La descentralización de la vida nacional requiere ser apoyada de una reorganización de la administración pública federal, donde se mantengan las sedes de las secretarías de Estado en la capital, pero se desconcentren recursos, oficinas y sobre todo facultades, como parte de un proceso más amplio que incluya la educación superior, la actividad económica industrial y los servicios, el comercio y las finanzas."

En sus palabras oigo interrogantes y peticiones. Pide el Presidente. Dice que la magnitud de la tragedia no puede ser enfrentada únicamente por el gobierno; que quiere integrar a los obreros, a los intelectuales, a los profesionistas, sobre todo a los jóvenes que puedan mantener vivo lo que demostraron en los días de la catástrofe, su entrega, su desinterés, su heroísmo. Nos interesa escuchar, dialogar, aún enfrentamos la emergencia; necesitamos restaurar servicios elementales. Insiste en los cambios estructurales que demanda la sociedad actual, se trata de transformar la realidad. No son éstas sus palabras exactas, pero siento que el Presidente *pide* ayuda. Dentro del monolítico "aparato" de Estado y la uniformidad gris del casimir de los funcionarios, aparecen las fisuras que no se cuartearon en toda la retórica gobiernista de discursos anteriores, llenos de repeticiones, de lugares comunes. El Presidente interroga, nos plantea lo que él mismo se ha preguntado: cómo vamos a mejorar la calidad de la vida, cómo vamos a traducir el sufrimiento en un proceso activo, cuál va a ser nuestra convivencia de ahora en adelante, qué tratamientos fiscales vamos a ajustar o promover. Pregunta el Presidente. Restructurar es renovar. En la oratoria de los nueve anteriores no hubo ni una pequeña rajadura, ahora las hay. ¡Qué bueno! Por allí podemos meternos los ciudadanos.

La Comisión Nacional de Reconstrucción establece seis comités; uno de reconstrucción del área metropolitana, otro de descentralización, otro de asuntos financieros, otro de auxilio social, otro de coordinación del auxilio internacional, y otro de prevención de la seguridad civil. Quiero pensar que el Presidente está llamando a los damnificados, a los pobres, dentro de este búnker intimidante. ¿Estarán los trabajadores de limpia del DF, las enfermeras, las costureras, los chavos de las bandas, presentes en las próximas jornadas? Todos los invitados de por sí prepotentes que ahora se saludan, sonríen, cruzan y descruzan las piernas, ¿habrán perdido un poco el sentido de la propia importancia? ¿Dejarán de ser "yes-men"? ¿Por un lado los gobernantes, por el otro, el pueblo? Raúl Trejo escribió: "La tragedia, al conmover a todos, de alguna manera nos iguala, nos vuelve parejos". Ahora, ya no estoy tan segura. ¡Ay mi México, mi México malherido, mi México que se conforma con tan poco! ¿Es posible que creamos aún en la eficacia del gobierno cuando, a la hora de la hora, *quien hizo todo fue la gente*? Ayer todavía, en la calle se mostraba agradecida porque los autobuses de la Ruta 100 fueran gratuitos, el teléfono gratuito, aunque tuviera que romper las tomas de agua en la calle porque no llegan las pipas. Pide tan poco, se contenta con muy poco. La población, en estos días, se hace cargo de sí misma. De todos modos los de abajo están acostumbrados a que ni se les tire un lazo. La absoluta inoperancia del gobierno no es cosa nueva. Son tan distintos del aparato en el poder, tan espectadores inermes de las decisiones gubernamentales, tan hechos a un lado que uno piensa que no hablan el mismo lenguaje. Lo que sucede allá afuera nada tiene que ver con lo que sucede bajo este monumental paraguas, nada. El lenguaje del poder sencillamente es "otro". Al pueblo, aunque hablen tanto de él, nunca le han concedido más papel que el de extras; los jefes siempre han estado allí para obstaculizar, para paralizar, para cerrar el paso, para cultivar la antesala. Si no ¿por qué no están aquí los protagonistas de la tragedia? ¿Por qué en vez de oír a una costurera, a un damnificado, a un socorrista, tenemos que oír al político de siempre, al burócrata, al funcionario de coche y chofer?

¡Ay, ilusa de mí!

¿Estarán sacudidos por dentro los funcionarios? ¿Tendrán su propio temblor? Por lo pronto, es imposible no advertirlo en la solicitud del Presidente.

—¿A qué fue el señor Presidente al Seguro Social?
—A que le dieran tres años más de incapacidad.

Olga de Juambelz. *El temblor visto por la provincia*

Torreón: *El siglo*

PROVOCÓ PÁNICO NUEVO TERREMOTO EN MÉXICO. Así como bautizan a los ciclones, deberíamos bautizar a los terremotos: el del jueves podría llamarse "Luis Echeverría" y el de ayer "López Portillo" (22-IX-85).

101

En Torreón deveras se sintió el sismo. El agua de las albercas se movió, las lámparas se balancearon. Pero no fueron estos hechos, imperceptibles para algunos, los que conmovieron a la ciudad, sino más bien la clara resonancia del desastre que estaba sufriendo el Distrito Federal. La prensa local recogió la atención de los laguneros y se prodigó en noticias, relatos, análisis y las infaltables, saludables ironías.

LOS CAPITALINOS SE VEN FLAGELADOS POR LA FALTA DE AGUA... DESDE 1910 (24-IX-85)

Muchas horas de angustia, desesperación y temor vivieron ayer los laguneros con familiares radicados en el Distrito Federal... Siguieron y con marcada atención las narraciones de locutores capitalinos... En las afueras de céntricas mueblerías, en cuyos aparadores funcionaban televisores, se congregaron infinidad de transeúntes. En las calles, estas pantallas "comunitarias"; en los templos, gente rezando; en las oficinas y lugares de trabajo, el reclamo de información a cualquier persona que llegara del exterior. Mucha gente angustiada se presentaba en las oficinas de telégrafos tratando de saber si había telegramas urgentes para ellos, de sus familiares en la capital del país o bien para enviar telegramas preguntando por sus seres queridos, aun cuando se les aclaraba que el servicio no era regular. Incluso algunos, ganados por la angustia, se lanzaron al Distrito Federal para localizar a sus familiares.

Dos días después, más de 700 familias de la Comarca Lagunera de Coahuila y Durango ya habían recibido noticias de sus familiares radicados en México. "Sólo en tres casos las noticias que se comunicaron fueron malas."

MMH PIDIÓ FORTALEZA Y SERENIDAD A LOS DAMNIFICADOS. Lo que hay que pedir son dólares a los gringos para ver cómo salimos de ésta (24-IX-85).

El periódico del día 20 registró todas esas emociones, y también la actitud opuesta: es necesario recuperar la normalidad, seguramente se trata de exageraciones. Entonces se recurre al relato del sismo de julio de 1957, "cuando el Ángel se cayó". Las noticias que en aquel momento aparecieron en los diarios eran alarmantes; se afirmaba que la ciudad entera había sido destruida y ciertas personas, que habían salido esa mañana en avión de la capital, aseguraban que ésta parecía una ciudad bombardeada. "Afortunadamente en esa ocasión todo eso no dejó de ser una mera exageración." Pero con sospecha de exageración o sin ella, desde el primer día la solidaridad se plasmó en una ayuda concreta. A partir del 20 se recolectaron víveres, medicamentos y efectivo. El 22, los habitantes reunían medicinas y alimentos para los damnificados; en Lerdo se efectuaba un maratón con el mismo objeto y los empleados municipales cedían un día de trabajo. El día 23 la feria del algodón y de la uva anunció que todo lo recaudado en la venta de entradas se entregaría al DF. La comunidad estudiantil de la Escuela Normal de Torreón donó la cantidad de 34 709 pesos, así como ropa, alimentos y medicinas. Independientemente de los 25 millones de pesos que los ejidatarios de la Región Lagunera aceptaron reunir para enviar a la capital del país como auxilio, los campesinos han tomado el acuerdo de aportar granos de sus cosechas, para ser enviados en auxilio de las víctimas" (27-IX-85).

NANCY REAGAN ENTREGÓ UN DONATIVO DE UN MILLÓN DE DÓLARES A MMH. Mismo que una vez endosado se le devolvió a Nancy pidiéndole abonarlo a la deuda, porque en lo que se tardó en sacar la pluma ésta subió doce millones de dólares, por los intereses (25-IX-85).

Y junto al apoyo económico, el reclamo: que no se robe, "cuidado con la manera en que se administra el producto del altruismo social", y enseguida la denuncia. El señor Héctor Sánchez entregó un donativo en la oficina del comité municipal del PRI en Torreón; se le entregó un recibo sin folio, con firma ilegible y una fecha inexacta. "No queremos imaginar la repulsa social que podría provocarse por una disposición indebida del efectivo o de los bienes." Que no se robe (27-IX-85).

En Torreón, como en otros lugares del país, brotó la pregunta: ¿por qué? ¿Por qué un desastre de tal magnitud? Se habló de los defectos de construcción, de la corrupción, del mal gobierno. "Es dudoso que se lleguen a dilucidar responsabilidades no obstante que hay antecedentes de construcciones en los archivos del Departamento del Distrito Federal. Aun cuando ocurran tragedias como la que ahora lamentamos, los mexicanos carecemos de una conciencia definida de que una protesta oportuna hubiera aminorado los daños o los evitaría en lo futuro. Los propietarios de estos edificios no son desde luego criminales, son tan sólo producto de lo que les permitimos ser quienes renunciamos a ejercer nuestros derechos" (24-IX-85).

"La corrupción ha cobrado su trágico precio: los edificios construidos por dependencias oficiales se derrumbaron con espantosa facilidad" (27-IX-85).

EL GOBIERNO RECONSTRUIRÁ LAS INSTALACIONES OFICIALES DAÑADAS. ¿Eso incluye a la instalación llamada país? (24-IX-85).

La crítica al gobierno y la desconfianza abarcaron el antes, el durante y el después del terremoto. La organización de las tareas de rescate y socorro tuvo muchas fallas que declaraciones oficiales trataban de ocultar torpemente. "En un canal norteamericano de televisión oí al embajador de México en Estados Unidos decir que teníamos lo necesario para hacer frente a la tragedia. El canal mostraba escenas de las tareas de rescate: una cuadrilla de hombres que gritaban, retirando escombros de un edificio ¡en cubetas! El secretario de Salubridad diciendo horas después del terremoto que 'Todo está bajo control'. El secretario de Turismo afirmando: 'Tenemos la seguridad de que ningún turista americano pereció'. El hecho inconcebible de que habiendo un Plan de Emergencia para Situaciones de Desastre, plan de sonoro y misterioso nombre, el DN-III, no hubiera en ese plan ni picos ni palas con qué hacerlo trabajar, monstruosa carencia que el propio presidente hubo de reconocer." También causó enojo la torpe demagogia de aquellos que enfocaban la cámara de la televisión y declaraban que su dependencia estaba trabajando "unida en torno al señor presidente y su gobierno".

MÉXICO SALDRÁ FORTALECIDO DE ESTA TRAGEDIA. Yo no veo por qué. Cuando la de San Juanico no se fortaleció nada... (22-IX-85).

También se puso en evidencia la incapacidad oficial para aprovechar la ayuda enviada desde el exterior. En la aduana, a los españoles les confiscaron sus herramientas "sospechando que se trataba de fayuca. Los suizos y los alemanes regresaron a Europa molestos porque en la zona del desastre todo mundo daba órdenes, no había coordinación y el auxilio internacional se centraba en una sola área. La burocracia mexica, como siempre, se anotó un diez" (16-X-85).

Mientras tanto, algunos seguían con su propio negocio. El señor João Havelange, directivo de la FIFA, declaró en relación con el campeonato mundial de 1986: "Los mexicanos están muy tristes, y necesitan la alegría que viene de esa fiesta que es el futbol. Por otra parte, van a necesitar mucho dinero para remediar los daños causados por el terremoto, y el campeonato de futbol les va a ayudar a conseguir ese dinero". Seguramente (28-ix-85).

Mérida: *Diario de Yucatán*

Los sismógrafos de Mérida no registraron el segundo temblor; la intensidad del primero los había desnivelado.

Las primeras noticias, el 21 de septiembre, informaban: "La Canacome y la Canacintra confían en que el sismo no causará problemas para surtir de mercancía y materias primas al estado. Sin embargo, sus representantes señalaron que la interrupción del servicio telefónico afecta bastante las relaciones con la metrópoli". "El sismo no afectará los recursos para Yucatán", tranquilizaba otro artículo, que además de registrar la preocupación por el posible aplazamiento o cancelación de las visitas de funcionarios federales, aseguraba: "No es necesario enviar ayuda a los damnificados". La sorprendente afirmación se veía respaldada por las declaraciones del gobernador, Cervera Pacheco, quien dijo: "Esperamos tener comunicaciones para saber qué requieren". Sin embargo la misma edición del *Diario de Yucatán* aseguraba que el día anterior se habían logrado algunas llamadas telefónicas y que la oficina de telégrafos contaba con un servicio de mensajes por avión, además del que ya prestaban los autobuses.

El gobernador, los empresarios, la prensa se preocupaban ante todo por Yucatán, por los inconvenientes que el sismo podía crear al estado.

Además, el Distrito Federal está muy lejos. "En Yucatán es muy difícil que se registre un macrosismo similar al de la ciudad de México, debido a la diferencia de constitución del suelo", tranquilizaba la prensa del 22 de septiembre. En resumidas cuentas, este peligro no nos alcanza. En cambio, se recuerdan las catástrofes próximas, las más reales, como la destrucción de Chetumal por el ciclón Janet.

Pero también surge la evocación de lo que quedó bajo los lejanos escombros de la capital: el hotel Regis. "Estábamos íntimamente compenetrados con sus instalaciones, y el ambiente de convivencia yucateca que se respiraba en el lugar. Solíamos admirar la fastuosidad de sus maravillosas arañas, las cuales quedaron reducidas a añicos. El hotel Regis tenía mucho del corazón yucatense" (24-ix-85).

105

Hasta aquí, el *Diario de Yucatán* recoge las necesidades de Yucatán, los peligros de Yucatán, los gustos y los miedos de los yucatecos.

El 23 de septiembre la prensa registra datos sobre una colecta de ayuda a los damnificados organizada por la Canacome. El día 27 la aportación del estado es de 29 millones, de los que se han entregado siete en el DF.

Junto a las primeras noticias sobre la ayuda económica se encuentra la otra cara, la denuncia de la especulación: "En las calles de Jalapa, de la colonia Roma, no hay luz ni agua. El precioso elemento se vende a mil pesos el litro" (24-IX-85).

En un artículo firmado por Jorge Eugenio Ortiz, publicado el 27 de septiembre, se puede apreciar un análisis que va más allá de lamentar o relatar la desgracia, y trata de explicarla: "El sismo pudo ser menos doloroso si no se hubiese erigido el gigantesco asentamiento en el valle de México [...] Los españoles se empeñaron en sembrar una fastuosa ciudad sobre escombros [...] De un lago con islas y aldeas ribereñas, la urbe colonial se fue convirtiendo en sólido caserío montado sobre los desecados pantanos [...] La falta de conciencia ecológica llega hasta nuestros días. No existe siquiera un plano del subsuelo que permita orientar programas de construcción y se ha dejado crecer la proliferación urbana hasta convertir el valle de México en el más numeroso centro de población mundial". Enseguida se recuerda, con nostalgia, a Ernesto Uruchurtu y las medidas que tomó para restringir el crecimiento urbano: limitar la altura de los edificios, multiplicar las áreas verdes y no permitir nuevos fraccionamientos, "pero la corrupción ha burlado todas las normas y muchos edificios mal construidos cayeron como un cruel bombardeo el jueves 19 de septiembre". En efecto, la corrupción ha sido una pésima constructora.

Sonora: *El Imparcial*

El Imparcial de Sonora declaró desde el 21 de septiembre su solidaridad con los afectados. "Cuenten con nosotros, los de Sonora" dice el periódico, aunque nunca especifica cómo.

"Si miramos más allá de la catástrofe, podemos ver que en el mundo hay innumerables problemas humanos, que no pueden tener solución sino con la solidaridad efectiva de todos los hombres. El escándalo de los despilfarros se vuelve intolerable para cualquier conciencia, cuando suceden desastres como el de la ciudad de México, en los que innumerables seres mueren repentina y atrozmente o quedan, de pronto, sin amparo'' (26-IX-85).

Al caer cientos de edificios de la capital que pertenecían a oficinas del gobierno, surgió la pregunta: ¿se reconstruirán? Si es así, ¿dónde? La idea de cambiar de lugar a la capital tomó cuerpo para algunos, que llegaron a plantearla como "un verdadero clamor nacional".

"No es posible que la vida de toda una nación, dependa de un factor tan aleatorio como el hecho de que su capital, su gobierno continúe instalado en un área sísmica que ya no podrá ofrecer nunca garantías de que algo como lo del jueves 19 y viernes 20 no vuelva a repetirse'' (27-IX-85).

También se sacó a la luz el artículo 44 de la Constitución, que contempla la posibilidad de este cambio de residencia. Intentar la reconstrucción de los edificios que albergan dependencias oficiales sería "temerario". Además, la reclamada descentralización político-administrativa podría significar un alivio para el "alud de población" que se ha producido en la ciudad de México.

Al unirse al "clamor nacional" por la descentralización, *El Imparcial*, al igual que el *Diario de Yucatán*, "añora a Uruchurtu", al "Regente de Hierro". "Se le acusó entonces de inhumano, fascista y todo lo que ustedes quieran. El tiempo le ha dado la razón'' (28-IX-85). La nostalgia por la imposición del orden se repite en los dos extremos del país: Sonora y Yucatán.

Guadalajara: *El Informador*

El terremoto afectó el sur del estado de Jalisco. En Ciudad Guzmán y en Gómez Farías hubo muertos a raíz del sismo; en la costa se registraron desgracias menores. La ciudad de Guadalajara, en cambio, no sufrió daños. Sin embargo, el periódico *El Informador* puso el acento en la situación local. "En la zona metropolitana de Guadalajara más del 98% de las casas no resistirían un movimiento telúrico tan intenso, pese a que la capital jalisciense se encuentra en una zona eminentemente sísmica.''

Pocas semanas antes del temblor, el Colegio de Ingenieros Civiles de Jalisco advirtió sobre la mala construcción de la ciudad, que carece de cimentación adecuada, en la que los muros se levantan sin la seguridad básica de los "castillos" y cuyos materiales son de mínima resistencia. Advirtió que en Guadalajara el número de construcciones sólidas, capaces de resistir un movimiento telúrico intenso, no llega al dos por ciento. "Con todo ello, como es lógico, los costos se reducen, a cambio de crear un potencial de enorme peligro para la seguridad de todos los habitantes" (23-ix-85).

Guadalajara ha sufrido sismos importantes, como el terremoto de la primera mitad del siglo xix que derribó las torres de la catedral acabada de construir. En los últimos años del siglo pasado y los primeros de éste, se vio afectada por una serie de temblores que obligaron a la población a instalarse en plazas y jardines públicos durante varias semanas. Ya entrado este siglo, entre los meses de mayo y septiembre de 1912 se registraron 1 500 temblores de variada intensidad.

Los riesgos de Guadalajara, la construcción de Guadalajara, los peligros pasados por Guadalajara: en definitiva, la reproducción del siempre criticado centralismo de la capital. "Más de una semana ha transcurrido desde la fecha fatal y todavía estamos lejos de presenciar la actividad normal del Distrito Federal, que por el centralismo multiplica efectos nocivos y los irradia al resto de la nación" (28-ix-85).

Los comentarios dejan la sensación de que los tapatíos no tienen una idea clara de la magnitud del desastre: "A quienes han estado informando se les podría pedir más moderación y discreción en ese palabrerío de alarma, y abundar en los datos positivos, en la lección de solidaridad, en la palabra de fortaleza, en la apreciación y ennoblecimiento de los grandes valores del hombre" (24-ix-85).

Monterrey: *El Porvenir*

La prensa de Monterrey se centró en tres problemas: la cuestión ecológica en el valle de México, la falta de previsión por parte de las autoridades y la corrupción como fenómeno de fondo.

El problema ecológico en la capital trasciende al de la superpoblación. Si bien se señala que "no es posible que la civilización admita concentraciones urbanas tan complejas y tan pobladas" (23-ix-85), el periodista Jorge Eugenio Ortiz Gallegos va más allá al decir: "No hay un programa que regule el crecimiento de la metrópoli asentada en un valle donde se reúne el más grande núcleo de población en el mundo. La ciudad de México es un atentado ecológico. La población de la metrópoli está condenada a seguir padeciendo no sólo terremotos, sino muchos accidentes de convivencia, y en particular el gran deterioro de la atmósfera y de los medios de vida" (27-ix-85).

El crecimiento exagerado y anárquico indica, de por sí, una falta de previsión gubernamental. Pero la improvisación llega a niveles sorprendentes puesto que "jamás los gobiernos formularon planes de emergencia para atender los constantes desastres provocados por los sismos (en uno de los países más sísmicos del planeta) o los que eventualmente provinieron de catástrofes como la explosión petrolera de San Juan Ixhuatepec".

El extraño plan llamado DN-III, a cargo de soldados y marinos, parece haber sido una carta sacada de la manga a última hora y que además se mostró "inservible, ineficiente y pomposo".

A menos de una semana del terremoto, el presidente Miguel de la Madrid ordenó una revisión de la ley de construcción en el Congreso. "Ya no digamos que hacía falta revisar la ley para evitar las consecuencias del temblor que sacudió la capital de la República, bastaba sólo que la misma se cumpliera. El edificio Nuevo León, que cayó aplastando a decenas de personas, estaba detenido por palos de madera que habían puesto los vecinos del lugar. ¿Cuántas construcciones se encontraban en una situación similar? [...] Un gran número de dependencias gubernamentales se vinieron abajo" (28-ix-85).

Sin embargo, tampoco faltó quien atribuyera el desastre a la mano de Dios. El obispo Genaro Alamilla interpretó el sismo como palabra divina para que "nos comportemos como una nación madura y modifiquemos las leyes para que exista una educación religiosa". Si se suprimiera el artículo tercero de la Constitución, México se vería exento de terremotos. El 29 de septiembre, *El Porvenir* se pregunta si tampoco "los ciclones nos harían daño en lo sucesivo, ni las lluvias torrenciales y, en general, estaríamos a salvo de cualquier catástrofe cósmica y demás. Quién quite hasta el problema de la deuda externa, el PRI y, en general, los males sociales, encontrarían aquí su solución".

El 24 de septiembre, el DIF de Nuevo León envió al Distrito Federal ocho tráilers con alimentos perecederos y medicamentos. También se anunció que se habían colectado 20 millones de pesos en efectivo. El día 28 se llevó a cabo un maratón deportivo-artístico en beneficio de los damnificados. Las grandes corporaciones de la iniciativa privada anunciaron que harían importantes donaciones. Pero la desconfianza en el gobierno y en el destino que se daría a esos aportes surge clara y concisa: "la ayuda generosa y desinteresada contribuirá a engordar los bolsillos y las riquezas de los funcionarios del gobierno, como ocurrió con el siniestro de San Juanico" (23-IX-85).

La desconfianza se extiende, se multiplica. No se sabe qué pasa con el dinero, no se cree en las cifras oficiales, se desconfía de las promesas y de los funcionarios.

"Hay médicos del Centro Médico que aseguran que las defunciones no pueden ser menores al medio millón. Otros, más optimistas, dicen que no, que deben ser alrededor de 30 000 o de 50 000. En un país, donde, como si fuéramos niños, nunca se nos dice la verdad" (30-IX-85).

"La Procuradora del Distrito Federal dijo: 'Los colombianos que aparecieron muertos en los separos de la policía judicial eran miembros de una gran banda de narcotraficantes'. Al mismo tiempo, negó rotundamente que fueran torturados, como se ha demostrado" (30-IX-85).

"El gobierno demostró que está más preparado para reprimir al pueblo en casos de movimientos populares que para los casos de desastre. El pasado primero de mayo, en los sucesos ocurridos en el desfile del día del trabajo, la policía usó perros antimotines contra los trabajadores independientes, y ahora nos dimos cuenta que no se había preocupado por entrenar perros para detectar sobrevivientes, en casos de derrumbes por temblores" (28-IX-85).

"Dios, Dios, ¿por qué?, ¿por qué? ¿Por qué nos terremoteas así?" (24-IX-85).

También proliferaron las especulaciones. Tal vez el sismo nos permitiría eludir el pago de la deuda externa. El 20 de septiembre los diarios anunciaron que el FMI cortaría los fondos para México, pero luego desmintieron la noticia. ¿Hubo un cambio de posición a causa del temblor?

Por su parte, los organizadores del Mundial de Futbol México 86, pocas horas después del terremoto, viajaron a Zurich a informar a João Havelange sobre las condiciones de los estadios. Estaban en juego grandes intereses económicos. "Pero Televisa está en guardia. Nada detendrá al Mundial. Ni siquiera un temblor de ocho grados. Aunque haya sido tan fuerte que casi acabó con sus instalaciones" (28-ix-85).

Las autoridades no apoyaron el esfuerzo colectivo, sino que lo entorpecieron. Se habla de manera reiterada de la falta de organización, de la inexistencia de planes de emergencia, de la torpeza de los funcionarios e incluso de su incapacidad para aprovechar la ayuda enviada por los países extranjeros. El Estado bloqueó la solidaridad en lugar de canalizarla. La crítica que los medios de información desplegaron contra el gobierno, y todas las estructuras ligadas al aparato estatal, no se suscitó sólo a partir del terremoto: resulta obvio que viene desde muy atrás, de una desconfianza de años y que, para no ir más lejos, toma como referente a la tragedia de San Juanico.

La solidaridad social en la ciudad de México, que todos insisten en señalar, no siempre estuvo acompañada de una solidaridad nacional. En algunos casos, los estados no demostraron una voluntad de colaborar con la maltrecha metrópoli. ■

EN BUSCA DE LA MAESTRA CARMEN
Soy Lourdes Calvario, tengo 28 años, me dedico a trabajar en la ENEP Acatlán con los grupos de danza contemporánea y regional.

Vivo en el centro, en la calle de Ecuador, afortunadamente la casa se mantuvo en pie, pero cuando me enteré a las 9 de la mañana que se había caído el edificio Nuevo León, del lado donde vivía la maestra Carmen Castro, directora del grupo de danza contemporánea de La Rueda, donde trabajo, me lancé inmediatamente para allá. Al ver el edificio reducido a escombros empecé a gritar: ¡Carmen!, ¡Jorge! También allá vivían José Sandoval, un exbailarín que después se dedicó a lo que él llamaba "el lado oscuro de la luna", o sea, a ser técnico: arreglar las luces del teatro de la ENEP Acatlán, y Jorge Sánchez, bailarín. Carmen Castro era la esposa del maestro Leonardo Velázquez y tenía dos hijos, Adrián y Gabriel; Leonardo Velázquez es músico compositor; los conocí porque asistían a nuestras funciones de baile; también a su hermana Guadalupe, que es bailarina.

Jorge Sánchez era cuatísimo, vivía solo; tenía a su mamá y a dos hermanitas de 15 y 16 años; todos nos encontrábamos en el Centro Cultural Acatlán durante los ensayos. Por azares de la vida, esa noche José Sandoval se quedó a dormir en casa de un amigo. Se salvó.

En el Nuevo León, a las 9 de la mañana, se oían gritos:

—Hay gente allí dentro, por favor ayuden.

Yo gritaba recorriendo los escombros:

—¡Carmen! ¡Jorge!

—No grite —me dijo alguien—; mejor traiga un equipo.

Tenía razón. Estuve un año en el grupo de montañismo de la UNAM y me dediqué también unos años al buceo y dije: "Todo lo que aprendí lo puedo aplicar". Me regresé a la casa —vivo a seis calles— me equipé y volví corriendo. Nadie sabía por dónde meterse, todo eran ruinas, olía muchísimo a gas, corría el rumor de que iba a explotar la tubería subterránea, me metí en un agujero. Adentro grité:

—¡Carmen! ¡Jorge!

Nunca me contestaron.

—¡Carmen!, ¡Jorge!, ¡Carmeeeeeeeen!

Grité hasta quedar ronca. Gritaba y gritaba:

—¿Están bien? Por favor contéstenme...

Se oyó la voz de una mujer y un niño: que por favor nos saquen. Me arrastré hasta donde los oí, pero estaba muy estrecho el lugar, como soy gordita no pude seguir avanzando, tenía que sacar tierra; entonces salí a avisar que otro se metiera. Hice un agujero, en otro lado, y seguí gritando.

Entraban otros topos. Y yo grité y grité: ¡Carmeeeen! ¡Carmeeeen! Era tanta mi desesperación por la maestra, que más que nada lloraba de impotencia, de rabia. Veía yo el tamaño de las losas y decía: Esto no es posible, nunca nadie va a poder levantarlas. A las tres de la tarde me di cuenta de que ya estaba afónica.

—Sin máquinas no vamos a poder hacer nada; son indispensables las grúas.

A las 11 de la mañana empezaron a sacar muchos heridos, gente con vida. En el momento que empezaron a sacar muertos, no sé por qué, tuve la certeza de que a Carmen y Jorge iba yo a encontrarlos muertos.

Seguí ayudando; a los vivos los ayudaba a llegar al DIF cruzando Reforma; tomaban sus datos y les decían a qué hospital ir; los canalizaban según su estado de salud. Puse atención a los cadáveres. "Quizá de tanta gente que están sacando se me fue alguna." Decidí regresar a la casa a llamar por teléfono al grupo de danza de La Rueda para preguntarles si Carmen había ido a dar clases, pensé que a lo mejor esa noche, por alguna circunstancia, no había ido a dormir a su casa y había ido a la escuela (cuando uno sufre inventa muchas posibilidades; se empieza a imaginar otras salidas); yo estaba aterrada, una voz me decía: "Se murió", pero me era tan intolerable que me repetía: "A lo mejor no estaba en el Nuevo León y ahora mismo da su clase de baile, como siempre". Cuando me contestaron "no ha llegado" me fui a la quinta delegación, a donde estaban llevando los cadáveres de Tlatelolco.

La verdad todavía no me explico por qué fui a la delegación. Pregunté:

—¿Hay cuerpos del edificio Nuevo León?

—Aquí hay de todo, pásale, si encuentras nos dices y te hacemos el acta de defunción.

Permanecí afuera 10 minutos dándome valor.

—Bueno, se trata de Carmen, es mi maestra, tengo que entrar...

Me concentré porque jamás en mi vida había visto un cadáver, en mi vida. Entré, pero corriendo, y creo que cegada por las lágrimas, me dio mucho miedo y no vi nada. Cuando salí me puse a llorar y me dio coraje en contra de mí misma y dije:

—Tranquila, si estoy ayudando voy a ayudar bien, si no mejor me voy a mi casa.

Me dieron muchas ganas de correr. Me tranquilicé, entré, vi cuerpo por cuerpo, niños, mujeres, hombres, una señora que me impresionó terriblemente, porque era una anciana completamente destrozada, pero su cara estaba tan tranquila que parecía dormida, soñando con algo bonito. Vi, vi muy bien, y no había ningún cuerpo que fuera el de Carmen, salí y les dije muchas gracias, regresé al Nuevo León para seguir ayudando, pero a las siete de la noche ya estaba el ejército y no nos dejaron entrar. Alegué que inclusive tenía mis implementos, que era montañista, y me respondieron que ya estaba organizado todo, que como civiles nos teníamos que retirar. Dije que eran familiares míos, insistí mucho, y por fin, junto con dos amigos, pudimos entrar por la parte de atrás con nuestras lámparas de mano. Hicimos un nuevo túnel y al alumbrar entre los escombros vi una mano, y la verdad ya no pude, me agoté, salí, me senté bajo un árbol, y allí esperé:

—Miss, ¿dónde estás Carmen, dónde, de cuál de estos malditos agujeros te puedo sacar?

Mis amigos vinieron a buscarme:

—Lulú, sabes qué, estás muy cansada, vámonos.

—No.

—Va a ser un verdadero milagro si encontramos a Carmen y a Jorge vivos; no hay gente viva del decimotercer piso.

Cada vez que avisaban que habían sacado más cuerpos corría yo a ver si eran ellos. Y lo más horrible es que iba también a la delegación; había tantos cuerpos en el piso que los tenías que brincar para encontrar a tu gente.

No había luz; una lámpara de gas alumbraba los cadáveres. Hice tres viajes a la delegación esa noche. Regresé a mi casa a las seis de la mañana, y a las nueve me habló mi grupo de montañismo para decirme que no había ayuda en el Hospital Juárez y que si queríamos ir mi hermana Dalila y yo —mi hermana también se dedica al montañismo.

—¿Vamos allá?

—Órale, vamos, he dormido tres horas pero creo que sí aguanto.

ERA IMPRESIONANTE OÍR LLORAR A NIÑOS

Pensé que para mí iba a ser menos difícil, porque no se trataba de mi maestra Carmen, pero si en el Nuevo León se escuchaban gritos y gente que pedía auxilio, en el Hospital Juárez era impresionante oír llorar a los niños. Afuera, sobre los escombros, nos decían que primero se tenía que ayudar a las mujeres que acababan de ser madres. Cuando me acerqué con la pala para quitar los escombros y escuché a un bebé, me quedé petrificada, no pude, oí al bebé llorar y dije:

—Dios mío, qué hago, es que qué hago, dímelo Dios mío, es que el miedo me está venciendo.

Me quedé con la pala en la mano.

Un hombre se me acercó y me dijo:

—Quítese si no va a trabajar, quítese porque nada más está estorbando.

Por más que traté de darme valor y darle órdenes a mi cuerpo, no me obedecía. Dalila me dijo:

—O ayudas o te largas y te sientas en la casa a chillar toda tu frustración.

Las dos llorábamos; ni cuenta nos dábamos de las lágrimas que nos iban escurriendo. Me pasé allí todo el día removiendo escombros para hacer túneles, apuntalarlos y llegar lo más cerca posible

de la gente. Nunca jamás pude ayudar a sacar a alguien, tenía miedo de llegar a donde estaba la gente, viva o muerta. Le dije a Dalila:
—Me regreso al Nuevo León a ver qué pasa...
Encontré a unos muchachos de la escuela de danza, que me avisaron:
—¿Sabes que han enviado muchos cadáveres a la delegación Cuauhtémoc, porque ya no caben en la Quinta?
Corrí a la Quinta. Era impresionante ver la fila de gente esperando para poder pasar a identificar los cuerpos. Ya eran las 7 de la noche del viernes. Entré, empecé a caminar, y en el momento en que me agaché para ver un cuerpo dije:
—Dios mío, ya me estoy mareando, estoy muy mal —y oigo un grito: "Está temblando".
Me agarró el segundo temblor adentro de la delegación Cuauhtémoc, identificando cadáveres. La gente empezó a gritar, mucha gente al atropellarse pisó cadáveres; había sólo una escalerita de caracol para este edificio de dos pisos, alguien dijo en voz alta: "Esto se va a venir abajo, porque está nuevo el edificio". Me fui repegando a la pared rumbo a la escalerita; nos caímos en la escalera, nos pisaron; del suelo me levanté como pude y una mano agarró la mía: "Ayúdeme, ayúdeme", nunca supe a quién tomé de la mano para ayudarle a bajar la escalera; salimos y seguía el temblor. Entonces, pegué la carrera hacia el Eje 1 Norte, porque lo primero en que pensé fue en mi familia, corrí desde la delegación Cuauhtémoc hasta mi casa.

En el segundo temblor acabó de caerse lo que no se había caído en el primero; la Torre de Pino Suárez, por ejemplo, que aplastó a muchas personas en labores de rescate. Esa noche ya no volví al Nuevo León, necesitaba quedarme con mi familia, necesitaba llenarme de mis hermanas, verlas mucho para decir "qué bueno que estamos vivas", necesitaba mirarlas mucho, mucho rato, para ver que sí eran ellas, grabarme bien sus caras de todos, fijarme bien en la casa, fijarme bien en todo, porque dije: "Bueno, a lo mejor, si sigue temblando, en una de ésas me quedo". Dormimos en la calle, la verdad es que nunca en mi vida había dormido en la calle; nuestra casa en Ecuador tuvimos que desalojarla, toda cuarteada; la verdad, no sé ni cómo dormimos, no recuerdo ni lo que pasó, pero sí que me quedé profundamente dormida.

HAY QUE EVITAR QUE VAYAN A DAR A LA FOSA COMÚN

Fui a hablar por teléfono a los cuates de La Rueda y me dijeron que el marido de Carmen y la familia de Jorge Sánchez habían preguntado por mí, que si podía ir al parque de Coyuya a alcanzarlos; que era muy importante buscar entre los cadáveres para evitar que los echaran a la fosa común, que eran 30 los compañeros buscando a Carmen Castro, pero aún así eran demasiados los cadáveres y solicitaban mi ayuda. Me fui a la Coyuya en metro; era imposible andar en coche en la ciudad devastada, me fui preguntando, preguntando, que por Jamaica, que por... Llegué y desde afuera me empezaron a picar mucho la nariz y los ojos por el formol que les inyectaron a los cadáveres, y la forma tan exhaustiva en que los habían fumigado.

—Haga cola por favor.

Íbamos formados, uno tras otro, prácticamente empujándonos; en la entrada nos fumigaban y nos desinfectaban, así pasamos, apretujándonos todos, entrábamos de 20 en 20 desfilando ante los cadáveres para ver si reconocíamos el nuestro. El olor era intolerable. Había cuerpos tan mutilados que era imposible identificarlos.

—No hay nada, vámonos de aquí, no hay nada, nada de nada...

—¿Estás segura? —me decía un compañero.

—Estoy segurísima, pero si quieres vayan ustedes y revisen pero yo, por mi parte, estoy absolutamente segura de que no la vi.

Llegué a la casa, me entró una crisis de llanto. Mi madre me dijo: "Duérmete, Lulú".

Como a las 3 de la mañana me sacudió Dalila, mi hermana:

—¿Qué tienes, Lulú? ¿Estás mal?

Grité:

—¡Está temblando! —y me paré como loca.

—No, Lulú, no está temblando, pero tú estabas durmiendo con los ojos abiertos.

—Pero yo estaba descansando. ¿Por qué me despertaste en esa forma?

—No, Lulú, tenías los ojos abiertos, pensé que te habías muerto.

Le di miedo a mi hermana Dalila y en la madrugada ordenó mi mamá:

—Nos vamos inmediatamente al médico.

El doctor dijo que tenía una tensión nerviosa espantosa, me dio medicamentos y me dijo que no saliera. Permanecí en la casa, muy inquieta, hasta que a las 6 de la tarde no aguanté:

—¿No han localizado a Carmen? —pregunté por teléfono.
—No.

QUEDARME EN EL RESCATE FUE MI HOMENAJE A LA MAESTRA CARMEN
Me repetí: "No es justo que Carmen Castro y Jorge Sánchez terminen en la fosa común" y me fui al parque Delta. Allí también tuve que formarme, esperé una hora, encontré a un maestro y una maestra de la ENEP Acatlán. En la puerta, cuando vimos los cadáveres, la maestra se desmayó. Entonces le dije al maestro:
—Mira, tú cuídala, yo voy a ver rápidamente y regreso.
Caminé entre los cuerpos y de repente, a mitad del recorrido —eran cientos, miles, muchos más que el día anterior— me dije: "Ya no puedo ver un cadáver más, ya no puedo". Salí muy mal y un señor joven de anteojos en la entrada me preguntó:
—¿Qué pasó, encontró a su gente?
—No, señor, no acabé de recorrer, con permiso.
Y antes de que me detuviera salí corriendo y me senté en la banqueta a llorar:
—Es que no puedo más, que venga otra gente, yo no puedo más.
Me vieron tan agotada que me fueron a dejar a la casa.
El lunes vinieron los peritos a ver nuestra casa en la calle de Ecuador y nos dijeron que teníamos que desalojar porque las paredes se estaban abriendo, el techo a punto de vencerse. Empezamos a sacar cosas y creo que eso me ayudó mucho; el estar empacando, buscando un camión de mudanza. Ya habíamos pasado la segunda noche en la calle, la del viernes, pero ahora sí, ¿a dónde íbamos a ir a dar? Unos con parientes y otros con otras gentes. El martes en la madrugada llamé de nuevo por teléfono a ver qué sabían de Carmen Castro y me dijo un compañero:
—Adrián, el hijo de Carmen, está en el DIF frente al edificio Nuevo León haciendo guardia. Son muchos los que allí esperan los cuerpos que salen para identificarlos.
—Bueno, voy a hacer guardia, pero no veo cuerpos.
—Está bien, por lo menos acompaña a Adrián... porque el otro hermano y Leonardo están en el parque Delta.
Permanecí allí de las 7 de la mañana a las 6 de la tarde, y en ese lapso grandísimo, nunca dimos con Carmen. Me fui a casa de mis parientes; mi madre muy preocupada:
—Lulú, ¿has estado tomando las medicinas?
Fui derechito al teléfono y le hablé a una de las compañeras:
—Ya encontraron a Carmen.

—¿Está viva?

El corazón me latía, galopaba, todo me pulsaba; pensé absurdamente que a lo mejor habría salido de la ciudad.

—Está muerta.

—¿Dónde está, en qué lugar está? Quiero ir allá...

—No, tranquila, Lulú, tranquila... Carmen Castro se fue a la fosa común.

Éramos 30 personas buscando a Carmen, 30 además de su marido y sus dos hijos, y de esas 30 ni una sola pudo identificarla, ni una sola fue capaz de decir:

—Sí, ella es Carmen.

Me pregunté: ¿cómo es posible tanto trabajo para que nadie la hubiera reconocido?

Una mujer de las características de Carmen Castro, una mujer que buscamos por todas las delegaciones, en el Delta, en Coyuya, acabó en la fosa común. Dedicó 10 años de su vida para formar un grupo estudiantil, trabajó siempre con entrega, y acabó en la fosa común. ¡Oh Dios! ¿Cómo es posible? ¿Qué no tuvimos ojos? ¿Qué no pusimos la suficiente atención? ¿Por qué lloré en vez de mirar? Carmen, es que tú te quedas después de la clase, ensayando pero no la danza, ensayando nuestra vida. Porque era capaz de sentarse y escucharte tranquilamente; tomarse un vaso de leche o vino contigo y darte consejos que te tranquilizaban, era más que la maestra, era la amiga que se entregaba, podías decirle: ¿Sabes qué Carmen?, me siento mal por esto y lo otro... Y ella te escuchaba. Y ella, Carmen Castro, tuvo que acabar en la fosa común.

Ella que nunca reprobaba a nadie, la vida la reprobó.

Acabó en la fosa común, como desconocida, nadie de los que anduvimos allí buscándola desde el jueves, nadie, ninguno, pudimos identificar a Jorge ni a Carmen. Sabemos que acabó en la fosa común por la familia de Jorge, porque a ellos les avisaron que habían sacado muchos cadáveres por la parte de atrás del Nuevo León y los habían llevado de inmediato al Panteón de Dolores. La familia de Jorge fue a identificarlo y a Carmen la reconocieron por una pulserita como de corazoncitos. A Jorge por la ropa que llevaba un día antes del temblor. Pero que nosotros podamos decir: "Sí, sí son", no, nunca hubo eso, se fueron como desconocidos.

La fosa común es una medida de higiene. A lo mejor ni le tocó quedarse en la fosa, quién sabe, la cosa es que nadie pudo verla jamás, ninguno. ¿Con cuántas gentes estará enterrada la maestra?

La única posible solución a mi dolor fue regresar al rescate, esta vez, en el conjunto Pino Suárez, con 50 chavos y chavas. Si me quedo encerrada en casa de mis parientes me vuelvo loca. Me fui con los montañistas. Y allí ya no sentí sino rabia. Me decían:

—Lulú, a ti te va a tocar tal hueco porque estás esponjadita y aguantas.

—Pues órale, me lo echo.

Toda la gente allí era muy joven, la mayor era yo, de 28 años, y la más chica, una muchachita que tendría 15 años, flaquita. En el conjunto Pino Suárez me tocó una guardia de 48 horas y aguanté porque muchos pasantes de medicina hacían guardias de 72 horas y veías que dormían en ratitos; y luego se levantaban, y pensé: "A esa gente mis respetos". En los túneles, yo perdía la noción del tiempo completamente, y me preguntaba: ¿Entré de día o entré de noche?

Nosotros trabajamos en un túnel para llegar a la cafetería, donde creían que todavía había sobrevivientes porque tenían comida y agua, pero en esa mole —el edificio ya no tenía forma— los de la cafetería no lograron sobrevivir; no encontramos un solo vivo. Se llevó demasiado tiempo, y era demasiada la torpeza para remover los escombros.

Siento que lo que me indujo a seguir sacando cuerpos —aunque nunca logré sacar a alguien vivo, sólo saqué cinco cadáveres, ni un solo vivo—, lo que me indujo a regresar allí y quedarme hasta el día primero de noviembre fue el amor, la admiración a la maestra Carmen Castro. Fue como decirle: "Miss, me acordé de ti, éstas son las rosas que te gustan".

Me senté a tirar piedras; me sentía incapacitado
UN MINUTO SOPORTÓ EL TEMBLOR EL EDIFICIO DE TEHUANTEPEC 12

De las personas que han ido a dar su testimonio al Centro de Información y Análisis sobre los Efectos del Sismo, en sesiones de un gran dolor en las que todos participamos, los únicos dos en llevar traje y corbata fueron el ingeniero Raúl Pérez Pereyra y su hijo Jorge Alejandro Pérez Lara Pardo. El traje azul oscuro de Pérez Pereyra acentúa su duelo, pero más lo acentúa su rostro enrojecido por las lágrimas que a duras penas contiene y el temblor perenne en los labios de su hijo:

Mi nombre es Raúl Pérez Pereyra, soy ingeniero civil y he trabajado en algunas firmas que se dedican a la construcción y al diseño industrial. Debido precisamente a mi profesión, siento una cierta culpabilidad al no haber podido detectar en el edificio donde vivíamos, Tehuantepec número 12, las fallas que ocasionaron su colapso. Una disculpa que yo mismo me hago es que no tiene uno ojos de rayos x para ver a través de las paredes.

Diez minutos antes del temblor, el día 19, salí con mi hijo pequeño a dejarlo a la escuela. Fue una coincidencia porque le tocaba a mi esposa llevarlo. En el momento en que sucedió el temblor estaba aproximadamente a dos cuadras del edificio. Pude regresar inmediatamente, llevando a mi hijo de la mano; lo encargué con unos vecinos y subí a lo que quedaba del edificio de nueve pisos. No quedaba nada. De acuerdo con las versiones de vecinos que miraban hacia el edificio, no aguantó los dos minutos del sismo, en el primero se derrumbó. Perecieron 78 personas (es la contabilidad que llevamos a la fecha, pero el número de víctimas puede llegar a 80), entre ellas mi esposa Elvira, mi hija Diana, mis dos nietos: Leonardo y Orlando. Quedaron bajo los escombros.

Cuando subí para ver si podía rescatar a mi familia, de inmediato me di cuenta de que iba a ser imposible; todos los pisos estaban uno sobre otro, en forma de sándwich. Materialmente no había espacio para que hubiera una persona viva adentro. Lo comprendí desde el primer momento, pero la esperanza es lo que muere al último. No les podría decir cuánto tiempo, tal vez 15 o 20 minutos, permanecí sin hacer nada, parado sobre los escombros. Tardé tal vez una hora y media en reaccionar; todavía estaba vestido de traje; tardé en quitarme el saco y la corbata. Me senté sobre los escombros a tirar piedritas, que era lo único que podía hacer, me sentía totalmente incapacitado, empezaron a llegar vecinos y me senté directamente en el sitio donde estaba mi familia. No pensé en las demás familias, no pensé en nada en lo absoluto; arriba del departamento de mi familia había cuatro niveles, cuatro losas totalmente aplastadas. Allí permanecí esperando ayuda, tal vez de socorristas, tal vez de gente que yo creía que existía en México, alguien que pudiera ayudarme a rescatarlos: zapadores con sus picos y palas, radios y equipos de salvamento, del ejército, de la Cruz Roja, de la policía o de otros organismos. Durante los tres días que duró el rescate de mi familia, nunca vi a un solo zapador, un solo pico, una sola pala verde del ejército o de la policía. Toda la ayuda fue exclusivamente de voluntarios. El ejército llegó, es cierto, a acordonar la zona, a estorbar, a robar. Delante de mis ojos robaron dinero y joyas. Puedo testificarlo en cualquier momento porque lo considero un acto de valor civil. Tengo nombres de personas del ejército que se robaron vilmente y delante de nuestros ojos, joyas y pertenencias de todos los condominios y que impidieron que voluntarios que iban gentil, bondadosa, valerosamente a ayudar en el rescate, subieran.

El edificio de Tehuantepec 12 fue el más socorrido de todo México por la siguiente razón: enfrente estaban haciéndose obras del metro y un túnel de desviación para las aguas negras, había dos grúas de alta capacidad que en la tarde empezaron a funcionar. Me di cuenta que todos los que participamos en estas labores de rescate estábamos totalmente incapacitados para hacerlo; ninguno tenía la preparación mental ni física para llevar a cabo una labor de este tipo. Totalmente incapacitados. Hace tiempo fui excursionista, pertenecí al Pentatlón, supe algo de métodos de rescate y de sobrevivencia; había leído mucho al respecto de formas de supervivencia en un desastre aéreo o marítimo, pero en el momento en que me sucedió en carne propia no supe qué hacer.

Los más interesados en salvar a nuestros familiares no teníamos ni la menor idea de cómo penetrar adentro de esa masa de concreto. Poco a poco empezó a llegar ayuda totalmente desorganizada; gente de Ingenieros Civiles Asociados (ICA) que estaba en la obra del metro tomó parte pero no sabía ni por dónde; nadie sabía qué hacer, inmediatamente se pensó en meter cortadoras de oxiacetileno pero olía mucho a gas. Un gran tanque estacionario podía hacer estallar toda la zona. Empezamos a trabajar a mano, sin un solo marro, cincel, ninguna herramienta. Aproximadamente a las 12 del día, los de ICA nos proporcionaron herramientas rudimentarias, marros, cinceles, tres seguetas que se rompieron de inmediato y no tuvimos con qué remplazarlas. Cuando llegó la noche no teníamos una sola lámpara para alumbrarnos; a esa hora se nos ocurrió ir a conseguir algunas pero no había un solo lugar abierto para comprarlas.

Con las manos traté de levantar piedras; muy pronto me fatigué en extremo, me sentí muy gordo, muy torpe, empezó una ligera lluvia que ahuyentó a algunos voluntarios; arreció el frío; me había quitado el saco y la corbata y empecé a sentir mucho frío. Vi un tendedero cercano en el que había mucha ropa colgada y agarré lo primero que encontré: un suéter blanco de mujer; todavía lo tengo. Me he de haber visto ridículo pero en esos momentos no se piensa en nada, absolutamente. Así continué escarbando toda la noche hasta el viernes 20, cuando se organizó mejor la ayuda. Se hicieron algunos túneles que lograron cierto éxito; sentimos que estábamos aprendiendo realmente a rescatar.

A las seis de la tarde del mismo viernes, habíamos logrado hacer un túnel que penetraba hasta la sala de la casa. Mis tres sobrinos muy jóvenes habían llegado a auxiliarme y se habían metido los tres, como topos. Se veía que algunos de los muebles estaban aplastados en un espacio aproximadamente de 40 centímetros. Mis sobrinos se encontraban a unos seis metros bajo las losas en el túnel cuando empezó el segundo temblor a las siete y fracción; 50 personas estábamos arriba del edificio. Todos empezaron a tirarse por una pared llena de escombros que parecía resbaladilla. Esperé a que salieran mis sobrinos, conservé la calma hasta ese momento pero una vez que vi al último de mis sobrinos me entró un pánico espantoso como pocas veces he sentido en mi vida porque el temblor todavía continuaba y me tiré por donde se estaban aventando todos pero me enganché en un cable de acero hasta que alguien me desenganchó; todo el cubo del elevador bailoteaba encima de nosotros con riesgo de venírsenos encima; en ese momento, a pesar de que soy ingeniero y me he dedicado toda mi vida al diseño y a la construcción, no pensé sino en sacar a mi familia y en correr yo mismo a resguardarme. Esa noche fue la primera en que me llevaron a dormir a casa de unos amigos, estaba muy cansado y, además, todos los trabajadores huyeron después del segundo temblor. Esa noche ya no supe qué se había hecho en el edificio hasta el día siguiente muy temprano en que mis sobrinos y yo nos encontramos con que el túnel que tanto trabajo nos había costado, había sido tapado por otros voluntarios que llegaron en la noche, y en la oscuridad llenaron con escombros el túnel impidiéndonos llegar hasta el final.

El sábado a las 11 de la mañana rescatamos primero a mi esposa Elvira Lara de Pérez y mi nieto Orlando Morales Pérez; estaban los dos en la recámara abrazados y en muy mal estado. Los bajamos a una accesoria que estaba sirviendo de depósito de cadáveres. Allí había una arrebatiña de cadáveres por una serie de personas del ejército y de la policía; se los llevaban unos a un lado y otros a otro. Encargué a unos amigos que no se separaran de los cuerpos porque no podía dejar de rescatar a mis otros familiares. Subí de nuevo a la mole del edificio, y bastó ese instante para que se los llevaran al campo de beisbol que está allí cerquita; el Parque Delta, donde estaban concentrando a todos los cadáveres.

Subieron a decirme que necesitaba ir al Parque Delta, tuve que abandonar el rescate de mis otros dos familiares; mi hija Diana Pérez de Morales y mi nieto Leonardo, para meterme en un viacrucis que dura hasta el día de hoy. Me enfrenté ya no a los soldados ni a los policías, sino a los burócratas. Empezó una guerra que aún no termina y quién sabe cómo termine. Estuve en ese campo de beisbol aproximadamente seis horas para impedir que a mis familiares los llevaran a la fosa común. Tuve que luchar contra individuos que creo no tienen ni un gramo de cerebro en la cabeza, pero ése es otro cantar. Perdí.

Cuando regresé a lo que quedaba de Tehuantepec 12 ya estaban a la vista mi hija Diana y mi nieto, los dos abrazados; no se podían rescatar porque estaban totalmente aplastados. Tuvimos que conseguir gatos para levantar las losas y ya que los rescatamos a las siete de la noche del mismo sábado, los llevamos al campo de beisbol, el Parque Delta, donde los juntamos con mi esposa y mi otro nieto.

Después de una lucha con los burócratas, a las 11 de la noche logramos que una ambulancia los llevara al panteón Jardines del Recuerdo. Después de que había pagado todos mis servicios, hacía cuatro años, me cobraron 240 mil pesos, o sea 60 mil pesos por cada uno de mis deudos porque dijeron que 30 mil pesos eran por los derechos de inhumación del programa del Estado y 30 mil pesos por la gestoría para poderlos enterrar. No los pagué en ese momento, pero al día siguiente me vi obligado porque no los querían inhumar hasta no ver contantes y sonantes 240 mil pesos.

Fue una guerra tremenda contra los burócratas, el Ministerio Público, los médicos que llegaban a atender a los muertos. Los míos llevaban cintas de identificación, pero a muchos que también las llevaban, vi que los médicos se las quitaban, seguramente para poder sepultarlos en la fosa común, y no esperar a los familiares.

A los míos —debido a nuestra estrechísima vigilancia— no les quitaron nada, los pusieron todos juntos con sus bolsas de hielo porque hacía tres días que habían fallecido. Si no tenemos una extrema vigilancia exclusiva para nuestros cadáveres, los hubieran juntado con otros. No sé cual era el objetivo de esos individuos —entre médicos, burócratas y policías— de hacer una mescolanza de los cadáveres. Conseguir el permiso para trasladar nuestros cadáveres al panteón Jardines del Recuerdo fue una tortura; vagamos entre delegaciones. Una vez nuestros cadáveres en el panteón nos querían hacerlos regresar a México porque no llevábamos orden de traslado. Nuestras autoridades hicieron todo lo posible por entorpecer los trámites. Nunca sentí en ellos calidad humana o disposición a la ayuda; un papeleo infernal y una deshumanización total por parte de los burócratas y de los buitres del panteón Jardines del Recuerdo.

Pasado el momento del rescate, el de la angustia, el del dolor de tener a los nuestros identificados y saber plenamente que no estaban abandonados, sino localizados y enterrados, empecé a pensar un poquito en mis vecinos. Me siento responsable y culpable de que una vez que rescaté a mis familiares, no me preocupé por seguir ayudando a mis vecinos a rescatar a los suyos. Siento profundamente no haberlo podido hacer, porque ellos, mis vecinos, durante el rescate de mis familiares me ayudaron tremendamente, pero yo no regresé durante dos o tres días al edificio de Tehuantepec 12. No podía. Me dolía demasiado. Aun cuando hubiera querido no hubiera podido hacerlo, siento la conciencia intranquila, tengo mis disculpas mentales pero no son suficientes. A los vecinos a los que no pude ayudar, desde aquí les pido perdón, lo siento mucho.

Nos trataban como reos de alta traición
TRIBULACIONES PARA RECUPERAR JOYAS

El joven Alejandro Pérez Lara Pardo, hijo del ingeniero Raúl Pérez Pereyra, se enteró en París de la catástrofe del 19 de septiembre, en la cual perdió a su madre, a su hermana Diana y a sus dos sobrinos Leonardo y Orlando:

El viernes a las 4 de la tarde me dieron la noticia. Sabiendo que vivían en un edificio nuevo y moderno, el de Tehuantepec número 12, no tuve miedo. Catorce horas después recibí un mensaje de mi padre en inglés. A pesar de que hablo inglés no entendía absolutamente nada; no quería entender: Edificio caído, desaparición de los cuatro. Cuatro seres queridos. De inmediato fui al aeropuerto con un cassette para que Aeroméxico lo llevara a México, cualquier persona, cualquier pasajero, mientras juntaba para mi propio pasaje. Mis amigos me ayudaron muchísimo; gracias a ellos conseguí el dinero —ellos lo reunieron— para salir el domingo 22 de septiembre a las 11 de la mañana, hora de París. El boleto costó 850 y tantos dólares; pagué más del doble por un boleto de venida. Mi hermano, que se encontraba en Lisboa, en otra línea aérea compró un boleto a México en 450 dólares. La única línea que se mostró intransigente fue la mexicana, y no sólo en lo del pasaje, sino en lo de los medicamentos. Pedí en Miami la oportunidad a los aduaneros de ir a las farmacias del aeropuerto a comprar medicinas —con el dinero recolectado en París— y me dieron todas las facilidades. En cambio los señores de Aeroméxico me dijeron que si me retrasaba en esta compra de emergencia perdería el avión, y era mi responsabilidad.

Posiblemente estos señores sabían que sus familiares no habían sufrido ningún daño, por eso se les hizo cómodo lavarse las manos, y no se preocuparon por ayudarme; compré desinfectantes, aspirinas, penicilinas, antihistamínicos, todo lo que pensé que podría ser útil; pastillas en contra de infecciones intestinales. El dinero lo habían dado para medicinas, específicamente. Pude llenar una maleta. En el aeropuerto Benito Juárez no se me revisó absolutamente nada.

Llegué a las 11 de la noche a casa de unos familiares y encontré a mi padre. Supe desde el primer momento que tendría que ayudarlo no a rehacer nuestra vida, sino a seguir llorando. Nunca pude ver por última vez a mi madre, a mi hermana Diana y a mis sobrinos. Estaban bajo tierra.

Para ayudar a mi padre en sus diligencias, decidí convertirme en su chofer, y aunque tenía licencia internacional, los agentes de tránsito me paraban para pedirme mis documentos. Nunca tuve una pala en mis manos, nunca estuve encima del edificio para ver dónde quedó mi gente. Mi padre me pidió que ayudara a recuperar las joyas de mi mamá, y su ropa, él mismo pudo rescatar el joyero del edificio, sólo que cuando las bajó de Tehuantepec 12, un capitán se las quitó y salió corriendo con ellas. Una de mis primas que andaba de socorrista se acercó al capitán y le dijo:

—¿A dónde lleva usted esas joyas?

—A un lugar seguro porque aquí se las pueden robar.

—No señor, usted no se las puede llevar porque esas joyas son de mi tía.

—Usted no sabe si son de su tía o no.

—Pues no se las lleva hasta que no se levante un inventario de todo lo que contiene el joyero.

—No, señorita, no le hago ningún inventario porque no estoy aquí para hacer inventarios.

—Tiene que hacerlo si se va a llevar las joyas.

—Cállese.

Salió corriendo y detrás de él unos soldados.

—Entonces mi sobrina —interviene el ingeniero Raúl Pérez Pereyra— con todo el valor del mundo, una mujer joven de 25 años, casada, socorrista durante los días del terremoto, corrió detrás del capitán, lo jaloneó y se le enfrentó:

—Señor, usted tiene que darme ese inventario. Voy a seguirlo a donde usted vaya si no me da el inventario.

—Bueno, véngase conmigo.

125

—Voy a buscar a un compañero.

—No, usted viene sola o no hay inventario.

No quiso que fuera ninguna otra persona, con grave riesgo para ella de su integridad. Se subieron a un jeep y se llevaron las joyas a Palacio Nacional. Allí los tuvieron seis horas esperando para hacer el inventario. Cuando lo abrieron para inventariarlas, encontraron 20 balas.

—Usted —le dijeron a mi sobrina— va a quedar detenida, porque aquí hay 20 balas; por lo tanto está traficando con armas.

—Señor, alguien debió introducirlas por alguna razón. Mi tía guardaba joyas y no balas. En este compartimento están las joyas, véalas usted.

Levantaron el inventario con varias copias, de las cuales no querían darle una sola a mi sobrina, pero en un descuido ella pudo tomar una.

—¿No me van a dar las joyas?

—Las joyas no, pero ya vio usted cómo levantamos un inventario. Aquí se queda con sus copias. Le notificaremos para que venga a recogerlas.

Cuando ya el ingeniero Raúl Pérez Pereyra pudo salir de su marasmo fue con la copia tomada por su sobrina a reclamar a Palacio Nacional el joyero. Lo enviaron los soldados de todos los rangos, de capitán para arriba, a una oficina tras otra. Lo mandaban de un lado al otro sin decirle nada.

Finalmente —dice el ingeniero Pérez Pereyra— el hombre que había hecho el inventario fue plenamente identificado por mi sobrina.

—Nosotros no proporcionamos inventarios, ¿dónde consiguió usted éste?

—Mire, proporcionado o no, éste es el inventario.

—No le podemos entregar las joyas si usted no presenta documentos de su propiedad.

—¿Cómo voy a entregarle documentos y facturas si todo quedó sepultado bajo el edificio? ¡Toda mi familia está allí muerta! Esto es lo único que me queda de recuerdo.

—Esas joyas no las tengo en mi poder, ya se fueron al Campo Militar número 1.

En el Campo Militar número 1 nos mandaron a tres oficinas distintas. Parecíamos reos de alta traición, nos veían mal, nos esculcaban, nos preguntaban qué hacíamos y nos amenazaban con sus rifles y sus metralletas. Nos empujaban, no nos dejaban pasar.

Seis horas después nos dijo un capitán:

—Pues aquí no tenemos nada, todas las joyas se han concentrado en La Ciudadela.

Eran las nueve de la noche. En México, el que no tiene palancas o influencias está perdido. Por amistades conseguimos que alguien con ciertas relaciones en el Ejército nos recomendara y con esa recomendación fuimos a La Ciudadela. Luego al Palacio Nacional. Para no hacer el cuento largo, nos tomó 25 días de trámites, idas y venidas que me dejaban totalmente exhausto para que me entregaran el 50 por ciento de las joyas de Elvira, mi esposa. La otra mitad jamás apareció.

También resultó muy penosa la entrega de las joyas. Primero me enseñaron dos libros llenos de monedas que han de haber valido un dineral. Vi claramente que aquello era una trampa para que yo cayera.

—Esto es de su esposa, porque encontramos esta colección junto a las joyas de la señora.

—No señor, eso no es mío.

Vi que se veían los soldados uno a otro, riéndose, como diciendo "no cayó".

—Ah, bueno, ahora vamos a enseñarle lo que sigue: ¿Identifica usted este collar?

—Mire señor, éste es un collar de cuentas de papelillo; es una baratija.

—¿Y esto? —mostraron unos aretes de fantasía.

—Quédese con ellos, se los regalo.

—Un broche.

—También que sea su regalo.

Una tortura. Blandían baratijas en el aire. Suponían que yo iba a estirar el brazo.

—Este brazalete sí ha de ser suyo, éste se ve bueno.

—No es de mi esposa, ni sé de quién sea, tampoco lo quiero.

Era una revoltura espantosa porque entre las joyas buenas había muchas de fantasía y muchas baratijas.

—¿Este anillo?

—Ése sí vale.

—Ah —decía con sorna— usted nada más quiere las cosas caras.

—No, señor, lo que yo deseo son las cosas propias de mi esposa; lo que pueda reconocer, y desgraciadamente no las reconozco todas.

Viví con mi esposa Elvira 31 años. Cada año, en el aniversario de nuestro matrimonio, le regalaba una joya; tenía por lo tanto 31 joyas valiosas; como se las veía puestas podía yo reconocerlas perfectamente. También mis hijos le regalaron algunas el día de su cumpleaños, el de su santo; para mí, ésas eran más difíciles de reconocer, pero las que le regalé yo, las 31 las recuerdo perfectamente, puesto que las escogí con mucho cariño; una joya buena.

Después de que rescaté la mitad de las joyas, una de nuestras vecinas, Guadalupe Sandoval, me preguntó qué había yo hecho para recuperarlas. Le expliqué mi viacrucis y ella fue —personalmente— e hizo paso por paso el camino que yo había recorrido. Le llegaron a decir en Palacio Nacional que si tenía alguna reclamación que hacer me la hiciera a mí, porque yo me había quedado con todas las joyas del edificio.

También a ella la sometieron a su sorna y a sus burlas los miembros del ejército. Siguieron el procedimiento de enseñarle bisutería. Guadalupe Sandoval es una señora muy guapa, muy joven, con muchos pantalones, y finalmente, después de una búsqueda infructuosa de más de tres días, les dijo a los del ejército:

—Señores, ustedes tienen más necesidad que yo, ustedes se están muriendo de hambre, son unos rateros, quédense con todo.

Añade gravemente el ingeniero Pérez Pereyra: Estoy dispuesto a testificar todo esto en la Procuraduría, frente a la procuradora Victoria Adato de Ibarra. Estoy dispuesto a denunciarlo ante las más altas autoridades del ejército. Tengo pruebas, nombres y testigos. Guadalupe Sandoval, que jamás recogió absolutamente nada, también quiere testificar. Concuerda conmigo en que si no es por los voluntarios en Tehuantepec número 12 no hubiéramos podido hacer nada, el ejército sirvió exclusivamente de estorbo; son unos ladrones, y esto lo puedo aseverar en cualquier momento.

Puedo decir que los tres bomberos que nos ayudaron lo hicieron con mucha entereza, mucha tranquilidad, mucha calma. Intervinieron en los momentos cruciales; no se ponían en la cadena para sacar piedras, pero en el rescate de los cuerpos participaron y dieron directivas con mucho conocimiento de causa. Siento que los bomberos actuaron como debían actuar; aunque yo hubiera esperado un poco más de heroísmo, pero no se puede esperar que todos se jueguen la vida, cuando yo mismo sentí cobardía y corrí para salir destapado fuera del edificio en el segundo sismo del 20 de septiembre.

Al final preguntamos al ingeniero Pérez Pereyra, especialista, por los códigos de construcción: ¿por qué en nuestro país están mal hechos los edificios, por qué roba el constructor en los materiales, en las varillas y pone en peligro impunemente la vida de cientos de personas?

Me encuentro en una circunstancia tenebrosa, siniestra de concientización. Desde que empecé a estudiar ingeniería nos decían: "Un ingeniero es aquel que puede construir con la mitad del dinero del que otra persona gasta". Un ingeniero debe construir económicamente; el ingeniero tenía que ahorrar en procedimientos constructivos. Pero la última versión que aprendo después de tantos años es que los ingenieros que construyeron los edificios caídos —especialmente el de Tehuantepec 12—, aprendieron a ahorrar en cantidades desorbitadas para poder medrar y ganar un dinero ilícito con un riesgo tremendo para la vida de los ocupantes.

¿Qué fue lo que tiró edificios, el temblor o las malas construcciones?

En medios altamente científicos y especializados están diciendo que fue el temblor; que los edificios se cayeron porque el sismo tuvo un periodo de vibración muy alto, comparado con los que estábamos acostumbrados a calcular, de acuerdo con el Reglamento de Construcciones de 1957. El sismo mayor que nuestra ciudad había padecido.

Cuando se cayó el Ángel se modificó el Reglamento de Construcciones; lo hicieron los doctores Emilio Rosenblueth y Esteva Maraboto. Son los responsables del nuevo Reglamento de Construcciones del Distrito Federal. Se clasificaron los edificios por su altura y el terreno en que fueron levantados. Se dividió el Distrito Federal en tres tipos de terreno: el de baja compresibilidad ósea, el blando y el de alta compresibilidad, o sea el tepetatoso, y el terreno de transición que divide a los dos; se hizo un mapa sísmico de todo el Distrito Federal y de acuerdo con el mapa se calcularon los edificios. A un nivel académico muy alto se declara que el temblor tiró los edificios; a nivel universitario se proclama que el sismo tiró los edificios. No estoy de acuerdo. Creo que hay corrupción incluso en las más altas autoridades. En Estados Unidos hay un código de construcción. Mi hijo Alejandro Pérez Lara Pardo fue a la universidad a un simposio sobre construcción y cuando alegó que los edificios no tenían materiales adecuados, ni se habían calculado, le preguntaron:

—¿Es estudiante de ingeniería o de leyes?

—De leyes.

—Éste es un curso de ingeniería, no de abogacía, háganos usted el favor de no intervenir.

La versión oficial que trasciende es que se va a echar tierra a todo el asunto del terremoto. No va a haber culpables del asesinato colectivo. Si se hiciera una investigación, muchas de las autoridades que han permitido este tipo de construcción se verían involucradas porque están coludidas con los principales constructores de México. Muchos funcionarios tenían y tienen su propia constructora y recurren a ellas para las obras del gobierno. Muchos capitalistas han metido dinero en construcciones y obligan a sus diseñadores y constructores, mediante chantaje moral, a guardar silencio. Hallar a un culpable es hallar la cola del ratón, ir buscando hasta encontrar la cabeza del ratón es acabar en las más altas esferas del gobierno. El pasado y el actual. Es más fácil encontrar a un culpable menor o mediano que al grande.

Siento que nuestra responsabilidad —la de los ingenieros— consistiría en desenmascarar a los culpables del asesinato del 19 de septiembre. Presionar moralmente y físicamente para que se haga justicia.

No me hago ilusiones, sé que en muchos casos similares se ha dado el carpetazo. Voy a seguir luchando, tengo cita en la Procuraduría. Seguiré yendo a denunciar; deseo, al menos, ejercer el derecho a la crítica, y no aparecer como cobarde ante mis hijos y ante mis amigos. No estoy dispuesto a permitir que en este caso se dé carpetazo al asunto de Tehuantepec 12, donde murieron mis seres queridos: Elvira mi esposa, Diana mi hija, mis dos nietos, Leonardo y Orlando, que fueron rescatados —con la ayuda de voluntarios—, por mis sobrinos Antonio Mendoza Lara, Octavio Mendoza Lara y Juan Mendoza Lara, tres jóvenes que con peligro de su propia vida se metieron en los túneles hasta llegar al departamento en el que encontraron los cuerpos destrozados.

Ahora en lo único que creo es en los jóvenes.

Moisés Martínez
Casi el 60% de los habitantes del DF son jóvenes y niños, todos ofrecieron su ayuda, sus vidas. Tal vez me equivoque, pero vi a nuestros jóvenes más altos, más fuertes, más valerosos que los de generaciones anteriores, más organizados. No hubo esta movilización hace 28 años cuando cayó el Ángel de la Independencia. Trabajan unidos los muchachos de todas las colonias, desde Santa Julia, Guerrero, San Ángel, hasta Polanco y las Lomas.◼

Novedades. Fue encontrado y rescatado con vida un joven matrimonio sepultado bajo los escombros del Nuevo León. Rebeca y

Óscar, de 29 años. Fueron descubiertos por una pequeñísima cámara de televisión minutos después de la visita de Nancy Reagan y de Paloma Cordero. Un señor que se decía ingeniero, se paraba de manos y comenzaba a echarle porras a Óscar y a Rebeca, ante el asombro de centenares de corresponsales extranjeros.

Tlatelolco despertó con la noticia de que la señora de 60 años, descubierta ayer entre los escombros del sexto piso, no quiso salir, cuando no había nada que obstruyera su paso hacia la superficie. Voluntarios, bomberos, policías y hasta soldados esperaban expectantes a que una canastilla especial sostenida por una gran "pluma" sacara de entre los restos del edificio a la dama: de buenas a primeras ésta se negó.

Con un rotundo: "Ahora no me salgo, y no me salgo", la señora, quien además no quiso decir su nombre, tomó varias piedras y desde el hoyo en que permaneció cuatro días, comenzó a "bombardear" a todo aquel que se acercaba. Finalmente, el doctor Francisco Villanueva Medina, jefe de los servicios médicos del área, se acercó cubriéndose con un pedazo de madera y tras pedir una tregua dialogó con la dama.

"A ver, ahora no me salgo hasta que me reconstruyan todo esto... dígale al Presidente que no me voy a salir hasta que no levanten un nuevo edificio", gritaba la mujer.

En 43 días de trabajo, han sido rescatados del Nuevo León 172 muertos y 54 vivos.

A las 0:10 horas, fueron rescatadas con vida 5 personas de San Camilito en Garibaldi.

A las 2:58, salvadas 8 personas de Mitla y Luz Saviñón, colonia Narvarte.

Las calles de San Luis Potosí, Tonalá, Tehuantepec, Álvaro Obregón y Colima fueron las más castigadas. En San Luis Potosí y Tonalá, un edificio de 8 pisos se convirtió en montaña de escombros. En otro derrumbe, en la madrugada, lograron rescatar a dos bebitas de 3 y 5 meses de edad.

Juan Antonio Ascencio
Saúl Abarca estaba vivo el 12 de septiembre. Desapareció. Su familia lo anduvo buscando por muchas partes, entre otras, en la Procuraduría, pero no, cómo iba a estar allí, clarito se les dijo a los familiares que allí no estaba, nada sabían de él, y es para creer que decían la verdad. No apareció en la lista de detenidos de ese día, ni del si-

guiente, ni del otro siguiente del siguiente. No había sido puesto en libertad, ni a disposición de juez penal alguno, ni encontrado muerto, ni detenido herido en algún hospital, ni se quedó a dormir en los pasillos de la Procu ni se ocupaba en llevar comida a algún colombiano o nacional, clientes suyos detenidos, ni nada de eso.

El día siguiente, 13 de septiembre, la señora Yolanda Raya, esposa del penalista Saúl Abarca, levantó el acta 12-2833-85 responsabilizando a agentes judiciales por lo que pudiera suceder al penalista.

La procuradora, el subprocurador A, el B y demás funcionarios, no se enteraron, ni averiguaron, el paradero del abogado.

Cuando las entrañas de la tierra se sacudieron en la mañana del 19 de septiembre, Saúl Abarca ya estaba muerto. Al desplomarse el edificio de la Procuraduría los escombros cubrieron el auto (¿de qué color, marca, modelo, quién su dueño, cuál la placa?), en cuya cajuela estaba el cadáver, amarrado de pies y manos, amordazado, por lo que al poner a flote en el mar de escombros aquel auto al que se permitía entrar y estacionarse dentro de la Procuraduría, y al abrir aquella cajuela, se pensó que habría muerto por los efectos del terremoto.

No, no. Fue lo que dijeron los peritos del Semefo. Ni una ni otra causa. El cadáver presentaba, el 22 de septiembre, avanzado estado de descomposición y la única verdad-causa de la muerte-efecto fue un balazo (¿de quién el arma, cuál el calibre, dónde fue usada?) recibido muchas horas antes del terremoto.

El auto del agente (¿sería comandante?) estaba en el estacionamiento por lo menos desde la madrugada del 19, día en que muchos amanecieron por última vez. Quizá el dueño estaba entre los que murieron, cuando el terremoto no le dio tiempo a deshacerse del asesinado. El autor estaría seguramente ocupado en los altos designios que competen sólo a la autoridad, y se olvidó de que horas o días antes traía en la cajuela la molestia aquella de la que era conveniente deshacerse, sin sospechar que ése sería para él también el último amanecer.

Y no se supo ni siquiera de qué color era el auto estacionado adentro de la Procuraduría. ■

Gisang Fung, un personaje singular

Gisang Fung es chino; bueno, sus padres. Él ya es mexicano, pero tiene ojos de rendija, cara redonda, boca redonda y cejas despobladas. Sus papás son dueños de una tienda de vinos en la avenida Revolución 929. Allí despacha Gisang, cuando no está en el grupo de teatro Contigo América. Es uno de los personajes más singulares de los días post-sísmicos. A lo mejor su apellido y su nombre no se escriben como se los oí pronunciar: Gisang Fung, sino Jin Sahn Fung. Desde el día 19 de septiembre en que oyó en la tienda que decían: "No; todo está muy mal, muy destruido", salió a ayudar con su amigo Raúl.

Estábamos allí parados viendo qué hacer, en el Hospital General, y toda la gente muda, toda la gente tenía la mirada en otro lado, como que miraba para adentro y me paré a un lado de unos bomberos y le digo a uno:

—Oye, pues te echo una mano.

Cámara. Que agarro una manguerota así, de presión, y todo lleno de humo; y a aguantarse a ver qué pasa, y empecé a ayudar de principiante de bombero; el fuego era interminable, todo el mueblerío tremendo allí tirado, quemándose, con humo hasta morir; apagar sólo parte del fuego era interminable, era imposible saber cuándo se iba a apagar, empecé a llenarme de humo, puro humo, puro humo, llegó un momento en que después lloré todo lo que tenía que llorar, me puse a platicar con el bombero:

—Oye, y ¿cuál ha sido tu mejor experiencia?

—No, pues la de San Juanico.

Nosotros platicando con la manguera así, tirándole agua hasta abajo porque el inmueble estaba hueco; se había hundido todo; se veía rojo candente, y entre el rojo se veían sillas, camas, sillones, todos al rojo vivo prendidos y metidos en un mismo hoyo, no había forma de apagar el fuego. Allí aprendí lo mucho que se tiene uno que esperar para ciertas cosas; estaba desesperado, me le quedaba viendo al capitán de los bomberos, un señor gordo, de ojeras grandes, y cada fumada de cigarro era eterna, pero eterna, eterna, fumaba, sacaba su cigarro y se esperaba a darle la siguiente chupada. Entonces pensé: yo creo que por allí va la cosa. Había que apagar el fuego igual, con esa calma; los bomberos se quedaban allí apagando una hora y otra, lo único que hacían era sonreírme y seguían apagando el fuego, la mera verdad no sé cuántas horas. Después subió Raúl, mi cuate —su apellido no lo sé— y dijo:

133

—Yo también ayudo con la manguera. Pero como usa lentes se le empañaron todos por el humo y se tuvo que bajar de volada y se fue a ayudar a otra parte del Hospital General, donde estaban las losas. Ya habían quitado una losa y estaban haciendo puros boquetes para sacar a los chavitos de horas de nacidos de la maternidad y a sus mamás. Nos quedamos hasta las cinco de la mañana.

—Gracias mano —me dijo un bombero.

—Me llamo Gisang Fung.

—Ta'bueno.

Alcancé a Raúl. Una de reflectores, el resto, parecía que estuvieran en la locación de una película, y los actores eran puras cuerdas, losas, picos, palas, puros señores en grupitos de tres o cuatro golpeando la losa, pero así, ganosos, con ganas de ayudar a los vivos. Metían una lámpara de bolsillo y gritaban:

—¿Hay alguien?

Y si les contestaban ya metían una manguera, le hablaban a un doctor y se ponían a hacer un hoyo.

Junto con un albañil y un soldado que olvidó que era soldado porque se puso el fusil en la espalda y con una barrena empezó a quitar los escombros, unos peones, y varios chavos que no sabían siquiera agarrar un martillo o un marro, pero allí estaban muy puestos, empezamos a romper. Hicimos un hoyo más grande, más grande, les escarbamos, sacamos ladrillos, rompimos la malla de varillas. Siempre en las losas hay una especie de malla de alambre en forma de cuadros que hay que romper. Como yo estoy chiquito y delgadito me decían:

—No pues tú métete a ver qué encuentras.

Nos metimos los más tilicos, los señores formales ni cabían; ellos agarraban el marro para abrir el hoyo. En ese primer hoyo avancé bastante y grité:

—¿Hay alguien?

Pues nadie, vacío completamente, totalmente vacío. Salí y a hacer otro hoyo, con Raúl, y debajo de la losa empezamos a sacar a los primeros vivos, uno de ellos recién nacido; apenas lo sacamos lo agarró un señor, lo abrazó y que se echa a correr rumbo a los doctores, y la gente trató de detenerlo, "espérese, espérese", y el señor corriendo y llevando al niño en los brazos, ya quería curarlo.

Estábamos haciendo el hoyo, apuntalándolo por dentro y toda la gente afuera así en espera; se ponían como en una cadena larga, había como cien para trasladar a un solo enfermo, y de repente que sacan así a una chava de los puros pies, con la pierna gangrenada, y que se la llevan viva, y era la primera vez que yo sentía que lloraba con todos porque sacaron a una chavita delgadita, pero menudita, más delgada que yo y de pelo largo y le habían puesto una bata blanca porque cuando el sismo, la gente fue apareciendo completamente desnuda y un señor me decía:

—Cómo ves, a esta chavita la encontraron desnuda.

Esa chavita quería salir, pero tanto, que se empujaba solita con los pies para sentarse en la camilla, y cuando lo logró empezó a voltear a ver a toda la gente que la rodeaba, y todos viéndola con una felicidad, una alegría de haberla sacado, era como si la volvieran a parir de nuevo. Y ella los miraba y lloraba. Eso me impresionó sobremanera porque la chavita misma se estaba apoyando para salir y ya por fin cuando lo logró solita se acomodó en la camilla y tú le veías en el rostro una felicidad plena, total.

Después sacaron a otro recién nacido y a otro chavito. Para esto eran las seis de la mañana y le digo a Raúl:

—Oye, pues ya vámonos.

—Órale pues.

Salimos del General todos llenos de tierra. En una esquina junto a un puesto de periódicos estaban tres señores que habían logrado salir vivos y esperaban a que los recogieran sus parientes; acostados con vendas en la cabeza, con cobijas, bueno, dados a la tristeza, y de repente que aparecen tres fotógrafos de shorts cafés, con algo así como 50 cámaras, un equipo tremendo y los empiezan a retratar, pum, pum, pum, pum, la neta, el resto de fotografías. Nosotros ya nos íbamos y le digo a Raúl:

—Oye, Raúl, esto no puede ser.

Que nos regresamos y les decimos que cómo hacían eso, que eso no se puede hacer, que la gente estaba allí demasiado amolada para reaccionar, que no la retrataran en esas condiciones. Total, les mentamos la madre.

—No pues es mi oficio.

—¿Sí, pues sabes qué, ñero? No puedes tomar fotos y lárgate mucho de aquí.

Los rescatados ni cuenta se daban de nada, ni los veían; las fotografías que les tomaron se las sacaron agachados, la cara en la tierra, la cabeza en contra del piso, bueno, no les importaba nada, creo que la impresión era muy fuerte. Se veían los inmuebles llenos de humo, las sábanas de un lado y de otro, como marcando zonas donde posiblemente había gente. La gente... Pero yo me preguntaba cómo es posible que haya gente viva todavía con tanto humo. Un momento antes de salir mi amigo Raúl le preguntó a un viejito:

—Oiga, y usted ¿qué hace aquí?

—Estoy esperando a ver si sale mi hija, a ver si la lograron encontrar.

Pero no estaba ni llorando, ni triste, nada más estaba allí, y todavía ayudaba cuidando las herramientas de los bomberos. Le dije:

—Oiga, pues ojalá y que logren sacar a su hija.

Y nos fuimos.

Llegué a mi casa, me bañé, todo negro, sucio y en la tarde que le vuelvo a hablar al cuate Raúl y le digo:

—Oye, sabes qué, vamos a ver qué hacemos.

La neta, algo me llamaba, era una cosa que no sé qué, especial, una voz, algo que me decía: ve, ve, estate allá, ve, y le avisé a mi familia, a mi hermana, la neta:

—Sabes qué, la mera verdad me despido de ti, no sé que me vaya a pasar, así que nos vemos.

Se lo decía bien, de corazón.

—¿Dónde vas a estar?

—Pues no sé, a donde me toque, la mera verdad.

—Órale pues.

—Nos vemos, adiós.

Yo ya sabía que si algo me pasaba me estaba despidiendo de ella.

Por el Eje Central nos fuimos al Conalep. Unos cuates en una combi nos dijeron: "Pues súbanse con nosotros", y ése fue nuestro boleto de entrada al Conalep y como iban con cascos, los soldados y los policías nos metieron: "Pásenle, pásenle". La neta, bajaron la cuerda, bajaron todo. Nos dieron cascos, picos, palas, guantes, y se acercan unos señores:

—Somos ingenieros y venimos a darles explicaciones de cómo sacar las losas, porque pronto vamos a meter maquinaria.

—No; si ahora todavía están sacando gente.

Una parte del Conalep quedó bien, no le pasó nada, pero otra se cayó.

—Necesito un taladro eléctrico, ¿quién tiene un taladro?

Y yo de bocón le dije:

—Sí, ahorita le traemos un taladro eléctrico.

Lo fui a pedir, dizque coordinando la acción, yo lo que quería era meterme hasta adentro del Conalep a ver qué cosa pasaba. Quién sabe cómo apareció el taladro y llegué con el que lo había pedido:

—Aquí está el taladro.

Entonces otro se me acercó:

—Oiga, yo busco a mi hija, estudiante allí en el Conalep, quiero ver dónde está.

—No; pues está muy difícil.

—Denme chance de meterme, es mi hija, por favor.

—No, eso no se puede.

—Usted acompáñeme, joven.

Entonces que le digo a uno de los señores ingenieros.

—Sí, yo lo acompaño.

Y que nos metemos hasta adentro, al mero corazón del Conalep, donde está el patiecito chiquito y me quedé una hora escuchando a los ingenieros, los rescatistas. El pobre señor desesperado quién sabe para dónde se fue, pero yo allí pegadito a los ingenieros, y cuando organizaron la brigada para entrar yo me les pegué. Así empecé yo a funcionar como ser humano, era una especie de preludio; el principio de algo que me iba a pasar porque jamás en la vida me había metido en un túnel, en el General sólo ayudé a apuntalar, me metí un poquito, pero el túnel del Conalep, ése sí era impresionante; para mí meterme me cambió. Todo para mí cambió. Cómo soy, cómo me comporto, cómo siento, cómo me emociono. Que me meto al túnel y el resto de lámparas tiradas en el túnel, pero el resto, y la neta, un olor a muerto, nunca había olido nada igual; de pronto empiezo a ver el cuerpo de un chavo así, doblado y el de una chava así, muertos completamente, en un túnel como de medio metro máximo, por donde apenas cabía yo. Dije: la neta, esto es como las minas de las películas. Fuimos poniendo pilotes de madera, pedimos gatos hidráulicos, y luego acordonamos unas lamparitas, puras lamparitas iluminando este túnel, parecía que tenía vida, tenía luz propia y seguí arrastrándome, pasando al lado de los cuerpos del chavo y de la chava. Uy, qué feo sentí, y grité junto con otro cuate:

—¿Hay alguien allí?

Y que oímos una voz:

—Sí, estamos hasta acá abajo.

—No se preocupen, ahorita los vamos a sacar.

—¿Cómo se llaman?

Ya dieron su nombre los chavos, siete en total.

—Pero apúrense porque arriba de nosotros tenemos un cuerpo que se está pudriendo y ya huele muy feo.

—Sí, sí, ahorita los sacamos.

Habíamos hecho un túnel como de 15 metros, pero los chavos vivos estaban separados de nosotros por una trabe como de 50 centímetros. ¿Cómo la íbamos a romper?

El brigadista estrella del Conalep
CÁMARA SI SE VIENE ABAJO EL PISO, YA ESTUVO
QUE AQUÍ TERMINA MI FUNCIÓN

Los pilotes de madera y los gatos hidráulicos eran los que ayudaban —dice Gisang Fung— porque nos permitían levantar losas y escurrirnos y llegar hasta donde estaban los cuerpos. El señor que andaba buscando a su hija y me había pedido que lo acompañara, también se metió desesperado:

—¿No está mi hija Silvia, una de suéter rojo y de camisa blanca?

— No —le respondieron a través del muro— aquí no está, yo sé quién es, yo la vi en el otro edificio, creo que debe estar en el salón, debajo de nosotros.

No se daban cuenta de que todo estaba aplastado, los pisos todos revueltos unos con otros.

A los que nos iban metiendo nos ponían nuestro nombre en una tela adhesiva y lo apuntaban en un papel, y antes de entrar al túnel nos preguntaban:

—¿Ya tienes tu nombre?

—Sí.

—¿Cómo te llamas? ¿Dónde vives?

—Gisang Fung y vivo en Van Dyck número 3, colonia Mixcoac.

Así fueron armándose las brigadas, ésa fue la número Uno que rescataba en el Conalep, cinco personas y para adentro. Me pregunta usted que cómo se llamaban ingenieros y chavos, híjole, la mera verdad es que allí, en todo eso, no preguntas ni nombre, ni a qué te dedicas, ni cómo te llamas ni qué haces, nada, nada. Tú dices: "Pásame un cincel, ponte aquí, ponte esto, ponte lo otro" y tú ves a pura gente que está dando todo, que se está abriendo a los demás y que te ofrece: "Aquí está, ¿en qué más te ayudo?" "Pues consíguete unas pilas para lámpara." Y salen corriendo a buscarlas. Y pura gente sin apellido que está allí atenta nada más, y lo demás no interesa, que si se llaman o no se llaman. No sé, la mera verdad no sé, pero no nos interesaba andarnos preguntando los nombres, había demasiado que hacer. El señor que buscaba a su hija Silvia decía vamos a subir escaleras, y qué escaleras si estaban caídas, techos caídos, todo lleno de ladrillos, las losas ensandwichadas, el plafón pegado al piso, así que qué escaleras, arrastrándonos nos metimos a un túnel dizque en el tercer piso, la losa nos presionaba la espalda, teníamos que ir tirados así (Gisang se tira sobre el piso y se arrastra con los codos) y volvimos a donde estaban los siete chavos; el túnel ya estaba hecho, apuntalado, y nos daba mayor seguridad, ya habían tirado mangueras de bombero, unas mangueritas pequeñas de oxígeno, todo muy revuelto allí en la tierra. Llegamos y les dijimos a los siete chavos sepultados:

—Aquí estamos, al ladito de ustedes. Espérense.

El ingeniero de la Brigada Uno ordenó:

—Se necesitan mascarillas de oxígeno porque no se puede respirar.

Se oía un ruidito así de grgrgrgr, como de algo que se va friendo y revienta, y es que los cuerpos hinchados como globos estaban tronando y hacían ese ruido; chavos y chavas hinchados, su cabeza, su cabello, sus piernas sin vida, todo regado de papeles, libretitas pequeñitas de "te quiero", dirección, nombre, teléfono, otras libretitas con horarios pero chiquitas, unos horarios diminutos, allí en medio de esa maraña de varillas y de polvo, todos arrastrándonos hacia donde estaban los chavos vivos.

—Sáquennos por favor, ya llevamos cuatro días, tenemos mucha sed, ya queremos irnos, por favor.

Unos llorando y todos gritando al unísono:

—Uno, dos, tres: sáquennos. Uno, dos, tres: sáquennos.

—Sí, ahorita los vamos a sacar, aguanten tantito, no se preocupen.

Y con esa trabe, ¿cómo los vamos a sacar?

—Lo que nos separa de ellos es la trabe y una gran losa corrida; ellos están del otro lado de la trabe, ésta es de pura piedra, hay que agujerearla en alguna forma o hacer un hoyo por debajo, escarbar por abajito con todas las fuerzas hasta ver una luz, aunque sea una brizna, ésa es la única forma. Necesitamos mucha herramienta. Metimos 20 mazos, 50 palas y picos, tres barretas, tanques de oxígeno, mascarillas para aguantar, todo estaba revuelto y tirado:

—Mira, lo que tenemos que hacer es agarrar un martillo, un mazo y un cincel y romper la trabe, hacerle un hueco a como dé lugar, pero tenemos que apuntalar aquí y acá para que no se nos vaya a venir encima la losa.

—No, no, si golpeamos la losa, ésta se va a recorrer y va a ser un pedo; necesitamos un taladro para ir haciendo agujeritos e ir quitando los pedazos poco a poco.

—No, no, lo que necesitamos hacer con un mazo y un cincel, es un solo agujero, yo sé lo que les digo, yo los saco vivos, tráiganme el mazo y el cincel.

—No, mira, te voy a conseguir un disco de tungsteno para romper concreto y por allí sacamos a los chavos, porque si no el golpe del martillo va a ser muy duro, y como no hay oxígeno allá adentro, con una sola chispa volamos todos.

139

—Tú no sabes; tráiganme el martillo y el mazo y yo los saco.

Había peligro de que voláramos todos con la sierra de tungsteno, porque saca chispas, y, podíamos, con el oxígeno, provocar una explosión.

Nunca se me va a olvidar a mí un francés, ese cuate que no sé tampoco ni cómo se llama, pero tenía una calidad humana que la neta, mis respetos. No sólo escarbaba, sino que nos cuidaba, yo estaba haciendo el hoyo sin guantes ni nada y me dice: "Gisang, por favor ponte los guantes porque te vas a cortar".

De los nervios, de las ansias, yo seguía.

"Gisang, no te dejo trabajar hasta que te pongas los guantes."

Así me puse a hacer el hoyito, un hoyito muy pequeño, pero por fin logramos pasarles una lámpara de mano a los siete chavos y por el agujero cotorreamos con ellos:

—¿Cómo te llamas?

Encendieron la lámpara.

—¿Me ven?

—Sí.

—Soy Gisang.

Se oían contentos.

—Bueno, ahorita vamos a hacer el hoyo más grande, pero por ahora, vamos a pasarles oxígeno.

Luego les pasamos una manguerita así delgadita, empujándola con una barrena y empezamos a pasarles agua, pero era muy delgadita, de esas que se utilizan para el oxígeno, y los cuates tenían mucha sed, mucha sed. Por el agujero no les podíamos pasar ni un refresco, porque era muy mañoso el trayecto del agujero:

—No, pues tráiganse naranjas a la mitad y limones.

Unas naranjas de este tamaño, chiquitas y cortadas a la mitad y luego cerradas sobre sí mismas y limones partidos y ya las alcanzaban a tomar con la mano. Trajeron unos Frutsis, chiquitos, pero tampoco cabían, como tampoco las latas, los Boing, pero esos de cartón son hasta más grandes y no cabían, y entonces cogí los Boing, los hago tamalitos, los doblo a riesgo de que se rompieran, sí, pero así doblados pudimos pasarlos, total que ya los chavos lograron tomar su Boing poco a poco, y se alivianaron. Pero entonces empezaron a llorar.

—Sáquennos por favor, sáquennos.

Y el chavo, porque era un hombre y seis chavas, les decía:

—Muchachas, cállense por favor, no lloren ¿Qué no ven que nos están rescatando?, aguanten otro poco.

Aprovechamos dos grietas que había en la trabe, y a darle, pum, pum, pum, pero qué mala onda, dura, durísima. Nada que traían el disco que necesitábamos y entonces dice el socorrista:

—No, pues que sea lo que Dios quiera —y que pone el cincel, el mazo y pum, pum, pum que empiezan a salir chispas.

—Oye, ¿no que con las chispas explotaríamos? —nos dijeron.

—Sí, pero ya no pasó nada, vamos a seguirle.

Nos coordinamos, me sentí un poquito más cómodo con el cincel y el mazo y empezamos a romper una de esas trabes de concreto, duras, a la que sólo podíamos irle sacando pedacitos, pedacitos, y cuando me cansé, el siguiente era un francés que mis respetos, vive en Canadá, y vino a México a vender no sé qué productos para Pemex y el francés estaba en ese momento allí, vino a ayudar, y empieza ese chavo con mucha voluntad, a romper, a romper, y cuando se cansó regresé yo, me volvió a tocar y le doy otra vez, bueno un ciclo constante de relevo, la neta yo nunca en mi vida había tenido tanta fuerza, una lucidez total para actuar; lo que sentía, lo que respiraba, lo sentía mío, completamente vivo, real, y pum, pum, pum, que logramos hacer el boquete, horas y horas pero hicimos el boquete, gracias a Dios, me cae que yo no creía en Dios, hace mucho que había renegado de Dios, pero en ese momento digo, la neta, gracias a Dios por salvarlos, empezamos a quitar y a quitar escombros y que nos encontramos con un tubote de calefacción, híjole, entonces que me meto así chueco por el agujero y les digo: ¿Me ven? Sí. Entonces que los alumbro y los vi a todos acostados, la losa encima de ellos, y a un chavo de plano no lo podríamos haber quitado porque él estaba sosteniendo la losa, pobre, y el cuartito donde estaba era muy reducido. Cuando quise quitar el tubo del aire acondicionado, vi el cuerpo de un muerto, haciendo ese sonidito tan especial que hacen los muertos, como de una herida que se desgarra y se fríe, o una tela, así grsgrsgrs, qué ruidito tan feo, hasta eso, me he vuelto especialista en sonidos, nunca había visto yo a un muerto, te lo juro, tengo 22 años y nunca en mi vida había visto algo semejante, lo tocaba y lo sentía duro, duro e hinchado, híjole, cámara, pues a trabajar, ponte con la barreta a romper el aire acondicionado. Me salí un poco para respirar y además porque me golpeaba mucho, a puro golpe, pum, pum, y a fuerza me hacía heridas, con el mazo, con las barretas, rascando las varillas que hay que romper, quitarles las puntas que estorban, doblarlas, y otro chavo logró botar el aire acondicionado y por fin los vio allí tirados.

—Sáquennos, por favor.

—Cálmense, ahorita ya no va a pasar nada. Los tenemos que sacar uno a uno.

Olía mucho a muerto, la neta, pero no nos importaba, lo que queríamos era salvarlos; había dos socorristas en medio del pasillo, uno a la entrada con la camilla, y otro socorrista con aire oxigenado, esperando, un momento de gran emoción; yo había advertido que eran siete las camillas que deberían estar listas, primeros auxilios, la ambulancia, un doctor, afuera también las patrullas pendientes, todo listo, y cuando llegó el primer chavo, que ya estaba mal, tomé del suelo una libreta de apuntes de una chavita y empecé a verlos en un silencio total, estábamos conmocionados y yo les veía los ojos a todos los que habían estado con nosotros y eran distintos, muy diferentes a los ojos que he visto de toda la demás gente. Una chava me dijo después que era porque miraban hacia adentro, no sé qué era, pero era una postura de nosotros nueva ante algo diferente, no sé si llamarla mística, filosófica o científico-marxista, me cae, la mera verdad no sé qué pueda ser, pero era como un estado de ánimo muy catártico, una catarsis constante. El socorrista me dijo:

—Bueno, cuando llegue aquí afuera el primer cuerpo, le voy a dar tres "bombazos" y ya. (Era darle tres "golpes" de oxígeno.)

—Bueno, muy bien.

Allí viene el primer cuerpo.

A mí me decían "Negro", no sé si porque estaba todo cubierto de tierra o por mi pantalón.

Así fueron saliendo —tres bombazos— y a la camilla, el doctor checando el pulso para estar seguro de que no tenía nada, y a llevárselo de volada; a los tres segundos escuchabas una ambulancia que salía, y desaparecía su sonido como si fuera diciendo adiós. Salían y decían:

—Gracias, hijo, gracias.

No sabían ni qué decir.

—Cálmate, cálmate.

Para el último, bueno, la última, tuve yo que meterme a hacer más grande el túnel, porque era una gordita y no cabía. Al salir le dimos tres "bombazos" y la pusimos en la camilla, y vámonos. Luego se acercó el ingeniero y le preguntó a la chava gordita:

—¿Cuántos más quedan?

—Debajo de nosotros, en un cuarto, había tres muchachas con otro chico, y más adentro, muy adentro, está Abel. Ha estado golpeando, golpeando, pero está muy al fondo.

Ya ve usted que el Palacio Chino está al lado del Conalep; pues enfrente hicieron un túnel y por allí rescataron a tres chavos más. Para llegar a Abel tenían que romper de cinco a seis metros y a ése dicen que lo sacó *La Pulga*, pero no, él no lo sacó, en la televisión, en los periódicos, en todos lados lo dijeron, bueno, pues ni modo, que digan lo que quieran. De pronto, del túnel sale una chavita, pero me cae que las chavitas que yo veía salir eran las más hermosas que había yo visto en mi vida, no sé qué era lo que yo sentía. Sale y dice en su camilla:

—Ay, muchas gracias por haberme sacado, gracias por habernos sacado a todos.

La chava lloraba y nosotros, que éramos puros hombres, llorábamos también; te encontrabas de todo allí, gente de todo tipo, trabajadores de Pemex, con sus perforadores, el francés; a la chavita no le dolía nada, sólo un poco las piernas: "A ver, mueve un brazo, mueve el otro, haz como bicicleta". Y la chavita sonriendo haciendo así y asado, como le ordenaban, levantando sus bracitos en el aire:

—Estás bien, estás bien...

Llega un socorrista y me dice:

—Falta uno, pero está muy cabrón porque está delirando, manotea, no liga nada, patea. ¿Sabes qué?, tú, Gisang, métete a sacarlo, si ves que empieza a gritar o a golpearte, no le hagas caso, tú sácalo como sea, si tiene una pierna rota, sácalo, sácalo, está delirando, dice que lucha contra los espías, está muy cabrón lo de ese chavo tan enloquecido.

Me metí, y para pasar, tuve que apartar la cabeza de dos rostros muertos, pero dos rostros así cómo invitándote a pasar, ¿no? Total, los rodeé arrastrándome, tuve que dar una vuelta sobre mí mismo, así, caramba, ahí voy y que llego a donde estaba ese chavo atorado y tenía su portafolio enmedio y una banca encima con vidrios y el ruido ése de ggrrsss del cuerpo muerto friéndose y la mera verdad, me impresionó y le dije:

—Te voy a sacar, pero necesito que me hagas el paro.

—Ay, sí, ayúdame por favor.

—Voy a ir a traerte una bolita de oxígeno.

Al salir toqué el cuerpo duro de los dos muertos y me dio más miedo.

—Cámara, si se cae el piso, ya estuvo que aquí termina la función, ¿no?

Quité las sillas y unos mesabancos y llegué hasta donde estaba el chavo:

—Por favor —le grité—, te voy a rescatar pero necesito que respires, te voy a pasar un salvo, utilízalo.

Oía yo el gggrss grrrsss del cuerpo, pero no lo veía.

Que le paso el salvo y me lo avienta y empieza a decir con voz bien fuerte:

—Me están persiguiendo, nos quieren atacar, ya vienen.

—Ponte el oxígeno.

Hasta mí llegaba el olor del oxígeno.

—Son espías.

—Ya cállate, tranquilízate.

Me dije: "Lo saco o me voy o qué hago, éste delira, lo saco, cámara, me cae que si no lo saco muero también". Entonces le quité el portafolio y que le agarro una pierna, cámara, hirviendo, la pierna caliente, el cuerpo calientísimo.

—¿Me vienes a rescatar? Ay, pero ten cuidado porque hace tres semanas me operaron de la columna vertebral y estoy a punto de rompérmela y no puedo mover el brazo.

Empezó a decir grosería y media. Me le acerqué y me tomó así del brazo, pero me apretaba:

—Suéltame porque si no aquí nos quedamos los dos. Que lo agarro de los pies y lo empiezo a jalar y grita: "Ay mi columna, nos vienen siguiendo los espías". "Respira tu oxígeno, gordito, ahora salimos." Era un chavo así de alto, y pasamos junto al muerto y me dice: "Ay, y este muerto ¿quién es?" Yo no le respondí y le dije: "Vamos de gane, bróder", sólo falta un poco, "Ay, cuidado con mi brazo, cuidado con mi costilla", daba gritos de dolor, pero al rato cuando vio la luz, ya se empujaba él solito, y cuando lo acomodamos en la camilla yo mismo le puse el salvo y le di tres "bombazos", y ya respiró y hasta me dijo:

—Ay, gracias por salvarme.

Luego se puso a toser y a escupir, y que lo alumbro y que estaba escupiendo sangre el chavo.

Seguimos sacando muchos muertos, un chavo de bigote que nunca se sabrá quién es ni qué hizo, otros chavos y socorristas; no sentíamos hambre, porque el hambre se te quita, allí yo elaboré mi propia técnica de realimentación, porque mi propio cuerpo me alimentaba, y no tenía ni sueño, ni nada, el cuerpo cuando se fatiga produce más vitalidad. Total, que se formó la Brigada Uno que llamaron la Brigada Estrella que es la que participó en el rescate del Conalep. Y yo, Gisang Fung, hijo de los dueños de la tienda de vinos La Protectora que está en la avenida Revolución 929, Mixcoac, despachando diariamente de 2 a 6, vendiendo vinos y abarrotes, yo Gisang, participé, y allí aprendí también que ser anónimo la mayoría de las veces es una satisfacción más grande y te da un crecimiento mayor que ser reconocido por todo el mundo que te dice "tú esto y tú el otro".

800 fábricas y talleres totalmente destruidos

EL SISMO REVELÓ LA EXPLOTACIÓN DE LAS TRABAJADORAS DE LA COSTURA
Once pisos quedaron reducidos a tres, en el número 150 de San Antonio Abad, hoy símbolo de la tragedia de las costureras. En muchas otras calles había talleres clandestinos: en José María Izazaga 65, en un solo edificio de ocho pisos: 50 talleres; en Fray Servando, en Xocongo, en Mesones (Sportex), en Pino Suárez; edificios casi todos de segunda, o de quinta, retacados de maquinaria y de pesados rollos de tela; con razón los pisos se venían abajo. El número 164 de San Antonio Abad también se redujo a polvo. En Manuel José Othón 186, casi esquina con San Antonio Abad, los talleres de costura siguieron funcionando a pesar del olor de los cadáveres, los escombros y el miedo. Las costureras de Dimensión Weld, Amal y Dedal fueron las primeras en darse cuenta que el patrón no las iba a ayudar; es más, vieron cómo se llevaba la maquinaria antes de preocuparse por las 600 compañeras sepultadas. Si alguien ha sido violentado y golpeado en este año de 1985, si alguien ha sufrido, han sido precisamente ellas. El sismo reveló que de todos los explotados en el Distrito Federal, nadie lo era más que el gremio de la industria del vestido. Si el primer empleo de las mujeres pobres en nuestro país es el del servicio doméstico, el segundo es el de la costura.

Sentada en la banqueta de la calle de Lorenzo Boturini, está Juana de la Rosa Osorno, de 55 años, quien trabajaba en Dimensión Weld de México, S.A., con Elías Serur:

—Ahora con este desastre —dice metiendo sus dos manos bajo su delantal de cuadritos verdes y blancos— estamos aquí en la calle esperando la caridad de la gente para el alimento. No es que el patrón sea malo, es que es muy variable; ofrece una cosa, ofrece otra, se retracta, no podemos llegar a un acuerdo. Primero nos gritó:

—La maquinaria se las regalo, yo he perdido todo, aquí quedó sepultada mi vida.

Su vida no, sería la de las compañeras, porque él llegó corriendo cuando supo que el edificio se había caído. Bajó desde allá de Las Lomas en su carro. Nosotros aquí. Y las muertas allá entre las varillas y el concreto desangrándose. Elías ni un rasguño. Entonces, ¿por qué dijo que su vida se había quedado sepultada allí? Sería su caja fuerte. A lo mejor su caja fuerte es su vida. Así les pasa a los ricos, ¿verdad? Yo no me morí porque entraba a trabajar a las 7:30. Tengo 15 años de trabajar; tengo dos hijos, la señorita tiene 27 años, el muchacho 16 y está en la preparatoria. Yo soy viuda y aquí en el campamento de San Antonio Abad me encargaron la cocina. Entraba yo a las 7:30 y salía a las 5:30 de la tarde; de vez en cuando trabajaba hasta las ocho, y a veces hasta sábados y domingos. No sé qué día festivo le pedimos al patrón Elías "un puente" y nos dijo que teníamos que venir después todas un sábado a pagar ese día, pero yo me salí a mediodía porque padezco mucho de la presión. El lunes me llamó a la oficina para pedirme una explicación, le dije que estaba enferma y me respondió:

—A mí eso no me interesa, me interesa mi fábrica. Lo demás no es cosa mía.

En Dimensión Weld no había ni un botiquín y si pedíamos permiso de ir al baño y nos tardábamos él llegaba a tocar a la puerta del excusado:

—¿Qué pasó?

—Estoy haciendo mis necesidades fisiológicas.

—Oye, ya te tardaste 10 minutos, ya te tardaste un cuarto de hora, ya salte o te voy a descontar el tiempo.

Yo soy overlista, cosía playeras, soy costurera de la más alta calificación, ganaba por semana, sin descuentos, 11 mil 300, más o menos, no tenía Seguro Social, ni préstamos de ningún tipo. Para comprarme mis lentes duré como cuatro meses a vuelta y vuelta hasta que de la caja dijo Elías que me prestaran lo de los anteojos. Realmente lo único que tengo que agradecerle al patrón Elías es que ahora que falleció mi papá me dieron permiso una semana, pero sin goce de sueldo. Es lo único que tengo que agradecer en 15 años de trabajo, esa semana.

Aquí no hemos visto ayuda del gobierno, sólo de templos, de personas que llegan, abren su cajuela y adentro traen unas ollotas de arroz, tortillas, frijoles y nos dicen que pasemos a echarnos un taco. Los del CCH han venido, no sé de cuál, pero allí han estado los muchachos; me traen aceite para que yo guise.

Todos los días tomo el metro para venir; lo tomo en Río Blanco, el que va de Martín Carrera a Santa Anita, luego transbordo en Candelaria al de Pino Suárez, y de Pino Suárez me vengo para acá. Esto cuando tomo el puro metro. Cuando no, tomo el Santa Anita, me bajo en Jamaica y me vengo andando.

En Dimensión Weld éramos 130, aquí en esta avenida hay muchas fábricas, en donde más murieron fue en la fábrica Dedal, un titipuchal, porque entraban a las 7 de la mañana; anoche sacaron tres cuerpos, ya hechos picadillo. En Manuel Gutiérrez Nájera y San Antonio todavía faltan no sé cuántas; allí están los familiares en tiendas de campaña esperando. Fíjese lo que será eso de bárbaro. Nosotros hemos dejado nuestros pulmones, todo nuestro corazón, todos nuestros esfuerzos allí abajo, bajo las losas, y ¿por qué no va a recompensarnos con algo el patrón? Vivimos en vecindades, alquilamos cuartitos, pagamos renta y ellos, los patrones, tienen sus residencias, tienen sus coches, viajan, y uno es el que debe andar penando. Claro está que ellos pusieron el negocio, pero uno con sus pulmones lo sacó adelante, digo yo.

Yo allí, en Dimensión Weld, dejé los ojos. Ahora veo sólo poniéndome los lentes. Yo comía en los casilleros, traía mi comida en un portaviandas y en los casilleros me sentaba a comer. Pusieron unas mesitas a la entrada; somos muchas y muy pobres, no tenemos para ir a comer a ninguna fonda, entonces traíamos los frijolitos o lo que Dios nos socorriera.

LAS MÁS ANGUSTIADAS QUERÍAN AVENTARSE POR LAS VENTANAS
Josefina Tlalteca entró a Amal el 15 de mayo de 1985 y no tenía seguro. Overlista, hacía ropa de mujer. A ella los bomberos la sacaron de entre los escombros siete horas después del sismo:

Éramos 30 las que alcanzamos a quedar de pie, porque el piso no se derrumbó totalmente. Unas gritaban, otras lloraban, otras rezábamos, las más controladas trataban de tranquilizar a las demás: "Cálmense, sólo Dios nos puede salvar, hay que tener fe". Las que salimos vivas fuimos treinta, salimos con algunos arañones. Personalmente salí siete horas después. Sólo una compañerita salió con las piernas rotas y la columna vertebral quebrada; era una niña de 17 años, estudiante de preparatoria que en el lapso vacacional se metió a trabajar. Se llamaba Susana, la criatura, y murió el sábado.

Yo soy preparadora —dice Margarita Aguilar— tengo 25 años y tres y medio trabajando en Amal. A últimas fechas me dieron Seguro, en agosto, todavía ni arreglo mis papeles porque acababan de dármelo. ¿Qué hace una preparadora? Folia, aparta, numera las prendas, les pone tallas, y hace los bultos, separa las piezas; todo lo que son las piezas de la prenda: manga, trasero, delantero, cuello, vista. Las maquilas llegan por bultos y tengo que foliar, separar por color, amarrar bultos para luego pasar el trabajo a las máquinas para que las costureras vayan uniendo.

A MÍ LOS ESCOMBROS ME AGARRARON LAS PIERNAS

Yo soy de las sobrevivientes, pero soy una de las que se pusieron histéricas. A fuerza quería salir por una ventanilla y me detuvieron. Cuando empezó a tronar el edificio para luego derrumbarse quise correr hacia las escaleras y el muro se nos cayó encima porque cayó el almacén. Un muro cayó atravesado y nos impidió la salida. A mí los escombros me agarraron las piernas, un brazo, pero tenía libre una mano y la cabeza, que era lo principal, y me agarré de una varilla y me empujé y logré salir hacia arriba. Fue entonces cuando vi la claridad y entonces —por ver esa luz— me puse muy histérica, me trepé sobre un mueble, rompí una ventila, me corté la mano y no pude salir. Muchas compañeras corrieron hacia las ventanas y ésas fueron las que se salvaron porque lo que se asentó y se hundió como en espiral fue el centro del edificio. Lo que quedó libre y a la calle fueron las ventanas, entonces por la ventanilla grité, qué digo, di verdaderos alaridos: "Auxilio", a la gente que estaba en la calle. Entonces nos subieron una reata.

Pero la reata era muy delgadita, entonces, dentro de mi desesperación, tomé una de las telas de las que vi tiradas, un rollo, y lo aventé para afuera, empezó a desenredarse. Antes, entre todas, amarramos, sacos, pantalones, para bajarnos por allí, descolgarnos hasta la calle, a como fuera, como Tarzán, eso era lo de menos, pero las prendas no tenían resistencia, estaban mal amarradas y una voz de hombre nos gritó:

—Nadie se baja por allí, si se bajan agarrándose de la ropa, se van a matar.

ENTRE TODAS AMARRAMOS PANTALONES PARA DESCOLGARNOS COMO TARZÁN

Entonces a mí se me ocurrió lo de la tela junto con la reata, y la jalamos y la amarramos con la reata a una máquina para que tuviera resistencia. Unas compañeras se atrevieron y se bajaron por la reata, así como cirqueras, yo de plano me bajé por la tela, así, de resbaladilla; aproximadamente diez personas bajaron de a Tarzán, colgándose de la reata y del rollo de tela, pero las que estaban más angustiadas querían aventarse por los vidrios, pensaban que el temblor iba a regresar y una de ellas, María Elena, se fue hacia la ventana diciéndonos a gritos:

—Yo de una vez me mato.

Entonces recuperé un poco de mi fuerza y le dije:

—Mira, ya pasó, los temblores no vuelven, ya bajaron unas compañeras, míralas por la ventana cómo están en la calle.

Toda la vida he sido de esas personas que resuelven solas sus problemas, lo que sea que suene. Nunca espero a que alguien me tienda la mano. Pum, pas, pum. Yo le busco el modo a cualquier conflicto. Yo bajé resbalando por el rollo de tela, pero varias de las compañeras que se descolgaron se lastimaron, la señora Julia se fracturó la pierna al caer, se dejó ir, no aguantó su propio peso y se cayó. Muchas tienen las manos fregadas; se les quemó todita la palma con la reata, a mí también se me quemó con la tela, porque las telas sintéticas queman, me arrancó toda la piel, pero salí. Estoy viva y ahora mismo estoy hablando con usted.

Vivo en Lomas de San Bernabé, más arriba de San Jerónimo; llegué a mi casa bien preocupada por mi familia; al verlos sanos y salvos me dio mucha emoción (ellos también se habían hecho mala sangre por mí), pero me dio tanta felicidad verlos que ya no supe nada de mí y ya cuando volví es porque estaba en el hospital, en la clínica 8 de Urgencias. Me enfermé de los nervios, o de la impresión, me dieron dos semanas de incapacidad, no quise salir de mi casa, pero después, al regresar a San Antonio Abad y ver cómo luchaban mis compañeras por todas nosotras, me uní a ellas. Simplemente nuestro patrón nos abandonó, no nos brindó ningún apoyo, nos dejó morir solas. Ya que no pudimos hacer nada por ellas cuando estaban todavía con vida, ahora compartimos el dolor de sus familiares, y luchamos porque rescaten a nuestras muertas, a Julia Morales, Juana San Pedro, Paula, Diana, Yolanda, Antonia —Toni le decíamos de cariño—, Margarita Pozos, Renata, Priscila, Rosa Luz Hernández, la señora Toñita, Francisco, quien era el encargado de las calderas para las planchas. Éramos compañeras muy queridas, teníamos mucho tiempo de estar juntas, viéndonos todos los días, y por eso nos unimos a las peticiones de los deudos, porque nuestras compañeras eran madres de familia y ahora a los hijos se les acabó su único patrimonio: su madre. Muchos niños se quedaron en la orfandad, por lo tanto tenemos que luchar, apoyar, hay talleres tan pequeñitos que tienen dos trabajadoras de la costura, y sin embargo, las mujeres allí son explotadas, hay otros de seis personas, y los grandes sí tienen entre 75 y 100 de personal, a veces 150, a veces hasta 200. Robert's que es el más grande, me dicen que tiene de 650 a 700 empleados. Toda su ropa se va para Robert's y High Life, Aurrerá, Sears, El Palacio de Hierro, El Puerto de Liverpool, París-Londres, y otras tiendas de mucho lujo. Oiga, parece que en José Manuel Othón 186, ya vio qué feo está por allí, los dueños de la Kayser hacen que las trabajadoras sigan frente a sus máquinas, las obligan. ¿Ya ha ido a ver?

Este relato de Margarita Aguilar, trabajadora de Amal, fue recogido en los primeros días del sismo. En Fray Servando Teresa de Mier 285, edificio derrumbado, se encontraban en varios pisos la Corsetería, Pierre Cardin, Reina María, Tamy, Creaciones Coqui, Simonette, Originals Nelly. Sin contar otros talleres en Fernando de Alba 63, en Justo Sierra 20, 20 de Noviembre, Izazaga e Isabel la Católica. De Val, en la calle de Bolívar, y Ropmex en la calle de Doctor Lucio y Garcíadiego 160. Se podían leer los nombres de Jeannette, Janet, Lody S.A., Elizabeth King, Tabe S.A., Pop, Sky Lon, Alfa Centauro de México, Nina Rubin, Mayosi, Gentry, Annabel, Bruzette, Magosi, Marivi, Confecciones Infantiles, El Capullito.

AVISO DE OCASIÓN

Ahora, cuando en el Aviso de Ocasión veo ''costureras para máquinas Overlock, Flack, Lock, encintadoras, botonadoras, fabricatruzas, camisetas, playeras, cerradoras, presilladoras, overlistas'', sé que sus sueldos oscilarán entre 11 mil 500 a la semana (para la costurera) y 8 mil (para la planchadora) y puedo ponerles cara y cuerpo, el mismo cuerpo y el mismo rostro que el de las costureras que hablan en la avenida San Antonio Abad:

Yo hacía ojales, ella era plisadora, ella overlista, ella armaba las prendas para pasarlas a la máquina. Empecé a trabajar a los 14 años (la voz de Carmen es convincente por lo cándida y lo directa). En Infantiles S.A. se hacían batas, pijamas, vestidos, blusas, faldas, ropa íntima, mamelucos para el bebé, y en el sexto piso había joyería de fantasía, muy bonita, nuestro patrón se llamaba Jacobo, y él nos dio 10 mil pesos, a los cinco días del terremoto.

—Cuando por cualquier cosa nos salían mal las prendas, cualquier defectito, un hoyito o una tajada grande, teníamos que comprarla.

—¿Comprarla?

—Sí (abre su bolsa); aquí están las notas con las que nos las venden. Las llevamos a la casa y las usamos para acordarnos de lo que hicimos mal.

Ahora con el temblor —dice de nuevo Carmen— el jefe de per-

sonal alegó que los terremotos son actos de Dios, o sea casos fortui-
tos o de fuerza mayor contra los que nadie puede. Por lo tanto,
¿cómo le vamos a cobrar al dueño? ¿A poco él mandó el temblor?
¿A poco él tiró el edificio?

Cuando se nos iba la luz no podíamos hacer nada, y como trabajamos a destajo, o sea, por el número de prendas que hacemos, no
nos pagaban nada. Recuerdo que estuve todo un día esperando a
que viniera la luz y como me vine me fui a mi casa, sin nada. El
dueño dijo:

—Yo no tengo la culpa de que no haya luz. No puedo pagarles.

—Pero si nosotras nos presentamos...

—Sí; pero no hay luz, por lo tanto no trabajaron. Yo pago por
el trabajo, no por la presencia.

A María Elena Rodríguez Vargas (que por lo menos vive cerca,
en José T. Cuéllar 384, interior 2, colonia Asturias) le dio su patrón
10 mil pesos y le dijo que se conformara. Trabajaba en Infantiles
de México S.A. y era overlista; cerraba prendas. Alega:

—Jamás nos dijeron que corríamos riesgo alguno, jamás nos dijeron que el edificio estaba en malas condiciones. Un día pregunté:

—¿Y esas rajaduras?

—Eso no es nada.

—¿No son de temblor?

—No, eso a ti no te importa.

Total, nunca nadie se responsabilizó de nosotras. Por eso éramos esclavas, estábamos bien jodidas, estábamos y estamos. Nuestras viviendas eran muy pobres, pero ahora andamos en la vil calle
tostadas, asoleadas, sin dinero, sin comer, corre y corre, esperando, esperando a ver, porque ahora sí, parece que hay más esperanzas.

Todavía falta rescatar a 31 personas
MENOS PUBLICIDAD Y MÁS CALIDAD HUMANA PIDEN EN
SAN ANTONIO ABAD

A 41 días del terremoto, en las primeras horas de la madrugada del
30 de octubre rescataron de entre los escombros para depositarlos
en una bolsa de polietileno, los restos de los cuerpos de Guadalupe
Quintero Rivera, Paula Almanza Camacho y Raquel Juárez Valen-
cia, y los llevaron al panteón de San Lorenzo Tezonco. No son los
últimos. Víctor Manuel Priego aún espera frente al edificio de San
Antonio Abad 150. También Rosa Angélica Gallegos espera a su
hermana, que no aparece. No son los únicos: aún están por resca-

tarse 31 personas.

Víctor Manuel Priego lleva 43 días (mañana serán 44) durmiendo en la calle y comiendo de lo que le dan los voluntarios. Rosa Angélica Gallegos va a ver a su hijita, "la dejé con mi mamá", y regresa. Víctor Manuel Priego es alto, fuerte y ya no tiene lágrimas:

—Murió mi esposa. Se llamaba María del Carmen Vázquez. Aún faltan por rescatar 31 personas.

Durante 15 días estuvimos trabajando con nuestras propias uñas, sin recursos, sin ayuda, escuchando todavía los gemidos. Ésa era nuestra desesperación. Cuando me dijeron que Lucio Corona Hernández, el capataz, el prestanombres, supuestamente el gerente administrativo de Amal, estaba en la calle bajé de los escombros porque quería pegarle, echarle pleito. Afortunadamente me detuvieron los compañeros, sólo logré espantarlo.

—Sáquese.

El miserable, el canalla, me dijo:

—No crea que me he hecho rico de la noche a la mañana. Desde los 15 años empecé a trabajar.

O sea que delante de testigos, aceptó tácitamente ser el dueño de Amal S.A. Ahora se desdice, alega ser un simple empleado, porque el dueño es José Ases Abud.

El nombre viene a añadirse al de Samuel Bissú, dueño de la Fábrica Can, S.A., al de Elías Serur, propietario de la maquiladora Dimensión Weld de México; al de los dueños de Bruzette, Vestimark, Dedal, Annabel, Maxel (Artesanías Selectas), Creaciones Pop, Prodeusa, y demás talleres clandestinos en Izazaga, 5 de Febrero, Netzahualcóyotl, Anillo de Circunvalación.

—Yo era trabajador del Departamento Central, chofer de limpia, pero abandoné el trabajo el mismo 19 de septiembre. No sé cuánto vaya a durar aquí; no sé cuándo encontremos el cuerpo de mi esposa; todas las noches subo con el pico y la pala, no puedo hacer otra cosa; toda mi atención está concentrada en el rescate de mi esposa. Teníamos tres niñas y los primeros días se quedaron con mi padre y mis hermanos porque toda la familia vivíamos en un terreno que se dividió en tres partes en la avenida Francisco Madero 81 en Tláhuac. Mi esposa tenía dos meses de trabajar, podía hacerlo porque hasta el día 19, una chiquilla nos ayudaba con las niñas y el quehacer doméstico. Yo me lesioné el pie derecho, tanto que estuve a punto de perderlo, y estuve incapacitado dos meses, se nos estaban acabando los recursos, tuve que vender mi coche y ella decidió trabajar en Amal, S.A., mientras pasaba nuestra mala racha.

María del Carmen no era costurera, su única experiencia era la máquina doméstica. Afortunadamente era una persona sumamente capaz, muy inteligente, a tal grado que a los dos meses, en estos días la iban a nombrar supervisora de su departamento, y mire nada más en lo que vino a acabar.

El mismo día del temblor me vine volado porque conozco a mi esposa. Les tenía pánico a los temblores. Me acordé que permanecía como muerta, no reaccionaba; se paralizaba de miedo. No corría, nada hacía por salvarse. Llegué a San Antonio Abad hasta las 10:30 —el tráfico estaba desquiciado, un caos la ciudad, no había transportes—, y dije: voy a abrazarla. Vi el edificio derrumbado y allí me tiene usted como loco investigando; a todos les preguntaba hasta que alguien me informó que sí, había salido una persona de nombre María del Carmen con las señas de mi esposa; morena, delgada, de 1.60 de estatura, facciones finas, cuerpo bonito, qué puedo decirle yo. A unas las llevaron a Balbuena, a las que estaban mal, pero a su esposa, o sea la persona que usted está buscando, salió por su propio pie y a ésas se las llevaron a un albergue cerca de aquí. Busqué, busqué, no encontré nada, regresé y casi llorando le pedí a la mujer que me había informado que hiciera memoria, que por dónde, que a qué hora, hasta que se me ocurrió preguntarle.

—¿Qué ropa traía?

—Traía una falda azul.

Mi esposa traía pantalones.

Recorrí todas las delegaciones, todos los hospitales, duré dos días yendo de hospital en hospital y regresé a San Antonio Abad; encontré a sus compañeras, hablé con las sobrevivientes, investigué, pregunté hasta que la respuesta vino:

—Tu esposa se quedó allí.

En el momento del temblor muchas corrieron hacia las escaleras; algunas no pudieron porque se cayó una losa y quedaron bloqueadas, pero otras llegaron al cubo de la escalera y allí les cayó el escombro y las losas. Fue una trampa mortal. De 94 trabajadoras que había en ese momento, 70 salieron con vida. "María del Carmen se quedó allí parada; le gritamos y la vimos allí, apanicada, como que no podía moverse." Eso me dijeron.

Todavía ahora tenemos a cuatro personas atrapadas en el elevador. En el cuarto, el sexto y el noveno piso hay 10 personas y en el tercer piso debe haber siete. A ellas no se les ha podido sacar. Una de ellas debe ser María del Carmen.

El día 19, el 20, se escuchaban lamentos; 15 días después, escuché a alguien quejarse, pero a nosotros los familiares, en vez de respetar nuestro dolor y ayudarnos, nos obstaculizaron, empezando por el ejército que no nos permitió el acceso. Pudimos haber rescatado muchas vidas, pero los bomberos, el Escuadrón de Rescate y Urgencias Médicas del DF nos ordenaron:

—Ustedes no se metan.

Si ya llevábamos 15 días sin ninguna ayuda ¿con qué derecho nos obstaculizaban? Desde un principio nos pusimos a boquetear, a abrir agujeros, si usted sube y se pasa al edificio contiguo se encontrará con la pared agujereada. Ésos los hicimos para rescatar gente, y por esos mismos boquetes salieron dos personas con vida. Les hablábamos y esperábamos el sonido, oíamos una voz muy débil: Ayúdennos, sáquennos. Sacamos a dos muchachos del sexto piso que cayeron hasta el cuarto, y una vez abierto el túnel, salieron inclusive por su propio pie, relativamente bien. El gobierno llegó y no soportó que empañáramos su labor; querían lucirse a costa de lo que sacaban de los escombros, que les enfocaran las cámaras de televisión, hacer un show e incluso los bomberos nos dijeron:

—Muchachos, se bajan todos porque esto se cae de un momento a otro.

Es falso, todavía sigue en pie el edificio. Lo hicieron para que nadie les robara cámaras. Lo que menos queríamos nosotros era que nos filmaran, queríamos encontrar a nuestra gente. Estas 31 personas aún no rescatadas las vamos a encontrar y a reconocer por su ropa. El cuerpo de mi esposa, el cuerpo de María del Carmen, si efectivamente está aquí, va a ser irreconocible pero recuerdo perfectamente sus objetos personales, su reloj y sobre todo unos aretes que hace días le regalé. Calculo que para rescatar los cuerpos todavía tardaremos ocho días más. Después vendrá la cuestión legal, las indemnizaciones y el castigo a quien resulte culpable. No creo que nos vayan a pagar un millón 200 mil pesos por cada cuerpo, no, eso es una cifra muy elevada. Es más, lo que yo quiero es el cuerpo de María del Carmen, quiero poder darle sepultura, quiero poder decirles a mis hijas: aquí quedó su madre. Yo era profundamente religioso, pero ahora me he dado cuenta de tantas cosas, de la tortura tan lenta y desesperante que sufrieron estas pobres muchachas, que me pregunto: si existe un Dios ¿cómo es posible que haya permitido tanto dolor? Siempre me hablaron de un Dios misericordioso y lo que he visto aquí en San Antonio Abad es la crueldad, la tortura; el permitir que mujeres aprisionadas y lesionadas esperaran el derrumbe de la losa y al mismo tiempo escucharan el ruido de afuera. ¿Se imagina lo que significa escuchar el ruido de afuera, gritar auxilio para que uno las localice, tener la esperanza de que van a ser rescatadas y luego oír cómo se alejan los sonidos? ¿Se imagina el hambre, las lesiones, la espera? Si ésa es justicia divina, yo no la comprendo. Antes era profundamente religioso y ahora no sé, tengo mi pensamiento muy confuso. Creo que confío más en mis semejantes que en Dios porque he visto la forma en que responden. Toda la ayuda que hemos recibido aquí ha sido del pueblo.

He sido testigo de tragedias peores que la mía, la de una señora, único sostén de su familia de seis hijos, el mayor de 18, que ahora andan desbalagados, rondando el edificio. Vienen a comer con nosotros, comparten nuestras despensas, les hemos pasado algo de ropa que nos han regalado. ¿Qué harán ellos para subsistir? María del Carmen convenció a otra costurera, muy joven —una pequeñita—, madre soltera con su bebé de dos meses, que siguiera trabajando porque ella quería salirse de trabajar para cuidar a su niño, y mi esposa le hizo ver que de qué iba a mantenerse. ¡Y mire nada más, la convenció de que se quedara a morir! Y así como eso, he ido viendo cada tragedia. Mire, hay cuerpos enterrados en todas partes atrás de Xocongo, en un edificio derrumbado hay 26 cuerpos y nadie les hace caso. El caso de las costureras salió a la luz pública muy tarde; se habló de todos los edificios menos de los de San Antonio Abad. A raíz de que hicimos un plantón en la Calzada de Tlalpan —junto al metro— empezaron a llegar autoridades oficiales y nos invadieron diputados, senadores, procuradores del trabajo, toda la fauna gubernamental que trajo cantidad de promesas, pero casi nada concreto. La atención del país se centró en el problema de las costureras, pero todos quieren venir aquí a cubrirse de gloria; camarógrafos, periodistas, comentaristas de cine y televisión, fotógrafos, rescatistas, brigadistas, sabelotodos, ingenieros, mandones, déspotas, un despliegue de recursos que apabulla a la gente, herramientas como para llenar un almacén. Empezaron a pelearse entre sí para ver quién entraba a rescatar los cuerpos como si un cuerpo fuera un botín; una cosa triste, un espectáculo muy deprimente, y a nosotros los familiares no nos tomaban en cuenta. Los grupos de rescate se peleaban por sacar los cuerpos.

—Señor, yo vengo de Gobernación, aquí están mis permisos autorizados por las más altas esferas, me quedo, vengo a sacar cuerpos y aquí voy a mandar.

—No lo necesitamos, señor, ya tenemos gente.

Lo que necesitábamos era escombrar manualmente para no dañar los cuerpos; hacían falta médicos especializados para preparar los cuerpos porque los médicos forenses no saben, la prueba es que los dos primeros cuerpos que sacaron los dejaron en la vía pública, expuestos a la vista de todos, a unos pasos de la cocina, ¡se imagina qué foco de contaminación y qué falta de respeto para los propios cuerpos! Aquí empezaron a pelearse un grupo llamado Águilas contra los que se denominan Topos de Tlatelolco que vinieron con el hijo de Plácido Domingo, José Domingo, que a diferencia de su padre es un hombre prepotente, alto y robusto con tipo de español, que pretende convertir nuestra causa en una romería. Desgraciadamente el talento no se hereda y si la labor del padre fue hermosa, el hijo es el clásico júnior que ha tomado a relajo nuestra desgracia. Es tal el desfile de curiosos en San Antonio Abad que en medio del horror de nuestra tragedia sentimos que servimos de circo. Si usted habla con los familiares, ya ni indemnización quieren, lo que quieren es su cuerpo y largarse lo más lejos posible ¡Aquí vienen algunos a hacer campaña, a obtener triunfos políticos y publicitarios a nuestra costa! Lo que pedimos los familiares es tener acceso a los cuerpos, queremos sacar la relación de los objetos encima del cuerpo, su vestimenta para preparar a los familiares que esperan abajo. Y queremos evitar que ellos se den cuenta de en qué condiciones está el cadáver, porque se queda uno traumado.

Recuérdelo bien: después de 43 días, todavía quedan entre los escombros 31 personas. Sus familiares esperan en la calle. Ninguno se irá. Tenemos forma de identificar al cadáver. Extraoficialmente, hemos identificado muchos cuerpos —como estuvimos tanto tiempo adentro del edificio— por su posición en cada uno de los pisos. Ya sabemos dónde están, y a través del contacto con los familiares, sabemos también quiénes son.

A LOS FUNCIONARIOS SÓLO LES INTERESA PARARSE EL CUELLO

Hoy, 13 de noviembre de 1985, a casi dos meses del terremoto, la señora María de Jesús Ramírez sigue esperando el cadáver de su esposo en la esquina de Tonalá y Durango, colonia Roma. Blanca Gutiérrez, profesora de deportes que desde el día 20 se hizo cargo del campamento en la fuente de La Cibeles, Plaza Miravalle, colonia Roma, denuncia el hecho con verdadera indignación: "No hay derecho que le hagan esto". Su esposo era elevadorista del edificio en Durango y Tonalá y todavía no puede recuperar sus restos; la deshumanización de las autoridades es intolerable. Nosotros mandamos al rescate alpino para que marcara donde aún están los tres cadáveres en el edificio; uno, el esposo de María de Jesús Ramírez, que se ha pasado todos los días y todas las noches desde el 19 de septiembre en la calle, esperando, y otros dos que no han sido reclamados, y nunca se les dio permiso a los topos o a los voluntarios para que fueran a sacar estos cadáveres. Otros que se sacaron aquí en la Roma, también han sido causa de mucho sufrimiento para los familiares ya que la delegación Cuauhtémoc retuvo los cadáveres porque faltaba tal o cual papel; los trámites fueron engorrosos, e incluso se les pidió dinero. No entregaban cuerpo alguno sin papeleo infame; los trámites interminables hacen que la gente se sienta muy, muy mal... Aquí quedamos seis voluntarios y nos iremos pasado mañana a más tardar, la delegación dice que ya no hay nada que hacer. Ahora sí que ganaron las autoridades con su "vuelta a la normalidad". Ya quitamos nuestros tambos de agua potable, ya no hay letreros que digan: "No tires basura, ni desperdicies la comida", los domicilios de médicos ya no aparecen, desde hace 10 días empezó a bajar el número de los voluntarios; la mayoría sólo nos dieron su primer nombre y no sabemos cómo localizarlos. ¿Todo ese esfuerzo solidario irá a perderse? Por decreto la calma tiene que regresar. La gente irá a no sé dónde, a restañar sus heridas, a que se le hagan costra. Yo no veo nada que vaya a cambiar; ¿dónde está la famosa reconstrucción, la reorganización?

EN MÉXICO SE TIENE MUY POCO RESPETO POR LA VIDA HUMANA

La profesora de gimnasia Blanca Gutiérrez se pregunta: ¿Dónde están los niños huérfanos? ¿Dónde están los familiares de los que murieron? ¿Dónde están las organizaciones? ¿Dónde los voluntarios? ¿Dónde la solidaridad? Ya verá como al rato nadie se acuerda; aquí no pasó nada, qué bueno que hicieron un parquecito en el lugar del edificio, vámonos allí a jugar, vamos a tirarnos sobre el pasto.

Debajo están los cadáveres.

En México se tiene muy poco respeto por la vida humana.

Creo que es el país en donde menos se la respeta.

A los funcionarios lo único que les interesa es pararse el cuello.

El gobierno no se merece al pueblo de México.

Camine usted por la calle y fíjese en la gente, ya ni siquiera mira los escombros, ni ve los edificios que parecen zurrones de fierro y concreto. La gente circula como si nada; hasta se detiene a ver los aparadores.

Mientras tanto, la señora doña María de Jesús Ramírez aguarda en la calle a que le den lo que queda de su esposo, elevadorista del edificio en la esquina de Tonalá y Durango.

PREPARATIVOS EN LA CRUZ ROJA PARA RECIBIR A NANCY REAGAN

Una de las voluntarias que asiste a la Cruz Roja contó que la visita de Nancy Reagan se preparó con esmero; se lavaron los pasillos con mucha agua y jabón, los pisos, hasta las paredes, y ni se diga el vidrio de las ventanas. A los damnificados les lavaron la cara, los peinaron, les jalaron el camisón para que se viera muy lisito. ¡Ah, y se les pusieron muñecos de peluche en la cama!

—¿Quién habla inglés?

Una joven contestó que sí hablaba. A ella se le tuvo que amputar una pierna a consecuencia del terremoto. La pusieron en un cuarto sola.

—Es para que pueda platicar con la señora Reagan.

—Prefiero estar con los demás...

—Después la cambiamos de nuevo a su cama.

Paloma Cordero de De la Madrid le dijo a Nancy Reagan:

—Pásele, pásele, usted perdonará el tiradero.

Muy poco se ha sabido del restaurante Super Leche, que ocupaba un espacio enorme —ahora es jardín— en el Eje Central Lázaro Cárdenas 41, entre Victoria y Artículo 123. Allí, desde hace tres años, doña Francisca viuda de Pérez tenía su departamento. Vivía sola, de una pequeña pensión; su esposo murió hace dos años y medio.

Coso para ayudarme. No cosía yo propiamente vestidos, sino costuritas así de compóngame esto, súbame la bastilla y en esos días me fui a Durango a ver a unos familiares y por televisión vi como desapareció el Super Leche. Mi única reacción fue: "Ya me quedé en la calle". No volví a México sino una semana más tarde, y ya no vi nada; hay un jardín allí, unas banquitas pintaditas de blanco, ya no hay escombros. Desgraciadamente mis amigas y vecinas murieron: Francisca Chávez López y Cristina Sotelo; otro matrimonio amigo mío, mis vecinos de enfrente, los señores Herrera, ya no sé de ellos, porque no sabía yo dónde tenían a sus familiares ni nada. También una señora griega muy simpática murió. Allí en Super Leche la mayoría de las personas murieron; yo no lo frecuentaba, pero siempre se veía el restaurante lleno. Allí murió el dueño, Manuel Gutiérrez, su hijo, su mamá, una tía, todos murieron, menos uno que a esa hora salió del restaurante creo que a la farmacia, pero todos los demás murieron y excepto también una hermana que se acababa de ir a España.

Era muy bonita mi casa. Pagaba 10 mil pesos de renta, tenía dos recámaras, estancia, baño y cocina; la estancia grande de sala y comedor, de muy buen tamaño; el baño bueno también, la cocina chica; estaban bien los departamentos, el mío daba a Victoria, tenía bonita vista.

—Y ¿no era ruidoso?

—Pues se acostumbra uno al ruido, ya en la noche no hay mucho. Sí, se vivía muy a gusto allí, tenía uno muchas comodidades, muchísimas que uno no puede tener en otro lado; no tenía que salir a tirar la basura porque allí mismo dentro del edificio recogían la basura. El gas también; todo muy bien, nadie se metía con nadie, eran cien departamentos, calculo que en el edificio de cinco pisos, 20 departamentos por piso, por lo bajito vivíamos cuatro personas en cada departamento, un total de 400 personas más o menos. Bonitos los departamentos, muy céntricos, bien pensados, dos recámaras en cada uno. ¿Dónde va usted a encontrar un departamento de tres piezas por 10 mil pesos ahora? En una de ellas, en la que entraba el solecito, me ponía a coser en una sillita, con el sol así en la espalda, calientito. Las compras las tenía yo muy a la mano, aquí la panadería, allá la carnicería, todo a unos cuantos pasos. ¡Bonito mi departamento! Para mí era muy práctico porque tenía todo alrededor y la renta era económica. Ahora dicen que nos van a mandar —pagando nosotros, claro está— a unas casas que no están techadas, por el estado de México. Todo se perdió, todo, ya no tengo nada, ni una silla. Primero fui a la delegación Cuauhtémoc; allí me dieron una constancia para presentarla ante la Comisión Metropolitana; me presenté y me pidieron testigos. ¿Quiénes? Pues si todas las personas que me conocían murieron. Hay algunos sobrevivientes, quizá, pero no sé dónde estarán. ¿Están vivos? ¿Están en algún hospital? Más bien creo que no quedó nadie. Me pidieron testigos, recibos de luz, de teléfono, el contrato de mi casa. Si todo quedó en el derrumbe, si no recogí un alfiler, ¿de dónde llevaba esos papeles, de dónde los agarraba? Traía una credencial de mi esposo que siempre llevo de recuerdo en mi cartera, y con esa saqué mi credencial del Seguro, porque tengo derecho a una jubilación. Me dijeron:

—No podemos darle ayuda, ni en efectivo ni en nada. Sólo podemos darle una casa en Huehuetoca, estado de México, pero esa casa vale un millón y medio de pesos y puede usted pagarla mensualmente. El enganche y 15 mil pesos mensuales.

—¿De dónde los pago, si ya no tengo nada?

—Ah, pues ése es su problema.

—¿Y qué voy a hacer yo allá? Yo soy sola, a mi edad, tan lejos; no conozco a nadie allá, es un pueblito, no hay ninguna clínica del Seguro Social. No creo conveniente, a mi edad, irme para allá.

—Mire, como es un caso especial, porque ya está usted vieja, podemos ayudarle con otro licenciado. Venga la semana que entra, a ver qué le resolvemos.

Primero Dios, voy a ir la semana que entra.

Francisca Calderón viuda de Pérez, es tímida; en el cuello de su blusa tiene clavados dos o tres alfileres, prueba de que le gusta coser, habla en voz baja, pero en sus ojos pasan ráfagas de ansiedad y de pronto enrojecen.

—Su casa la tenía muy bonita, de muy buen gusto —advierte su sobrina que la acompaña y con quien Francisca se está quedando a vivir por el momento—; compró sus cosas con mucho cuidado, a lo largo de los años: su cómoda, la mesa del comedor, las sillas, los mantelitos. Todo lo tenía muy limpio, como la ve a ella de atildada.

Tomamos té de manzanilla; cae despacito a nuestras gargantas. Doña Francisca cruza las manos sobre sus piernas. Sus manos parecen pétalos caídos. Después de unos minutos de silencio murmura:

—Me gustaría, por lo menos, encontrar a alguien del Super Leche para platicar. Todos los demás sobrevivientes tienen a alguien.

Luego levanta su rostro de mujer angustiada:

—Usted ¿no me podría orientar a ver con quién?

—¿Con quién?

—Si usted, por casualidad ¿no sabría de alguna casita de renta económica? Sólo me quedan unos cuantos años.

—Disculpe, señor.

Al albergue de Jalapa 50 —cuenta el socorrista James Kelleghan— llegó un anciano de 78 años con principios de Parkinson. Me le acerqué y le dije:

—Disculpe, señor, ¿puedo ayudarle en algo?

—Sí, joven ¿podría darme una de esas cosas para que no huela feo?

Saqué el último tapabocas que me quedaba.

—¿Sabe cómo ponérselo?

...fotos que son las que más duelen: un grupo de tres parejas sonrientes en torno a una mesa del restaurante El Gallo; una gordita en traje de baño, unos novios, la Primera Comunión...

"Sobrevivientes, sabemos que están allá abajo, no se desesperen allí vamos por ustedes."

**Se formaron largas cadenas de hombres, mujeres y hasta niños.
Los socorristas se llevaban a los heridos, los demás removían los
escombros en cubetas, tinas y colchas.**

"Ya no, Dios mío, ya no", el segundo temblor nos empavoreció.

México ya no se sintió sólo.

Pedro Valtierra, gentileza La Jornada

¿Y será nuestra herencia una red de agujeros?

"¿No sería bueno que el regente se asomara a ver esa monstruosidad de las costureras?"

A pesar de todo la vida continúa.

—No, joven.

Hice el nudo del hilo inferior y se lo pasé por detrás de la cabeza, luego le señalé:

—La otra parte se la pasa por arriba y se cubre la boca, asegurándose de que no tape los ojos.

—Gracias, joven.

—De nada. Disculpe, señor, ¿no se le ofrece alguna otra cosa, comer algo, tomar un café, un refresco?

—Sí, joven, un café estaría bien.

—Venga conmigo, por favor.

Lo tomé del brazo, dimos tres pasos y de repente gritó:

—¡No encuentro a mi hijo!

Le pedí a otro de los voluntarios que lo llevara a tomar café y me fui al baño a llorar durante... no sé cuánto.

A James Kelleghan se le llenan los ojos de lágrimas.

MÁS QUE MÉDICA, ACCIÓN POLÍTICA

De los 18 millones de habitantes de la zona metropolitana, aproximadamente 6 millones no están asegurados en el ISSSTE o en el Seguro Social. Claro, una pequeña proporción de no asegurados son de clase acomodada, pero la enorme mayoría de los 6 millones son personas de muy escasos recursos y no están asegurados porque no tienen un trabajo fijo o están en un taller clandestino. Es el caso de las ahora famosas costureras, que no contaban con prestaciones de ningún tipo, ni un petate en que caerse muertas. Ésta es la población que acudía al Hospital General, al Juárez y al Manuel Gea González. Actualmente el General y el Juárez están cerrados; por lo tanto un número enorme de mexicanos queda desprotegido.

NOS FUIMOS A DAR CONSULTA A LA EXPLANADA DEL METRO

Fernando Prieto Hernández, médico de la Unidad de Neumología del Hospital General, fue uno de los que decidió atender a la población en la explanada del metro a partir del jueves 17 de octubre: La remoción de escombros y de cadáveres duró aproximadamente quince días; dos edificios se desplomaron, los dos eran altos, el de la residencia de médicos tenía ocho pisos y el de Ginecobstetricia tenía seis. Todos los demás edificios del hospital son de uno o dos pisos; se trata, pues, de un hospital horizontal, intercomunicado por pasillos que llevan de uno a otro de los pabellones. Inmediatamente

161

después del sismo, el hospital se cerró y se evacuó porque era peligroso —fugas de gas, posibles derrumbes—, y a partir de ese momento no hubo más consultas en el hospital. Todos asumimos que inmediatamente después del peligro el hospital reanudaría sus funciones: "¿Y los enfermos?" nos preguntábamos. Sin embargo, no ocurrió. La gente empezó a acudir al hospital a pedir consulta, y en una plaza que tiene aproximadamente unos 10 mil metros cuadrados, en tiendas de campaña, empezamos a atenderla. Construimos los consultorios con una armadura de palos de madera, cubiertos con polietileno negro y tela —una buena protección contra el aire y la lluvia— y adentro metimos una camilla, un escritorio, unas sillas, algún equipo y el que mejor equipado resultó fue el dental, porque en una combi tienen un sillón dental, su fresa, su instrumental. El jueves 17, tuvimos 500 pacientes, y al día siguiente mil; de las 7 de la mañana a las ocho de la noche.

HOSPITALES PEQUEÑOS DE 144 CAMAS

Más que acción médica, dar consulta en la explanada del metro resultó una acción política: para que no se desmembrara el Hospital General, ya que 48 de sus 50 edificios pueden seguir trabajando y mil 600 camas ocuparse de inmediato. Sin embargo, la versión oficial era que el Hospital General iba a desaparecer. En su lugar, la Secretaría de Salud proponía el Anteproyecto de Reconstrucción y Reordenamieno de los Servicios de Salud del Valle de México que consiste en distribuir en el Valle una serie de hospitales pequeños y chaparros de 144 camas, que vendrían sirviendo a las delegaciones. Así se acabaría el Hospital General que, además de su tradición (se construyó en 1905), fue el único que reunió a médicos de primera e inició la investigación médica en nuestro país; allí se gestaron los grandes especialistas: Ignacio Chávez, fundador del Instituto de Cardiología; Puig Solanes en Oftalmología; el estupendo Clemente Robles en Neurocirugía; Raoul Fournier y Sepúlveda en Gastroenterología; Ruy Pérez Tamayo, Ruiz Castañeda, Celis, Salazar, Gastón Melo, Abraham Ayala, Zubirán, en fin, los pilares de la medicina que instruyeron a los demás y pusieron en marcha una filosofía de la atención médica y establecieron un nivel científico y académico muy alto, con un trato humano para el personal y los pacientes. Pero lo más importante es que el General se convirtió en un hospital de enseñanza.

—El anteproyecto de Soberón —dice el doctor Fernando Prieto Hernández— no considera la docencia de pregrado y de posgrado, además de la investigación clínica que existía en el General. Pretende sustituir las camas que se perdieron en el terremoto; sin embargo, Soberón olvida que en el General una cama tiene funciones de asistencia, docencia e investigación, y la cama subrogada en un hospital particular o pequeño no está siendo utilizada para la enseñanza en la que participen estudiantes, residentes y maestros. El número de estudiantes que pasan por el General es aproximadamente de 10 mil. Hay 300 o más médicos residentes que hacen curso de especialidad y de posgrado; el personal cuenta con 700 médicos de base que lo son por examen de oposición. Es muy distinto nuestro sistema al de otras instituciones de salud, donde impera el escalafón o cualquier otro mecanismo; hay mil 850 enfermeras; en total son 6 mil 800 trabajadores, aparte de los médicos. El hospital —entre sus funciones— da dos mil consultas externas diarias en promedio, y hace 125 a 150 operaciones de distinta naturaleza diariamente.

CRÍTICAS AL HOSPITAL GENERAL

Expongo ante el doctor Fernando Prieto Hernández las innumerables críticas que he escuchado a lo largo de los años que se le hacen al General y al Juárez; al Juárez sobre todo. El propio doctor Clemente Robles, entrevistado hace años, contó cómo operaba con cubetas de agua, y se tropezaba con las jergas abandonadas en los pasillos. Sin embargo dijo también: "El hospital que más he amado es indudablemente el General, y la época más fructífera de mi vida, más intensa, ha tenido lugar en el General, tanto cuando fui director, como jefe de pabellón". En el General se robaban hasta los bolillos, los instrumentos estaban oxidados, ni vendas ni gasas, ni sábanas; desaparecían las almohadas, las condiciones de higiene eran risibles; no cerraban las puertas de los quirófanos, la comida era execrable, en fin, por algo se había concentrado del otro lado de la calle, como zopilotes, un sin fin de agencias funerarias.

El doctor Fernando Prieto Hernández se molesta: "Limitaciones, el hospital las tuvo, y seguramente que su personal auxiliar no es de la más pulida categoría social, aunque cada vez hay mejores enfermeras. En cuanto a pacientes quizá no atendamos a la llamada nata de la sociedad, pero en México donde más ladrones hay es en los niveles más altos".

HAY MUCHA GRILLA POLÍTICA EN EL GENERAL

Insisto en las objeciones: falta de equipo, falta de medicamentos, camas viejas, equipos inservibles, jeringas que producen hepatitis por contagio, insalubridad, vasos sucios, vidrios sin lavar, quirófanos mal alumbrados, aparatos de oxígeno maltratados; falta de placas radiográficas, de toallas, de algodón, de tela adhesiva, en fin, de lo más elemental. Hasta cucarachas. Asimismo, insisto, se trata de un hospital de "grillos", "hay mucha política en el General", y allí sí, Fernando Prieto Hernández respinga:

—Creo que hay gente muy inteligente que tiene conciencia política y social; por eso tuvo tanta trascendencia el movimiento médico en el 66, en el que destacaron Ismael Cosío Villegas y Guillermo Montaño. Creo, eso sí, que el médico que ingresa en el Hospital General lo escoge por razones ideológicas. Es común que los médicos que están en el General no tengan consulta privada.

—Yo no tengo consulta privada —dice Susana Kofman de Alfaro—; a toda la gente que me busca la cito en el General.

—Mi padre ha estado 55 años en el General —dice Fernando Prieto Hernández— investigando lo que de veras le pasa a la población: cirrosis y amibiasis, dos problemas de un núcleo amplio de menesterosos. En el General he podido establecer métodos de curación, trabajar en antígenos y, desde luego, jamás hubiera logrado hacerlo en un hospital pequeño. Se trata de una población muy, muy desprotegida, receptiva a todo, y uno tiene la satisfacción de atenderla. En el General todos son pobres y, de hecho, lo que vemos es patología de la pobreza, patología de la miseria, patología de la falta de cultura, la falta de educación, familias enteras afectadas por el mismo mal.

NO SOMOS VAMPIROS

—No es así, no le toman la sangre al enfermo, éste tiene que convencer a dos donantes que den medio litro de sangre, y no uno. Sin dos donadores de sangre no se hace una cirugía. El medio litro de sangre es de muchísima utilidad porque se obtienen concentrados plaquetarios, proteínas sanguíneas, concentrados de glóbulos rojos, etcétera. Piense que el Hospital General es uno de los más baratos o quizá el más barato dentro del sistema de población abierta. La consulta costaba 40 pesos y hospitalizarse variaba según el nivel socioeconómico; podía costar desde nada hasta 3, 4, 5 mil pesos, establecidos por la trabajadora social de acuerdo con un cuestionario. Las cuotas se elevaron un poco; antes del sismo el General estaba en 70 por ciento de ocupación, pero su servicio de urgencia era muy activo; un casi 40 por ciento de los pacientes que llegaba de urgencias era hospitalizado; por lo tanto, el Hospital General ha funcionado bien; podría considerársele como un corazón del sistema de salud... Otra característica peculiar del General es que desde el momento en que el paciente ingresa se encuentra con que toda la atención médica se ha concentrado en un solo sitio; tiene a su alcance todas las especializaciones.

Durante los días que siguieron al temblor, Susana Kofman de Alfaro y Fernando Prieto Hernández se dedicaron a la más ingrata de las tareas, entregar los cuerpos a los familiares; fue muy duro, trabajaron en un patio, tenían los cuerpos tendidos sobre hielo, y en muchos casos les tocó reconocer a compañeros muertos, médicos y enfermeras. Sobre la puerta de salida de Patología, que da a la calle de Doctor Jiménez, acamparon 500 personas que preguntaban permanentemente por sus familiares. Tanto la doctora Kofman de Alfaro como el doctor Prieto Hernández hicieron guardias de 12 horas y acomodaron los cadáveres en bolsas de plástico.

En recuerdo de los 47 médicos residentes que murieron, las enfermeras, las madres y sus recién nacidos, en vista de la respuesta de los enfermos y la lucha de los propios médicos del General, días después, el Presidente de la República anunció su decisión: reabrir (en vista de los peritajes) el Hospital General.

En el Juárez, la gente corriendo como rata atarantada

LOS HOSPITALES JAMÁS DEBERÍAN CAERSE

Una de las premisas fundamentales en la construcción de un hospital es que con un temblor de la magnitud que sea, nunca se debe caer. Ni un hospital, ni una escuela. Por eso cuando me dijeron: "Se cayó el Hospital Juárez", no lo creí. Decidí ir a verlo, pasé por muchas barreras de boy scouts y de policías, y llegué. ¿Conoces el Hospital Juárez? Entras a un claustro con puertas de madera, abres esas puertas y allí detrás se encuentra la torre de hospitalización del Juárez. Abrí y voy viendo allí el mazacote de 13 o 14 pisos de hospitalización derrumbados y un mundanal de gente corriendo como ratas atarantadas. Había más gente viendo que gente con alguna mínima idea de lo que se tenía que hacer, ni quien coordinara, nada. Ya era la una de la tarde.

Rubén López Reyes, de 35 años, arquitecto de profesión, trabajó en las minas de arena en la zona de Los Pinos, entre Alencastre y Periférico. Allí se enseñó a explorar, cavar túneles y apuntalarlos. ¡Qué curioso, enterarse de que Los Pinos se asienta sobre una zona minada!

Desde el momento en que llegó al Hospital Juárez, Rubén López Reyes dejó su trabajo y, acompañado por Carlos Garduño de la Garza, de 23 años, Alberto Caballero Jaramillo, Estela Luna y otros voluntarios, se puso a excavar:

Ya para las 2 de la tarde todo el mundo andaba trabajando como Dios le daba a entender. Nada más había un arco, una sola barreta, un solo martillo, no había guantes, ni cascos, ni madres. Nada. Llegaron los zapadores; llevaban su equipo de campaña y dentro del equipo estaban sus palas de zapador, esas verdecitas bien pintaditas, que durante esos días, cualquiera lo puede atestiguar, nunca salieron de sus mochilitas. Empecé a coordinar a la gente: que busquen cubetas, que vamos a escarbar aquí, que hagan una cadena para ir pasando los escombros. Y trabajamos duro, y al rato llegó gente de la ICA, no sé si porque se sentían culpables porque ellos tuvieron que ver con la construcción del Hospital Juárez y con las torres de Pino Suárez. Llegaron con un trascavo y expertos, según ellos a coordinar el trabajo. Dijeron que la mejor manera de rescatar a la gente era quitar losa por losa y hacerlo con una grúa y maquinaria pesada. Cualquiera que haya estado metido antes en un agujero, en el interior de una mina, sabe que el movimiento de la máquina pesada produce vibración y en estructuras fracturadas la vibración provoca el desplome o la compactación de materiales. Aparte de los movimientos, para los que están sobreviviendo en espacios mínimos, con la losa pegada en la nariz, el provocar el asentamiento de una losa o su fractura es la muerte segura. Sin contar con el polvo que empieza a secar las vías respiratorias.

Les dije a los de la ICA:

—Aquí no hay otra más que ir haciendo un túnel para encontrar a la gente.

—Y ¿cómo tienes la certeza de que hay gente allí donde vas a hacer el túnel?

—No se tiene la certeza, pero hay que hacerlo; es la única forma de comunicarse con los enterrados, por eso las grúas de 80 o 100 toneladas para mover las losas sólo van a provocar un nuevo derrumbe.

—Se va a mover losa por losa como quitarle capas a un pastel.

—Si hacen eso no vamos a sacar a nadie vivo.

La gente que primero salió fue la que estaba en los exteriores, es decir junto a las ventanas y puertas del edificio. Salieron 83 personas vivas, unos muy lastimados pero otros perfectamente bien. El problema era sacar a la gente que estaba en el interior. Trabajamos todo el día, toda la noche, nos dio la madrugada y no teníamos siquiera un vaso de agua que tomar. Hacía un frío tremendo, creo que no nos dio una pulmonía a todos los que estábamos allí por la actividad física tan intensa que estábamos desarrollando. A las cuatro de la mañana nos pidieron que bajáramos porque se estaba quemando el ala norte del hospital. La caldera de las cocinas se incendió y el fuego se extendió a los archivos del hospital; empezamos a respirar humo muy espeso, nos pusimos amarillos por la intoxicación; es muy probable que por este incendio mucha gente haya muerto asfixiada, porque duró cuatro días y nadie lo pudo apagar. Los bomberos lucharon pero se mantuvo humeando.

Afortunadamente, a partir del primer túnel logramos detectar gente viva. Hicimos uno a la altura del quinto piso del edificio.

Por las grietas oímos a una muchacha que nos dijo que había niños llorando en el otro piso; "Yo estoy en el ocho", alcanzábamos a oír. Seguimos por el túnel hacia arriba y ese trabajo rindió frutos. Rescatamos a la enfermera Ángeles, que estuvo dormida cinco días. En el momento del sismo perdió la noción de todo, se durmió; esto la protegió y al hacer un túnel la despertamos. Todavía después del quinto día, permaneció atrapada casi 36 horas, las mismas que tardamos en sacarla; estaba abrazada a una compañera muerta, en un espacio muy reducido, no tenía afortunadamente nada físico, aunque después, al hacer un agujerito arriba de ella, nos dimos cuenta de que tenía un mueble por un lado y una losa por el otro que le presionaban la cara enmarcándosela; la cabeza se le estaba inflamando por la presión; cortamos con segueta. Había una chavita voluntaria que era la única que sabía operar una motosierra, la prendía y andaba preguntando: "Ahora sí, ¿adónde le corto?" Pero en el caso de nuestra enfermera no había la posibilidad de utilizar la motosierra —tan cerca de su cara—, ni de meter acetileno. Empezamos a trabajar y de repente la enfermera nos dice:

—Siento que me voy a morir.

Corrí a buscar a alguien de su familia afuera, porque ya los soldados habían acordonado, para que me dijera, le gusta esto, le gusta lo otro, enterarnos que era de Puebla, tenía 21 años y se llamaba Ángeles Méndez Santiago, y ya con la información empezamos a cotorreárnosla: que si le gustaba el mole, que si las enchiladas, que ya sabíamos que la música tropical, que ya tenía allí como cinco o seis novios, ya todo el mundo quería salir con ella, sin conocerla —y de hecho nunca nos vio ni supo siquiera quiénes éramos—, y le seguimos platique y platique mientras intentábamos sacarla:

—Saliendo de aquí nos vamos a Los Infiernos a bailar.

Qué mala puntada esa de Los Infiernos, pero así la teníamos entretenida, queríamos darle agua a fuerza:

—Te vamos a pasar agua.

—No, no quiero agua.

—Toma tantita.

—No, no quiero, tengo mucho frío.

Tener frío y no querer tomar agua es un síntoma claro de shock. Corrí de nuevo a buscar a los familiares. El papá y el hermano trabajaban en el Juárez y les dije que no quería beber y me dijeron: "No le gusta el agua". Lo que tenía era que no le gustaba el agua y nosotros empeñados; entonces le dimos un jugo de mango y ése sí se lo bebió y seguimos hablándole sin parar:

—Sabes que tu papá, fulanito de tal, está allá abajo esperándote. ¿Cómo de que te vas a morir? No podemos bajar a decirle a tu papá que te quieres morir, así que tú coopera.

Le contamos chistes. Yo ya estaba tan cansado que no sé cómo podía ocurrírseme chiste alguno, pero nunca dejé de hablarle y hasta que no liberamos su cara del mueble y de la losa, no pudimos sacarla.

El contacto con los familiares era esencial, y lo tremendo, bajar a buscar a los parientes porque todos se hacían la ilusión; varios se adelantaban diciendo que eran los familiares, que seguramente se trataba de su hermana, su hija, su madre; todos querían que la enterrada fuera de ellos. Ya para entonces aguardaban no sólo los familiares, sino la prensa, los curiosos, los cineastas. Pero una cosa es la libertad de prensa y otra entrometerse en labores de rescate. Es muy peligroso para la gente que estuvo atrapada seis, siete, ocho y ya no se diga 36 horas, que al salir de un espacio cerrado le tiren flashazos a la cara o le metan un micrófono en la boca. Hubo gente que murió de paro cardiaco; la gente se descompensa. Con Ángeles tomamos precauciones. Le vendamos los ojos —no deben ver la luz más que de manera indirecta—; se les tiene que cubrir enteramente al bajarlos en camilla, ponerles suero, en fin, una serie de medidas de salvamento indispensables. De repente un flashazo en la cara truena al más pintado. Hubo un hombre que salió gateando, un médico, pero se murió afuera porque muchos enterrados al salir a la luz se "shockean". Estas cosas las aprendimos de los médicos y sobre todo con la práctica.

A los cinco días, el Hospital Juárez era un foro; la Cruz Verde, la Roja, los brigadistas. De repente se presentaron un montón de cuates con mecates, polainas, cascos y mosquetones de alpinismo,

—son unos como poliedros que se meten en la roca y giran hasta que agarran una de las caras, son como clavijas, se llaman nueces— y nos dijeron; "Con permiso, con permiso, nosotros nos hacemos cargo, somos alpinistas", y les dijimos: "Oye, manito, aquí no es una montaña, si traes una segueta viene la segueta, si traes un martillo viene el martillo, pero polainas, nueces y mosquetones no los requerimos". Total, todo el mundo pretendía tener autoridad; se empezaron a descolgar sobre el edificio toda clase de interfectos, camarógrafos, veinte o más, fotógrafos cincuenta o más, y como en ese momento ya la autoridad la tenían los militares, ellos ejercían el control: "Éste entra, éste no entra".

Los militares lo único que hicieron fue estar con su rifle allí parados; de los 500 soldados que había allí, sólo 50 andaban trabajando, el cabito era un tipazo, nomás así; el cabito Juan. Los soldados que jalaron parejo nunca nos quisieron decir sus nombres.

Parece ser que los perjudicamos si mandamos una carta a su general diciéndole que reconocemos su valor y su entrega. Dicen que es comprometedor para ellos que los reconozcan públicamente; por eso sólo sabemos que se llama Juan este cuate, pero un cuate a todo dar, tan a todo dar como los bomberos, aunque los bomberos eran la mínima parte. Son muy pocos. La gente de Sanidad Militar también estuvo trabajando hombro con hombro con nosotros, desvelándose y matándose para sacar a la gente. ¡Pero de ese cabito Juan, nunca nos vamos a olvidar!

Marisol Martín del Campo
Es mi papá —dice Alejandra Reséndiz frente al Hospital Juárez el viernes 26 de septiembre de 1985 a las 12:15—. Estaba internado en el cuarto piso. Desde el temblor me vine a sentar aquí, dejé a mis hijos con mi tía. He visto todo lo que hacen: apenas ayer le empezaron a trabajar duro, ha habido mucha lentitud. Son bien inhumanos con uno. ■

Tenemos un plan de emergencias que consiste en concentrar todo el hospital en un solo mando que es Urgencias. La mañana del 19 de septiembre —dice el doctor Valente Aguilar Zinzer, pediatra en Urgencias del Instituto Nacional de Pediatría—, el director del hospital nos dijo: "Prohibido sacar material, equipo y transportes de aquí, porque estamos a disposición del Sector Salud y tenemos que esperar órdenes". A las nueve de la mañana, nerviosos, deseábamos salir a ayudar, pero no llegaba ninguna orden. Nunca llegó.

Nosotros desesperados; los residentes me reclamaban: "Nuestros compañeros están debajo de las losas del Hospital General, tenemos que ir a sacarlos". Presionamos a los jefes inmediatos, montamos cinco ambulancias para llevarlas al centro. A partir de las dos de la tarde nos hicimos cargo de la evacuación de los bebés del Hospital General. A las seis nos fuimos al centro: era el apocalipsis, un gran caos, explotaban edificios, la gente como hormigas ya ni volteaba.

Empezamos a formar puestos de socorro en los puntos clave: en el Juárez, el General, la Roma abandonada, pero creo que Tepito fue de lo más patético... Tlatelolco ni hablar. Los puestos de socorro eran inoperantes porque no había quien rescatara a no ser por los voluntarios que las autoridades se encargaron de correr al tercer día. No había mando ni coordinación. El Hospital de Balbuena se saturó el jueves en la tarde: llenos los pasillos; terapia intensiva atascada de pacientes. Llegamos con nuestro equipo: qué se les ofrece. Aquí tenemos cinco ambulancias. Les evacuamos el 60% del hospital con el objeto de que estén ustedes en condiciones de recibir más heridos. Pero el director dijo que no: no suelto a un solo paciente.

LOS MÉDICOS PRIVADOS EN SU CONSULTORIO

Entonces hicimos rondas en los albergues, consultas; preparamos a estudiantes de medicina, porque —y esto es muy triste— excepto algunos, los médicos especializados que no eran militares se aislaron. Hubo poca o nula respuesta de parte de ellos.

Los primeros tres días fueron críticos en cuanto a la capacidad de salvar vidas. El jueves en la noche te acercabas a las ruinas y se oían cientos de lamentos: ayúdeme, ay, ay, ay, ay. Al día siguiente ya eran unas cuantas voces y a los cuatro días había que detectarlas con equipos especiales de sonido. Se salvaron sólo unas cuantas vidas porque no se actuó rápido. Tanto en el General, como en el Juárez, en la Roma, en Tepito, en Tlatelolco, en el Centro, nunca vi dónde estaban las agrupaciones obreras, los partidos políticos, la organización priísta —tan eficiente en campañas—, la organización delegacional, la militar, la policiaca, las religiosas ¿Dónde estaba toda esa gente?, ¿dónde? No la había. Lo único que hubo fue organización civil, en grupitos, cada quien como podía.

El rescate de los siete bebés a los siete días del temblor fue un milagro; no hay otra explicación, médica no la hay. Uno de ellos murió, el resto está bien. Todos los adultos que sacaron después del cuarto día, bueno, el 90% tenía deficiencia renal, pero a los niños no se les dañaron los riñones.

El proceso de adaptación para sacar a los enterrados vivos es muy delicado: es necesario ponerles venoclisis; el cambio de temperatura tiene que ser lento; la oxigenación paulatina al igual que la rehidratación. Por eso nos metíamos en los hoyos, a atenderlos allá adentro para irlos adaptando. Muchos residentes, héroes desconocidos, se pasaron horas adentro con el riesgo de derrumbe. Hubo muchos lesionados entre el personal de rescate: se caían en agujeros, se desbarrancaban, se ahogaban con el humo, pero tomaban oxígeno y volvían a introducirse. Incluso hubo muertos. No se habla de ellos. Entre miles de muertos, ¿qué caso hablar de ocho o diez más? A ellos no les importaba que se les diera reconocimiento u honor, sólo querían rescatar vidas.

Hubo casos en los que por falta de médicos que supiesen atender emergencias, se lastimó al sepultado, como el de una enfermera que estaban rescatando a la que le dieron siete piquetes para ponerle la venoclisis, se oían sus gritos, ella sabía lo que estaba pasando y les acabó diciendo: "¿Saben qué? Ya no me hagan nada, mejor denme una cerveza y por favor no me vayan a entubar porque entonces sí me matan". Íbamos aprendiendo hora a hora.

Muchos murieron sin lesiones mayores, dentro de las ruinas, debido a la tardanza en rescatarlos: ahogados o muertos de sed. Hubo un caso muy patético en el Hospital Juárez. El ala norte casi no se dañó, los pisos superiores quedaron casi íntegros y ahí quedaron muchos sobrevivientes quienes murieron horas después quemados, al explotar tanques de oxígeno y de gas. Porque no se actuó rápido para evacuarlos... No hubo quién asumiera el mando. Hasta cinco días después, a un familiar se le ocurrió: hay que hacer un croquis del Hospital. Nadie lo había pensado.

El sábado 21 hubo dos motines afuera del Juárez. Se inició entre los familiares el falso rumor de que iban a dinamitar el edificio. La gente —habría 4 000— se enfureció y comenzó a presionar las rejas. La cosa se puso fea, muy fea. Salieron unos militares y los insultaron; al final, un grupo de médicos fue a hablarles, a darles amplia información de lo que ocurría, y se calmaron.

El domingo 22, se le llamó al Juárez la Torre de Babel: la comunicación entre franceses, suizos, alemanes, norteamericanos y mexicanos era un lío. Se hacían unas bolas espantosas. Además había diferentes técnicas de rescate que no se podían emplear al mismo tiempo. La técnica de los agujeros o minas, que aquí les pusimos "de topos", ya que se meten los hombres por los agujeros; la técnica de la maquinaria pesada que consiste en quitar losas como si fueran palillos chinos, hay que calcular y es una maniobra difícil, tal vez la más riesgosa —se puede derrumbar el edificio— pero la que da mejores resultados porque se puede rescatar a varias personas al mismo tiempo... Tenían que coordinarse, lo cual era difícil. Vi a un médico chaparrito, joven, sin ningún nombramiento especial, sin representación oficial, asumir la responsabilidad ante conflictos entre los extranjeros por diversos abordajes a una maniobra de rescate y ante el ejército mismo. Y lo que más me llamó la atención fue que el general a cargo de la zona, los grupos extranjeros, los voluntarios, en fin, todas las personas que estábamos ahí, desordenadas, dijimos: "Estamos con el doctor, que él mande".

También se dio otro síndrome social nuevo, al que yo llamo: "De rapiña de heroísmo" o "meritología" que es la pelea por obtener el crédito. Y se dio incluso entre los extranjeros. Se pasaban horas discutiendo para ver qué grupo sería el que rescatara. Te voy a dar un ejemplo: en el edificio de residentes del Hospital General había que salvar a un cirujano plástico, que tenía la mano atrapada entre toneladas de cemento. Sabes la importancia de una mano para un cirujano. Pues bien, lo ubicaron y lograron acercársele. Se pasaron dos horas discutiendo los suizos con los mexicanos acerca de si le cortaban o no la mano, o si levantaban las losas. Llegaron a tal extremo que este cuate les dijo: "Saben qué, llevo cuatro días metido aquí abajo, lo único que quiero es salir de esto. Lárguense a discutir allá afuera y mándenme una coca cola, o córtenme la mano ya de una vez. Sáquenme de aquí, por favor, es lo único que pido, no se peleen para ver quién me saca".

Todos fuimos víctimas de la descoordinación, los extranjeros igualito que nosotros en el desconcierto. Se vio que no hay plan de emergencia. Nos tendrían que haber indicado las rutas de evacuación, a dónde se canalizan los quemados, los traumatizados, qué hospitales funcionan, qué número de camas, etcétera.

Tal vez una de las pocas instituciones que reaccionó frente a la catástrofe fue la Cruz Roja. Desgraciadamente, ni el sector Salud, ni la Defensa, ni la Secretaría de Gobernación, ni Comunicaciones, ni dependencias oficiales, nuestras muy ponderadas instituciones nacionales, tuvieron capacidad de respuesta.

Sin embargo se puede sacar algo positivo de esto. El sentimiento de inferioridad tan viejo que tenemos los mexicanos, lo debemos cuestionar. Los mexicanos no somos inadecuados, el inadecuado es el sistema. Vimos que si trabajamos juntos lo hacemos bien.

Octavio Paz en *Libération*

Los mexicanos piensan a la vez que son los últimos en el mundo y que son excepcionales. Son dos facetas de la misma enfermedad: la inseguridad. Esto explica el rechazo inicial a la ayuda internacional y, luego, la sorpresa de sentirse amados. La ayuda fue más importante a nivel psicológico que material. Los mexicanos sintieron que no estaban solos, que no estaban detrás o en el rincón de la historia, sino que formaban parte del mundo. ■

Anselma Dolores Durán Sánchez, la doctora Chiringas

PARA MÍ NO HUBO DOLOR FÍSICO, PARA MÍ NO OLÍAN LOS CADÁVERES

En el Hospital General, las enfermeras de uniforme y cofia blanca parecen palomas. Sólo les faltarían sus patitas rojas, pero son blancas. Blancas sus medias y sus zapatos, saltarinas sus piernas acostumbradas a caminar de prisa para acudir al llamado del enfermo. Hoy primero de noviembre, Día de Todos Santos, revolotean en torno al altar de muertos junto a la gigantesca fosa —llena de agua— de lo que fue el Pabellón de Ginecobstetricia, como lo hacen también junto a la torre de residentes, los dos edificios que se vinieron abajo. Hablamos de la catástrofe, pero también hablamos del futuro. El doctor Jorge de la Barba, residente de Urología, estaba en el quinto piso de la residencia cuando se cayó el edificio, y dos horas y media más tarde sus compañeros lo rescataron de entre los escombros. Pilar Jaimes, Valentina Martínez, Araceli Jiménez, Sara Teresa Soriano y otras compañeras también relatan sus experiencias, pero es Anselma Dolores Durán Sánchez, con sus piernas enfundadas en medias de tejido de punto, sus ojos inquietos, su asombrosa facilidad de palabra, la que por el momento acapara la atención. Habla y lo hace volublemente hasta que le pregunto:

—Y usted ¿cómo se llama?

—Anselma Dolores Durán Sánchez.

—¿Cuántos años tiene en el Hospital General?

—El primero de febrero cumplo 14. Prácticamente cuando llegué al Hospital entré aquí a Gineco (señala el agujero). Antes estuve seis meses en Pediatría; atendía a los recién nacidos. Los niños para mí son lo máximo. Aunque tengo muchos hijos, todavía adoro a los niños de otros.

—¿Cuántos hijos tiene usted, Anselma?

—Tuve seis, me quedan cinco.

—Y ¿está casada?

—No.

—Y a los niños ¿con quién los deja?

—La mayor tiene 23 años y es jefa administrativa en el Seguro Social; en los días del temblor estaba en Saltillo; la otra chica tiene 20 años y trabaja en el Banco del Atlántico; el único varón va en la secundaria, y las dos niñas de 12 y de 13, pues también en la escuela.

(¡Ay Anselma, cómo me fascinas, con tu voz alegre, los seis hijos "despadrados" y bien lanzados a la vida, tus movimientos nerviosos, la forma en que hablas, los dientes que te faltan y cuya ausencia se nota cuando sonríes, tu boca movediza, tu pelo negro con permanente. Quisiera tomarte entre mis brazos, abrazarte fuerte, decirte cuánto amo a mi país porque puedo amarte y admirarte a ti!)

Anselma, absolutamente inconsciente del efecto que produce, habla interrumpida sólo por mis preguntas, que solicitan una que otra precisión:

De la torre, murieron 49 residentes; de Ginecobstetricia, las que murieron fueron 39, más o menos, porque no puede saberse la cifra exacta, vi a una compañera que salió de los escombros, salió desnuda, su ropa bajo el brazo como extraviada. Muchas otras se fueron en las palas mecánicas. Me quedé aquí diez días trabajando 12 horas diarias, fue una cosa inexplicable lo que me sucedió; yo quería haber sido, en ese momento, un Supermán, un robot, un gigante para poder levantar el edificio. Para mí no hubo dolor físico, para mí no olían los cadáveres, para mí no había calor ni frío ni cansancio; nada sentía. Los ingenieros me dejaron permanecer arriba porque yo era de Gineco; duré 13 años entrados a 14 en ese pabellón, entonces imagínese usted cómo lo conocía. Conocía yo a la mayoría de las compañeras de la mañana, de la tarde y de la noche, porque hacía guardias siempre, mañana y tarde, jueves, viernes, sábado y domingo, hacía la guardia de la mañana, la de la tarde y la de la noche, o sea, que me aventaba los cuatro turnos para poder solventar mi situación económica con mis hijos.

Para mí las compañeras eran mis hermanas, mis amigas, no sé, era una cosa tremenda la mía de energía, de rabia, de fuerza, oía yo voces, oía yo ecos que decían:

—Sáquennos, hay mucha agua.

Toda esa gente que dijo su nombre a través de los escombros fueron los cadáveres, cuando los sacamos ya no eran personas; unas totalmente calcinadas, otras semiquemadas, destruidas, destrozados los cuerpos de los que en las primeras 24 horas gritaron: "Sáquenme, hay mucha agua".

Claro, los voluntarios se metieron a los túneles; pero casi no podían. Lo que más me dolió fue cuando llegaron los extranjeros, aquellos que vinieron del otro lado del mar. A ellos, los guaruras les impidieron el paso; se pusieron bestialmente a detenerlos porque dijeron: ¡Eeeey!, estos babosos ¿a dónde van?

—Es que son franceses.

—¡Ay, y de pilón franceses! ¡Pinches franceses!

—¿Por qué?

—¿Que no sabes de la intervención francesa, buey?

—Son peritos en calamidades.

—Es que no pueden estar aquí.

—¿Quién dio la orden?

—Es orden del director que no entre nadie.

—Cómo que no.

Entonces yo intervine:

—Usted cállese —le dije al guarurota—, cállese, estúpido.

—Tú sácate de aquí o yo te saco.

—No me saco.

—Cállate o te mando sacar ahora mismo.

—¿Cómo me voy a callar si aquí están mis amigas, mis compañeras, mis familiares? ¡Yo no me puedo callar!

Llegaron dos policías y le dijeron al guarurota:

—Y tú ¿quién eres? ¡Mira mano, nosotros somos de más alto rango que tú, y te vas!

Y lo sacaron. Yo dije:

—Sí, sí, que lo saquen.

Y ya fue como lo sacaron y se fueron quedando los franceses porque no los dejaba entrar, o sea que ellos tuvieron que entrar prácticamente por la fuerza. Desde el primer momento con unos colchones de hule que traían, especiales, y unas lonas, y los gatos hidráulicos, quisieron levantar la unidad de aquel lado, porque entraron los perros y detectaron dónde estaban los cadáveres. Y no los dejaron.

—Quiénes no dejaron, ¿los soldados?

—Estaba muy revuelto, porque había militares, había gente de Pemex, gente de aquí mismo del Hospital, los directores, había de todo. Durante todos esos días escarbaron los esposos de las compañeras, a puras cadenas con cubetas, cubetazos de piedras, piedra tras piedra, los pobres esposos, los hijos, se quedaban día y noche; también muchos médicos me decían: "No te muevas de arriba, Anselma, fíjate en el equipo, cuando abran las cosas, ve quién es, que no vayan a sacar las cosas''. En esos diez días que yo estuve arriba se logró rescatar del sexto piso —todavía Central de Equipos— una gaveta llena de puro instrumental nuevo, nuevecito, y ése lo entregamos. Sin embargo ahora preguntan que dónde está, que hay que pagar. Ya les dijeron a los jefes que tienen que pagar ese instrumental. Cuando bajaba de arriba de los escombros me decían todos: ''Pareces hormiguita''.

De veras, esos días fueron para mí inexplicables, porque no comía nada, no tomaba más que pura agua; esos diez días allá arriba al rayo del sol, de las ocho de la mañana a las diez de la noche que me iba. No sé cómo lograba que me dejaran entrar, porque prácticamente no dejaban entrar a nadie; las enfermeras, los médicos me conocían, sabían que para mí el pabellón era lo máximo, y que conocía a muchas de las compañeras ahora muertas.

Más o menos yo sabía cómo estaba hecha la estructura, por eso los ingenieros me preguntaban. El edificio quedó entreverado; se fue para adentro y hacia este lado, los cadáveres quedaron por acá regados. Los pisos estaban tejidos los unos con los otros; se habían ido hacia el centro resbalándose. Sacaron una papelería del cuarto piso y encontraron el plano del edificio y el ingeniero me llamó; ''¿Cómo estaba? ¿Así era?'' Y yo me puse a estudiarlo y entonces salió otra persona que ni era del servicio y dice:

—No, es que no era así.

Y le digo:

—Mira, tú cállate, porque éste es el cunero solamente y a los lados estaban las orillas de las camas.

Pudimos comprobar por el supervisor de velada que ésa fue una noche negra: nosotros decíamos ''negra'' porque nacían muchos niños, llegaron a nacer más de 100 o 125 niños, de las ocho de la noche a las ocho de la mañana. Se encontraron cadáveres de mujeres en trabajo de parto, con las cabezas fetales ya en vagina. Cuatro cadáveres así. Cada piso tenía 44 camas, y por lo menos el segundo y el tercer piso estaban completos. Aparte, los cuneros, lo máximo llegaban a tener de 25 a 30. ¿Dónde quedaron? No salieron. Salieron unos cuantos, porque aparte, explotaron las calderas y se quemó gran parte del edificio. El área que se quemó correspondía a las centrales de las enfermeras, que estaban cubiertas de madera. Todo eso fue lo que se quemó. En algunos lugares encontraron restos calcinados; por un pequeño pedazo de tela que se volteaba boca abajo era como uno se daba color de quién había sido: enfermera, administrativo o de intendencia.

El día del temblor, el camión ya no llegó y yo le tengo fobia al metro; me vengo desde Naucalpan, haciendo el trayecto en varios camiones, iba a llegar aproximadamente a las 8:30, cuando entrando a Insurgentes y Medellín ya no pasaron los autobuses. Dijeron que los edificios estaban derrumbándose, la Central Quirúrgica y el edificio de junto; estaba humeando todo, mucho polvo, todo ese día yo me sentí muy mal, muy mal, esto era mi vida. Aquí he aprendido muchas cosas, a convivir con los médicos, con las compañeras, con los administrativos, con el personal de intendencia. Para mí no hay ninguna diferencia social, y siempre que pido algo a la compañera de intendencia o al administrativo me dicen:

—Sí, Anselma.

¿Por qué? Porque yo convivo con ellos, ya sea que les traiga yo un taco de guisado y desayunamos parejo o nos ponemos a platicar, y tengo tantísimo tiempo aquí. Yo me aventaba muchas guardias y la mayoría de los médicos se dirigía a mí, porque trataba de adivinarles el pensamiento, lo que ellos pedían. Si estaba yo en la sala de expulsión, preguntaba:

—¿Qué? ¿Va a ser parto o fórceps?

—Parto.

Entonces yo ya llegaba con todo, todito, nada me faltaba.

Si decían: fórceps, nada más les preguntaba yo: "¿Qué tipo de fórceps?"

Eso era en cuestión de expulsión. En labor, rápido ayudaba a canalizar a los pacientes; en los recién nacidos, enseñé a muchos pasantes de medicina, a muchos residentes, a canalizar a los niños, a ponerles la venoclisis en caso de gravedad, rehabilitarlos cuando nacen con un problema. Que no vayan a padecer deshidratación. Se les canalizan las venitas; tiene uno táctica para hacerlo, porque es muy delicado agarrar una vena tan pequeñísima, éstas las nuestras son gruesotas junto a las de los prematuros. Hay que canalizarlos suavecito, con tiento, muchos médicos y pasantes me buscaban en los pisos en que yo estuviera para ir a canalizar a un niño. A la nueva jefa le molestó que todos dijeran:

—No, pues Anselma.

E iba a cualquier lado la nueva jefa y oía:

—No, pues Anselma.

Le dieron celos y dijo:

—No, pues cambio a Anselma de Gineco.

Afuera me dicen las compañeras: "La famosa de Gineco", "La

Adelita'', porque soy popular entre la tropa. Las compañeras cuyos cuerpos vi, las más antiguas, me habían puesto un apodo: "La doctora Chiringas'', porque a veces me siento muy médico, y les receto y les dan resultado mis medicamentos, mis curaciones. O no sé. Simplemente me decían así para bromear: "Oye tú, doctora Chiringas''. Así me bautizó Esthercita Piña, que era muy simpática, muy agradable. Murió junto a Sabina Oseguera; éramos las que nos vestíamos en un vestidor que nos habían asignado y siempre estábamos bromeando, chisteando. Incluso cuando me cambiaron de pabellón, llegaba yo directo a Gineco a cambiarme, para estar un rato con ellas y ya me iba a mi servicio. No me fui hasta que no vi salir los cuerpos de Esthercita Piña y Sabina Oseguera, mis amigas.

El doctor Jorge Barba escucha sin chistar el relato de la doctora Chiringas. Muchas compañeras lloran. Afuera los cempasúchiles, las veladoras. El doctor Jorge Barba, a diferencia de la doctora Chiringas, es parco en sus respuestas; es un sobreviviente, rescatado por sus compañeros de Urología, a las dos horas y media de estar sepultado:

Solicité auxilio, grité y llegaron mis compañeros y empezaron las labores de rescate. Quedé en la parte externa del edificio y creo que eso fue lo que me dio la oportunidad de salir. Tuve compresión de las piernas una hora más o menos; se cayó una vigueta de madera, el respaldo de las camas, encima había cemento y eso me presionaba las piernas. Me encontraba en un espacio de un metro, porque estaba encogido, podía respirar, pero no veía luz. ¿Qué hice para aguantar? Creo que lo importante es mantener una lucha interna y me dije a mí mismo: Si me dejo, si me abandono, aquí voy a quedarme. Solicité auxilio, grité demasiado, grité, claro que grité y mucho, auxilio, aquí estoy, auxilio y de tanto grito, fue al rato cuando escuché: "Acá hay uno''. Ahora sólo tenía yo que conservar la paciencia hasta que me sacaran. Primero, durante media hora, no hubo respuesta, nadie vino, luego a la media hora empecé a oír voces afuera, y a la media hora supieron que estaba yo allí. Se hizo el contacto. Empezaron a excavar con una barra de fierro; hicieron un agujero, ya me vieron y pude decirles:

—Mi problema es que tengo aprisionadas las piernas; lo que quiero que me liberen son las piernas para no tener problemas después.

Quedé boca abajo, de lado y boca abajo, no estaba nadie en mi cuarto; yo estaba solo en el momento del terremoto. Me sacaron, pero de los que yo sé, 49 compañeros, residentes de diferentes especialidades, murieron. Pero no podría yo decirle exactamente cuántas personas murieron entre pacientes, niños, doctores, enfermeras, lo único que puedo informarle es de mis compañeros residentes y afirmarle que la mayoría eran mujeres doctoras. Ahora me he adaptado socialmente, poco a poquito, ahorita podría decirle que estoy en un 80 por ciento.

Cuando supe que querían desintegrar el General y mandarlo a muchos lados, se reunió toda la gente que quiere tanto al General, este hospital que nos ha dado la oportunidad a todos los residentes y médicos de aprender y de superarnos, y nos pusimos a luchar. Un hospital de tanta tradición no se podía acabar así, y menos en las condiciones en que estamos. Era ilógico querer cerrarlo cuando podíamos laborar en él. Sólo se cayeron dos edificios. Gracias al apoyo de la gente, estamos de nuevo aquí y hay que seguirle.

—Sí, hay que seguirle.

La doctora Chiringas, Anselma Dolores Durán Sánchez, tiende los brazos; hoy es primero de noviembre, día de las ofrendas.

—Traje un guisito de pipián, tortillas calientitas. ¿No quieren un taco?

HOSPITAL GENERAL

☐ Atrapados 100 médicos, 200 mujeres y 100 niños recién nacidos. El director, doctor Rodolfo Díaz Perches: Hasta las 19 horas solamente se han rescatado con vida quince médicos y cuarenta y tantas mujeres y recién nacidos (*Novedades*, 20 de septiembre).

☐ En la unidad de Ginecología quedaron sepultados 35 jóvenes médicos y más de 100 pacientes (*Novedades*, 21 de septiembre).

☐ Encontraron la muerte más de 70 médicos al derrumbarse casi el 80% de los edificios del Hospital General. El doctor Rodolfo Díaz Perches informó que en dicho nosocomio quedaron atrapadas 400 personas y hasta el mediodía de ayer se habían rescatado 40 personas con vida y 25 muertos (*Ovaciones*, 21 de septiembre).

☐ El Hospital General y el Centro Médico Nacional serán reconstruidos fuera de la capital (*Excélsior*, 23 de septiembre).

☐ Una niña de año y medio fue rescatada ayer del Hospital General. Se tiene certeza de que bajo sus ruinas hay otros que aún viven (*Novedades*, 24 de septiembre).

☐ Milagroso rescate de un bebé (*Ovaciones*, 25 de septiembre).

Hoy reviso papeles, hojitas dadas a las volandas en el Juárez, en el Centro de Información y Análisis sobre los Efectos del Sismo, que coordina entre otros Daniel Molina en la calle, y encuentro dos testimonios de Juan Antonio Ascencio:

☐ Una niña como de ocho años apareció de pronto dando vuelta a la esquina. Pasó junto a mí llorando, con un gatito muerto entre los brazos. Eso también me dio tristeza.

☐ En la planta industrial armadora de la Ford, sobre la calzada de Guadalupe, se preparó un refugio para 700 personas. Un grupo de aproximadamente 25 se acercó a la caseta del portero, atisbaban callados hacia adentro. El vigilante les preguntó qué necesitaban y los invitó a pasar al refugio. Contestaron que nada más iban a ver si ése les gustaba.

Afuera del Hospital General, junto a la Unidad de Ginecobstetricia, ahora una fosa de agua, honda, de la cual emergen varillas retorcidas, las enfermeras han puesto en un altar una ofrenda gigantesca, una manta que advierte: "No olvidaremos". Cubetas y cubetas conservan más de cien enormes ramos de cempasúchil. Arden las veladoras.

El viernes primero de noviembre, el doctor Sadi de Buen, jefe del servicio de Oftalmología y miembro de la Sociedad Médica del Hospital General de México, alto, de pelo blanco y bigote blanco, tiende un cartoncito escrito a mano, una letra aplicada, redonda:

Queridos compañeros, todos:

Que nuestros muertos estén siempre en nuestras conciencias para hacer más nobles nuestras acciones y nuestra lucha por la justicia. ¡Que nuestros muertos pesen sobre la conciencia, si es que la tienen, de los que trataron de destruir este hospital y aún persisten en su traición!

Sabemos que nuestra firmeza y nuestra fe habrá de doblegarlos.

En el Hospital Juárez —encima de sus ruinas—, Rubén López Reyes, de 35 años, arquitecto de profesión y rescatista de ya diez días, ha escrito dos poemas:

Hemos perdido las noches
los días
escaparon de entre
nuestras manos
y dejamos
dentro de cada hoyo
un pedazo de nuestra
propia vida.

Aun así, nos quitaron el llanto
aplastaron sin prisa
hasta el último pedazo
de nuestra esperanza,
rompieron para siempre
miles de sueños
y, sin embargo,
nunca podrán destruir
nuestra palabra.

Ya no somos lo mismo
pues hemos tomado la muerte
con nuestra propia vida.

(1º de octubre de 1985)

No hubo tiempo
de contar el llanto
detrás de cada piedra
estaba la esperanza
así,
piedra tras piedra,
muro tras muro
enfrentamos a la vida
a cada instante
y vencimos a la muerte
a la mitad de un túnel.

No he sumado el tiempo
en que perdimos la luz,
tan sólo recuerdo la noche
y el llanto
(el de ellos,
los que siempre esperaron
y que no hubo tiempo
de encontrarles los pasos)

(1º de octubre de 1985)

En el Hospital General, junto a la fosa llena de agua de Ginecobstetricia, una enfermera dice enjugando sus lágrimas:

—Mire, yo no soy poeta, no ponga mi nombre, pero esto lo leí
hace un ratito a mis compañeras. ¿No se lo puede llevar a *La Jornada*? Que lo lean. ¿Lo leerán?

Todos hemos hablado del hoy y del mañana.
Hemos recordado, con tristeza, el ayer, tratando de superarlo.
Nos preocupamos por los que están aquí.
Y por los que vienen detrás.
Por otra parte, hemos jurado minutos de silencio.
Por nuestros compañeros, amigos y hermanos desaparecidos
Se han realizado ceremonias luctuosas y religiosas.
En memoria de todos y cada uno de ellos.
Pero todo parece ser insuficiente.
Y no debe terminar con eso, puesto que ellos siguen aquí.

Como si el tiempo se hubiera detenido antes del siniestro.
Y están, allí, contentos.
Algunos terminando sus labores y otros iniciándolas.
Unos fatigados y otros ¡llenos de energía!
Pero, allí, allí están en sus edificios.
¡Por ti! hermana enfermera.
¡Por ti! amigo médico, técnico, obrero.
¡Por ti! compañero administrativo e intendente.
Y por ti, querido paciente.
¡Estamos aquí de pie!
Unidos, transformando esta tristeza y este dolor en lucha
    tenaz por defender tu hospital,
Mi hospital, nuestro hospital.
Tu muerte, compañero, compañera no ha sido en vano.
Porque es el abono que fertiliza nuestra esperanza.
Es el estandarte de nuestra lucha.
Días duros y difíciles nos esperan, pero sabremos responder,
Lo aseguramos.

Hojitas de papel volando, aquí, ahora impresas, entregadas unas
en la avenida Cuauhtémoc, otras en cualquier esquina a la vuelta
del primer encuentro.

EL ESTADO FUE SUPERADO EN TODO

No fue sino hasta el sábado en la mañana —dice Enrique Vargas—
que Paco Rodríguez del Campo me dijo que el edificio de Leonardo
Arana, en la calle Roma, junto al Hotel Continental, se había caído
y tenía la bien fundada sospecha de que Leonardo estaba adentro
porque no había ido a trabajar, no se había comunicado con nadie,
y nadie sabía tampoco de Mónica su mujer.

Frente al edificio encontré a muchos amigos de Leonardo, a sus
familiares y a los de Mónica, así como a muchísimos familiares y
amigos de los demás habitantes. Empezamos a escarbar. En la tarde
sacamos a tres personas con vida.

—¡Leonardo, Leonardo, Mónica!

Oímos tenuemente la voz de Leonardo que decía:

—Aquí estoy.

Detectamos de dónde salía el ruido y empezamos a sacar el cascajo; no podíamos romper las grandes losas porque sólo teníamos

unos cuantos picos y palas. El ejército prácticamente estaba de mirón, los que trabajábamos éramos voluntarios. Al sacar el cascajo vimos que las losas se desestabilizaban mucho. Conseguimos unas viguetas para apuntalarlas —que no se vinieran abajo— y seguimos sacando cascajo.

El primero en salir fue Leonardo.

—Allí está Mónica.

El día anterior habían sacado seis cadáveres; el sábado me tocó sacar a un hombre vivo. El sábado en la tarde una ambulancia se llevó a Leonardo vivo al Hospital Mocel. Seguimos escarbando y encontramos el cuerpo de Mónica, su mujer. Resulta que en el momento en que sacamos a Leonardo, los dos estaban agarrados de la mano; bajaron del quinto piso al sentir el temblor, desesperadamente quisieron alcanzar la calle, y Leonardo quedó de pie en la planta baja del edificio, y Mónica acostada. Después Leonardo se preguntaba en el hospital cómo era posible que él hubiera permitido que Mónica se quedara acostada: ¿por qué no la abrazó y la mantuvo de pie? Su sentimiento es de que no le hubiera faltado aire, porque él de pie pudo respirar, mientras que ella murió asfixiada.

Leonardo perdió sus títulos, perdió certificados, perdió su propiedad, todo lo perdió.

Perdió a Mónica, su mujer.

DE NADA VALIERON LAS SÚPLICAS DE LOS FAMILIARES

En la esquina de Versalles y Avenida Chapultepec, el 19 de septiembre un teniente del ejército trataba de quitar a la gente de arriba de los escombros con groserías y violencia. Había recibido órdenes de sacarla y demoler la construcción a pesar de la presencia de algún posible sobreviviente. De nada valieron las súplicas de los familiares.

¿Dónde está la preparación de los militares? El ejército demolió el edificio y una persona viva cuyos llamados todos oyeron murió víctima de la arbitrariedad y del poder.

El viernes a las 8:30, en el Hospital Juárez, ubicado en la calle Escuela Médico Militar y San Pablo 13, los franceses fueron objeto de burla y hasta groserías e insultos por parte del ejército. Lo bueno es que no entendieron, aunque seguramente algo captaron de las expresiones de la soldadesca. Yo me pregunto ¿por qué se fueron tan disgustados los rescatistas internacionales de la actitud de las autoridades?

El Plan de emergencia DN-III no sirve. En la calle de Frontera, en los cinemas Uno y Dos de la colonia Roma, el sábado 21 de septiembre a la 1:30 de la madrugada los soldados se dedicaron a robar.

El sábado en la noche, cuando empezó a llegar la ayuda extranjera, vi a un mayor del ejército repartir entre sus soldados cobijas y bolsas de dormir. ¿No que eran para los damnificados? Esto lo vi a la altura de las calles de Río de la Loza e Isabel la Católica.

EL TERREMOTO QUEBRÓ A LOS INTOCABLES

Solía decirse que cualquier periodista mexicano se enfrentaba a tres tabúes: el ejército, la Virgen de Guadalupe, y el Presidente de la República y su familia. Eran los temas que jamás podían tocarse "ni con el pétalo de una rosa". El terremoto también resquebrajó a estos "intocables". La gente se ha volcado en críticas. Y éstas han sido publicadas.

Lo lógico sería prepararnos para una futura catástrofe

LA INCÓGNITA ES AHORA CÓMO VA A EXPRESARSE EL MALESTAR SOCIAL

"La única posibilidad de estar tranquilo es encerrándome con mis hijos." "No puedo dormir." "Veo visiones." "Oigo voces." "Me da asco la comida." "Nunca volveré a comer carne." "Estoy obsesionado." Muchos rescatistas están en crisis. Hace unos días uno de ellos le dijo al doctor Javier González, matemático, quien organizó una brigada de la UAM-Azcapotzalco: "Ayer toqué en una puerta y como a cinco metros vi a una mujer que se asomaba por la ventana y ¿sabes quién era? Era la mujer del vestido verde". Era un cadáver rescatado por su brigada en el edificio Nuevo León. "La vi perfectamente. Era la señora que sacamos unos días antes del Nuevo León." Otro rescatista que había sacado el cadáver de un niño repetía una y otra vez que era idéntico a uno de sus hijos. Los traumas van en aumento. Ahora no sólo son los de los damnificados, sino también los de los rescatistas. Parecen más bien vivencias de guerra; zombis que deambulan por una ciudad devastada; nadie está acostumbrado, nadie sabe manejar el dolor.

El doctor Javier González —quien obtuvo su doctorado en matemáticas en el Centro de Investigaciones del Politécnico— organizó la primera brigada de 23 personas que salió de la UAM-Azcapotzalco, y que sacó del edificio Nuevo León 22 cadáveres. Es un hombre atlético, optimista, que mantiene su excelente condición física corriendo en los Viveros. Miembro de *Punto Crítico*, colabora ahora en el Centro de Información y Análisis de los Efectos del Sismo:

Nos presentamos el lunes 23 de septiembre en el edificio Nuevo León. No pudimos hacerlo antes porque la UAM estaba cerrada, aunque a título personal sí anduvimos trabajando en otros lugares. Un compañero de la UAM, encargado del frente norte del edificio Nuevo León, atendió a nuestra brigada. ¿Por qué era el jefe? En algún momento dio dos o tres órdenes que tenían sentido y se quedó como jefe. Así sucedió en varios edificios; el que le atinaba o sabía un poco más, terminaba siendo el encargado. Todos nos convertimos rápidamente en ingenieros; a todos nos decían "inge", por el casco, o el marro, o la pala. Curiosamente una de mis primeras constataciones fue que la gente, aun sin el menor entrenamiento, es capaz de hacer trabajo físico muy fuerte durante lapsos prolongados. En el Nuevo León llegamos al cubo de una escalera y cuando lo abrimos encontramos seis cadáveres de personas que habían intentado escapar hacia arriba. Se conoce que los pisos inferiores se habían desplomado y por eso la gente decidió subir; hallamos un cadáver agarrado del pasamanos. Nos costó mucho tiempo sacarlos. Todo el mundo se habrá dado cuenta —a estas alturas— de lo que significa un cadáver desde el momento en que se encuentra el cuerpo hasta que se logra extraerlo. Pueden pasar horas y a veces días. Después de esta primera experiencia, muchos brigadistas se retiraron; no era un problema de fuerza de voluntad ni de fuerza física, sino más bien de rechazo emocional. Seguimos adelante, y trabajamos sin regresar a nuestro hogar durante diez días, a partir del lunes, porque algunos profesores compañeros de la UAM, del mismo Departamento de Matemáticas, uno de Química fundador de la UAM, Jorge Campos, murió con su niño de 11 años y otro profesor, Angulo Brown, físico, perdió a su hermano, a su cuñada y a sus hijos. Emprendimos la búsqueda junto con este profesor, quien en un momento dado nos dijo: "Reconozco esas cortinas". Colgaban de abajo de una losa: "Reconozco esas cortinas, de seguro allí es". Después de dormir dos horas, a las 6:30 de la mañana empezamos a romper una losa; le hicimos un hueco muy pequeño y al quitar los escombros encontramos unos pies. Era el sitio. Estábamos en la cumbre del edificio, la última losa era muy grande. Allí trabajamos con los israelíes, que eran un grupo de 20 muy bueno, realmente muy entrenado, con un excelente equipo; sabían lo que hacían. Gracias a ellos y a su experiencia (de guerra) en hora y media descubrimos los cinco cadáveres. Allí estaban pero no los podíamos sacar porque unas trabes lo impedían. Durante 12 horas —hasta las 7 de la noche— trabajamos encima de los cadáveres; dos eran niños, uno de cuatro y otro de seis años, efectivamente muy parecidos a los hijos de mi amigo. No ha dejado de repetir desde entonces que el niño muerto era idéntico a su hijo.

Compañeros que se pasaron buscando a un hermano, a un cuñado durante 14 o 15 días, vieron en anfiteatros y en el Parque Delta más de 6 mil cadáveres al intentar reconocer a los suyos. Durante 15 días, el trabajo de mi amigo consistió en ir a identificar muertos. Las imágenes que recibió, 5 o 6 mil, son muy difíciles de asimilar, peor que las imágenes de guerra. Creo que si no tiene la oportunidad de hablar de su sufrimiento, puede resultar peligroso para su salud mental.

¿Qué pasa después? Uno no sabe. La gente sufrió, la gente trabajó porque tenía que hacerlo, pero después de eso ¿qué? Hay que obligarlos a hablar. Es la única forma de salir adelante. Conozco a mucha gente que no quiere hablar, no quiere saber nada. Debemos prepararnos para muchas catástrofes, iniciar tareas de salvamento, saber cómo protegernos.

Hace dos años se hicieron simulacros de evacuación de todas las camas del Centro Médico Nacional. Por eso, ahora resulta que al evacuar a los enfermos no se murió uno solo. Y ¿quiénes sabían cómo hacer la evacuación? Las enfermeras que les ordenaron a los médicos qué hacer, porque ellas sí estaban entrenadas desde hace dos años.

¿Aprenderemos bien la lección, o vamos a seguir de aquí pa'l real, a ver, a ver de a cómo nos toca, diciéndonos ni modo manito, ni modo, aquí nos tocó?

Relato de El Chino: contador público y voluntario
HAZ DE CUENTA QUE ESTAMOS EN GUERRA; ME VOY A TLATELOLCO

—Y usted, *Chinito*, ¿espera alguna recompensa por todo lo que ha hecho?

—¿De qué?

—De que el gobierno le reconozca el haber sacado a tanta gente de entre los escombros.

Héctor Méndez, *El Chino*, topo en San Antonio Abad 150, donde todavía están rescatando cadáveres, levanta la cara con extrañeza.

—Es que usted se ha sacrificado mucho. Es normal que el gobierno le reconozca a usted estos días y estas noches en que ha... Bueno, es que usted dejó su trabajo, ¿verdad *Chinito*? ¿De qué vive su familia? ¿Cómo se mantiene mientras está usted aquí matándose?

Mira con mayor altivez aún:

—Bueno, yo no soy rico pero tengo para sostener a mi familia, mi mujer y dos niñas de 14 y 12 años que ya están en la secundaria. En cuanto al reconocimiento del gobierno, no me interesa, y no me interesa puesto que no soy un niño que espera la recompensa y la caricia de un padre, ni el perro que espera el huesito. No me interesa el reconocimiento (se vuelve grave), más que no interesarme no me importa.

—Y ¿qué es lo que le importa?

—Lo que estoy tratando de hacer. Hay mucha gente que hoy domingo 20 de octubre tiene a su familia enterrada bajo los escombros. Yo los comprendo. Mi madre murió en marzo, lo que me interesa es que entreguen los cadáveres a sus familiares.

Truena, llueve sobre nuestros rostros.

—¿No quiere ponerse mi casco? —se dulcifica de pronto.

—No, bajo esta marquesina casi no llega el agua.

—Pero sí los truenos.

—Ésos no mojan.

El día 19 Héctor Méndez, apodado *El Chino* por el pelo, de 39 años, egresado de la Facultad de Comercio de la UNAM, le dijo a su mujer:

—Haz de cuenta que estamos en guerra, me voy a ir a Tlatelolco.

En el 68 estábamos en el segundo año de la carrera profesional, tuve una participación mínima, pero vi nacer la prepa popular, movimientos sindicales independientes en la Secretaría de Programación, cooperativas; por mis inquietudes sociales fui a ayudar en la reconstrucción de casas, autoconstrucción de vivienda popular en Tláhuac, así como el saneamiento de canales en Xochimilco, luego en Tlalnepantla y en Ecatepec. A Tlatelolco la vi nacer, vi desde las excavaciones, cómo piloteaban, cómo fue llegando a vivir la gente, los de la Guerrero somos clase popular, pero nuestro arraigo es de años. Llegó un nuevo tipo de habitantes; burócratas con otra mentalidad, pero hubo una mezcla con nosotros, los del barrio antiguo, y nos hicimos buenos amigos. Por eso vine y desde el primer día entré a un túnel con dos muchachos de Sanidad Militar, y logramos sacar primero a una señora muy robusta de unos 85 a 90 kilos y nos costó mucho trabajo, pero a su sobrina la sacamos facilísimo, como si fuera una muñeca. La señora tenía una fractura en la pierna, la sobrina en el brazo pero vivas las dos, vivas, y estuvimos excavando de las 10:30 de la mañana a las 6:30 de la tarde, así que fue bastante rápido, porque otros rescates han durado hasta 42 horas, y en eso le va a uno creciendo por dentro la desesperación. A la señora de 90 kilos la montamos sobre una colcha; en ese rescate, ya en la nochecita, nos ayudaron los militares. Hasta el domingo 22 en la tarde dormí dos horas y durante los quince días siguientes nuestras jornadas fueron de 20 horas de trabajo continuo y cuatro de descanso.

Ahora en Topeka, con la fatiga acumulada, la situación es distinta. Trabajamos un promedio de 18 a 20 horas diarias pero ya no con la misma intensidad porque sabemos que ya no hay vida. Usamos instrumentos más descansados también: el martillo neumático, el acetileno, las motosierras, porque el estar rescatando en los túneles es físicamente agotador.

Héctor Méndez se ve exhausto, pero no lo admite:

—Como muy bien —protesta—, muy bien; aquí está el Ejército de Salvación y yo nunca quería dejarles ni un centavo en los "altos", pero ahora voy a darles porque dan muy buen café y unas tortas calientitas. Aquí vienen las muchachas de la Anáhuac, ni un solo día han dejado de venir y nos traen excelente comida, pasteles de caja, platillos como de restaurante de lujo, galletas muy finas. No han fallado jamás esas muchachas. Estamos muy bien, tenemos los elementos suficientes para trabajar. Estas muchachas nos alimentan desde hace mucho. Ya pasó lo peor. Los primeros días, desde el jueves al domingo, no comí nada, nada más tomaba agua, y no me tiraba a dormir porque el problema era dónde dormir; después nos pusieron un campamento: casa de campaña y cobertores, y ya podíamos dormir dos o tres horas y otra vez a darle. Era imposible descansar sabiendo que había gente sepultada allá adentro. Aquí me he mojado mucho con los aguaceros, pero mire, no está uno en condiciones de pensar que se va a enfermar porque tiene uno conciencia de que está haciendo algo más importante que cuidarse de un resfriado.

—Oiga *Chinito*, ¿y ese cinturón con cierre de mariposa?

—Allí estaba tirado y como sabía que se iba a ir a la basura lo conservé como recuerdo. Es de mujer, pero no importa.

Aquí trabajando he encontrado a gente que conozco desde que era estudiante de la Universidad, gente que anduvo en el 68 y veo que mantienen la misma línea de ayuda. He visto a muchos preocuparse por lo de las costureras, gente que se ha enfrentado a los patrones —peritos legales en cuestión laboral—, a Elías Serur y a otros dueños de talleres, todos ellos judíos y explotadores de las trabajadoras de la industria de la ropa. ¿Usted leyó a Shakespeare? ¿*El Mercader de Venecia*? Se acuerda de Shylock ¿verdad? Pues Shylock es el retrato del judío mexicano, pero no me refiero a la generalidad de los judíos, sino al explotador, al negrero, el de las costureras y talleres clandestinos. Porque hay gente de la comunidad israelita que mis respetos, científicos, e incluso industriales que son muy humanos. ¿No ha oído de Jacobo y José Zaindenweber? Tienen una fábrica de telas, American Textil, sus trabajadores no sólo tienen todas las prestaciones de ley, sino que están en buenas condiciones, buenas instalaciones, con horarios justos, salarios justos. Gente bien nacida. Me refiero a gente que por herencia en su genética ha recibido el preocuparse de los demás. Muchas costureras han muerto aquí, los responsables tendrán que pagar, pero del mismo modo que aquí jamás se han aparecido los dueños de las fábricas desplomadas, tampoco he visto a ningún responsable del gobierno. A Ramón Aguirre, a ése nunca lo vi en Tlatelolco ni aquí. Y ¿a poco no hubiera sido importante que se asomara aquí a ver la monstruosidad esa de las costureras?

Esmeralda Loyden

De las minas de Cananea, Sonora, llegó una cuadrilla de 20 mineros. El mismo jueves decidieron juntar herramientas de todo tipo, cortadoras de concreto, de fierro, dinamita, detonadores. Compraron su pasaje de avión y apenas tuvieron tiempo de despedirse de sus familias; todos ellos con carrera de ingeniería y varias especialidades, sobre todo en explosivos. El ingeniero José Luis Montes de Oca había estudiado en Japón y era el menos preparado.

Llegaron a la ciudad de México y los detuvieron en la aduana. Esto fue el viernes 20 de septiembre. Les preguntaron si el equipo que traían era importado. Lo son casi todos los equipos que se utilizan en las minas, pero jamás pensaron en ese tipo de trámites cuando tomaron sus mochilas, sus botas, sus tiendas de campaña, sus linternas y todos los comestibles que sin más ni más les decomisaron los aduaneros que se quedaron incluso con las mochilas que incluían los boletos de avión de regreso.

En la aduana no les dieron ningún comprobante de lo que les quitaron, las dos toneladas de dinamita, los cartuchos, las herramientas, la ropa, las tiendas de campaña, los alimentos, las botas y hasta querían quedarse con el gran coraje de los que venían a ayudar.

No veníamos a pedirles nada, inclusive traíamos nuestros propios alimentos porque suponíamos en qué brete estarían miles de mexicanos. Sonora también es México. Allá los queremos... Estuvimos a punto de regresarnos, tristes, decepcionados, porque tampoco nos hicieron caso al presentar la denuncia, pero se nos ocurrió caminar por el Centro para ver cómo había quedado todo. Y eso fue tremendo. Nuestra impresión tuvo el efecto de retenernos y de inmediato ponernos a trabajar. Ver cómo se movilizaban los jóvenes, los estudiantes, las muchachas, nos hizo repensarlo y decir: No por los animales de la aduana vamos a fallarles.

Desde el viernes 20 de septiembre traen la misma ropa. Afortunadamente la gente les llevó de comer y participaron del agua de todos pero no se habían bañado ni habían podido avisar a su familia que se encontraban trabajando sanos y salvos.

La cuadrilla de mineros no conocía la ciudad de México, pero sí su oficio. El ingeniero Montes de Oca enseñó cómo hacer detonar un edificio del centro; otro ingeniero insistió en que la carga explosiva donada por el ejército no era la correcta. "Déjennos hacer nuestro trabajo; sabemos lo que hacemos." Pues no. Tuvo que venir uno de los miembros del equipo francés para avalar al ingeniero Montes de Oca y a su cuadrilla. Aun así, después de la detonación, como no se veía movimiento, el ingeniero dijo: "Ya ven, pendejos, no pasó nada". Uno de los mineros de Montes de Oca le dijo: "Deme 30 segundos para que el edificio se caiga" y le soltó una bofetada; en ese momento el edificio se desmoronó.

Los veinte mineros que hicieron el trabajo dijeron que gracias a que alguien les llevó una dosis de cocaína pudieron resistir casi sin dormir durante una semana. Nunca la habían probado, platicamos que la condición física de los mineros era penosa, los rostros casi llagados a fuerza de insomnio, el ingeniero Montes de Oca estaba en extremo sensible y sobre todo no podía hilar la conversación sin sentir sofocamiento. Los mineros se habían extralimitado, casi no habían tomado descanso y mucho menos dormido; se hallaban bajo una presión de trabajo que los exprimió, ya que como desde el primer momento demostraron su experiencia, por todas partes los solicitaban.

"¿De veras nos dejarían darnos un baño?", dijo Montes de Oca con una faz dulce. Tal vez imaginó cómo caerían los escombros de su cuerpo, los olores a muerte y podredumbre, los sudores de alegría por los rescatados vivos, la angustia de saber que cientos de personas podrían encontrarse aún vivas bajo los escombros.

Uno de los hombres de su cuadrilla encontró millón y medio de pesos en efectivo y los devolvió.

Cuando encontré al ingeniero Montes de Oca trabajaba en el multifamiliar Juárez. Llegaron voluntarios a preguntar cómo operar una maquinaria, cortar una varilla, levantar una losa y el ingeniero, con su voz sofocada por el cansancio, daba indicaciones precisas: "Que no se calienten las herramientas, úsenlas sólo 20 minutos, corten sólo la varilla; quítenle todo lo que puedan de concreto y tierra". "¿Dónde excavamos?" "Por allá, donde está parado aquel de azul, detectamos dos cadáveres." "Tengan cuidado porque el piso está flojo."

Mojaba sus cabellos y su rostro sudoroso con un poco del agua potable de las bolsas de plástico, a pesar del aire helado. El viento corría libre sobre los obstáculos porosos y penetraba primero en el concreto para continuar con los cuerpos silenciosos, las máquinas implacables y el terregal hasta recrearse en el sudor de los rescatistas.

El olor de la muerte es inconfundible; es un olor a cuerpo sin alma. Las pequeñas cabezas de muñecas, los carritos de niños, las partituras de música, el almanaque, los restos de múltiples colchones, ropas desperdigadas, sólo el teclado de un piano, tendido de fatiga sobre la tierra, todo ello conforma el lenguaje de los escombros. Las cuadrillas remplazan a otras, se van turnando en su amarga tarea. Frente a Montes de Oca, un rescatista saca a un hombre desnudo; en el muro todavía en pie, la imagen intacta del Santo Niño de Atocha. El olor, las oleadas de viento ya sin edificios que pudieran detenerlo, el hombre que sacaba entre sus brazos el cuerpo encontrado, a pesar de su doble o triple cubreboca y los delgados guantes, seguramente debió formar una barrera en su mente para soportar el contacto, la fetidez, el aspecto hinchado y aligerar así la distancia de la vida y la muerte.

A las 3 de la madrugada del sábado 28 de septiembre; todos los trabajadores de Cometro y otras compañías particulares estaban parados a cierta distancia maravillados de cómo un cuerpo recogía al otro y de la diferencia de ambos. Era una especie de ensueño, de estupor; se habían detenido las máquinas y los esfuerzos se hallaban concentrados en la acción de ese momento; todo era silencio, los pulsos sanguíneos golpeaban las paredes de las cabezas, el olor sofocante producía una reacción casi química en el estómago.

"Apaguen las máquinas; parece que hay alguien por aquí." Nos quedamos quietos, casi sin respirar, temiendo mover alguna piedri-

191

ta en el suelo que pudiera dar un dato falso a los rescatistas. Cinco minutos después se reanudaban los trabajos y los rostros fatigados reflejaban desesperanza. ■

Estamos viviendo la mayor catástrofe de nuestra historia
TODO SE HIZO POR VOLUNTAD PROPIA

En gran medida, el gobierno está organizado para controlar, mantener las instituciones, el statu quo y sobre todo el poder. A partir del día 19 de septiembre resultó evidente que el gobierno quedaba a la zaga; pasaron 39 horas antes de que el Presidente dirigiera su mensaje a la nación. Nadie supo lo que era el DN-III; la población quedó con la idea de que consistía en acordonar las zonas de peligro. En pocas palabras, el gobierno falló.

Primero trató de minimizar el desastre. Ordenó a los habitantes: "Quédense en su casa", cuando debió hacer un llamado a los profesionistas: ingenieros, médicos, arquitectos, mineros, enfermeras, dueños de constructoras, caterpillars, grúas. Segundo, rechazó la ayuda internacional regresando aviones que más tarde volvieron a aterrizar. Que sí, que siempre sí la necesitábamos. Tercero, lanzó la ilusión de la normalidad. Había que volver a ella a toda costa. Estábamos viviendo la mayor catástrofe de nuestra historia y nos repetían "México está en pie, en pie todos, el país en pie". Aún no sacábamos a nuestra gente de los escombros, pero ya estábamos en pie, camino a la normalidad.

Fue la población —por encima de siglas, partidos políticos, secretarías de Estado, estratos sociales—, los puros cuates, los compadres, quienes se organizaron en las colonias. Así surgieron las cuadrillas de salvamento y los albergues. Pasaron muchas horas antes de que el gobierno llegara a tomar las riendas. El doctor Cuauhtémoc Sánchez, médico general, egresado de la UNAM confirma lo anterior:

Llegué al Hospital de Xoco, en Cuauhtémoc y Churubusco a las 11 de la mañana para ofrecer mis servicios.

—No necesitamos a nadie. No ha llegado nadie.

—Pero van a llegar.

—Por lo pronto no requerimos sus servicios.

(El doctor Cuauhtémoc Sánchez había pasado dos horas pegado a un radio de pilas esperando un llamado a la población médica para acudir a las zonas de derrumbe, pero nunca se escuchó. Por eso fue a Xoco.)

—Saliendo de Xoco encontré a unos radioaficionados (Alfa, Lima, Lima, ésa era su clave) que tenían una red entre los distintos hospitales y me dijeron que si podía llevar con urgencia medicamentos a la Cruz Roja: Tetanol y material de sutura. En la Cruz Roja me pidieron que sirviera de puente entre los diferentes hospitales para el traslado de medicamentos que se requerían con urgencia. Tengo una moto. Funcioné como motociclista durante dos días. No ejercí mi profesión porque me di cuenta que lo que se necesitaba —después de estar en un puesto de socorro— era remover escombros en busca de gente viva y entrar a los túneles como topo para intentar salvarlos.

Me asombró sobremanera que nunca hubiera un llamado de la Facultad de Medicina para concentrar en sus instalaciones a los egresados y posteriormente distribuirlos en las zonas de emergencia. Todo lo que se hizo fue por voluntad propia.

"No a la normalidad, no queremos regresar a la normalidad": Gustavo Esteva.

SIEMPRE, EL SUFRIMIENTO DE LOS FAMILIARES

En Tehuantepec 12, en la colonia Roma, permanecí tres días. Acompañando nuestros esfuerzos por rescatar gente, siempre estaba el sufrimiento de los familiares y amigos que permanecían de día y de noche sin comer. Durante 72 horas, un ingeniero no se despegó del edificio de Tehuantepec casi esquina con Cuauhtémoc esperando recuperar a su mujer y a sus tres hijos. La única hija sobreviviente se salvó porque tuvo clases a las siete y él la llevó a la escuela. Cuando se encontraron los cuerpos de sus familiares, al hacer la identificación, su rostro se deformó completamente. Pensé: "De ésta no se recupera. Ya tronó".

TENER A LA GENTE ABRAZADA

Otra muchacha, como de 20 años, lloraba sola parada frente a los escombros y todos se hacían a un lado. La abracé sin decirle nada porque no podía decirle nada, pero después de quince minutos de tenerla abrazada, se logró recuperar. Dejé por un momento el pico y la pala porque me di cuenta que en ese instante era más importante acompañarla en su dolor.

EN XOCONGO NO SE HIZO NADA

El sábado en la noche, 21 de septiembre, nos avisaron que se habían escuchado ruidos en Xocongo, en la colonia Tránsito. Con mi hermano y dos amigos organizamos una pequeña cuadrilla de salvamento. Llegamos a Xocongo y encontramos a la gente desesperada. En esa colonia no se había hecho nada; el ingeniero encargado tenía mucho miedo. El edificio estaba en pie; habían sido afectados el sótano y los tres primeros pisos. En este derrumbe hubieran podido hacerse maniobras de rescate con mayor facilidad que en Tehuantepec, pero el ingeniero había dado la orden de que nadie entrara, e incluso ese día se había propuesto demoler el edificio a pesar de la posibilidad de vida.

Un familiar se nos acercó a mi hermano y a mí:

—Anoche se oyeron los quejidos de una señora y sus dos hijas. Sabemos de ellas porque todos los días las lleva a la escuela en un Volkswagen azul.

Pasamos por encima de la autoridad del ingeniero, de plano nos lo brincamos, y con más miedo que valor bajamos por un hueco entre la banqueta y el edificio, y entramos al sótano con una lámpara de pilas.

Cuando bajamos había una fuga de agua que llevaba 70 centímetros de altura y el olor a gasolina era insoportable. Localizamos el Volkswagen azul pero ya no había indicios de vida, y esto nos deprimió tremendamente porque nos dimos cuenta de que esa gente se hubiera salvado si en las primeras 72 horas se hace algo.

Una vez abajo, oímos que empezaban a echar a andar bulldozers y motoconformadoras y el edificio se cimbró. Salimos de inmediato y le dijimos al ingeniero:

—Oiga, ¿qué pasó?

Sólo respondió a nuestra protesta:

—Se me olvidó que estaban allá abajo.

A las 60 horas había intentado demoler el edificio para terminar con su responsabilidad. Como no teníamos equipo, regresamos a Tehuantepec y ahí se nos unieron seis muchachos de un rescate alpino improvisado, encabezados por Daniel. Habían intervenido en varios rescates y buscaban en qué otro sitio ayudar. Juntos llegamos otra vez a Xocongo. Una vez más nos encontramos al ingeniero y le solicitamos que apagara sus máquinas, lo cual hizo con mucha renuencia. Entramos al edificio en busca de gente viva. A los 15 minutos se volvieron a encender los bulldozers, caterpillars, motoconformadoras. De nuevo intervine para que las apagara porque nos impedía oír si había voces. Las apagó de mala gana y después de 40 minutos de intensa búsqueda en los tres pisos, nos cercioramos de que no había indicios de vida. Lo único que quedaba era rescatar los cuerpos. Dejamos a una brigada de rescate y nos preguntamos cuántos de los 36 que quedaron bajo los escombros hubieran podido salvarse si en las primeras 60 horas se hace algo por ellos.

Dos días después escuché por la radio que del edificio de Xocongo 717 nadie salió con vida: 36 muertos.

La esperanza que nos mantenía trabajando a todos era poder rescatar a alguien con vida. Eso era más fuerte que el cansancio, el hambre, el sudor y el polvo. Durante los días de brigada el pueblo nos proporcionó alimento y agua; era la gente de la misma colonia la que hervía el agua y la llevaba en botellones y cubetas; lo mismo cazuelas de arroz, tortas, sándwiches, frijoles, lo que podían.

Los únicos que a mi juicio merecen el nombre de ''servidores públicos'' son los bomberos, el H. Cuerpo de Bomberos, que en lugar de ejercer el poder a través del uniforme realmente se dedican a ayudar desinteresadamente. Con nosotros en Tehuantepec había tres y arriesgaban su vida en cada momento; se la pasaban adentro de los hoyos, trabajando hasta 30 horas en el rescate de una persona. Apenas si salían a comer y a tomar agua. Nunca los vimos descansar; al menos, nunca vi descansar a uno solo de los tres.

Nunca se me van a olvidar las personas que conocí en el desastre: Daniel —el más arriesgado en las zonas de peligro, el que hacía los salvamentos más difíciles—; Néstor, su fiel acompañante; Blanca y Cecilia, quienes se encargaron de recuperar los objetos de valor y entregarlos a los familiares, previa identificación, a veces arriesgándose, ya que se tenían que enfrentar a los judiciales, policías y militares que como aves de rapiña pretendían adueñarse de las cosas; Adrián, que velaba por la seguridad de las dos muchachas; Arturo, un socorrista de la Cruz Roja; Carlos Bárcenas, que siempre estuvo conmigo en el rescate compartiendo el miedo y alentándonos uno a otro; Héctor Gómez, el médico; Luis, el encargado del puesto de socorro en Tehuantepec que nos apoyó en todo momento, y Alejandro mi hermano, que después de 28 años de conocerlo me ayudó a vencer el miedo y a seguir adelante.

Marisol Martín del Campo

En la Cruz Roja nos dieron unas camisetas que dicen: Socorrista, Paramédico, y el viernes 20 de septiembre íbamos por la avenida Cuauhtémoc, a la altura de la Secretaría de Comercio —dice Luis Bosoms, estudiante de 22 años de la Anáhuac—, y de pronto comenzó a temblar: la gente empezó a pararse a media calle, unos se hincaban, otros daban alaridos, otros lloraban en silencio. Los boy scouts gritaban: "Tengan calma". Nos bajamos del coche porque se nos abrió el pavimento, una grieta como de 50 cm. Se acabaron de caer edificios, se fue la luz, olía a gas, se oían explosiones, volteabas al cielo y veías llamaradas pequeñas. Levanté a una señora hincada y traté de sentarla en una banca, pero estaba engarrotada, rezaba: Cristo Rey ensangrentado, Ruega por nosotros. Cristo Rey...

En el edificio de enfrente se habían quedado unas personas en el quinto piso y con todo el olor a gas, lo que se les ocurrió fue encender velas, el edificio ladeado se seguía meciendo. Como nos vieron con insignias de la Cruz Roja, llegaron a rogarnos sus vecinos que subiéramos por ellos, que la abuela tenía la cadera rota y no podía bajar. Te ven como si fueras Supermán, y en esos momentos te gustaría serlo. Total nos metimos muertos del susto, llegamos a ellos y bajamos a la viejita en una silla, lentamente para no tirarla, pero pensando, ¿y si hay otro temblor?, ¿y si explota el edificio? La gente pone toda su confianza en ti y te sientes como un imbécil por traer una insignia y en ese momento deseas saberlo todo. Es horrible el sentimiento de impotencia ante un fenómeno natural como ése. La gente empezó a caminar, en silencio y sin expresión en la cara, impresionados, caminaban y caminaban siguiendo al de enfrente.

Creo que iban al Zócalo, gente y más gente sin hablar, como muñecos. Desde ese día, durante muchas noches me despertaba a cada rato, cada mañana amanecía más cansado.

La verdad es que al principio ayudé porque mi novia lo hacía y no la iba a dejar sola, ya ahí me di cuenta del problemón que era. El 19 a las cinco de la tarde la Cruz Roja de Ejército Nacional era impresionante: había como dos mil personas en la calle y en la parte de abajo pidiendo comida y medicinas.

El domingo 22, nos mandaron al súper a comprar tela Yes e hilo para hacer tapabocas —creo que salían como cincuenta mil pesos de la caja cada cinco minutos—. Nos dieron treinta mil pesos. De la Universidad al súper conseguimos otros cuarenta mil pesos. En el super pedimos setenta mil pesos de tela Yes, no se nos ocurrió lo del IVA. Me paré en el micrófono; en cinco minutos, no más, recolectamos como setenta mil pesos. Una señora me preguntó: "¿Cuánto necesitas?" y sacó treinta mil pesos de la cartera, las sirvientas del súper nos daban de a doscientos. Con eso compramos hilo, las tijeras, el IVA y todavía regresamos a la caja veinte mil pesos. En la tarde fuimos a la panadería de Barrilaco a comprar pan para hacer sándwiches. El señor de ahí me preguntó que para qué lo quería. Es para la Cruz Roja. Llévate todo el que tengo, me dijo. Llené el Volkswagen.

También a la Cruz Roja llegó comida del Camino Real. Era surrealista, puros canapés con meseros de uniforme.

La gente llegaba a donar sangre, a barrer el piso, a descargar comida, a lo que fuera. A todo dar, de veras. Después de esta experiencia te das cuenta de que no estás solo en tu isla y de que puedes ser útil a la sociedad.

Está grueso, es que está grueso —dice Juan Antonio Sáenz de 19 años, voluntario de la Cruz Roja y socorrista en la Plaza de La Cibeles, el sábado 28 de septiembre—. Todavía no nos damos cuenta de lo que hemos hecho y menos de lo que ha sucedido. Una de las peores cosas que me pasaron fue el estar horas tratando de sacar a una persona viva que tres minutos antes de lograrlo se dejó morir. Se llamaba Lourdes, tenía 19 años. Removimos un escombro y vimos sólo su pelo. Pensé que estaba muerta. Se movió y sentí mucha alegría. Empecé a comunicarme con ella y me dijo: "Me duele la cadera, sáquenme de aquí". Encima tenía una losa. Cuando al fin la alcanzamos se dejó morir. Se murió de paro cardiaco, tres minutos antes de sacarla, entre mis brazos.

EN LAS LOMAS NUNCA SUCEDE NADA

Prendí la tele a las once de la mañana, llegaba de tomar clase en la Anáhuac, en la universidad casi no se sintió el temblor, y al ver las imágenes en la tele me di cuenta del desastre —dice Marilú Hernández de 19 años, estudiante de medicina—. Me fui a la Cruz Roja. Vi a los doctores de lo más calmados frente a la emergencia. Aprendí paciencia. Esos días me transformaron, me llegaron al fondo y de hoy en adelante seguiré ayudando. Me sentí muy privilegiada: tengo dinero (bueno, mi papá), vivo en las Lomas y allí nunca sucede nada. Me ayudó a quitarme las barreras sociales, los prejuicios. Ya no veo a los que no tienen dinero como "nacos", qué idiota era yo antes. Te das cuenta de que vives en una burbuja.

En la mañana del jueves había muchísimos heridos en la Cruz Roja. Habilitaron todo: clósets, baños, salones; quince pacientes por cuarto. Se les ponía su nombre en el cuerpo, con plumones de colores según su enfermedad, o de lo que había que operarlos. Escasez de médicos, sobrábamos los estudiantes. La primera impresión la tuve cuando llegó una señora con su bebé muerto, de tres meses. "Le cayó una viga encima, señorita, lo saqué como pude, pero el pobrecito vomitaba sangre y lloraba muchísimo. Mire, cárguelo, está todo roto por dentro. Lo estrangulé para que ya no sufriera más. Ya no lo podía ver en ese estado de dolor.'' La trasladaron al Hospital Psiquiátrico.

Me encargaron a Berenice García, de seis años. Tenía un calenturón de más de cuarenta. Le mojaba la frente y el cuerpo con hielo. Estaba toda llagada. Finalmente, a las dos de la mañana, logré bajarle un poco la fiebre y dormirla. Entraron los reporteros con sus flashes a despertar pacientes, a entrevistarlos, a preguntarles morbosidades, sin ética humana, sin respeto. Traté de impedirles el acceso a Berenice, pero no pude, y los malditos la despertaron, le volvió a subir la fiebre y ya no se pudo dormir. Son unas bestias.

El sábado 21 me mandaron al Hospital Juárez a llevar medicinas. Los sardos no permitían el paso a cualquiera, y tenían razón; muchos curiosos, muchos morbosos.

De pronto no supimos en qué calle estábamos cuando nos dimos cuenta de que era la avenida Juárez no la reconocimos.

Todo el centro apestaba a muerto, a gas. Hay que reconocer que los sardos se mantenían de pie sin tapabocas. Les ofrecimos agua o refresco, se veía que tenían los labios partidos, llevaban treinta horas parados. Uno de ellos estiró la mano para tomar el vaso e inmediatamente la bajó: ''Mejor dénselo a un damnificado''.

El viernes en la mañana y en la tarde era horrible la Cruz Roja, porque empezaron a despertarse los pacientes anestesiados o aquellos en estado de shock y a darse cuenta de que ya no tenían a nadie. Más de cuatro me pidieron: ''Máteme, por favor''. Una, Mirna, que es cantante del hotel Regis, lo tomó con sarcasmo. Le habían amputado una pierna. De ahora en adelante me llamaré ''Mirna, la cantante coja''. Otra señora aullaba, ya no tenía piernas.

Una niñita de cinco años me partió el alma. Era la única sobreviviente de su familia. Cuando volvió en sí, me preguntó dónde estaba y le dije que la habían operado pero que pronto estaría bien. Luego, en la tarde, se puso a llorar: ''¿Por qué no me vienen a ver ni papi ni mami? ¿Y mi abuelita? ¿Y mis hermanos? Diles que ya me recojan''. Yo me tragaba las lágrimas, sólo le hacía piojito y le contaba cuentos. No la podía engañar, ni decirle que vendrían, ni que estaban muertos. Mientras permaneció en la Cruz, le di todo mi cariño. ∎

Las señoras de las Lomas, del Pedregal y de San Ángel

YO NO CONOCÍA MI PAÍS, MI CIUDAD; NUNCA HABÍA IDO NI A TEPITO

Cinco mil tortas, 350 cazuelas de arroz, 500 de frijoles, ropa hasta
para aventar hacia arriba, salieron sólo de siete casas de Paseo de
la Reforma, casi para llegar a Palmas, en las Lomas, que durante
el avilacamachismo se llamaba *Chapultepec Heights*. "A mí no me
pasó nada." "¿Y a ti no se te cayó la casa?" "No, pero sí está cuar-
teado el edificio de mi marido." En Contreras, en Coyoacán, en Oli-
var del Conde, en el Pedregal, en Tlalpan, en San Ángel, las Lomas,
Tecamachalco, Las Arboledas, no pasó nada, ni un rasguño. Los
lomeríos, las zonas altas y arboladas, las de los jardines cerrados,
quedaron a salvo. A Satélite tampoco le sucedió nada. Pero ésa es
zona aparte. Sin embargo, muchas señoras no se limitaron a hacer
tortas, a enviar a sus choferes con cargamento de víveres, a hervir
agua o a preparar tapabocas, asistir a los albergues a repartir medicinas, sino que también se presentaron en la zona del desastre.

El mismo jueves llegué a la Cruz Roja a ayudar en lo que podía.
Me tocó un señor tremendamente lastimado, me acerqué a él y mal
podía ver con un ojo; tendría 65 años y le tomé la mano. Me insistió:

—Acérquese a mí porque voy a morir en un rato y quiero morir
viendo una mujer bonita.

No es que yo sea bonita, pero a él, en ese momento, le parecí
bonita. Jamás se quejó. No volvió a decir nada. Ya no tenía fuerza.
Me llamó la atención su entereza.

Murió.

Lo sentí como a un familiar.

Llegué a la casa y no pude dormir. Desde entonces todos los días
voy a la Cruz; hago lo que puedo, platico mucho con los enfermos,
les llevo lo que me piden; a veces un tubito para los labios partidos,
de ésos de pomada blanca. Unas flores. Un Vick Vaporub.

Soy voluntaria del Centro Médico —dice otra señora de las Lomas—,
e inmediatamente me fui para allá. Parvadas de hombres con peligro de su vida, ya a las 10 de la mañana sacaban cuerpos de los escombros, en medio del polvo y del horror. A la mañana siguiente,
a las 7, llegamos con comida, tapabocas, alcohol, jabones de olor
y muchísimos limones —porque masticar una cáscara de limón
ayuda—, así como una gran cantidad de frascos de cafiaspirinas.
Empezamos a repartirlas, dos a cada quien, a cada voluntario, porque el dolor de cabeza de todos era intenso. A los rescatistas había

que cuidarlos como a los familiares, a los damnificados. Les decíamos que se lavaran las manos y tomaran su torta, su refresco, sus frijoles o su arroz, lo que hubiera. Del ITAM, de la Ibero, de la Anáhuac, llegaba muchísima comida que repartíamos.

Ni en la peor pesadilla pudimos imaginar esas escenas como de guerra, peor que en un bombardeo: en medio del polvo, del olor más espantoso, se inició la operación hormiga. Subían los voluntarios, sacaban piedra tras piedra, brazo con brazo en una cadena interminable de manos hasta colocar las piedras en un montón, y no les importaba ni el cansancio, ni la noche, ni nada. A mí me tocó ver sacar a mucha gente viva, también vi cadáveres. Se me quedaron grabadas las manos: las manos de los que trabajaban.

Me horroricé, recogí a mi hijo de la escuela y me fui a ver la televisión. ¡Ay, qué espantosísimo! ¡Uy, qué horrible! Y seguí así frente a la tele, y de pronto me dije a mí misma: pero ¿qué estoy haciendo yo aquí? No estoy haciendo nada. ¿O acaso estoy esperando a ver a qué hora me llaman? Mi madre, que tiene 80 años, me dijo: "M'hijita, yo ya estoy haciendo tortas".

—Mamá, te vas a cortar las manos.

—No me importa, de ociosa no puedo estar.

—Bueno, mami, voy para allá contigo.

Llevamos tortas al Centro Médico: mamá, fuerte, con la canasta repartía tortas, yo también, con otra; eran muchas. Mi mamá preguntaba:

—Muchachos, ¿ya les dieron de comer?

Unos le respondieron:

—Señora, a nosotros nos dieron hace como 4 horas, pero a donde no llegaron tortas fue más allá.

Mi mamá lloró todo el camino y yo ya no me pude controlar. Pensé: caray, esta gente comió una torta probablemente a las 7 de la mañana y son exactamente las 7 de la noche y en vez de decir, "démela, yo la quiero", piensan en los que no han comido.

Yo fui a la delegación Venustiano Carranza, al albergue que está en Zoquipa, muy cerca de La Merced, allá me tocó. De inmediato organizamos la repartición de víveres, de cobijas, de agua; apartamos las medicinas, vimos su fecha de caducidad, en fin, trabajamos con muchas ganas. Como no podía avisar a mi casa que iba yo a llegar tarde, dije "ni modo". Un policía vigilaba y en vez de cuidar a la gente se puso a cuidarme a mí, que no fuera a pasarme nada, que no cargara yo bultos pesados; en fin, todo un caballero. Entonces, ya en la noche, llegaron cuatro cargadores de La Merced, pero "hasta atrás", y el policía me dijo:

—Señora, mire, esta gente mejor que no entre.

—Ay, no poli, déjelos, también son damnificados.

—Usted sabe, señora, luego vienen a robar, vienen a ver qué sacan.

—Ay, poli, no sea malito, vamos a darles aunque sea de comer para ver si se les baja.

Les di de comer y se les bajó. Luego les pregunté:

—¿Se van a quedar un rato a dormir?, para darles cobijas.

—Pues mire, señorita, no es por hacerle ningún desaire, usted dispensará, pero no nos vamos a quedar a dormir porque mañana es la fiesta de la Virgen de La Merced y le tenemos su altar, con sus flores y sus verduras, y vamos a ir a cantarle las Mañanitas a la Virgen porque ¿cómo no le vamos a cantar las mañanitas a la Virgen, ella qué culpa tiene de que haya temblado?

—Tienen ustedes razón, muchachos, vayan a cantarle Las Mañanitas.

Después, todas las noches, llegaban los cuatro teporochitos. Me invitaban: "Viera usted qué bonito se pone allá, sea cuatita, venga con nosotros".

—Miren, me gustaría ir, pero no puedo dejar aquí.

Entre la mucha ropa donada a nadie se le ocurría enviar ropa interior. Entonces se me ocurrió llamar a Rinbros y pedir un buen descuento para el albergue del cual me había hecho cargo. Pedí 1 500 calzones, camisetas, de distintas tallas. Me respondió una voz masculina: "Muy bien señora, pero ¿dónde vive usted?"

—En las Lomas.

—Aquí en la colonia está acordonado, no hay forma de pasar a la colonia de los Doctores, pero yo le puedo hacer llegar en la camioneta de la tarde toda la ropa que usted me está pidiendo, se la dejan en su casa.

—Y ¿qué descuento me van a dar?

—Señora, se la vamos a regalar.

En la Morelos, en la avenida Circunvalación, aunque no hubo muertos, las viviendas son tan pobres, tan viejas, tan amoladísimas que se quedaron tiradas y entonces pusieron sus cachivaches en el camellón; ya llegaba el agua a media calle. Entonces hablé por televisión, no recuerdo ni qué canal, y pedí que si alguien, por favor, estaría dispuesto a guardar muebles mientras estas personas encontraran dónde. Inmediatamente hablaron siete u ocho personas, ofreciendo su espacio. Fui al camellón, se treparon algunos damnificados, los que quisieron, y se fueron a los diferentes rumbos a dejar los muebles. Por teléfono avisaba yo de su llegada: señora, quiero decir que ya va para allá el camión, son cuatro familias, cada una lleva la lista de lo que tiene y va a dejarlo en su casa.

—Yo no tengo bodega, lo que tengo es un salón de fiestas, donde hacen fiestas mis hijos. Como usted comprenderá, no van a hacer una en mucho tiempo, así es que pueden guardarlos el tiempo que quieran. Y si quiere enviarme más, envíeme más.

Yo no conocía mi país, mi ciudad; nunca había ido ni a Tepito. No sabía cómo era. Ni a la gente la conocía. Creo que tampoco conocía a mis hijos, a mis sobrinos. Los imaginaba siempre en discotheques, nunca los visualicé con un casco, un paliacate, disciplinándose, olvidados de sí mismos. Mucho menos, cargando cadáveres. Sé de una señora que dijo: "Yo no tengo ninguna facultad, pero sé lavar y fregar muy bien" y se fue a la Cruz Roja a las 5 de la mañana a fregar para que cuando entraran estuviera todo limpio.

Mi hija de 17 años sintió mucho miedo, terror a los temblores, ella pertenece al grupo Pandora, y me dijo: "No estoy para cantar, es lo que menos deseo ahora". Iba a cantar en la XEW, que estaba afectadísima por el temblor. "No, yo no canto." El programa se cambió al canal 8. Le dije: "Mira: el médico ha trabajado sin parar, ha operado en camillas, se ha dedicado no 10 o 15 horas sino 24 horas al día; tu hermana, que es más chica y no sabe hacer nada, ha separado medicinas, ha hecho tortas, lo que ha podido. Si Dios te dio a ti voz, ojalá y puedas ayudar en algo a alguien que te oiga no sé dónde, desde su casa o su cama de hospital...". Y me la llevé al canal 8, a las once y media de la noche; pero primero, como no sabía dónde, nos fuimos por toda la zona acordonada: "Bajo su riesgo, si ustedes quieren exponer sus vidas adelante", nos dijo un policía. Mira, no voltees ni para la derecha ni para la izquierda donde están los derrumbes. Pasamos Reforma, Chapultepec, Hidalgo, y llegamos al programa que dura hasta las 4 de la mañana, que de diez o quince artistas no había más que tres, la muchachita Guadalupe Pineda, que nos fascina, y un muchachito Jorge Muñiz, y gracias a Dios mi hija, la Pandora, salió al aire, no sé si lo hizo bien o mal, pero lo hizo. Cantó para la gente.

Alicia Trueba

En Monte Blanco 1440, casa de la familia Salazar, se instaló una concentración de agua potable 100% hervida en la cocina de muchas señoras. La llevaban unas jovencitas y sus amigos, que mantuvieron guardias e hicieron entregas de agua a los lugares que se la solicitaban. El primero de octubre suspendieron este servicio pero están dispuestos a continuarlo si se los piden.

En la puerta del Superama Barrilaco, Beatriz Mariscal, secundada por un grupo de mujeres jóvenes, tiene puesta una mesa donde preparan sándwiches y llenan cajas de lunch; bolsas con artículos de tocador, jabón, pasta de dientes, todo con la cooperación de las personas que entran al súper. La distribución se hace por medio de los choferes de las señoras.

En Tecamachalco, el Club Monte Sinaí envía mucha ayuda a diferentes albergues. La señora Lela Atri informó que los miembros del Monte Sinaí empezaron a trabajar el 20 de septiembre. Los primeros cuatro días llegaron a preparar siete mil cajas de lunch, con una torta, un jugo, fruta; los siguientes días bajaron a cuatro mil cajas y suspendieron el día 30 en que se les avisó que no continuaran. Enviaron al Hospital General, al Juárez y a distintos albergues medicinas, ropa, tambos de agua y ofrecieron un local para albergue. Todavía tienen una gran despensa.

Según el arquitecto Alejandro Albert, la Anáhuac y otras instituciones, como las universidades Ibero y La Salle, la Cruz Roja, y el Crea, además de sus brigadas de rescate (todavía la mañana del 2 de octubre recibieron una llamada solicitando ayuda para rescatar a un niño de 7 años que se hallaba con vida en Venustiano Carranza 148) tienen metas a largo plazo. Nuria Oliver, encargada de recibir la ayuda internacional del Secours Populaire Français: dos cargamentos con sleeping bags, medicamentos, catres, cunas, mantas, de Miami, Holanda y Chile, ha adquirido experiencia porque en Tepito ya fueron asaltados y despojados hasta de la camioneta con todo lo que llevaban para repartir. La bodega está llena; muchas voluntarias se pasan horas separando medicinas y ropa. Lo importante es que el esfuerzo siga y a esto se han abocado las universidades privadas. ■

Gloria Alonso

Frente al Superama de Barrilaco, veinticinco mujeres de jeans y mandiles pican, cortan, mezclan, abren latas, hacen 6 mil paquetes de comida diaria; se turnan de las diez a las seis de la tarde, casi no hablan. Unas se paran a pedir en la puerta del mercado y otras compran. Hay gente que también les obsequia a la salida: jamón, queso, pan, fruta, jabón, etcétera. Nadie se niega, el montón de alimentos sube y sube.

Los días que siguieron al terremoto agotaron sus propias despensas, después salieron a pedir a los supermercados y encontraron que el más concurrido es el de Barrilaco. Con sus choferes envían cargamentos a Tepito, a la Doctores, a la Morelos, a Aragón, a los albergues. Se turnan para oír el radio y donde escuchan que falta algo, lo envían. "Nadie se acuerda de los socorristas y les enviamos de comer; al principio nos daba miedo el centro; por el tráfico tardábamos cinco horas en ir y venir, ahora vamos, pero lo malo es el olor a podrido."

—¿Y después?

—Después vendrá lo peor; el olvido, pero no podemos olvidar; tenemos que organizarnos, formar grupos, seguir hasta levantar todo, llevará años pero ni modo.

Mi esposa es enfermera —dice José Lopez Vadillo—. Trabaja en el Centro Médico, en la Unidad de Obstetricia. Su turno era de las 12 de la noche a las 8 de la mañana. Dos días antes la cambiaron al turno de las 8 a.m. en adelante. El día 19, después del temblor, fui a dejarla al Centro Médico. Nunca imaginé que me iba a encontrar ese desastre; por donde nosotros vivimos no hubo ningún derrumbe. La gente corría sin rumbo y sin sentido sobre los escombros, gritando los nombres de los que habían quedado atrapados; levantaban las piedras, los pedazos de ladrillos, los fragmentos de vigas y los cambiaban de lugar en su intento por salvar a alguien porque se podían oír los lamentos de los atrapados, sus voces ahogadas pidiendo auxilio.

A mi esposa le dieron la orden de trasladarse a la Unidad número 12 del Seguro Social en Santa Fe. "Los Panchitos" se han adueñado del albergue.

"Los Panchitos" dan un buen servicio, son considerados con los damnificados, los tratan muy bien, ayudan de a deveras. Entre ellos hay hasta algunos estudiantes y señoritas bien arregladas. Están furiosos porque los quieren sacar del albergue. ■

Alicia Trueba
Primero le pedí ayuda a las amigas, y empezaron a llegar brigadas de muchachos y muchachas de quince a veinticinco años —dice Ma-

ricel Galindo, casada, con siete hijos y organizadora del Centro de Acopio en Cóndor 401—. Ahora los voluntarios de base son quince. Trabajamos de 11 de la mañana a 2 de la madrugada.

Me llegaron algunos con facha de cadeneros, de pandilleros, y resultó que ayudaron en serio. ¿De dónde sacaron para la gasolina de sus carcachitas? Unos dijeron que el padre de la parroquia de Plateros (Manuel Subillaga) los refaccionaba.

Una señora de treinta y cinco años, con el pelo pintado y ojeras doradas, bermudas, pulsera en el tobillo y sin bra, trabajó y trabajó llevando la ayuda a Tepito, con una fibra tremenda. También un homosexual de pants y pelo con rayos. "Soy Antonio, quiero ayudar." Regresó a las dos de la mañana con galones de agua vacíos, que había distribuido hasta esa hora.

Hay ricos que te dan ganas de matar, nos han enviado medicinas caducadas en 1952, y en cuanto a la ropa, creen que donarla es salir de todas las mugres acumuladas en su casa. He tirado a la basura ropa inmunda, apestosa. En cambio, un obrero me trajo, en una bolsa limpísima, ropa planchadita, impecable. Con seguridad se la quitó él mismo, además de la penicilina que fue a comprar. Al final sacó cinco mil pesos de su chamarra y me los dio. Me conmoví muchísimo. ∎

En los albergues: titiriteros, cantantes, teatreros, pintores
GRUPO DE ARTISTAS QUE SE SOLIDARIZA Y ACTÚA PARA LOS DAMNIFICADOS

Con la calidad humana que la caracteriza, Susana Alexander abrió las puertas de su casa en Juan de la Barrera a los grupos de artistas que quisieran ir a los albergues, simplemente a apoyar y a entretener un rato a los damnificados. Propuso además, junto con Ofelia Guilmáin, una ley inquilinaria que garantice durante tres años vivienda barata para los damnificados. "Un techo donde cubrirse, donde iniciar una nueva vida... ¿Ayudar o ayudarnos? Nosotros somos los demás; los demás no son los otros, somos nosotros, los mismos. ¿Por qué es necesario que ocurra algo así para que los mexicanos pensemos en los demás?" Al tercer día del temblor —porque todos estábamos idiotizados mirando al techo, angustiados— nos dijimos: "Bueno, vamos a ayudar". Llamé a don Manuel de la Cera, el del ISSSTE.

—Oiga, tenemos que hacer algo.

—Ya lo había pensado.

Nos lanzamos —dijo Susana—. Beatriz Sheridan también prestó

su estudio, que tiene dos teléfonos, muy cerca de mi casa de Juan de la Barrera, que por cierto se cuarteó —aunque no tuvimos que desalojar— y con las dos casas trabajando como oficinas, empezamos a llamar a todos los artistas que habían trabajado en el ISSSTE. Guillermo Ochoa dijo una mañana en su programa que los artistas no estaban organizados, y Kitty de Hoyos inmediatamente lo llamó por teléfono y le dijo: "Cómo que no, señor, y estamos dispuestos a ir a donde se requiera nuestra presencia; queremos actuar, podemos leer poesía, leerles cuentos a los niños, hacer sketches o simplemente ponernos a platicar con la gente, lo que sea, y estamos disponibles a toda hora y dispuestos a ir a donde sea".

Kitty dio los teléfonos míos y de Beatriz Sheridan y la gente empezó a llamar en forma impresionante: los que querían ayudar, grupos de titiriteros, hacedores de títeres sin hilo, una señora muy linda que tiene el foro de La Conchita. Carmen Montejo para pronto se fue a un albergue: inmediatamente muchos actores jóvenes llamaron para irles a contar cuentos a los niños, actuárselos; pintores para hacer dibujar y pintar a los niños, poniendo ellos mismos el material; Ignacio López Tarso propuso cantar corridos, y no sólo se dejaron ir los "famosos", sino artistas que se la pasan trabajando en la provincia y que van a los pueblos más perdidos a montar sus espectáculos y tienen por lo tanto mucha práctica; en ocasiones llegan hasta a barrer el edificio, arreglar las sillas, cuando las hay, total, tienen un gran sentido social.

Mis salidas las organicé con Margie Bermejo, quien cantaba y platicaba entre canción y canción; Roberto D'Amico, Julia Alfonso. Don Manuel de la Cera se encargó de avisarle al responsable de cada uno de los albergues del ISSSTE que nos recibiera; hicimos un programa: "Bueno, yo el miércoles a las siete de la noche, yo el lunes y martes, yo todos los días". Los músicos, el Cuarteto Latinoamericano, por ejemplo, rindieron un servicio muy bueno.

No sólo lo hicimos nosotros, sino que también lo hizo el Departamento del Distrito Federal y creo que el PRI. A mí me emocionó ver a la gente en los albergues levantarse de los colchones gimnásticos en que dormían, y correr a la puerta blandiendo un papelito cualquiera para que les diéramos un autógrafo: "Me llamo Juanita", y nosotros allí rodeándolos también. El primer espectáculo que montamos Margie Bermejo, Roberto, Julia Alfonso y yo fue en el Club Deportivo Hacienda; lo hicimos allí mismo en el gimnasio donde ellos dormían, les dijimos —porque temíamos cansarlos y había muchos niños—: "Venimos un momentito nada más".

Nos pusimos de acuerdo Margie Bermejo y yo: "Yo digo este poema" y Margie intervenía: "Yo me sé una canción para ese poema", lo mismo Roberto D'Amico y Julia Alfonso. Pensamos en un pequeño espectáculo de 40 minutos, integrando a los niños, a los ancianos. No queríamos cargarles la mano, pensábamos que habían pasado la noche en blanco, que sus circunstancias eran atroces, que a lo mejor lo que más falta les hacía era un poco de silencio. Al final, no nos dejaban ir: "Otro poema, otra canción". Total, nuestro espectáculo duró dos horas y media. Y seguimos así, de albergue en albergue. "Gracias por venir a estar un rato con nosotros."

La respuesta fue impresionante. Todos los días llamaban a mi casa desde las seis de la mañana hasta las doce de la noche (porque los artistas no se miden) artistas de todas las disciplinas dispuestos a ir a los albergues. No faltó, claro, el "divo" que pedía transporte, yo de plano me di un agarrón con otro "divo", porque pidió al ISSSTE que le enviaran una camioneta para cargar su equipo de sonido.

—¿Qué cree usted, que las camionetas del ISSSTE están allí para usted o para ayudar a llevarle víveres a la gente? Estas camionetas no están para ir a traer a los artistas; sino al servicio de los albergues, así es que si quiere usted ayudar tome un taxi y venga con su equipo de sonido.

Manuel Lara, que es un hombre maravilloso, sabía muy bien retener la atención de los niños; llevó un pizarrón y muchos gises, papeles y colores:

—Vénganse, vénganse, a ver ¿qué quieren que les pinte?

—Quiero un pollito.

—Una jirafa.

¡Maravilloso! Él llevaba todo su equipo y después se lo regaló a los niños. Cartulinas, lápices, crayones. Les decía:

—Bueno, yo les hago la mitad del trabajo, pero la otra mitad la tienen que hacer ustedes.

Al final colgaba su exposición y quedaba una extensa pared del gimnasio toda llena de color con los dibujos que habían hecho los niños. En muchos albergues Manuel Lara dejó su exposición y creo que permaneció más de dos semanas dibuja y dibuja para los niños. Otros artistas estuvieron con su guitarra enseñando canciones y entreteniéndolos con chistes y cuentos.

Al albergue de José María Rico llevé mi propio equipo de sonido. Antes de empezar les decía:

—Vamos a leer estos poemas, ¿les parece? ¿O quieren ustedes

un cuento, o que les represente una escena?

—Una escena de la televisión —gritaban—. Casi siempre me pedían que hiciera mis papeles de "mala" de las telenovelas. Acababa yo representando algo cómico. Es muy bueno hacer reír a la gente, en circunstancias tan adversas.

Esto duró diez días, y creo que aprendí mucho. No faltó el actor que quisiera echar su rollo demagógico, horrible, y empezaba con un sermón con el cual a mí se me paraban los pelos: "Porque en estos momentos hay que tener fuerza y pedirle a Dios que..." y no sé qué tanto, bueno, espantoso, y en vez de estos rollos intolerables, opté por iniciar diálogos con los de los albergues. Muchas veces terminé regañándolos, sobre todo a los diez días, porque después de escucharlos: "Estamos esperando a ver qué pasa", les dije que ordenaran la ropa, la clasificaran, ayudaran a repartirla, cuidaran lo que se les daba, porque en un albergue de Peralvillo, todos brincaban felices como niños en la ropa que les habían dado. En el albergue de Casas Alemán, en un deportivo, les pregunté:

—¿Les están dando bien de comer?

—Muy bien.

—¿Tienen la atención médica que les hace falta?

—Estamos de veras muy bien, el médico es espléndido.

—Bueno, y ¿qué piensan hacer?

—Estamos esperando a ver qué va a pasar.

—No, no esperen, entre ustedes empiecen a organizarse.

Y así lo hicieron. Empezaron a ir a sus casas a rescatar muebles, mientras dábamos funciones para niños de las doce del día a las dos de la tarde, y otra a las cuatro de la tarde. Las funciones para los adultos eran a las ocho o nueve de la noche, y cuando los adultos regresaban al albergue, los hacíamos hablar de su situación, escenificábamos una suerte de psicodrama. En el Centro Deportivo Olímpico Mexicano se organizaron muy bien. En otro encontré gente en colchonetas, pegadas las unas a las otras; enfermos a quienes les estaban pasando suero. Recuerdo que en el Deportivo Hacienda alguien comentó:

—Mira, desde el jueves pasado en que vinieron ustedes, no se reían.

Entonces pensé: "Bueno, Susana, sirves para algo".

También fui con Manuel Lara a campamentos, al "2 de Octubre", cerca de Tlatelolco, a actuar en medio de tiendas de campaña. En la Colonia de los Músicos, por Calzada de los Misterios, encontré a una prostituta que vivía en Tepito, llorando desesperada a media banqueta porque tenía un niño chiquito y estaba embarazada. Imagínate tú nomás, prostituta, con un niño en brazos y para acabar pronto, embarazada. Estaba en la calle y me dijo:

—¿Qué voy a hacer? Si seguimos a la intemperie mi hijo se va a morir.

Claro, la llevé a un albergue, en fin, hice lo que pude, pero al andar por esas calles, no sabes la angustia.

Reflexioné que todos los días ando por aquí y no me daba cuenta de lo que hay detrás de estas puertas, en estas calles. Bueno, sentí horrible, horrible; me resultó deprimente y gravísimo el encuentro con esta mujer. Manejando la Combi iba yo por las calles y miraba los escombros, la gente que esperaba afuera a que rescataran a sus muertos, horrible, pensé en que faltaba demoler todo lo que van a demoler; creo que en seis meses no habrán terminado.

Me encontré otro caso atroz, el de una niña de cinco años violada por un soldado el día 20. La madre enloquecida. Fueron días muy duros para todos nosotros, días de guerra, días en que padecimos insomnio, días en que apenas si pudimos dormir, tres, cuatro horas a lo más, estábamos espantados. Recuerdo que manejaba yo por las calles vacías, las avenidas sin un alma, y le decía yo a Manuel Lara que siempre se ha quejado del tránsito:

—Mire, señor Lara, como lo quiero tanto a usted, y sé cuánto le molestan los coches, aquí en Paseo de la Reforma los mandé quitar a toditos para que no le molesten.

En todo el Paseo de la Reforma, desde el Castillo de Chapultepec a Tlatelolco, qué digo, la Villa, había tres coches, tú sabes lo que es eso en una ciudad de casi 20 millones de habitantes.

En alguna ocasión en algún albergue tuve que ir a los baños y estaban cochinísimos, y les reclamé a los damnificados:

—No, pues que los limpien —me respondieron.

—¿Quiénes?

—Los voluntarios.

Entonces me enojé:

—¿Qué ustedes no pueden jalar la palanca del excusado? Ésa es una falta de conciencia. ¿Por qué se los tienen que limpiar? Ya que están aquí, organícense para vivir aquí lo mejor posible. No creo que la tristeza sea una excusa para no echar agua.

De plano dije lo que pensaba:

—¿Quién tiene los baños hechos un chiquero? Ustedes. ¿A quiénes les perjudica eso? A ustedes.

—¿Y los voluntarios?

—Ah, ¿qué también quieren que los voluntarios jalen la cadena del excusado y limpien la mierda que dejan afuera?.

Muchos damnificados esperaban todo de los demás y no ponían nada de su parte. El famoso "no me toca" que es una de nuestras siete plagas. Según ellos, se lo merecían todo:

—Bueno, ahora atiéndanos, atiéndanos.

Finalmente una señora dijo:

—Si vamos a seguir usando los baños, vamos a tenerlos limpios.

Era importante crear conciencia de lo difícil, lo terrible que puede ser la convivencia si nadie piensa en el vecino. Varios albergues de la colonia Roma estaban muy mal; después los mismos damnificados empezaron a barrer en la mañana, y a limpiar, debo decirte que casi todas eran mujeres.

ESTOY MUY CONSCIENTE DE QUE AHORA YA NO TENGO ESPACIO

El Nuevo León contaba con 288 departamentos, de los cuales cayeron a tierra 192. En las azoteas, 68 cuartos de servicio estaban habitados por un promedio de seis a ocho personas. Los dos módulos que cayeron tenían una población muy densa. Juan Guerrero, cineasta, joven, de pelo chino y rostro delgado, habitante del Nuevo León, se responsabilizó del rescate durante los días iniciales; ahora se ha responsabilizado de sus compañeros estableciendo un censo:

Ha sido muy difícil censar el edificio; todavía tengo 95 departamentos de los cuáles no sé nada, ni cuántos vivían ni quiénes eran. Si el edificio tiene un total de 288 departamentos, esto quiere decir que de un tercio no sabemos nada. Mi información es de primera mano, la recabé entre los residentes que se salvaron porque no he tenido acceso a los datos de la Cruz Roja. Al principio, muchos de los interrogados estaban tan mal que ni siquiera recordaban en qué departamento vivían, pero puedo afirmar que en cada uno había un promedio de cuatro personas. Paradójicamente, el módulo que quedó en pie era el menos poblado; tengo registrados a 67 fallecidos con acta de defunción, 390 desaparecidos y 265 que sobrevivieron a la catástrofe. Puedo asegurar que la mayoría de los sobrevivientes lo son porque estaban ausentes; habían salido a la escuela o al trabajo. He encontrado a un alto número de niños y jovencitos que perdieron a sus padres.

Juan Guerrero hizo una película que se llama: *¿Me regalas un cascajo?*, de ningún modo premonitoria. —Yo quería —dice el joven director de cine independiente— que el pueblo se diera cuenta de que el país está en demolición.

Cuando se inició el temblor me asusté tanto que me puse a chillar. Guardo dinero en un jarrito; de repente lo vi tirado; cerré el gas y el agua, bajé el switch de la luz e intenté llegar a la escalera; abrí la puerta y recordé a una amiga que vive en un edificio cercano, me asomé por la ventana y vi una nube de polvo. Cuando más o menos recuperamos la razón, vi sobre la mole del edificio caído a la gente que subía a ayudar a sus familiares y a sus vecinos; todos trepaban al edificio, volvían a salir, volvían a trepar, de veras, como hormigas. En ese momento recordé que las cosas que más me importaban se habían quedado en el departamento: los negativos de mis películas. Subí (vivo exactamente en la parte del Nuevo León donde se vencieron las columnas), rescaté mis películas y creo que hasta ese momento pude conservar la calma. Después no, porque la pesadilla ha ido creciendo al paso de los días; la situación empeora, muchas imágenes me torturan; el horror. Recuerdo que una mujer pasó junto a mí preguntando: ¿Dónde está el Nuevo León? ¿Dónde está el Nuevo León? Claro, lo buscaba arriba, no veía hacia abajo.

El terremoto del día 19 me cambió en todos los sentidos; había logrado hacerme de una biblioteca medianamente completa; por fin tenía un respaldo cultural básico. Ahora sin mis libros me siento en el aire; he perdido todo lo que tenía, pero lo que más me impresiona es la mezquindad; ni el Banobras, ni la Sedue, ni Fonhapo, ninguno acepta su responsabilidad; nadie quiere hacerse cargo.

Rogelio Escartín Chávez pudo salir del Nuevo León: le dije a mi hermano "No te preocupes, no va a pasar nada". "¿Sabes qué? —me respondió—, sí va a pasar. Yo he estado en este edificio 13 años; sé la forma en que lo construyeron y sé que no va a aguantar." Llegamos al quicio de la puerta que da a un pasillo donde están los elevadores; tomamos la escalera, en ese momento comenzaron a crujir los muros; tratamos de refugiarnos en algún lugar donde pudiéramos obtener protección pero no había. En ese momento se abrió una puerta y una vecina grito: "¡Auxilio!" En el momento que gritó, desapareció. Posteriormente me enteré de que pudo sobrevivir. Otra vecina que cerraba su puerta con muchas llaves intentaba abrirla desesperada. Vi cómo los pisos empezaban a correrse como si yo fuera un elevador. "Qué pinche manera de morir" le dije a mi hermano. En el último momento de vida sentí un golpe en la cabeza y un ruido ensordecedor. Cuando abrí los ojos tenía a mi hermano encima. No podíamos movernos porque de un lado nos atrapaba un pedazo de dala, del otro, otra dala y encima una plataforma; a la altura de sus rodillas noté un pequeño orificio por el que entraba un reflejo de luz. Cuatro pisos se nos habían venido encima. Lo primero que hice fue preguntarle a mi hermano si se encontraba bien, respondió que sí, e intentó pararse pero como estábamos aprisionados se desesperó en ese momento y empezó a gritar que nos sacaran de allí.

—Cálmate, hay un pequeño orificio de luz, eso quiere decir que nos está entrando aire y mientras tengamos oxígeno tenemos la posibilidad de sobrevivir.

Sentí que algo me estaba escurriendo, creí que era agua en la cara, pero era sangre. A veces como que se me dificultaba un poco respirar. Transcurrieron cuatro horas hasta que a lo lejos escuchamos preguntar:

—¿Hay alguien allí?

—Somos dos, respondí.

—¿Tienen luz?

—Sí, y aire para respirar

—Ah, entonces ahorita regresamos.

Estábamos inmovilizados en una especie de sarcófago. Nuestros miembros comenzaban a dormirse, no sentíamos ni las manos ni los pies, estábamos en pijama, aprisionados no sólo por la plataforma sino por piedras. Más tarde regresaron:

—¿En dónde están?

—En el noveno piso —ya no había edificio, ni noveno piso.

—Ahora venimos.

Como media hora después apareció una persona que nos preguntó si veíamos una luz; nos andaban buscando con una lámpara:

—Sí, veo la luz.

Con eso localizaron en qué lugar nos encontrábamos y pasaron veinte minutos.

—Sólo va a meterse uno, porque hay peligro de que esto se venga abajo.

—Bueno.

No recuerdo la cara de la persona, mi hermano la tiene muy grabada, sabe que se llama Mario quien nos rescató, quisiéramos verlo para darle las gracias. Comenzó a escarbar, a quitar escombros; la única mano que podía yo mover era la del brazo izquierdo, traté de ayudar, tenía el brazo fracturado. El socorrista pidió que le pasaran una segueta, cuando empezó a cortar la varilla mi hermano gritó que lo estaban aplastando porque las varillas reforzaban la losa. Solicité que a él lo sacaran por los pies y empecé a quitar piedras con mi única mano utilizable. Entonces comenzó a bajar la plataforma, estábamos rogando a Dios que no bajara más porque nos hubiéramos muerto. Lo sacó a él, a mi hermano; lo llevó poco a poco agachado en una especie de túnel que hizo como de seis metros para llegar hasta nosotros y yo me fui arrastrando hasta que por fin llegué a la salida, un pequeño orificio. Allí me rescataron.

Muchos vecinos no tuvieron la suerte nuestra, eran demasiados los escombros. Nos llevaron a otro edificio de Tlatelolco, a punto de derrumbarse también, donde estaba un puesto de socorro y como yo tenía una abertura muy grande en la frente me mandaron a un hospital de Traumatología en la calle de Fortuna. Me vendaron, me cosieron, entre tantos y tantos heridos que llegaban.

Todo mundo vivió momentos de terror, perdimos amigos y parientes, padres, hermanos, esposas, hijos. La indignación es grande. Ayer me dijo el licenciado Pacheco, interventor por parte de la Sedue en ALSA: "No podemos aceptar la palabra indemnización, porque eso implica que estamos adquiriendo la responsabilidad y no somos responsables hasta que no haya un procedimiento que diga que tenemos la culpa".

Levanta la mirada y dirige sus hinchados ojos hacia la gran mole de fierros retorcidos y cascajo, en lo que se convirtió el edificio Nuevo León. "Dios fue muy bueno con nosotros dos... Pensamos que íbamos a morir pero afortunadamente los bomberos nos sacaron."

Cabeza y cara cubiertas por una venda que oculta cerca de 35 puntadas, y un hombro enyesado, Rogelio Escartín, del departamento 9243, acusa a Banobras y a Fonhapo de la catástrofe: Su negligencia originó esta desgracia. Fue espantoso. Nos disponíamos a ir a trabajar cuando comenzamos a sentir que estaba temblando. Al momento me acordé que el edificio estaba muy endeble y le grité: "Este edificio no lo va a aguantar". Abrí la puerta y salimos corriendo al pasillo. Rodolfo quiso bajarse por las escaleras pero le di un empujón, como pude; entonces empezamos a ver cómo los pisos del edificio de enfrente bajaban, como si fuéramos en un elevador a toda velocidad —la voz, ronca, da un suspiro—, nos abrazamos... sentimos que era el fin, que todo había terminado. Nos aferramos uno al otro, quizá para protegernos, pero no lo sé, a lo mejor fue por instinto... Luego sentimos un fuerte golpe y todo cambió en segundos: de lo nublado y lo polvoso a la total oscuridad.

Perdí el conocimiento. Al despertar me sentí dentro de un gran sarcófago oscuro. Pero me di cuenta de que estaba vivo y junto estaba mi sobrino. Le pregunté si estaba bien, me dijo que sí. El espacio en el que quedamos era justo en donde cabíamos. Sentí un fuerte dolor de cabeza y me di cuenta de que estaba sangrando mucho. Pero nos entraba oxígeno. Así esperamos hasta que oímos voces; empezamos a gritar y a suplicar que nos rescataran. "¡Estamos vivos!" Yo quedé boca arriba y la sangre me escurría por la cara, me entraba a la boca y me atragantaba.

YO ESTABA CONFORME CON MORIR

En la mañana del día 19 de septiembre me había bañado, rasurado y todo, y volví a ponerme la pijama porque pensaba medio cachetonamente prender mi cafetera eléctrica y recostarme a ver las noticias. Entonces empezó el desastre. Al principio no me inquietó, pero sentí que la intensidad iba aumentando y que era rítmica; como si le dieran vuelta a un columpio —se me ocurre ahorita— y aprovecharan el cambio de sentido para imprimirle nuevo impulso. Para acabar con todo no es necesario un sismo de mucha intensidad si su frecuencia es constante y, sobre todo, si ya está fallida la estructura. Por eso, cuando vi que iba en aumento pensé que era el fin. El Nuevo León estaba condenado desde antes. El sismo iba a echarlo abajo. Nunca se hicieron las reparaciones que hacían falta. Me fui al marco de la puerta de entrada de mi departamento y allí me afirmé. En ese momento empezaban a saltar los mosaicos venecianos del cubo de la escalera, los vidrios de mi departamento volaron —señal inequívoca de que los muros estaban flexionándose para uno y otro lado— y grité desde la puerta a mis vecinos que no trataran de utilizar las escaleras, grité mucho, les grité que hicieran lo mismo que yo.

JAMÁS HAY QUE TOMAR LAS ESCALERAS

Lo primero que se desprende en un desplome son las escaleras. En ellas casi nunca hay posibilidad de vida. En los elevadores ni se diga. Grité y sin embargo nadie salió. Vi la puerta de mi vecina azotándose, se había abierto. El sismo había tomado el tan temido sentido longitudinal del mecimiento.

Realmente no me asusté ni me entró temor, nada por el estilo. Estuve conforme en que era mi fin; hasta allí había yo llegado. Les había dicho, medio en broma medio en serio, a mis hijos y a mis amigos que si yo pasaba de los 50 años, lo demás sería ganancia. Los cumplí en enero de este año y rápidamente me llegó el pensamiento: "Me llevé ocho meses de ganancia". No perdí el sentido en ningún momento, vino el derrumbe, caí, creí que nos hundíamos con todo y cimentación, que se había abierto la tierra, que una falla en el subsuelo nos estaba tragando. Después me di cuenta de que no era así; fallaron las estructuras en la parte inferior y en la planta baja; el primero, segundo y tercer pisos se aplastaron como sándwich y todavía se fueron hasta los sótanos a una profundidad como de seis metros bajo el nivel del piso, de tal suerte que el cuarto piso, que debería estar entre nueve y doce metros del nivel natural del suelo vino quedando al ras. Es decir, caímos primero en forma vertical entre 12 y 13 metros y luego en forma parabólica. Cuando el Nuevo León se fue hacia el estacionamiento, caímos tal vez 16 o 18 metros o más.

El capitán Gustavo Barrera es jubilado del Ejército Mexicano. Tiene cuatro hijos. Hizo su carrera en el Distrito Federal. Fue cadete en el Colegio Militar y luego estudió en el Colegio Militar de Ingenieros. Su profesión es ingeniero industrial. Mide 1.67 de estatura, es blanco, de ojos verdes y cabello castaño claro y su complexión es delgada. Atlético, es un hombre muy simpático que a todos cae bien. Solía ser —antes del sismo— el alma de las fiestas. Desde el 19 lucha sin descanso por sus vecinos del edificio Nuevo León y por los damnificados de la ciudad.

LOS QUE MÁS SUFRIERON FUERON LOS ÚLTIMOS PISOS

Realmente no tengo idea de por qué estoy vivo; quedé totalmente sepultado por escombros. Permanecí con los ojos cerrados, oía yo los gritos de dos personas atrapadas, pero estaba seguro de estar ya en agonía y lúcido totalmente, porque jamás perdí el conocimiento. Cuando iba cayendo sentí todos los golpes que recibía mi cuerpo, no fue una caída estrepitosa, no puedo decir que fue lenta, pero sí que me iba deteniendo conforme se iban venciendo los pisos. Donde no me explico cómo quedé vivo fue en el azotón que nos dimos contra el estacionamiento. Esa caída no podría describirla pero seguramente fue hasta cierto punto lenta, porque tuvieron que arrancarse las columnas del otro lado del edificio, es decir trabajaron en tensión; fueron cayendo poco a poco hasta que finalmente se azotaron, eso sí, en el último momento. Los que más sufrieron fueron los últimos pisos, porque creo que del duodécimo, el decimotercero y los cuartos de azotea, ésos sí se azotaron completamente contra el pavimento a tal grado —me di cuenta al salir una hora y cuarto después— que muchos cuerpos fueron proyectados al exterior del edificio.

Lo repito, mientras estuve sepultado permanecí lúcido; de hecho sentía yo los pies oprimidos por algo pesado, cierto dolor en el empeine izquierdo, pero respiraba bien. Abrí los ojos y me di cuenta de que estaba cubierto de escombros y que caí boca arriba con los pies un poco más arriba y un poco torcido de la cintura. Todo cubierto de escombros. Tenía las manos libres, lo que es las puras manos, las muñecas, entonces empecé a quitar pedazos de escombros y me fui liberando poco a poco; me encontraba en una bóveda, un trozo bastante grande de una placa de concreto me quedaba a unos 15 centímetros de la cabeza; la losa estaba milagrosamente detenida y el marco o dintel de la puerta lo tenía entre las piernas; lo que sería la chambrana. Había caído en la posición en la que me había afirmado debajo de la puerta de mi departamento. Alcancé a ver —porque ya había luz— mis pies; tenía un pedazo de losa de considerable tamaño clavada en el empeine izquierdo. No había hemorragia, se me hizo bastante raro. La pierna sí la tenía. Empecé a llamar a todos mis vecinos a quienes conocía por nombre y apellido —a todos conocía yo— que si estaban allí, pero nadie contestaba. El único que me llegó a responder fue el licenciado Escartín, pero creí que era su papá y no él quien estaba atrapado junto a mí, porque vivía en el noveno piso, y yo en el décimo. Pero eran él y su hermano los atrapados; vi por unas rendijas que unos pies caminaban por encima de nosotros y empecé a llamar, que me ayudaran. No hacía caso, hasta que por fin tuve que hablar en cierta forma muy familiar y no muy amistosa. Preguntó:

—¿En dónde estás?

—Te estoy viendo los pies, agáchate y me vas a ver.

Se agachó y le repetí:

—Ayúdame.

—No puedo; estás muy adentro.

No tenía ganas; le repetí que estaba totalmente liberado, sólo necesitaba que me zafara los pies; le señalé a cinco o seis metros a su izquierda un hueco bastante grande. Podía meterse por allí. Y sí, entró y me vio.

Creí que la torre Veracruz de veintidós pisos frente a lo que fue el Nuevo León se nos había caído encima y se lo pregunté. Estaba yo muy sereno, realmente sería mi disposición a morir o porque no tuve tiempo de asustarme o por las dos cosas, el caso es que le hice plática y por él me enteré que de Tlatelolco sólo se había caído el Nuevo León.

Empezó a levantar la losa, a tirar de ella, no sé si estaba muy pesada o no la jaló con ganas, pero apenas me liberó el pie uno o dos centímetros. Sentí cierto alivio y lo estiré y lo encogí rápidamente y me herí más. Tengo un hoyo en forma de pirámide en el empeine. Por fortuna ya estoy en franca cicatrización.

Por el agujero salí arrastrándome, con los pies hacia adelante. Tanto este muchacho como otro que, por cierto, eran los únicos que andaban arriba de los escombros, a pesar de que ya había transcurrido más de una hora, desaparecieron. Eran los únicos porque la gente —atontada— seguía allí, petrificada, no había nadie que hiciera nada; todo el mundo se concretaba a ver, al grado de que empecé a pensar —y que Dios me perdone si soy injusto— que el muchacho a quien tanto tuve que insistirle para que me ayudara había subido no a ayudar sino a ver qué robaba. Ojalá y me equivoque.

Bajé descalzo, desde luego lleno de tierra, herido por todos lados, cubierto de sangre y sobre todo, muy, muy triste. Encontré a un amigo, el licenciado Terán, y le pregunté por su esposa, la maestra Terán, y me dijo que tenía un brazo quebrado y que aún no aparecía una de sus hijas, Alondra. ¡Dos niñas encantadoras! Empecé a gritarle a todo el mundo que por favor ayudaran porque había mucha gente atrapada en los escombros, pero casi ni podía caminar, los dos pies y la cadera los tenía seriamente lastimados. Y en la cabeza una herida de consideración, tanto que tuvieron que echarle unas puntadas, lo mismo que al pie. Después de que me atendieron de emergencia regresé al rescate. Ya para entonces, estaba acordonada la zona por los policías.

—¿Para qué entra? —me dijo uno—. En pijama, descalzo, herido, no puede usted hacer nada.

En el coche de un amigo fui a casa de mis hijas para ver si no habían sufrido algún daño. Andaban desesperadas. Me llevaron al Hospital Militar y, cuando mi hijo menor me hubo prestado alguna ropa, dije:

—Vuelvo al Nuevo León.

No podía estar lejos de él.

INEPTITUD Y CORRUPCIÓN, CLAVES EN LA CAÍDA DEL NUEVO LEÓN

Desde el día 19, y a pesar de sus heridas, sobre todo la de su pie, el capitán Gustavo Barrera se dedicó a "sacar gente" del Nuevo León. Después de cerciorarse de que sus cuatro hijos estaban bien, no volvió a salir del Nuevo León. Lastimado, caminó por entre los escombros y no dejó de escarbar y de gritar los nombres de sus amigos hasta muy avanzada la noche. No estaba organizado ningún equipo de rescate. Aun desplomado el edificio, podía identificar algunos departamentos porque el Nuevo León lo conocía al detalle.

A las cuatro de la mañana me llevaron a dormir; no quería, pero tampoco podía caminar. Al otro día temprano volví. Tuve que esconder el bastón, porque si no, me hubieran impedido entrar al rescate. Me encontré a un ingeniero jefe de área y nos hicimos muy amigos. Le he tomado una gran estimación, se llama Alcaraz y para mí es uno de los héroes anónimos del Nuevo León. Le dije:

—Yo necesito entrar, soy ingeniero, conozco muy bien el edificio y sé cuáles son los problemas.

—Es que caminas con mucha dificultad.

—Allá adentro está gente muy querida mía, si no me dejas entrar voy a meterme a la fuerza, o a como sea.

—Bueno, está bien, te voy a dar unas cuadrillas.

Me dio cuatro cuadrillas de aproximadamente ocho hombres cada una; distribuí a dos en la entrada E del Nuevo León y a otras dos en la F, y les enseñé dónde deberían buscar.

Después de quince años de vivir ahí, mucha gente me conocía y yo a ellos, porque además entre todos habíamos fundado el estacionamiento del edificio e incluso fui presidente de los habitantes del Nuevo León durante varios años.

Rescatamos muchos cuerpos, me desesperé por no encontrar más. Durante ese día vi muchos vicios, pero también muchas virtudes de nuestra sociedad; una juventud prometedora, pujante, que no escatimaba ni esfuerzo ni tiempo ni nada por entregarse a la tarea del rescate. Vi a ingenieros brigadistas, pero sobre todo a ingenieros que más que ingenieros parecían vedettes, porque sólo les interesaba aparecer en la televisión o que los filmaran; pero también vi a otros que jamás descansaron y que en el anonimato lloraban con nosotros por nuestra tragedia. Voluntarios que llegaban a ver qué se embolsaban, pero eso era lo que menos me importaba, porque muchas veces encontré pertenencias mías y nunca tuve la menor gana de levantarlas; dejé allí mis libros, mis discos, mi ropa. En los últimos días de rescate, me pareció raro encontrar una cosa muy pequeña que hacía tiempo Estela Kassín me había regalado: un corazón de coral negro, que según ella debía traer yo todo el tiempo porque me iba a dar buena suerte. No creo en eso, pero recogí el corazoncito de coral negro tirado entre los escombros. Esto me desesperó aún más, porque habían transcurrido siete días y aún no podíamos llegar al cadáver de Estela Kassín y al de su niño, los logramos sacar el 30 de septiembre en la noche.

El capitán Gustavo Barrera fue asesor técnico del Nuevo León durante muchos años, ahora se encuentra en la representación vocal del Convenio con la Sedue. Para ello ha trabajado de día y de noche hasta las cuatro y media de la mañana:

El caso del edificio Nuevo León tiene un interés muy particular, porque su desplome no fue solamente producto del sismo, sino también de la ineptitud y corrupción de nuestro gobierno y de sus instituciones. Se trata de una negligencia criminal y creo que los culpables deben responsabilizarse, y que nosotros, los habitantes del Nuevo León, debemos exigírselos. Afortunadamente tengo por escrito todos los antecedentes del Nuevo León; no hay lugar a duda que hubo malos manejos en la administración, irresponsabilidad criminal por parte de las autoridades que conocían bien el estado de gravedad del edificio y por rateros, por embolsarse los pocos centavos que quedaron o para distraerlos en cualquier otra cosa, el Nuevo León jamás se reparó, y la documentación la ponemos a la vista del público para que la conozca.

ESTOY COMPROMETIDO CON LOS MUERTOS

Se perdió gente extraordinaria. El nivel cultural de los habitantes del Nuevo León era muy especial. En él vivían profesionistas: ingenieros, arquitectos, maestros de la UNAM y del Politécnico, artistas, técnicos muy calificados. Si callo, si no denuncio, si no peleo, no tiene sentido haber salvado la vida. Me prometí a mí mismo que si tenemos que lamentar desgracias —que inevitablemente habremos de lamentar en el futuro— no sea por corrupción, por ineptitud, que no sea por la mala administración, por pésima construcción, por robo en los materiales, por irresponsabilidad de los funcionarios. Por eso acuso a Guillermo Carrillo Arena. Rompimos las pláticas, tuvimos que pedir un cambio de interlocutor, porque Carrillo Arena es prepotente, arrogante, autosuficiente, y llegó un momento en que se puso hasta majadero y nos acusó de estar aprovechándonos de la situación para hacer un movimiento político. Nos amenazó con que iba a entrar Gobernación, la Procuraduría y entonces llevamos nuestra queja a Gobernación, donde contra todas nuestras expectativas, nos atendieron muy bien. Gobernación se ha portado mucho mejor que la Sedue.

Ahora nuestro interlocutor es Gabino Fraga, que es más accesible y ofrece pagar una compensación por menaje de casa, indemnización, facilidades de líneas telefónicas, viviendas con créditos blandos, sin enganche y sin gastos de escrituración ni de traslado. Carrillo Arena en cambio no dejó de intimidar a los compañeros y siempre habló en forma altanera e insultante.

En cuanto a las casas, hay varios ofrecimientos en diferentes fraccionamientos: Villas del Maurel, Los Girasoles, Tulpetlac (adelante de San Cristóbal Ecatepec en el Estado de México) y en un espacio más allá de San Juan de Aragón. Muy lejos, muy lejos. Nos avientan a las afueras.

Yo no sé, a los políticos les tengo cierta fobia, porque las veces en que por alguna razón, en el desempeño de mis funciones, he tenido que andar entre ellos (desde luego que hay excepciones) casi siempre he salido botando.

Recuerdo las palabras de un presidente de Estados Unidos, John Quincy Adams; leí que decía que "todo político debe ser considerado un mentiroso y un ladrón en tanto que no demuestre lo contrario". Desgraciadamente para mí, la forma de comportarse de la mayoría de los funcionarios del gobierno es de absoluta falta de nacionalismo, falta de amor a la patria y falta de honestidad. No paran en las consecuencias con tal de saciar su hambre, cuando llegan a manejar los fondos públicos. Si he quedado vivo es para denunciarlos, para asentar de una vez por todas el precedente de que nunca más vuelvan a darse casos tan notorios de negligencia criminal, para divulgar a voz en cuello que lo del Nuevo León fue un asesinato. Y la responsable del asesinato es la corrupción gubernamental.

Hay quien es sepultado bajo el horror del sistema, horror infinitamente superior al de la nube del Nuevo León: Juan Guerrero.

LA DIRIGENTE EVANGELINA CORONA: COMO NO SABÍAMOS NADA DE NADA, CREÍAMOS QUE LOS PATRONES ERAN BUENOS

Bajar el escote un centímetro
Agrandar el cuello
Quitar un centímetro y medio del ablusado delantero

Reliquia, sudario, la hojita rayada emerge de los escombros. Torcida, húmeda, hay que plancharla con la mano. Las compañeras la miran en silencio.

—¿Alguna de ustedes la quiere?

—No.

Vuelven la cabeza a lo naranja del metro. Mejor llenarse los ojos de ese fugaz naranja que de la grieta honda del 19 de septiembre ratificada por estas letritas torpes que señalan cintura, busto y cadera.

Uno de los problemas más monstruosos que afloró con los dos sismos fue el de las costureras. Se derrumbaron 200 talleres de confección de ropa, se dañaron casi 500 y 40 mil mujeres quedaron sin empleo. En pleno San Antonio Abad, en medio del ruido de caterpillars, grúas, trascavos, "plumas", picos y palas se oyen voces casi infantiles:

—Yo hacía ojales, yo armaba las prendas, yo era plisadora, yo soy overlista.

Topeka, Vestimark's, Jeans, S.A., Dedal, Amal, Dimensión Weld, Lamark, Infantiles, S.A., Artesanías Selectas, Maxel; arriba de sus escombros, las telas que como cortinas se agitan ennegreciéndose al viento, los metros de encaje enroscados en torno de hierros retorcidos, los camisones que cuelgan de las ventanas descuadradas, la ropa prensada entre las losas, las máquinas de coser, las sillas milagrosamente suspendidas, una pata en el vacío y, muy a la vista, absurdamente intacta, una figurita de porcelana.

Llegó el ejército y acordonó. Nosotras dijimos:

—Necesitamos que nos ayuden a escarbar. Hay muchas adentro. Ayuden por favor. Las palas...

—No, nada más estamos para acordonar.

Los primeros días tenían fe.

—El patrón va a venir por nosotros, ahora mismo viene nuestro patroncito porque nos quiere mucho.

Algunas se sentaron en la banqueta.

—Tiene su casa muy bonita en Tecamachalco.

Lo decían sin envidia. El patrón era bueno, bromeaba con ellas durante el trabajo, sonreía al pasar entre las máquinas de coser.

—No ha venido porque está fuera del país; tiene muchos compromisos de trabajo, pero apenas regrese, él viene, seguro que viene.

—Acostumbra ir a Las Vegas.

—Hoy viene por nosotras.

El patrón, la figura masculina, la imagen paterna, el que da una palmada en el hombro, un permiso, el que entrega la quincena en un sobre de papel estraza para las que trabajan desde los catorce años y son madres solteras; el patrón es el punto de referencia:

—Cada año le hacemos su fiesta bien bonita, hasta con mariachis. Nosotros ponemos todo, por eso es su fiesta; en el día de su santo, viera qué rete bonito se pone el taller.

—¿No da ni para los refrescos?

—Ni para los refrescos; todo lo sacamos de nuestra quincena.

—Nos quiere mucho el patrón porque nos da mucho trabajo. Hasta para que nos lo llevemos a la casa. Por eso yo lo primero que hice fue comprarme una máquina, corrientita ¿verdad?, para tenerla en la casa y cumplirle al patrón, porque yo trabajo a destajo.

A las costureras todo el mundo les ha fallado: su hombre que les fincó a la criatura y se largó, el patrón que sacó primero la maquinaria y les pidió que ayudaran y rascaron hasta con las uñas para "rescatar la fuente de trabajo", hasta que se dieron cuenta. "¿Y las compañeras?" "¿Primero la maquinaria y después la vida humana?" Era difícil creerlo. No sólo se derrumbaba el edificio —zurrón de concreto y varilla— sepultando la vida, sino otro derrumbe las aplastaba por dentro.

—¿Qué cosa somos nosotros entonces? ¿Basura?

"Mi vida se quedó ahí adentro", exclamó Elías Serur.

¿Y la nuestra? ¿Y nuestra vida?

—Yo a Elías Serur hasta lo quería, para qué es más que la verdad, agraciado el hombre, quebradita su cabeza.

Esto era en los primeros días. Poco a poco la magnitud de la tragedia fue abriéndose paso. La catástrofe irrumpió en nuestra vida. La ciudad quebrada resquebrajó la sumisión, la docilidad, la mansedumbre. Cada día que pasaba era una posibilidad más de muerte. Adentro de las fábricas derrumbadas, morían. Morían las madres, las hermanas, las hijas, las compañeras. Del ahogo en sangre nació la rabia, el deseo de cambio, el "no hay derecho", y ahora Evangelina Corona es dirigente, sale a la luz pública y blande su puño, micrófono en mano, Cecilia Soto Blanco es asesora jurídica del gremio, y el sindicato se llama "19 de Septiembre" (Sindicato Nacional de Trabajadoras de la Industria de la Costura, Confección y Vestido, Similares y Conexos). Reclaman. Denuncian. La Cámara de la Industria del Vestido es irresponsable, no soluciona el conflicto. Los patrones sienten que la autoridad está con ellos. Los funcionarios son deshonestos. Están coludidos con los dueños de las fábricas. Soslayan sus obligaciones legales. Las quieren comprar a ellas, costureras, haciendo depósitos en la Junta Local de Conciliación y Arbitraje que ninguna —ni una sola— ha aceptado ir a cobrar. Las costureras piden, entre otras cosas, el pago de tres meses de salario, y veinte días por año, partes proporcionales de acuerdo con la ley y liquidación de salarios caídos a partir del 19 de septiembre hasta la fecha de indemnización o de la reubicación.

Los primeros días en Izazaga 55, el dueño de la fábrica Miss Universo, Elías Michen Tuachi, cuya fábrica se derrumbó, les dio el domingo 22 a sus trabajadoras en calidad de "préstamo" cinco mil pesos y una semana después les dijo que éstos correspondían a la semana de labores del sismo y que por tanto los descontaba del sueldo de 11 331 semanales. El domingo dijo que iba a tratar de montar la fábrica en otro lado, porque allí en Izazaga todo se había acabado. "No sabíamos que el lunes ya había sacado papeles de cobranza, maquinaria, todo. Desde el primer momento, sólo se preocupó por su caja fuerte. Ni la camioneta dejó. Incluso a las compañeras que tenían vales, o que les debían se los descontaron, enseñándoles los comprobantes. Así es que con todo se quedaron. Y nosotras no tenemos nada. Producíamos vestidos para dama y trabajábamos de nueve a siete con una hora para comer, comíamos allí mismo porque no nos alcanza para la fonda."

Evangelina Corona, ahora dirigente, ha compartido la suerte de todas y su historia se parece a la de muchas: las historias de amor suelen parecerse. No sé cómo hablará en público, imagino su frescura, la limpidez en su mirada, sus ojos que sonríen, sus labios sobre dientes fuertes, muy blancos, dientes de extraer el amor, dientes en los que se reflejan las chispas luminosas del día:

Entré directamente a la overlock, luego luego fui para overlista. No sabía ni conocía la máquina pero fui a la overlock. (Pronuncia la palabra "overlock" con mucho respeto.) Me dieron a hacer una blusa a la que tenía yo que ponerle un encajito entre tela y tela con un adornito de canesú, pero yo no conocía el ensartado de la máquina y quedaron las costuras como colmillos —así les decimos nosotras (ríe) "colmillones" cuando se abren. El patrón vio las blusas y la arrugazón y me dijo:

—Así no está bien, mire, toda la puntada floja, mire nada más...

Tuve que rehacer las doscientas blusas por no haber cuidado la puntada. De allí para adelante —mis doscientas blusas hechas— ya no tuve problema. Es cosa de días, rápido se agarra; claro, depende de la atención que ponga uno, pero para mí llegó a ser tan fácil la overlock que a veces cabeceando sacaba yo el trabajo.

(La overlock es una máquina de muy alta velocidad, que hace una puntada de cierre de seguridad, con la que se rematan las costuras laterales y el tiro de los pantalones; el costado de los vestidos, de los suéteres, de las mangas. La overlista es la costurera mejor pagada.)

En ese tiempo yo no sabía nada de nada, no sabía si tenía derecho a descansar, a días festivos, a qué sé yo, y como nada sabía, puedo decir que eran muy amables los patrones. Sin embargo ahora que estamos a la luz de todas las cosas, veo que no eran tan buenos. Lo que querían es que les sacáramos el trabajo a como fuera —teníamos que apretarle a la máquina a lo máximo—, producir la mercancía que ellos tenían pedida. Ellos vendían al Puerto de Liverpool, Palacio de Hierro, nosotras, adentro, en el taller, dale y dale, agachadas sobre la máquina. ¿No se ha fijado que muchas tienen el pecho así como achuecado de tanto estar inclinadas, así como que se les ha hecho un agujero, y luego una joroba por atrás en la espalda?

Claro que le apretábamos a la máquina y las manos a moverlas, porque si no, no sacábamos el sueldo. Trabajábamos a destajo. En nuestra ignorancia pensábamos que eran buenos los patrones porque nos proveían de bastante trabajo.

Me he propuesto decir siempre la verdad; el señor Anquié, el dueño, era un hombre cordial; cuando veía que el trabajo estaba un tanto atorado, él mismo se sentaba a la máquina y le daba y sabía hacerlo. A mí eso me gustaba; que el patrón supiera hacer, tuviera voluntad de enseñar. José Antonio Cervantes Silva, un mexicano, ése sí no sabía nada, no sabía ni siquiera arreglar la puntada de una máquina y a él no lo respetábamos. El señor Anquié me agarró confianza o abusó de mi buena disposición, me dio las llaves, yo era la que abría y la que cerraba; me encargaba de que las muchachas tuvieran trabajo sin dejar el mío, me estaba pagando al día. A veces tenía que hacer mil o dos mil mangas, o le hacía de dobladilladora, con la overlock, los costados de faldas, vestidos, blazers, o simplemente sobrehilar; tuve que hacerla hasta un poquito de jefa; con la overlock lo que menos me gustaba era hacer la costura de la pegada de la manga, esa sí que es laboriosa; pero eso sí, zás, zás, zás (truena los dedos) a entregar, zás, zás, nada de platicar o tardarse en el baño.

Antes del día 19 mis patrones eran los señores Bizú, de Jeans, S.A., que antes se llamaba Elysée, S.A.; también eran amables, para que es más que la verdad. En Izazaga 137, los patrones convivían con nosotros, a la hora de la comida si les convidábamos una tortilla, la comían con mucho gusto, si salían de viaje, a Europa, Estados Unidos, Italia, donde fuera, nos traían siempre una chacharita de por allá. El señor Bizú era un señor que pasaba a la máquina y preguntaba:

—¿Cómo va señorita? ¿Cómo está?

Realmente hubo una armonía bonita hasta que intervino ese otro señor Raúl Aguilar. Da vergüenza que un mexicano resulte más explotador, pero desafortunadamente los hay. Ese Raúl Aguilar empezó a distanciar a patrones y trabajadores.

El dueño decía:

—No, pues lo que diga Raulillo es lo que se hace. El que tenga un problema que vaya con Raulillo. Lo que diga Raulillo y lo que opine Raulillo. A ese Raúl Aguilar —el contador de la empresa— le dieron tanta autoridad que lo engrandecieron. Ahora mismo con todo lo del sismo, las compañeras oyeron al patrón decir:

—Raúl, ellas están en su derecho y hay que darles su indemnización.

Él respondió que no.

Le duele más el dinero que al patrón. Ha dicho incluso, muy enojado, que nosotras estamos causando el problema. ¿Cuál? Él mete la cizaña e interviene en las cosas; en la Secretaría del Trabajo anda para arriba y para abajo, todo enojado.

La vida de Evangelina Corona empezó hace 46 años, en un ranchito del estado de Tlaxcala, San Antonio Cuajomulco:

Un pueblo campesino, en ese tiempo no entraban los camiones, no había ni luz eléctrica, una casa aquí, otra allá, a un kilómetro de distancia; lógicamente ahora está más poblado; hacíamos media hora caminando para llegar a la escuela. Somos ocho hermanos; las tierras áridas, secas, cada año la cosecha más raquítica, la necesidad fue aumentando conforme a nuestra edad. La escuela no tenía más que tres años de primaria; a los 15 años salí de San Antonio Cuajomulco con la idea de ayudar económicamente a mis padres. Me fui a Apizaco, entré como sirvienta a una casa; ganaba 40 pesos al mes, un dineral, arreglaba las recámaras y todo lo de los niños, me gustaba estar allá, pero, yo estaba jovencita y el patrón empezó a echarme los ojos y a causa de la mala fe del patrón tuve que salir de la casa; era uno de esos señores sin escrúpulos que creen que todos podemos caer en sus redes y tuve que abandonar la casa aunque la señora sí era buena. Una mañana me aventé sola, agarré mis cachivaches, los puse en una caja de cartón y salté y me fui a pie desde Apizaco hasta San Antonio, pero empezó a pesarme mucho la caja y pedí prestada una bicicleta. Llegué bien a la casa pero mi mamá y mi papá ya habían ido a buscarme porque les habían avisado que me había ido. Me senté en la puerta de la casa a esperar que regresaran y ya cuando llegaron les dije:

—Pues ya estoy aquí.

Fue mi primera experiencia con la crudeza de la realidad, de un patrón indecoroso.

En 1952, me vine a México a trabajar a una casa en las Lomas de Chapultepec. Mi primer sueldo: 150 pesos, ¡uuuuy, una fortuna! De allí me fui a trabajar a una joyería y a vivir con una de mis hermanas, la menor, Jaciel, en el Estado de México. Todos los días iba yo a pulir las joyas con un trapito a dale y dale y duro y duro hasta que relumbraran. Ganaba 200 al mes. Así estuve hasta que en 1964 entré a la costura. Tantito me gustaba. Es que cuando no se tiene mucho estudio, no se puede hacer otra cosa. Por lo menos había salido de sirvienta para estar en la joyería y en la costura. Empecé a ganar de 480 a 500 a la semana. Solamente sabía coser en maquinita de pedal porque en la casa siempre hubo y una de niña es traviesa y empieza a agarrar trapitos de aquí y de allá, a agarrar un poquito de noción. Entré primero a trabajar a una fábrica de los que elaboraban ropa para los señores de tránsito, de los *tamarindos* (ríe), de los que usan ropa café con beige; después, la fábrica siguiente se llamó Casa Dante, después fui a Bolívar 32 y empecé a agarrar la overlock, ¡bonita la máquina! Cierra, hace remate, cierra bien las costuras. Se llamaba Remy Terly, y su propietario era Elías Anquié. Entrábamos a las ocho y salíamos a las seis de la tarde. Duré cinco años en la fábrica de Argentina 7, que posteriormente se mudó a San Bartolo Naucalpan y como quedaba demasiado lejos, decidí cambiarme.

¿Y el amor? (Ríe.) Es que fui un tanto rebelde. Desde luego no quiero decir que he cerrado mi corazón al amor, ¿verdad? Allá en el pueblo conocí a un joven de mi mismo nivel, y hasta la fecha no lo puedo olvidar. Permanece aún en lo íntimo, dando vueltas, vueltas, vueltas. Todos mis sentimientos, todas mis ilusiones confluyen en él. Se casó, tiene su esposa, sus hijos, que por cierto me dieron una muy mala noticia porque uno de sus hijos laboraba en Televisa y por rescatar a sus compañeros perdió la vida. Yo nunca me he casado, pero tengo a mis hijas. Tengo dos hijas, una casada y tiene tres niños, la otra está en la secundaria; la mayor se llama Maeli y la chiquita se llama Ana Jeanette.

(¡Qué chistoso! Casi todas las costureras les ponen a sus hijas nombres de fábricas de ropa!)

Evangelina Corona Cadena vuelve al tema del sindicato recién formado:

Tenemos registradas en promedio 72 fábricas y cada día están acercándose más; algunas hemos perdido totalmente nuestra fuente de trabajo. Mi inquietud es, a fuercita, que nada quede oculto, todo a flor del pueblo, todo a la luz. Me importa mucho eso; que nadie ensucie la limpieza de este sindicato que aún no ha logrado nada; a este niño-bebé que empieza a dar sus primeros pasitos.

Se pone seria:

Más de 600 vidas costó el registro del Sindicato 19 de Septiembre. Sé que me queda mucho por aprender, desconozco muchas cosas, cuando me eligieron por mayoría, sentí bonito y feo a la vez. Feo por la responsabilidad. Yo siempre fui muy tranquila en el trabajo; pensaba en llegar a mi antigüedad, en retirarme algún día; con los compañeros nunca hablé de política; todavía hoy se me dificulta, porque salíamos a las siete y derechito a la casa, yo vivo hasta Nezahualcóyotl. Trabajé en Elysée S.A. desde el 2 de octubre de 1972, así, sin movimiento, sin hacer olas porque ni el mar conozco; me cuesta mucho trabajo, les digo a las compañeras y a los compañeros —porque también hay hombres— que el sindicato es de todos y todos somos el sindicato; que debemos ponerle muchas ganas y hacer fuerte a nuestra organización, luchar con nuestro corazón. Queremos trabajar, no somos unas holgazanas, llevo más de veinte años en este oficio, soy de Tlaxcala y ya ve que los tlaxcaltecas somos de cabeza dura, tercos y sinceros. Creemos en lo que nos dicen y tenemos palabra. Cuando el patrón dijo: Déjennos sacar la maquinaria porque acabandito de sacarla podemos darles trabajo a ustedes en otro lugar, le creímos, pero luego, cuando lo logró, simplemente nos advirtió: No, ustedes búsquenle por otro lado, aquí ya no hay nada, aquí se perdió todo y todo se acabó. Vilmente el patrón nos engañó. Los patrones, todos. Nos dejaron en la calle. Gracias a Dios, por el registro de nuestro sindicato, el Ser Supremo no nos dejará traicionarnos. (Evangelina Corona Cadena es protestante, evangelista y los domingos en el templo enseña catecismo a los niños.)

Me pregunto qué sentirán el presidente De la Madrid y Farell frente al rostro limpio de Evangelina Corona, su piel de manzana pulida, su nariz que frunce al reír, su cabello que teje en la nuca y redondea su cabeza, blanco en la frente y en !as sienes, negro en la trenza. (Si se pintara el pelo, le echaría 28 años a lo más, tan bien estirada su piel sobre su cara redonda.) Habla con una enorme naturalidad, responde sin esconder nada; muchos podrán considerarla ingenua políticamente porque sus respuestas brotan espontáneas, "a flor de pueblo" como diría ella, respuestas-flores que brinda con absoluta sencillez, como su casa, que se tupe de geranios regados los domingos en la tarde, al regresar del templo cuando el sol está a punto de meterse.

¿Qué pensará De la Madrid, frente a esta frescura, qué pensará Farell, acostumbrados como lo están a la cortesanía de senadores y diputados que ganan cientos de miles de pesos mensuales, más comisiones? ¿Se habrán dado cuenta de qué clase de pueblo es el mexicano?

Evangelina Corona respondería con su luminosa sonrisa: "A fuercita".

Nada sabe de marrullerías, hipocresías, mañas. Nada. Sólo sabe del ahogo en sangre del 19 de septiembre y de los gritos de las compañeras: "Estamos aquí, sálvennos".

Seiscientas o más murieron aplastadas. Muchas de catorce añitos. Muchas también madres solteras. Sin quien respondiera por ellas.

—Déjenos quedarnos aquí, haga de cuenta que no hay nadie.

EL GRAN BAZAR

El 23 de septiembre, en la revista *Proceso*, Elías Chávez sacó a la luz pública "El gran bazar de la ex primera dama: Carmen Romano vende sus tesoros". Entre las fotos de edificios tirados en las calles como grandes animales prehistóricos, las ruinas que son ahora nuestro paisaje urbano, las zonas de la tragedia, la plaza de las Tres Culturas, el Multifamiliar Juárez, el Centro Médico, se consignaba la "venta de garage" de joyas, muebles y porcelanas de varios siglos, de doña Carmen, esposa del ex presidente de la República.

López Portillo fue el autor de la ley que prohíbe a funcionarios recibir regalos. A raíz del artículo de Miguel Ángel Granados Chapa en *Unomásuno* sobre el rancho de Tenancingo, Estado de México, que le ofrecía un grupo de empresarios y de políticos, López Portillo tuvo que renunciar a la que llamó gran tentación, y el 3 de diciembre fue aprobada la ley con 270 votos a favor y 2 en contra, que dice: "Salvo los provenientes de su cónyuge o parientes hasta de segundo grado por consanguinidad o afinidad, el titular del Poder Ejecutivo Federal y los presidentes de las Cámaras de Diputados, Senadores, miembros de la Comisión Permanente del Congreso de la Unión, de la Suprema Corte de Justicia de la Nación y del Tribunal Superior de Justicia del Distrito Federal, y sus hijos menores de edad, no podrán recibir regalos [...] Sólo podrán aceptar quince regalos por año, siempre y cuando el valor de cada uno de ellos no exceda la suma de 20 días de sueldo que por funciones les pague el presupuesto.''

Elías Chávez

Intensamente, como los diamantes de Bokassa —obsequiados a Valery Giscard d'Estaing— brillan los colores del Doctor Atl, ahí, en un cuadro regalado por "el pueblo de Chihuahua" al presidente José López Portillo y que ahora, junto con unas 300 obras pictóricas y tesoros dignos de un faraón, saca a remate doña Carmen Romano.

Brillan también las vajillas de plata, los espejos franceses del siglo XIX ribeteados de oro, los cristales checoslovacos, las incrustaciones en marfiles, el laqueado en biombos, tibores y jarrones chinos y japoneses, la marquetería en muebles italianos del Renacimiento y chinos del siglo XVII.

Supermercado de superlujo, las instalaciones que en el sexenio pasado fueron del DIF también alojan, ahora en venta, monumentales pianos austriacos y alemanes, tapetes iraníes e iraquíes, esculturas de santos sustraídas de algún templo mexicano de la época de la Colonia, champaña y otros vinos franceses cuya añada promedio es de un cuarto de siglo y hasta cocinas electrónicas con hornos de microondas, a medio desempacar.

Todo esto y mucho más en "¡venta de garage!".

Pero sólo para recomendados. Y, por supuesto, millonarios.

"Tres millones de pesos cuesta el santo."

Soldados custodian los tesoros. Sólo previa cita puede alguien entrar al supermercado, un conjunto de cinco casas rodeadas por un jardín de aproximadamente una hectárea, en la colonia Florida, a cuadra y media de la avenida Insurgentes.

Doce son los pianos allí expuestos (los demás no caben). Y en los estantes, en el piso, entre los pasillos, los tesoros causan la admiración de una clienta, la señora Catán, a quien la señorita Ugarte Romano presume:

—Esto no es nada, debería ver lo que falta.

Son nuestros cuerpos, los de nuestra gente
EN SAN ANTONIO ABAD AÚN HAY CADÁVERES Y RESCATISTAS

Amarradas en la alambrada del Metro, recargadas en los muros de la avenida San Antonio Abad, las mantas van diciendo con letras negras: "Los trabajadores de Cervecería Moctezuma exigimos la pensión e indemnización para las costureras", "Topeka, Dedal, unidos venceremos", "Exigimos solución rápida a costureras en lucha", "Tres años de lucha, los despachadores de Flecha Roja México-Acapulco exigimos al Estado solución a las costureras", "Dimensión Weld", "Costureras afectadas sismo, queremos trabajo". "Unión de Costureras en Lucha, Indemnización y Trabajo", "Y todos se hicieron hermanos en la desgracia luchando contra el desastre, luchando por una causa. Brigada C3 Tlatelolco Topos", "Sindicato Mexicano de Electricistas exigimos solución inmediata a los problemas de la empresa Artesanías Selectas, apoyo incondicional a sus derechos", "Sindicato Nacional de la Industria de la Costura, Confección y Vestido, Similares y Conexos". En la pared, el grupo La Guillotina ha pegado preciosos carteles que rezan: "Exigid lo imposible. He aquí el combate del día y de la noche".

En San Antonio Abad, hoy, 5 de noviembre de 1985, aún hay costureras sepultadas. Aún hay gente en la avenida; aún hay rescatistas. Regularmente, como un trenecito de juguete, una mandarina rodante para cuento de niños, aparece el metro. Tras sus ventanillas, los hombres y las mujeres no son de juguete. Observan la ropa que cuelga de las varillas, los pantalones, los camisones, los vestidos de chiffón, las transparencias rosas y salmón de acetato que solemos llamar negligés: las losas los han aprisionado como gigantescas pinzas de concreto. Se mecen cuando pasa el tren, se asoman lastimeros los pantalones, las pijamas, los vestidos para dama, se salen los fondos, el deshilacherío. En la calle, las costureras se sientan por grupos. Aguardan. En las tiendas de campaña los familiares se esconden de las miradas de los curiosos, las cámaras, las grabadoras. Ya no quieren saber nada de nada. Tras de ellos, pasa el metro de Tlalpan; los pasajeros miran, vuelven a cerrarse las portezuelas y se pierden. Todos los que ahora caminan por San Antonio Abad parecen estar hartos, no sólo exhaustos y agobiados sino hartos. El único que escapa de su rabia sorda es un ingeniero De la Torre. Patricia Obscura —brigadista—, Rosa Angélica Gallegos, Juana de la Rosa Osorno, Victoria Munive, todos los que aún esperan los restos de su esposa, su hermana, su madre, hablan casi con reverencia "del ingeniero De la Torre". "Ése sí es gente, pa'que vea." En San

Antonio Abad ha habido muchísimas fricciones entre grupos de rescatistas, hasta que el cuerpo médico, los familiares, las costureras, tomaron una determinación: "El único que queremos que se quede es el ingeniero De la Torre".

—¿Por qué?

—Porque ése sí que es gente, ése sí que sabe respetar.

Este hombre —dice Patricia Obscura— es una maravilla, es una persona lindísima, su misión específica es el rescate de los cuerpos, pero sabe respetarlos tanto, los ha respetado muchísimo, como el dolor de la gente aquí ¿Quiere que se lo busquemos? ¿Quiere platicar con él? Está arriba en la obra...

Camina hacia mí. Dinámico. Chaparro, su casco sobre los ojos; y bajo el casco una sonrisa bien simpática, tanto que de inmediato pienso: "Debe ser un buen hombre". Se quita el casco y se ve más pequeño. Tiene algo de Miguel Prieto, un pintor español que tenía un rostro muy bello, una sonrisa acogedora:

—Claro que soy mexicano, ciento por ciento, soy el clásico representante de la clase media mexicana. He estado trabajando aquí por orden de la vocalía.

—¿Cuál vocalía?

—Covitur, Comisión de Vialidad y Transporte Urbano, ésa es la vocalía.

—¿Usted pertenece al gobierno?

—Sí, por qué le sorprende.

No salgo de mi asombro.

—Llegué hace tres semanas a rescatar los cuerpos de los dolientes, todavía había esperanzas de que encontráramos a alguien vivo.

—El gobierno se tardó muchísimo.

—No estoy de acuerdo con eso; el día 19 a las 9:30 de la mañana recibí instrucciones de trasladarme inmediatamente al Conjunto Pino Suárez; llegué a las 10:15 por lo pesado del tráfico. Vi a compañeros que conozco desde hace tiempo, llorando. De inmediato pedí que me consiguieran un teléfono. A través de la línea interna de la SCT hablé a Covitur y empezaron a mandarme todo lo que le pedí. Tan pronto actuamos que de Pino Suárez envié la maquinaria a Ginecobstetricia del Centro Médico; allá estaba trabajando Cometro. Mandé equipo también al Hospital Juárez, a la calle de Mesones y a donde lo solicitaban. Mucha gente me decía:

—Hay gente atrapada. Están a punto de salir. Lo único que necesitamos es que vengan con un compresor, manden a un cortador.

—Sí, hombre.

Tratamos de atender a todo el que se acercó. Claro, hubo descoordinación, pero ¿tiene usted la receta para coordinar un desastre nacional? Fui a Ginecobstetricia y me vine muy, muy deprimido. Creo que en México no estábamos preparados, por eso sinceramente siento que los que teníamos medios actuamos con prontitud. Los de Covitur, los de Cometro, teníamos maquinaria pesada y, pa'luego es tarde, la pusimos al servicio de la ciudad. Los que estamos trabajando en la línea 7 Sur y en la 6 Oriente, en la Norte, dentro de la ciudad, en 3 horas máximo nos presentamos y actuamos a nivel técnico. En otras áreas, ignoro lo que se hizo.

Le hablo a De la Torre del vacío del poder, de la gente que tomó la calle como ya tan acertadamente lo analizó Carlos Monsiváis, de los compadres y los cuates ayudándose, del gran ausente papá gobierno, su torpeza, sus balbuceos, Ramón Aguirre apareciéndose con la barba crecida, los ojos desorbitados, sin saber qué hacer, enumero la torpeza gubernamental y empresarial, la corrupción de constructores y contratistas, insisto en el sentimiento generalizado en contra del ejército, y Francisco de la Torre García sacude la cabeza negativamente: "No veo por qué. Mucha gente no tenía ni idea de lo que estábamos haciendo. Impedir el paso a tantos que sólo venían a obstaculizar el trabajo fue necesario; más que auxiliar entorpecían. ¿Sabe usted lo que es el morbo? El ejército ayudó; gracias a él trabajamos libremente.

—Los primeros en jugarse la vida —con absoluto desinterés, con heroísmo— fueron los pasantes, los amigos, los vecinos que no vacilaron en ponerse a escarbar...

—A los del ejército les pedí que no permitieran el paso de curiosos a las áreas de trabajo; nunca rechazamos a los familiares dolientes; de hecho el ejército estuvo en sus puestos para imponer respeto, no los vi meterse con la población civil, en serio, y si alguien le contó a usted lo contrario que lo demuestren.

—No se preocupe, ingeniero, lo van a demostrar.

—Mire, el terremoto ha sido una catástrofe, una tragedia nacional. Tengo dos grandes impactos grabados en la mente, esto del 19 de septiembre y el 68. Fui a muchas manifestaciones; entonces era alumno del quinto año de ingeniería y asistí a la primera con Barros Sierra a la cabeza; era increíble el resentimiento en contra del gobierno, y totalmente justificado. Esa impresión no se me borrará jamás. Ahora este cataclismo divide y también une a los mexicanos. Los divide porque hay gente que ni siquiera ha venido para acá. Vivo en el sur y muchos me dicen: "Oye, ¿es verdad...?" Se conformaron con verlo en la tele. Mire, que la gente venga a vernos como si vinieran al circo, mejor que ni venga; a todos nos desagrada tremendamente esta manada de morbosos. Aquí trabajamos diariamente, sólo en San Antonio Abad 150, entre 120 y 123 personas, ésa es nuestra mano de obra; ahorita tengo aquí a cuatro superintendentes; cada turno de 12 horas, cada uno es de 100 a 120 personas porque no falta el que se enferma, el que no vino. Los que estamos frente a la obra somos ingenieros civiles; aquí se reúnen los peones, los oficiales, los maniobristas que son importantísimos porque dirigen la grúa, toda la maquinaria pesada. Aquí arriba se necesitan muchos cortadores; de hecho los cortadores son los más importantes en este tipo de obras. Los perforistas hacen un trabajo terriblemente cansado, estar con una demoledora dándole 10 a 12 horas es muy pesado. A la gente que ha venido a ponerse bajo nuestras órdenes como voluntarios, le hemos explicado que el más humilde de los peones sabe en qué momento atacar, en cual retirarse, hacia dónde debe retirarse; no tenemos que estar dando continuamente instrucciones. Si hubiéramos aceptado a los voluntarios tendría más problemas en estar organizándolos que en avanzar y tenemos mucha prisa por rescatar los cuerpos porque están en avanzado estado de descomposición. Mire en torno suyo, mire la expresión de los deudos, mire usted cómo aguardan. Diario nos preguntan: "¿Ya?"

Les explico lo que estoy haciendo, a todos y a cada uno: "Miren, hoy vamos a hacer esto y lo otro", a cualquier hora, en cualquier momento. Es a ellos a los que debo tomar en cuenta, no a los curiosos. Mi primera obligación es atenderlos como seres humanos, como dolientes, como hombres y mujeres que tienen a un ser querido atrapado entre los escombros. El respeto a los deudos no sólo es mi sentimiento sino el de todos los técnicos que estamos aquí. Cuando se localiza un cadáver inmediatamente damos aviso a los médicos de guardia para que lo preparen, así lo llaman ellos. Se le da aviso a la agencia del Ministerio Público, se localiza al pariente, se hace una descripción de la ropa, algún anillo, inclusive la forma de los dientes. Es lo único que queda ahora; casi no queda piel o si queda, los cuerpos están muy deformados. Bajo del edificio, hablo con la gente; muchas veces hemos compartido nuestros alimentos, platicamos, decimos medio en broma que ya estamos un poco hartos de las tortas, tortas y tortas y hasta nos hemos reído. Mi misión específica es el rescate de los cuerpos; es muy penoso decirlo, pero todavía faltan algunos. Me ha de perdonar, yo soy malo para las entrevistas, sinceramente.

—No, es usted muy bueno.

Arriba las ropas llaman al sol; el clásico color salmón de los fondos. Abajo los parientes no comen, no beben, miran hacia lo alto. Entre otros, Víctor Manuel Priego, desencajado, advierte: El ingeniero es muy buena persona, pero pienso que hasta cierto grado es un inocente, no se ha dado cuenta de lo que tiene entre manos; esto es una mina de oro, él nomás saca cuerpos. El primer día me le acerqué muy violento y me dijo:

—Mira, ven, vamos a ver qué es lo que estoy haciendo y después me dices lo que quieras.

Me subió, me enseñó la maquinaria y me dijo:

—Vengo a trabajar, no soy comité de relaciones públicas, no quiero aquí periodistas, no quiero cámaras, lo único que pido es que me permitan trabajar y les voy a entregar sus cuerpos.

Hasta la fecha ha avanzado lo humanamente posible, pero su gente no le responde. Los camiones sacan cascajo pero abajo llevan rollos de tela, bultos de ropa, incluso máquinas, por eso nos constituimos en custodios y por eso demandamos un embargo precautorio. Aquí ha habido un saqueo por parte de los trabajadores, del ejército, los choferes de camiones, los maquinistas, los peones, todos, la única persona que no se ha dado cuenta, y se lo repito, es una bellísima persona, es el ingeniero De la Torre, él está arriba, trabaje y trabaje, sude y sude, agarra el pico y la pala, y cuando menos lo piensa, son los desmanes de su gente. Las máquinas entran a las siete de la mañana, y ya muy noche cuando hay descanso entramos los familiares a buscar a los nuestros. Todavía están adentro. Son nuestros cuerpos. Y los queremos sepultar. Aunque sea en pedazos.

Denuncian la pretensión de desalojarlos

AGRESIÓN CONTRA DEUDOS DE LAS COSTURERAS EN SAN ANTONIO ABAD

A las 8 de la mañana, llamada telefónica de Patricia Obscura, quien todos los días lleva desayunos a las costureras de San Antonio Abad, a los familiares que esperan el rescate de sus muertos y a los topos y voluntarios que se quedan de guardia durante la noche.

A las cuatro de la madrugada se encontraban junto a la fogata, calentándose, *El Chino* Heriberto Frías y otros deudos, cuando de una Plymouth verde botella bajaron cuatro hombres, agentes de la Federal de Seguridad, que golpearon a Leobardo Gijón y a Pedro Salazar. A Óscar Vázquez casi le rompen las costillas a cachazos.

Es sábado 9 de noviembre. En San Antonio Abad no está el ingeniero Francisco de la Torre, que siempre ayuda a los deudos y los trata bien. Sólo quedan unas cuantas tiendas de campaña. Las costureras intentan recuperar máquinas, telas y material de trabajo: cierres, hilos, encajes, adornos. Por una gran tela, extendida a manera de tobogán, van rodando prendas, los rollos de género, las máquinas menos pesadas. Las avienta un trabajador desde arriba y van deslizándose en esta improvisada resbaladilla.

En su tienda de campaña está acostado Pedro Salazar. No puede ni moverse por la golpiza que le propinaron:

Yo estaba durmiendo en otra casa de campaña, no en ésta; cuando salí, vi que estaban golpeando a mis compañeros: a Heriberto Frías *El Chino*, que ha estado ayudando todos estos días, a Óscar Vázquez Alba y a Leonardo Gijón. También golpearon en la calle a dos niños, de 12 y 14 años, Rafael Flores y José Luis Flores y a otro, Ricardo, a ésos los agarraron a cachetadas. Estos niños iban al baño, estaban atravesando la calle y en ese momento los golpearon. Vea usted la huella de los golpes en la cara y en el cuello. Nos golpean para amedrentarnos porque corre el rumor creciente de que van a desalojarnos. Quieren reanudar la vialidad de San Antonio Abad el lunes a más tardar, pero nosotros no los vamos a dejar. Mientras no paguen los patrones las indemnizaciones no nos movemos de aquí. Pasarán sobre nuestros cuerpos.

Cuando pregunto por el monto de la indemnización me dicen que quieren "lo justo", y *El Chinito* señala varias cajas, tres metálicas y una más corrientita. Nos sentamos en ellas a platicar. Son un buen asiento.

Uno de los niños Flores está lastimado de un pie; golpeados en la cara; hay otro de ocho años muy golpeado. Estos niños están en el campamento porque todavía esperan el cadáver de su mamá, que era costurera, y que aún no sale. Fueron a la esquina, al baño, cuando los agentes los agarraron.

El gobierno no nos ayuda en nada. El único que se porta bien aquí es el ingeniero Francisco de la Torre, ése sí es gente, se porta de maravilla con nosotros y nos da todas las facilidades para estar aquí. Pero a excepción de él, nadie del gobierno ha venido. Puros voluntarios son los que nos traen la comida. Las mejores son unas monjitas de San Pedro Mártir, la madre Paul y Patricia Obscura, que nos trae el desayuno y la cena. Ellas son las que nos han atendido.

Yo estoy aquí —prosigue Pedro Salazar, los brazos cruzados tras de la cabeza en una improvisada almohada— porque en Amal perdí a mi tía y a mi sobrina; mi tía tenía 60 años y se llamaba Reina Buenaventura, viuda de Pineda, y mi sobrina se llamaba Mireya Buenaventura Pineda y tenía 19 años, chavita de a tiro. Mi tía tenía 14 años en Amal. A mi sobrina la rescataron el día 30, a mi tía también, las reconocí por la ropa. Hemos sufrido una barbaridad y todavía vienen y nos golpean, me parece que no es justo, ¿verdad?

El ejército salió de San Antonio Abad ayer viernes 8 de noviembre. Esta golpiza proviene de las autoridades o es una venganza de los patrones. Una de dos. Nos golpean porque ellos tienen el dinero y nosotros no. Se quieren llevar su maquinaria; el desalojo ya está programado; ha venido el delegado de la Venustiano Carranza a decir que ya todo tiene que limpiarse aquí; levantar el campamento, llevarnos todo, y aún faltan tres cadáveres por rescatar. Anoche sacaron un cadáver de Topeka y allá lo velaron. La madre Paul, de San Pedro Mártir, es la que se ha ocupado de las cajas; la que nos ha proporcionado hasta camionetas para trasladar a los muertos, víveres, despensas, refrescos; se ha organizado para traernos todo lo que hace falta.

San Pedro Mártir es una iglesia en un pequeño poblado, por la salida a la vieja carretera a Cuernavaca. La madre Paul, junto con otras religiosas, coordina el envío de alimentos que transportan en una camioneta. También de la escuela La Esmeralda envían tamales, y se reparten cenas más formales, guisados, frijoles, tortillas, porque los primeros días fueron de torta y torta, pura torta, y llegó un momento, a casi dos meses del terremoto, en que la gente ya no podía ver una torta o un sándwich. ¡Ya queríamos sopa caliente!

Hay mucha fatiga —dice Patricia Obscura—, muchos trabajaron en la noche, tanta tierra, la diarrea, casi todos se enfermaron del estómago, hasta los más fuertes; su ciclo de vida se les había volteado. Llevan casi dos meses durmiendo en la calle, bueno, durmiendo es un decir. Si en un campamento de recreo es difícil tener el lugar limpio, imagínese el problema que será conservar el de San Antonio Abad, con toda la gente angustiada, buscando en los escombros y esperando el rescate de los cuerpos. Las máquinas trabajan todo el día, al calor del sol las cosas se agravan, sobre todo el olor nauseabundo que en días pasados resultó intolerable. En la noche, cuando aminoraban los gases y estaba todo más tranquilo, era cuando los topos localizaban los cuerpos, buscaban los cadáveres, hacían túneles. ¡Qué pavorosa pesadilla ha sido todo esto! Viven, hombres, mujeres y niños, una situación de depresión tremenda; siento que también hay fatiga, un cansancio infinito, abulia y apatía. La abulia no es gratuita, todos los que se tiran en esas colchonetas, que ve usted dentro de las tiendas de campaña, se la pasan llorando; tienen problemas emocionales fuertes y todos sienten el temor constante de enfrentarse a sus muertos ahora. ¿Qué sentiría usted si un miembro de su familia estuviera en descomposición? ¡Y todavía hay cadáveres entre los escombros! Todavía. Si en circunstancias normales, cuando a uno se le muere un ser querido, es difícil enfrentarlo, imagínese lo que esto significa después de tanta espera. Por eso, muchos se envuelven en su cobija, se tapan hasta la cabeza y esperan hasta que les avisen: "Ya encontramos a su hermana, o a su madre, o a su tía, o ya salió un cuerpo, venga usted a reconocerlo". Esta gente ha ido a reconocer cadáveres cada madrugada. ¿Sabe usted lo que eso significa? Aquí he visto tragedias que jamás podré olvidar.

Patricia Obscura —una hermosa muchacha— se detiene abruptamente: "Mire, mire, aquí viene el ingeniero Francisco De la Torre. ¡Qué bueno!"

Pocos hombres tan compasivos, tan "gentes", como De la Torre. Hoy domingo 10 de noviembre se entera de la golpiza a *El Chinito*, a Pedro Salazar, Óscar Velázquez y Leobardo Gijón, amén de los tres niños Flores. "Es una barbaridad." Caminamos mientras vamos platicando entre las tiendas de campaña, frente a aparadores que muestran fajas de mujer y sostenes montados sobre maniquíes sin cabeza. En la calle, en cambio, muchos maniquíes comen tierra, tirados de cabeza, con sus picudos senos —de yeso— apuntando hacia el chapopote. Nadie los recoge. "Sería una buena foto, ¿verdad?", comenta el ingeniero. Al pasar lo saludan unos y otros. Al rato se efectuará un mitin.

Vera sale de su tienda de campaña y no está alegre como en otras ocasiones. "Estoy muy ronca, en la noche cala el frío; nos quieren desalojar, dicen que tiene que reanudarse el tránsito." Llaman a un mitin y Vera avisa: "Voy para allá". El ingeniero De la Torre me explica: "Son del PDM". Le pregunto a De la Torre qué salida le ve a las costureras. "La única, la cooperativa, le tengo mucha fe a las cooperativas; la de la Cruz Azul, por ejemplo. Parece que hay una ya, auspiciada por el Banco de México, que se llama 19 de Septiembre. Mire, hablo mucho con la gente; algunas costureras quieren su liquidación, otras quizá quieren entrar a otras fábricas de la industria del vestido; otras de plano no desean trabajar porque estaban a punto de retirarse; las más viejas. Les digo que ya no vuelvan la cabeza al pasado; que tienen que salir a como dé lugar. El pasado sólo sirve como marco de referencia; es imprescindible que a todas ellas —a las costureras— se les cree una expectativa del futuro; la mejor manera de hacer política es ofrecer resultados a corto plazo: en una cooperativa pueden obtener un salario. ¿Cuánto tarda en montarse una cooperativa? ¿Un mes? Mientras tanto se les ayuda con despensas, ropa, etcétera, y después se les da trabajo, que es una garantía económica a largo plazo. Una cooperativa de 118 personas o más, entre costureras, planchadoras, mozos, vendedores, etcétera, puede iniciarse con 35 millones.''

Mientras caminamos, De la Torre da órdenes: ''No, allá abajo no se metan. Cierren esta agua. ¡Cuidado con la varilla! Ese camión estorba, muévanlo''. ''Sí ingeniero, sí ingeniero.'' Él también se ve muy cansado.

—Se está usted medio matando, ¿verdad, ingeniero?

—Mire, creo definitivamente que éste es un problema de conciencia. Mi familia no es rica, mis padres no lo fueron y no lo son, yo jamás hubiera podido pagarme una carrera universitaria si no es por el régimen en que vivimos, y esto hay que reconocerlo: 200 pesos anuales, cualquiera los paga, no sólo ahora sino hace 20 años o un poquito más, porque salí hace 25 años. En otro lugar del mundo dudo mucho que yo hubiera podido estudiar una carrera universitaria y ser ahora ingeniero. Mi manera de pagar a mi país es atender a la gente que aquí espera a sus muertos; sacarlos es mi homenaje a los muertos. Gracias a los impuestos de la gente que aquí murió, muchos de nosotros tenemos carrera universitaria. Se lo he dicho a mi familia, porque mi esposa y mis hijos me reclamaron antier que hacía más de un mes que no me veían (por eso me quedé en casa el viernes) y creo que ya lo entendieron.

Gracias a toda esta gente que murió, a gente como ésta que aquí ve esperando, insisto, muchos de nosotros tenemos carrera. Gracias a esta gente, yo soy ingeniero y usted es periodista, y el presidente es presidente, por lo tanto, no estoy de burócrata cumpliendo mis ocho horas, sino el tiempo que se necesite mi presencia, el tiempo que mi cuerpo aguante y hasta que aguante, porque no es lo mismo los tres mosqueteros que veinte años después.

Todos los que estamos aquí de día y de noche tenemos plena conciencia de que debemos trabajar hasta caer exhaustos.

Entrenar equipos para cualquier eventualidad
ES INDISPENSABLE LA FORMACIÓN DE BRIGADAS DE SALVAMENTO PERMANENTES

Primero fui al PSUM, del cual soy miembro activo. ¡Y resulta que a la hora del desastre, había una descoordinación tremenda, nadie sabía nada de nada! La sede estaba dañada y allí no se podía recibir información, mucho menos órdenes. Los primeros días los voluntarios del PSUM estuvieron trabajando cada quien por su cuenta, pero pasaron los días y siguió la desorganización. Fui a una reunión, todos querían analizar el problema o hacer declaraciones. ¡Sesiones de análisis y de evaluación, cuando lo que se necesitaba era salir a los derrumbes. ¡Igualito que el gobierno! Me dio una rabia. ¡Qué análisis ni qué ojo de hacha! ¡Vámonos a la calle a ayudar! Se organizó una brigada: "Base Chamai" (un líder henequenero asesinado en Yucatán) y fuimos a la Narvarte a un edificio que había quedado hecho sándwich. El tráfico estaba desquiciado, nos fuimos caminando, pero una señorita del partido empezó a decir: Me voy por la sombra porque el sol me quema demasiado. A mí me dio mucho coraje, si íbamos a ayudar, por qué se quejaba de algo tan inocuo, ¡qué falta de criterio! Mejor decidí unirme a otra brigada en Tlatelolco. Lejos del PSUM pude desenvolverme mucho mejor y ayudar en una forma mucho más eficaz. Después del Nuevo León me fui al Multifamiliar Juárez, que fue donde conocí a James Kelleghan.

Marco Antonio Elizalde, enchamarrado de cuero, vive en la Unidad Molino de Santo Domingo, entre Observatorio y Santa Fe. Tiene 22 años, está en el CCH y para ayudarse se dedica a la venta de libros en la Distribuidora Cultural Cuauhnáhuac. Decepcionado del PSUM, no ha vuelto a presentarse a su partido desde el 19 de septiembre. En cambio en el Multifamiliar Juárez se encontró con James Kelleghan, un muchacho sensible e inteligente, uno de los flaquitos que por eso mismo entraron a las grietas y se colaron en los túneles.

Durante un mes, ni Marco Antonio Elizalde ni James Kelleghan regresaron a su casa a no ser para bañarse y cambiarse de ropa. Su tiempo entero se lo entregaron a las brigadas. Dice Kelleghan:

Yo estaba haciendo una maestría en computación. Repentinamente, ya no me importa hacerla. Antes uno de mis objetivos en la vida era llegar al doctorado —era lo más importante—, ahora me viene valiendo gorro obtener un status o pertenecer a un gobierno o a un establishment que deja morir a la gente. Me vale, eso y miles de cosas. Lo que sí obtuve del temblor fue un amor apasionado a la vida.

Soy hijo de norteamericano y de mexicana. El jueves 19 empecé por reunir víveres en el Colegio Francés del Pedregal y en el hospital Humana; de allí me enviaron a repartirlos al albergue de Jalapa 50, en plena zona de desastre. La situación de la Roma era crítica y no me había dado cuenta de eso porque Televisa echaba mucho rollo de su edificio, del Hospital General, el Centro Médico, la SCOP, el Regis, el Nuevo León y muy poco sobre el Multifamiliar Juárez, a donde fui a dar al salir de la Roma.

Vi a muchos voluntarios, muchos familiares que rascaban desesperados y me quedé con ellos a rascar. Abrieron un boquete y gritaron: "Un flaco", y así comencé a topear como a tres metros bajo el copete del edificio, arrastrando y cavando con el propio cuerpo un túnel. Usamos trozos de barreta y dos tubos o lo que haya a mano. Uno se arrastra y carga viguetas, cubeta, una pala sin mango, y un recogedor o de perdida un bote vacío para ir sacando la tierra. Entré el jueves en la noche sin ninguna protección; la que dirigía allí era una recepcionista de GUTSA, una muchacha bonita, de 23 años, llamada Aglae, a quien mandaron porque fueron muchísimos los edificios de esa constructora que se vinieron abajo. Por el hecho de trabajar ahí Aglae terminó haciéndose cargo, pero jaló muy parejo, se portó muy bien. No teníamos mucho conocimiento y sobre todo nada de práctica. Recuerdo que en un momento dado hubo un reacomodamiento que hizo que se sumiera la tierra y cuando quise volver por el túnel ya estaba tapado. Sentí mucho miedo y me dije: "¡Ay, en la madre, en qué hoyo me metí!" Me hice rosquita y me puse a pensar. Me estaba poniendo rete nervioso pero a los quince minutos oí que estaban cavando por el mismo hoyo en el que yo me había metido y me sacaron.

Ya no quiero seguir con mi carrera porque no le veo la utilidad; vi muchas cosas que me escandalizaron. Del albergue Vistahermosa enviaron a un damnificado con una herida al Humana, uno de los hospitales que había ofrecido sus servicios. El pobre regresó al día siguiente al albergue porque lo habían dado de alta. Cuando uno de nuestros doctores lo auscultó, le encontró gangrena; así que lo retacharon al Humana de nuevo. Dicen que despidieron al médico que lo había dado de alta pero he oído otros comentarios respecto a la actuación del Humana; que ningunearon mucho a los más pobres, que ni los pelaban, los daban de alta sin más, que se quedaron con los cobertores destinados a los damnificados para sus propias ambulancias.

Las calles de Londres, Dinamarca, Liverpool, Bruselas parecían

"Vamos de regreso como el mar recomenzando siempre."

México, muerte de nuestras vidas.

"Fotos familiares que hablan de cumpleaños, de paseos, de vida."

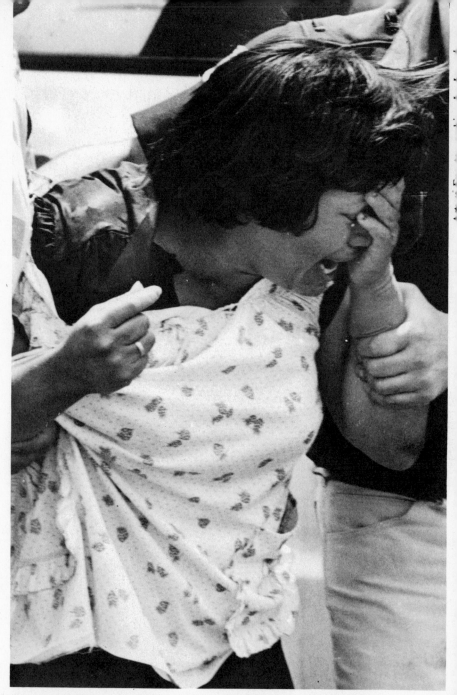

Es muy fácil decir ¡ánimo, ánimo! a quien lo ha perdido todo.

"¿Cuántos más quedan?"

"Empezó a apachurrar con su tenis los clavos en el ataúd y como no lo logró los dobló con una tabla y ese solo acto le devolvió toda la dimensión humana a los cadáveres en el Parque Delta. Aunque estuviera destrozado su cuerpo tenía derecho a no lastimarse con los clavos."

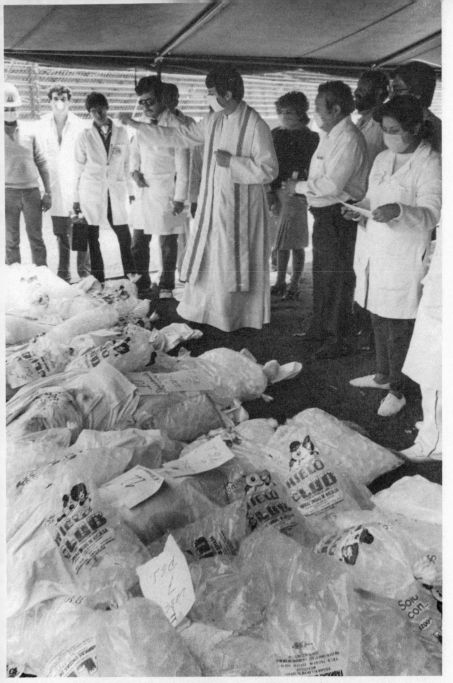

Con el terremoto Dios nos está diciendo: "Esta patria no es tuya, la única patria que no terminará jamás es la del más allá".

"Son víctimas del fenomenal engaño llamado ciudad de México."

bombardeadas, y nadie acudió a muchos edificios. En las zonas de desastre no había nada de equipo. Los víveres y sobre todo el agua escaseaban. Había un muchacho, Nicolás, que en un autobús de la Ruta 100 se dedicó a repartir comida hasta que la patrulla 03044 le puso una golpiza a Nico porque andaba sin credencial. Chingados, si la patrulla está viendo que estamos repartiendo, ¿por qué lo hostilizan a uno? A Nico se lo llevaron a punta de madrazos a la Delegación y cuando lo fuimos a sacar encontramos que también otros estaban detenidos por el simple hecho de querer ayudar.

Del que sí podemos hablar bien es del doctor Justo Ruiz López, director de los servicios médicos de la Delegación Cuauhtémoc; me sorprendió encontrarme a alguien del gobierno que fuera tan honesto. De la noche a la mañana los albergues de Jalapa 50 y 75 se convirtieron en centros de distribución por lo bien que funcionaban gracias a él.

Datamex era una escuela de computación que iniciaba sus clases a las siete de la mañana, junto al edificio de General de Gas. El edificio se colapsó y como detenía el tráfico en Insurgentes, el domingo en la mañana llegó una orden del DDF para que entrara maquinaria pesada y despejar la calle. Cuando llegamos al sótano de Datamex me quise morir al ver 72 cuerpos que tenían tres días de muertos. A ésos los mató la maquinaria pesada. Esos cuerpos se pudieron haber salvado de haber más respeto por la vida humana. La mano de chango, el trascavo, la pluma al golpear las losas derrumban muros, lo cual cierra las entradas de oxígeno. ¿Usted cree que pueda yo tener ganas de seguir estudiando si las autoridades, con tal de despejar una calle, utilizan máquinas que provocan la muerte? ¿Para qué estudio si a nadie le importa la vida en mi país y mucho menos al gobierno? ¿Quién me garantiza que yo le importe a autoridad alguna?

Se habla mucho de la torre Latinoamericana poniéndola de ejemplo. No se cayó, pero se inclinó después de los dos sismos. Vi la torre despegada de la banqueta; haga de cuenta que le metieron un cuchillo para sacarla como rebanada de pastel. Aguantó los dos temblores, pero ¿aguantará el siguiente? La población ¿aguantará el siguiente terremoto? ¿Qué medidas se están tomando para protegerla? ¿Qué tipos de evacuación? ¿Qué tipos de albergue? ¿Irán a formarse brigadas de rescate permanentes o seguiremos siendo un país de improvisados? Pregunto: ¿cómo y de qué o con qué van a vivir los damnificados? ¿Va a haber una descentralización? ¿Vamos a crear otros Mexiquitos Distritofederalitos? Ahora mismo en la ciudad de

México vivimos en una zona minada, encima del mayor peligro; el nuestro es un pánico controlado pero latente.

Quisiera despedirme de James Kelleghan y de Marco Antonio Elizalde con una buena noticia. James cuenta:

El día 19 a la hora del terremoto una señora del primer piso del edificio Nuevo León se cayó por la ventana; el edificio se vino abajo y su bebé de nueve meses se quedó atrapado adentro. A las 2:30 de la tarde se suspendieron las maniobras de rescate porque se escuchó el llanto de un bebé. Movieron un poquito de escombros y ¡que sale el bebé gateando con el biberón en la mano! ¡Sin un rasguño! Apenas si estaba sucio.

Hay quien dice que el cielo ese día era muy azul: Juan Guerrero

Concha Creel

Trabajé de topo en el Hospital Juárez, el domingo, el martes y el miércoles —dice Eduardo Miranda, 22 años, estudiante de Ingeniería Civil y miembro del equipo de montañistas de la UNAM—. Me tocó el turno de noche, el que la mayoría evitaba por ser el más pesado. Fui llamado a través del equipo de montañismo de la UNAM; habían solicitado a personas especializadas.

Al llegar vimos a quienes se metían en los escombros y nos dimos cuenta del enorme riesgo que correríamos. Al principio entramos con miedo, sin embargo no pasó media hora cuando ya estábamos a profundidades considerables, de 7 a 10 metros. Al trabajar en estos pequeños túneles, me daba cuenta de que si sobrevenía otro temblor, la probabilidad de quedar atrapados o aplastados era muy alta, pero sólo saber que había gente viva entre los escombros nos daba una gran energía. Nuestro trabajo consistía en cavar túneles. En ocasiones teníamos que estar durante horas en una posición sumamente incómoda, golpeando una losa y rodeados de un penetrante olor a muerto. Localizar y sacar gente viva era nuestro objetivo; sin embargo eran muchos más los cadáveres. En ocasiones, retirar estos cuerpos nos llevaba horas. De pronto salíamos del túnel y ya era de día; habíamos trabajado durante toda la noche entregados a una tarea lenta, agotadora, al parecer insignificante pero altamente recompensada cuando —tras muchas horas de trabajo— se lograba rescatar a alguien con vida.

Una madrugada se nos pidió interrumpir porque los franceses estaban por sacar a un paciente del hospital. Habían trabajado por lo menos 7 horas en este caso y tras una espera de otra media hora y en un silencio absoluto fue rescatado José Fernández. La emoción era generalizada; estalló el aplauso, ahora debíamos continuar.

Trabajábamos en un túnel prácticamente vertical; habíamos logrado perforar 3 losas. Calculábamos estar en el nivel 7 u 8 del hospital de doce pisos cuando creímos oír algo, pedimos silencio a través de quienes estaban a la entrada del túnel, todos callaron. Era impresionante que en menos de veinte segundos aquella montaña infernal de ruidos de mazos, cubetas, gritos, máquinas y sierras callara. Nadie hacía el menor ruido, y dentro de los túneles, por momentos, ni respirábamos. Algo se oyó; según nos comentaban podían estar en el quinto nivel. En dos horas tan sólo pudimos atravesar una losa. Rompimos una puerta y volvimos a pedir silencio; no oímos nada. En la torre, pensamos. Cortamos dos varillas de una pulgada para avanzar un poco más y volvimos a pedir silencio; de nuevo no oímos absolutamente nada. En nuestras mentes nos imaginábamos el sonido que queríamos volver a oír. Trabajamos por dos horas más y, deprimidos, nos retiramos. El agotamiento era total, esto sucedía la mayoría de las veces, era desesperante.

Por otra parte, otro grupo de topos se dedicó al caso de una enfermera; después de 36 horas de esperanza y lucha contra la muerte, lograron sacarla. Al sentirse relativamente segura en la camilla, dejó de vivir.

LA FORTALEZA DE LA DOCTORA MARTA TORRES
Marie-Pierre Toll (traducción del *News* de Carmen Lugo)
Yaciendo en posición horizontal, envueltos por el olor de la carne descompuesta, realizaron la cirujía en un estrecho túnel en las ruinas del Hospital General. El doctor Maurice Brisard, François Loriferne, anestesiólogo y el doctor Serge Cravello salvaron las vidas de la doctora Marta Torres, de 25 años, y de un anestesista.

Atrapada durante más de seis días, la doctora Torres se las arregló para sobrevivir gracias a un coraje y una fe inquebrantables.

El doctor Brisard, voluntario de Papeete, Tahití, cuenta la historia.

Septiembre 24, 10 de la mañana. Seis días después de que la ciudad de México despertó con el mayor temblor de la historia moderna, Brisard y su equipo fueron llevados al Hospital General. Trabajaron 28 horas sin descanso, en el esfuerzo más largo jamás realizado por estos médicos franceses.

10:30 de la mañana. Marta Torres es localizada.

4:00 de la tarde. Se oye su voz por primera vez.

4:30 de la tarde. Una amiga llamada Pili habla con Marta a través de un pequeño agujero.

6:00 de la tarde. A través de otro túnel su mano derecha es claramente visible. Le ponen la primera transfusión.

Todo lo que pudimos encontrar fue su mano derecha y eso la salvó —dice Loriferne— pudimos hacerle las transfusiones y revivirla, antes de empezar a remover las toneladas de materiales que cayeron encima de ella.

Fui el primero en tocarla. Yo estaba prácticamente inmovilizado en un estrecho túnel. Apenas podía mover la mano, pero pude alcanzar la de ella. Encontré la vena. Le hice una transfusión; psicológicamente ella sabía que con esto la vida le volvía. Ella confirmó que estaba sintiendo que volvía a la vida.

¡La cosa funcionó!

Su pie izquierdo asomó. Marta estaba atrapada en un espacio de 50 cm de largo por 30 de ancho. Durante seis días y medio la joven doctora permaneció con el brazo izquierdo alrededor de su cintura rodeándola por detrás, la cabeza yaciendo a un lado. Su pierna izquierda estaba aplastada, pero eso lo supimos sólo tres horas antes de sacarla. Su pie derecho estaba atrapado bajo una viga de 40 toneladas de concreto.

7:00 de la tarde. Problemas técnicos. Martillos filosos, taladros, lámparas de soldar, gatos hidráulicos se usaron para remover las vigas caídas, se hicieron entradas de aire. La doctora Torres es protegida de las chispas de los taladros con unas sábanas mojadas. La ayuda psicológica de sus amigos y colegas es constante.

"Tuvimos que cortar una sección de 50 cm por 20 cm de viga para poder sacarla. Cada sacudida era atroz para ella, pero no había otro camino. Ella se quejaba por el dolor", dice el Dr. Brisard.

La doctora desempeñó un papel muy importante en su propio rescate: dirigía los trabajos de los rescatistas y de los bomberos de Brignole y describió los materiales que la sepultaban. Mencionó la cercanía de la escalera. Los arquitectos e ingenieros que construyeron el hospital estaban en el sitio del desastre (permanecieron de guardia durante todo el tiempo que duró el rescate). Los tenientes Bartoli y Sauniere cavaron túneles rápidamente y con un mínimo de riesgos, gracias a la información que dio la doctora.

Septiembre 25, 4:00 de la mañana. Otra transfusión. Se determina el lugar exacto del cuerpo.

4:30 de la mañana. Su pierna derecha es descubierta por los doctores, quienes encuentran que tiene dislocada la cadera. Su brazo derecho también es descubierto.

8:30 de la mañana. Los doctores deciden amputar la pierna aplastada porque está gangrenada. La doctora Torres los anima: "Doctor, ustedes saben cuáles son sus obligaciones". Las siguientes horas ellos luchan por salvar su rodilla. Técnicos en salvamento trabajan duro para salvarle la vida, parados en las ruinas que están encima de ella, mientras los doctores hacían la operación acostados con los brazos estirados. El olor de los cuerpos descompuestos los envolvía a todos ellos.

9:15 de la mañana. La extracción del cuerpo presentaba dificultades, al deslizarla se atoró su tobillo y le produjo un gran dolor en la pelvis. "Está libre", éste era el grito que se escuchaba.

Fue llevada al hospital Metropolitano, donde el doctor Sink, un cirujano cardiovascular, ofreció al doctor Brisard las facilidades para realizar la segunda amputación. También se ofreció a asistirlo personalmente. "Humanamente hablando nunca trabajé con mejor equipo", declaró el doctor Brisard.

Marta Torres fue la primera y probablemente la única doctora sacada con vida. Murieron más de 200 en el hospital, por eso era tan importante salvarla.

Su valentía es algo que casi nunca hemos visto. Tuvimos la suerte de haber podido hacerle transfusiones durante trece horas.

Sin la experiencia y la paciencia de los bomberos de Brignole, no hubiéramos podido hacerlo. Cada quien hizo lo suyo y ni uno solo del equipo mexicano de doctores, ingenieros, trabajadores o amigos de Marta pidió ser remplazado en las largas 28 horas que duró el rescate.

Fue un memorable trabajo de equipo.

Mexicanos y franceses entendieron la necesidad de cooperar y dieron un gran ejemplo de profesionalismo médico. Todos y cada uno de los miembros de este equipo, estuvo 28 horas salvando a la doctora mexicana. Cada uno se involucró más allá de su capacidad. El día 26 de septiembre les llegó el rumor de que había muerto.

"Fuimos al hospital, la vimos, reconoció mi voz —cuenta Francois Loriferne—. Me dijo que mi voz era lo primero que había oído en mucho tiempo. Estaba sentada en la cama, comiendo." ■

"El Lobo" nunca se enojaba

Repite una y otra vez que está muy bien, que ahora tiene más fuerza. Anuncia la buena nueva con los ojos llenos de lágrimas, enrojecidos de hace muchos días, suda frío, sus manos tiemblan y sonríe: "Mi hermano está más presente que nunca porque fue positivo". Resulta que Alejandro Escoto, estudiante de 26 años, apodado *El Lobo*, murió el 19 de septiembre, en la Universidad Chapultepec, en la colonia Roma.

Andrés Escoto, el hermano mayor de 33 años, arquitecto de profesión, fue subjefe de Obras Públicas en Zihuatanejo y jefe de Obras Públicas en Zumpango del Río; se vino de Chilpancingo el 20 de septiembre:

Más que nada, Alejandro fue para mí un hijo, porque mi mamá "se fue" (nunca pronuncia la palabra muerte, jamás dice murió o falleció) cuando yo tenía 14 años y Alejandro 7. Nos llevábamos 7 años; yo nací en el 52 y él en el 59. Nos quedamos sin mamá, pero nomás aparentemente, porque estuvo más presente que nunca. No murió, porque los buenos son inmortales.

El terremoto me agarró en la calle, en Chilpancingo, me recargué en una pared; en la esquina estaban unas mujeres rezando, no me asusté, en Guerrero siempre tiembla. Empecé a preguntarme:

—Y Alejandro, ¿a dónde iría? ¿Estaría en la escuela o todavía en casa?

Hace tres días, el 17 de septiembre, había entrado a estudiar turismo en la Universidad Chapultepec. Yo le decía: Alejandro, estudia. Siempre estuve sobre él en el estudio, que se preparara. Me senté a ver la televisión: los edificios en el suelo. Pensaba en Alejandro, preguntándome dónde estaría en ese momento. El viernes 20 me fui de Chilpancingo a Zumpango del Río y como a las 10 de la mañana, vi que me hacían señales con la mano.

—¿Qué pasó, cómo están?

Y que me la sueltan.

—No, pues Alejandro.

—¿Qué le pasó?

—Fíjate que la escuela donde estaba, la Universidad Chapultepec, se cayó.

—Sí, ¿y qué?

—No, pues se fue.

Dicen que cambié de color, pero nunca me desesperé, se desesperó más la gente, mis compañeros de trabajo, de ver que me senté en la banqueta y me tomé la cabeza.

Hablé con el presidente municipal y que me vengo a México. Ahora me acuerdo mucho de una frase de un amigo de Alejandro, Raymundo, que dice que hasta para irse hay que tener suerte. Sí, es cierto —en su aula todos se fueron—, al primero que rescataron, y Dios lo quiso así, fue a Alejandro, y sus restos los recogió su mejor amigo, que se llama Pedro. El mismo día 19, lo buscó, lo localizó. Así es que hasta para eso tuvo suerte. Y yo también la tuve. Porque mi papá, los amigos y familiares, velaron los restos el 19 en la noche, y cuando yo llegué el 20 a las seis de la tarde, lo vi dormido, tranquilo, feliz. ¿Saben qué siento? Que me ayudó Dios, mi mamá y el propio Alejandro. De Chilpancingo a México hice un poco más de tres horas y al pasar por Cuernavaca le dije al chofer: "Voy a comprarle unas flores al *Lobo*, unas rosas rojas".

Llegué a la casa de mi papá. El ambiente estaba tenso porque sabían que lo máximo para mí era Alejandro.

No sabían cuál iba a ser mi reacción, muchos predecían: "Con esto, también Andrés se va". Iba detrás de la carroza con los restos del *Lobo*. Llegamos a San Isidro, los restos quedaron con los de mi mamá. Muchos lloraban, yo, tranquilo. A la gente le decía: Les agradezco que nos hayan acompañado en la última tocada de Luz y Sonido. *El Lobo* y sus amigos tenían un sonido para fiestas. "Decibel" se llamaba. Él presentía que ya se lo iban a llevar porque el 15 de septiembre le dijo a su mejor amigo, Pedro, el que lo rescató: "Tengo dos chamarras, te voy a dejar esta blanca".

No voy a hacer ni lápida ni monumento, voy a hacer una jardinera y la gente que quiera cooperar, que siembre una flor. No sé dónde esté Alejandro, ahora soy un poquito mejor porque reflejo algo de mi hermano. Dios, mi mamá y Alejandro me acompañan, por eso siento que tengo una energía muy fuerte. Gracias a Alejandro yo también he empezado a hacer mejores acciones, a portarme mejor. Desde arriba, Alejandro me protege, me señala el camino.

En México nunca me han reconocido mi trabajo, no me dan aguinaldo. Mi país, mi propio país me trata muy mal, porque México trata mal a todos los mexicanos pobres, pero ahora con *El Lobo* ayudándome, me voy a ir a Canadá, a Quebec, y allá sí la voy a hacer, tranquilo, desde el 20 soy otra persona, duermo bien, me siento mejor que nunca, tranquilo. Son las buenas vibraciones de Alejandro. De Alejandro Escoto, muerto a los tres días de haber entrado a una universidad mal construida en la colonia Roma, la

247

Chapultepec, que lo sepultó junto con otros estudiantes que, como él, aprendían turismo.

Se agradecerá a quien dé informes sobre el paradero del joven Omar Saad Maldonado, de 17 años de edad, ojos verdes, tez blanca, pelo castaño claro, mide 1.67, como seña particular tiene una cicatriz pequeña en el pecho derecho. Salió de su casa después del temblor del 19 de septiembre entre 10 y 11 de la mañana, vestido de pantalón de mezclilla o de pana gris, chamarra rompevientos azul marino con un letrero en la espalada que decía ''Illinois'', en caso de tener algún informe llamar a los teléfonos: 520-51-04 / 579-29-70 / 552-71-32 / 760-98-41 / 538-97-07.

Nota: el día 2 de octubre un médico forense avisó a los familiares haber visto al muchacho trabajando como voluntario removiendo escombros. Cuando la familia lo vio, Omar dijo que no había hablado a los familiares porque estaba ayudando.

Buscamos desde el 19 de septiembre a René Antonio Loo Almaguer. Viste pantalón de mezclilla, chamarra rompevientos blanca, calcetines blancos, tenis ''Charly'' azul marino. Tiene 17 años, mide 1.68 m, de tez morena, cabello lacio. Asistió a la Universidad Chapultepec ubicada en Chihuahua 156, colonia Roma. Esta escuela se derrumbó a causa del sismo. Informes a: 597-46-21 y 392-19-78. Gracias.

Los familiares encontraron solamente su credencial en la banqueta de la escuela.

EL LLANTO DE GLORIA GUERRERO

Uno vive su rutina —o la vida lo vive a uno—, se acuesta después de haber trajinado en las calles; se da órdenes; camina, carga, habla, come, ríete, siéntate, vive el desamparo, la soledad, la angustia por los hijos, ¿cómo les irá a ir? Se deprime, se exalta, siente venir el frío, hacerse los días más cortos, las madrugadas más negras ¡Tonta de mí que no me había dado cuenta, si ya estamos en septiembre y una mañana como cualquiera otra dan las siete y diecinueve minutos y los puntales caen al suelo! En el sur caen muy despacio porque el terremoto sólo se percibe poco a poco, ya para en la tarde uno empieza a girar en el vacío y el abismo no cesa hasta no encontrar otras manos, asirse a otros brazos, sentir la piel, mirar los ojos y verse a sí mismo reflejado en esos ojos; la reciprocidad. Porque si el otro existe, yo existo, porque si el otro vive, yo vivo; porque si él murió yo también muero aunque ande de aquí para allá y ponga un pie ante el otro, aunque en la noche me tire en una cama y me levante en la madrugada, aunque pueda pasar un peine sobre mis cabellos y hasta sacar el tubo de labios para formar otra boca sobre la mía, la boca que ahora se mueve frente a mí, los ojos que ahora se empañan frente a los míos, la piel delgada que se enrojece, la mueca del llanto, las manos nerviosas que tratan de atajar el llanto y estos labios temblorosos y salados que llueven sal y se tuercen y son los míos y son los de Gloria Guerrero. Gloria Guerrero, Gloria Guerrero, a quien se le murió su hija de cinco años y medio: Alondra.

UN GOBIERNO QUE CONSTRUYE PANTEONES

A mis hijos les compraba unas canicas gigantes que se llaman "bombachas", para que no pudieran ahogarse en caso de metérselas a la boca. Mis hijos jugaban en el piso y las canicas rodaban al extremo de la esquina norte-oriente, lo cual indicaba una peligrosísima inclinación del edificio.

Gloria Guerrero de Terán tenía 6 hijos. Desde el jueves 19 de septiembre tiene 5 y se tiene a sí misma y a su esposo Eduardo Gabriel Terán. Pero ya no tiene a Alondra.

Cuando Gloria pronuncia Alondra oigo un batir de alas. Gloria aprieta los puños, cierra las manos para retenerla y a su alrededor baten las alas. Barren el aire, levantan sus cabellos, vuelan hacia el techo, rozan sus oídos, revolotean en sus palabras que tiemblan en el aire apenas las emite, revientan en lágrimas que empapan sus mejillas, su cuello, sus rodillas; ruedan las lágrimas pero no le quitan el dolor; nada las alivia, ni siquiera el agua que la va drenando, cansándola hasta vaciarla. Sobre sus piernas también reposa su brazo vendado:

Nos precipitamos todos, no sé qué me cayó encima, qué más da, un pedazo de pared o de techo me golpeó; supongo que los brazos se me fueron para atrás porque caí de espaldas, el escombro encima, sentí una angustia porque me estaba asfixiando. Oí a mi esposo que me gritaba que lo ayudara porque estaba muriéndose.

Sentí mucha ira y pensé: "¿Cómo puedo pedir ayuda si me estoy asfixiando?"

Volví la cabeza para no oírlo y se me resbaló el yeso que tenía en la cara. Hice un esfuerzo y grité:

—¿Cómo quieres que te ayude si me estoy asfixiando? ¡Me estoy asfixiando!

No sé cómo logró levantarse y quitarme los escombros de encima. Pude respirar. Me ayudó a incorporarme y cogí mi brazo, colgaba como una pobre cosa, lo guardé aquí en mi cintura y ya no lo quise soltar. Daniela, de cinco años y medio, empezó a gritar que vinieran a ayudarnos porque nuestra casa se había caído. Yo le dije:

—Daniela, por favor no grites, hija, vas a despertar a los vecinos.

Daniela no siguió gritando. Pero la que grita ahora, grita entre sollozos, es Gloria Guerrero.

—Mamá, ¿qué no ves que se cayó nuestro edificio?

—Mejor grítale a Alondra está del otro lado...

—No, mamá, Alondra ya se murió.

—No es cierto, está del otro lado, estaba dormida y debe haberse despertado, grítale...

Mi hijo David había salido a la Secundaria 106, a una cuadrita del Nuevo León y ahí vio cómo el edificio se desplomó y corrió angustiado; para evitar el pánico los maestros no lo dejaban salir: "Tengo que irme, mi familia está en ese edificio que se cayó". Tras de mí oí su voz que decía: "¿Dónde están, dónde están?"

Mis otros tres hijos: Taír, Anisul y Anuar esperaban el autobús en la parada del Paseo de la Reforma; vieron caerse el edificio y pensaron que nos habíamos muerto.

Nos ayudaron a salir David y unos hombres; salí yo, atrás mi esposo y un hombre con Daniela en brazos.

—No se la lleve, déjemela...

—Usted no puede cargarla, mire cómo tiene el brazo... A ella también tiene que revisarla un médico... No se preocupe, la llevo nomás aquí afuerita.

—Taír, ¿dónde están tus hermanos?

—Mamá, no sé.

—Por favor hijita, estás asustada, cálmate, trata de pensar. Estaban juntos, ¿por qué no los cogiste de la mano?

—Mamá, es que corrieron.

—¿A dónde corrieron?

—Hacia el edificio.

—No, Taír, piensa mi amor, ¿cómo iban a correr hacia el edificio?

—Si mamá, Anuar quería ayudar, quería ir a ver en qué les podía ayudar a ti y a mi papá y atravesó el Paseo de la Reforma y corrió.

Mi esposo empezó a dar vueltas en el estacionamiento y le dije:

—Por favor, Eduardo, tranquilízate.

Lo senté en una de las jardineras:

—Siéntate aquí; no te separes de Taír, voy a buscar a mis hijos.

Una mujer intervino:

—Señora, está usted sangrando mucho, está mal, yo la llevo a la ambulancia.

—Déjeme —le grité—, ¿qué no entiende que estoy buscando a mis hijos?

Pero otro hombre me subió a una ambulancia. Me llevaron al hospital y ya no pude salir a buscar a Alondra.

UNA HORRIBLE BÚSQUEDA DE DIEZ DÍAS

Toda la familia hicimos pósters, volantes con la carita de Daniela porque no teníamos una foto de Alondra, eran muy parecidas. Pegamos el cartel en muchos muros; mis amigos nos ayudaron; fueron diez días que parecieron mil años. Acostada en la cama del hospital, con el brazo fracturado, esperaba saber de Alondra. De mi brazo, se rompieron los dos huesos, el cúbito y el radio; el doctor dijo que había que operar y poner placas y tornillos, esperar a que se hiciera una callosidad en ambas fracturas y sólo dentro de un año, por medio de una nueva cirugía, retirarlos.

MI ESPOSO ME ASEGURÓ QUE ALONDRA NO HABÍA SUFRIDO:
EL GOLPE FUE INMEDIATO

Unos rescatistas aéreos, compañeros de mi esposo, sacaron a Luciano Vega, a su esposa que quedó muy herida y a sus tres hijos, y a otros del Nuevo León y finalmente encontraron nuestro departamento. Mi esposo y mi cuñado los acompañaron toda la noche y vieron la cama fragmentada, el colchón que era azul, una sábana de pequeñas flores y encima a Alondra muerta. Mi esposo, no sé si por no darme más dolor, pero creo que me dijo la verdad, me contó que una cómoda café, un poco pesada, repleta de ropita de todos mis hijos, resbaló y se proyectó contra la cama de la niña y le pegó en la nuca, Eduardo me aseguró que Alondra no había sufrido y el golpe había sido inmediato.

Le pedí a mi esposo que me dejara abrazarla; muerta o viva era mi hija y seguiría siendo mi hija, había estado en mi vientre, la quería besar, la quería abrazar por última vez, y Eduardo me juró por nuestros hijos que la había reconocido perfectamente, que era Alondra, que estaba bien, y que no podía verla.

Ya no la vi, la llevamos al cementerio.

Miro a Gloria Guerrero y me pregunto cómo se rehace la vida; la miro estrujar un klínex ya hecho pedazos; su rostro, sé que jamás voy a poder borrarlo, moriré con sus ojos de dolor pegados en mi frente. Y también con el de Judith, y el de Salomón Reyes, y el de Andrés Escoto y el de tantos más. Me pregunto cómo le hizo mi madre después de la muerte de Jan, a los 21 años; qué hizo cada mañana al levantarse, cómo logró comenzar el día, poner un pie delante del otro. Recuerdo, sí, que una vez me dijo que la habían ayudado mucho los paisajes, ver esa gran extensión de tierra yerma al borde de la carretera, el cielo encima también extendiéndose, a veces los árboles, los pinos que van subiendo alto y conforman pirámides verdes que apuntan hacia arriba. También me dijo —en alguna tarde— que sentía que Jan, su único hijo varón, estaba feliz donde estuviera, y que en espíritu la acompañaba, lo sentía a su lado, presente en las ondas del aire, en su propia respiración. "Está en mí."

No me atrevo a decirle casi nada a Gloria; las palabras no consuelan; es sólo la entereza de la gente la que consuela. Además, a Gloria al mes del terremoto se le murió su madre: "Yo pienso que le hizo mucho daño mi tragedia. Nos amó profundamente, peleó siempre porque no nos desuniéramos, para que estuviese el cariño, la unidad, por encima de los caracteres tan disímbolos de cada uno. Murió de 79 años. No sé cómo hubo tanta capacidad de mi madre para tanta renuncia; mi padre murió muy pronto y ella duró viuda 32 años".

Junto al llanto de Gloria por Alondra están también sus lágrimas de rabia por la situación del Nuevo León, el hecho de que el edificio tuviera daños estructurales mucho antes del sismo y de que en él peligrara la vida de los habitantes sin que las autoridades hicieran nada por protegerla.

TENÍAMOS MUCHO TEMOR DE VIVIR EN EL NUEVO LEÓN

El miedo empezó por el ruido que hacían las cadenas de los elevadores; tenía una inclinación muy por encima de lo permisible. Sus habitantes nos organizamos —hubo gente maravillosa que luchó y ahora ya no existe—, insistimos frente a las autoridades de AISA en que el edificio estaba mal; siempre se nos escuchó como se escucha en este país, con oídos de sordo, por justificar un salario, y por tanto pedir fuimos evacuados hace tres años, para que recimentaran y se contrató a una companía pequeña, de la cual era dueño un sobrino del director de Banobras. No contaron con la tecnología adecuada, se hicieron excavaciones muy profundas hasta el nivel freático alrededor del edificio, pasaron dos semanas y una vez les pregunté a los trabajadores que por qué no trabajaban y me dijeron: "Señora, pues no nos pagan, la compañía que nos contrató ya desapareció". Pasaron meses, la zanja alrededor del edificio se empezó a llenar de agua, vino otra compañía y finalmente la del ingeniero Flores o Flores González —Premio Nacional de Ingeniería— (la compañía de este ingeniero había repiloteado la basílica de Guadalupe) empezó a hacer las obras. Nos alojaron durante siete u ocho meses en las Suites Tecpan que absurdamente son hotel en una unidad que por decreto presidencial se llamó de "interés social". Antes del sismo se estimaba en números redondos que éramos cien mil habitantes en Tlatelolco, repartidos en 104 edificios de vivienda, más los cuartos de azotea. Los edificios Jalisco y Puebla, llamados Suites Tecpan, por una oculta maniobra fueron dados en concesión a Gabriel Alarcón, que hace funcionar allí el único cabaret o centro noctuno que tenemos en todo Tlatelolco. Algunos departamentos los utilizaba el Sindicato de Trabajadores de la Educación y el de Hacienda y Crédito Público y otros funcionarios menores como hotel de paso; se han detectado departamentos de soltero, pero la población de Tlatelolco es más bien de familias.

NOS DIJERON QUE EL NUEVO LEÓN ERA EL EDIFICIO MÁS SEGURO DE TODA LA CIUDAD DE MÉXICO

Cuando por medio de una asamblea se nos convocó a regresar al edificio, aunque todos teníamos temor, quizá la mayoría no alcanzó a medir la magnitud del peligro. Las autoridades de Banobras enseñaron planos y más planos, tecnicismos lejos del alcance y la comprensión de la gente y nos dijeron finalmente que el "Nuevo León era el más seguro ya no de Tlatelolco sino de toda la ciudad de México".

Fue una infamia, una espantosa trampa.

Ahora, en las negociaciones con las autoridades, muchos hemos podido darnos cuenta de que no saben qué están gobernando, ni qué es lo que están haciendo. No tienen una responsabilidad ni tienen una perspectiva. Simplemente reciben su puesto para ejercer el poder. En Banobras las autoridades sabían perfectamente que la obra que se hizo no representaba más que el 25% de la seguridad del edificio; el otro 75% radicaba en la estructura, que jamás fue atendida. Todo desembocó en una comisión, en la cual quedaron tres gentes, que iban y venían a Banobras, a la Sedue, en un papeleo interminable.

Ahora las negociaciones llegaron a un punto tan infame que se indemniza más por el menaje de una casa que por una vida. Se manipula a la gente por lo económico, se pierde la calidad humana con una facilidad tremenda.

EL ESTADO NO TIENE CAPACIDAD NI PARA GOBERNAR NI PARA CONSTRUIR

Estoy segura que hubo responsabilidad oficial, que hubo una actitud canalla, corrupta, que mató a muchísima gente. Gente positiva, trabajadora. Gente joven. Niños. Allí quedó mi pequeña Alondra.

El problema del Nuevo León es político; el Estado no tiene capacidad ni para gobernar ni para construir, en vez de edificios construye panteones. Estamos solos. El gobierno está sentado encima de un montón de cenizas; llega una catástrofe y la única respuesta oficial es miserable, castrada, como el sistema mismo.

Un pequeño grupo de gente a la que nos duele la pérdida de tanta vida, nos preguntamos, ¿qué vamos a hacer? ¿Un escrito al procurador García Ramírez para suplicarle que nos diga en qué condiciones está la investigación? ¿Cuánto tiempo tardaremos en recibir una respuesta al expediente con toda la documentación y las pruebas necesarias? "Señores, aquí están las pruebas para que se deslinde la responsabilidad oficial y se castigue a los culpables." ¿Cuánto tiempo nos va a llevar? Y finalmente, ¿tendrá este gobierno y este sistema el valor humano, civil, oficial, de asumir, de castigar a la gente? ¿A qué funcionarios? ¿A cuántos? ¿Acaso ya se dictó orden de arraigo contra el menor de los culpables? ¿Se anunció en algún sitio que habían sido detenidos los contratistas responsables, los dueños de las compañías? Quizás estoy mal informada pero no lo sé.

Tanta gente valiosa, tantos jóvenes, mujeres y hombres —mi Alondra— tendrán que esperar mucho tiempo a que se les haga justicia. Sé a lo que me enfrento. Tendremos que luchar demasiado, demasiado tiempo.

Perseguimos un sueño.

LA ÚNICA AYUDA QUE HEMOS RECIBIDO ES LA QUE NOS OFRECE EL PUEBLO

A la quinta noche, o quizá a la cuarta, llegó al edificio Nuevo León el equipo de Estados Unidos. Como a las 2 o 3 de la mañana pararon todas las máquinas, las plumas, los caterpillars y distribuyeron sus sensores sobre las ruinas.

Los especialistas pidieron una patrulla frente a las ruinas y a través del altoparlante hablaron a los posibles sobrevivientes:

"Atención sobrevivientes de la entrada C de Carlos, por favor golpeen 10 veces."

Los registros detectaban —como un electrocardiograma— el menor sonido.

"Atención sobrevivientes de la entrada D de dedo, por favor golpeen 10 veces."

Luego les dijeron que golpearan cinco veces, luego tres, y otra vez diez veces.

Estaba muy avanzada la noche y muy oscura. La voz se oía clarísima.

"Atención sobrevivientes de la entrada..."

Todos habíamos quedado en suspenso; durante hora y media los aparatos hicieron sus registros, metros y metros se registraron. Salían señales diminutas. Se detectaron muchos sobrevivientes aplastados en los muros de las entradas C, D, E y F. Los técnicos norteamericanos me pidieron que les tradujera un mensaje que jamás se me va a olvidar.

"Sobrevivientes, sabemos que están allí; no se desesperen, estamos trabajando y los vamos a sacar."

Híjole, todo el mundo se abrazó llorando, todos nos abrazamos.

Cuauhtémoc Abarca llora y señala la fosa en donde quedó el Nuevo León:

Eso tiene muchos recuerdos, yo los tengo un poco allí, guardaditos. Al mismo tiempo de que el proceso del pueblo ha sido hermoso, su voluntad de ayudar, la colaboración de los técnicos, ha sido triste y lamentable la actuación de las autoridades.

Ya vamos para los dos meses y la gente sigue en las mismas, a pesar de que en Tlatelolco tenemos una situación relativamente privilegiada en relación a la Morelos, donde no llegan ni a tiendas de campaña. ¡Y con el frío que se viene!

Los norteamericanos nos ayudaron a rescatar a 23 personas vivas de las zonas en las que los sensores registraron ruidos. Dieron indicaciones de cómo excavar, dónde hacer túneles; son gente de experiencia, así como los suizos, los franceses, los israelíes. Fui testigo de cómo los franceses ayudaron a sacar a unas 20 personas con ayuda de los perros. Estuve desde las 7:30 del 19 de septiembre, 11 minutos después de que se cayó el edificio. Mi edificio está a un lado. Era desgarrador escuchar los gritos; empecé a meterme por todos lados, siguiendo gritos, lamentos. Inquiría: "¿Hay alguien allí?

¿Hay alguien allí?" Del piso 10, sacamos a un mongolito de unos 14 o 15 años; estaba totalmente enterrado, sólo sobresalía su cabeza. Moverlo fue difícil porque no sabíamos cómo estaba abajo, no podíamos determinar si había varillas, un muro, nada, si el muchacho estaba encima de algo o sólo lo sostenía la tierra en la que quedó sepultado; cada vez que movíamos cualquier cosa, ésta parecía presionarlo; después de una hora de trabajar, pudo darnos a entender en su medio lenguaje y a señas que su hermanita estaba allí abajo. Finalmente logramos sacarlo a él, no sé ni cómo, y luego a la niñita ilesa como de 4 o 5 años, nada, ni un rasguño, sólo cubierta de polvo. Alguien me dijo: "Oye, Cuauhtémoc, huele a gas porque la tubería se rompió". No se me ocurrió pensar que el gas todavía estaba conectado y podía haber un riesgo mayor. Los cables aun tenían electricidad, traté de quitar uno para jalar un mueble y me dio toques. Todo estaba mojado con el agua de las tuberías, y el vidrierío, no teníamos ni siquiera unos guantes para poder agarrar confiados piedras y varillas; trabajamos literalmente con las uñas, la gente empezó a llegar, se hicieron colectas de cubetas, con ellas comenzamos a sacar cascajo, pero a mano, ¿te imaginas? Era muy impresionante ver nuestra impotencia; como a mediodía llegó un contingente de policías y al poco tiempo empezaron a desaparecer televisiones, videocaseteras, radios, cámaras de fotografía y cine, licuadoras. La policía lo que hizo fue entorpecer con su supuesta autoridad. Más tarde llegaron unos grupos de rescate de la Cruz Roja, los bomberos, pero ya para entonces habíamos organizado dos pequeños campamentos de atención médica en el Teatro Antonio Caso y en la secundaria 106. El de la secundaria lo tuvimos que desalojar y mandamos a los heridos al DIF porque alguien se puso a gritar que se caía el edificio Oaxaca y la gente se impresionó muchísimo.

Era un relajo; yo iba al puesto de socorro a ver cómo funcionaba y regresaba a las ruinas. Después de 15 horas de haber hecho un túnel para que saliera una persona que estaba en el módulo central del Nuevo León, logramos arrastrarlo hasta la parte izquierda del edificio; sacarlo y bajarlo de la mole de escombros. Abajo nos esperaban para recibirlo con una camilla. Cuando el hombre vio el edificio caído, dijo que iba a regresar por su televisión. Por más que le gritamos que era peligroso, él insistió:

—Quiero mi televisión, voy por mi televisión.

Ya estaba rescatado, sólo faltaba que lo subieran a la camilla y se lo llevaran.

256

—No, yo no tengo nada y voy por mi televisión.

Más gritos de peligro; estábamos a punto de detenerlo cuando se echó a correr. Se metió al túnel de donde lo habíamos sacado. Provocó un derrumbe y el derrumbe lo mató.

También me tocó una viejita que no quería salir. La encontré sentada y cuando le dije que la íbamos a sacar me dijo:

—No soy una vieja coscolina, ¿Cómo me van a ver así?

Estaba desnuda. No tenía mayor ropa. Le dije que iba a conseguirle una prenda. Cuando regresé me dijo:

—Mi lápiz de labios.

—¿Qué perdió, señora?

—Mi lápiz de labios. Tengo que pintarme los labios.

Una señora grande, de unos 70 años. Y tan coqueta.

Fui a conseguirle, no sé ni a dónde, un tubo de pintura, y se lo llevé. Sólo entonces accedió a salir.

Recuerdo a dos mujeres, una de 45 y su mamá de unos 60 o 70 años. La madre nos imploraba que rescatáramos primero a su hija. La hija alegaba:

—No, es que mi madre es lo más valioso.

Y la viejita decía:

—Aunque me dejen aquí, pero salven a mi hija.

—Vamos a ver a cuál podemos quitarle lo que tiene encima primero.

En este caso fue a la hija a quien pudimos quitarle parte de una losa y una viga en los pies. Después sacamos a la señora, que tenía además una pierna rota.

Otra lucha terrible que tuvimos que librar fue contra los rumores; todos los habitantes esperaban a ver a qué hora iba a caerse su edificio, que el Allende, que el Chihuahua, que el Campeche; esas noticias corrían de boca en boca provocando verdadero terror. Pacheco Álvarez, el interventor de la Sedue aquí en AISA, el día en que todo el Nuevo León llegó a tener la primera reunión con él, había dicho en conferencia pública:

—Bueno, pues yo con mucho gusto atiendo las demandas de todos ustedes, pero soy especialista en carga de edificios y me temo que somos tantos en esta oficina que se va a venir abajo.

Los habitantes del Nuevo León salieron despavoridos, jalándose el pelo; a muchas señoras les dio un ataque de histeria; y las autoridades usaron este tipo de táctica con la gente. A mí, de veras, me dio tanto coraje... Usted ahora me pregunta si están conmovidos por la situación de los ciudadanos, si tienen miedo, no, hombre, ¿cómo van a preocuparse? Son una bola de miserables que en años nunca fueron capaces de escuchar los planteamientos que se les hicieron y quieren ahora escudarse en no sé qué respuestas. El otro día me decía Maricarmen: "Doctor Abarca, mis cinco hijos tienen bronconeumonía por la humedad y por el frío de la tienda de campaña. Yo me voy a poner en huelga de hambre para evidenciar que no nos han atendido". Y como Maricarmen, una serie de madres damnificadas están dispuestas a entrar en huelga de hambre para ver si así obtienen alguna respuesta del gobierno. Hace unos días en la colonia Morelos estaban velando a un bebito que había fallecido, porque todavía aquí en Tlatelolco tenemos tiendas de campaña de las que nos regalaron los norteamericanos y los suizos, pero allá en la Morelos son unos hules, unos plásticos, dos que tres láminas de asbestolit que han puesto de tal modo que si llueve, por todos lados entra el agua en la dizque casa de campaña. La famosa ayuda nacional e internacional que no les fue dada en mano propia a los damnificados, ¿quién sabe en dónde andará?

Una señora gorda de delantal en una camioneta toda media carcacha empezó a llamarnos: "Trajimos una olla de arroz, traemos caldo y pollo cocido. ¿Quieren ustedes?"

—Sí, señora, no hemos comido.

Eran las 6 de la tarde, nos formamos, eran unas ollotas llenas a reventar, un arroz muy sabroso, tortillas; ésa fue la gente que nos dio de comer, las primeras dos semanas. Señoras como de cocinas económicas. También la comunidad china nos trajo cacerolas de arroz frito delicioso en grandes cantidades; pero la ayuda internacional, los quesos, las latas del extranjero, le puedo asegurar que jamás llegó a los campamentos. A nosotros nos tocó agua en bolsas —quizá era extranjera— pero jamás vimos un solo paquete de comida de los que mandaron por avión.

Los policías, el ejército, ésos fueron los sinvergüenzas que vinieron a hurtar y a aprovecharse de la situación.

El pueblo, ése sí, admirable. La mayoría jovencitos de 18, 20, 22 años. Una noche platiqué con ellos y les pregunté:

—Bueno, y ustedes ¿viven aquí?

—No.

—¿De dónde vienen?

—Pues de Santa Fe, de Mixcoac, de Xochimilco.

—¿Y qué, pasa un autobús a recogerlos?

—No, nosotros pagamos nuestro pasaje y nos venimos para acá todas las noches.

Gente bien valiosa, carajo; toda la noche chambeando. Resulta criminal que gente como Carrillo Arena se atreva a decir: "Es hora de terminar con todos esos jovenzuelos, pandilleros, que nada más vienen a perder el tiempo".

A mí me parece que es al revés; es hora de terminar con los malos políticos.

Alicia Trueba

La organizadora del Centro de Acopio en el Colegio Francés de Jardines del Pedregal, María Fernanda de Pérez Priego, narra cómo se organizaron.

Lo único que hice fue pedirle al padre Anselmo Murillo, párroco de la iglesia de la Santa Cruz, aquí en el Pedregal, un espacio, y él a su vez se lo pidió a las madres del Colegio Francés. Ellas me concedieron este salón que acababan de alfombrar, imagínese usted cómo va a terminar. También hablé al Canal 13 y a Televisa para que nos ayudaran y empezaron a llegar paquetes, bolsas, cajas y más cajas. Trabajan con nosotras más o menos cuarenta gentes, todos vecinos. Para mover y ordenar las cajas nos ayudan niños de 7 a 14 años de edad que llegan desde temprano y se van a las 5 o 6 de la tarde, porque en estos días no hay escuela. Unos seleccionamos alimentos, otros medicinas, que primero clasifica una doctora que concede todo su tiempo libre, otros ropa. Nos han mandado muchísima, pero también hemos recibido treinta pelucas, trajes de baño, vestidos de fantasía y hasta un traje de novia.

Las familias Nader, Samson, Riquelme y Corbacho nos han estado haciendo de 5 a 6 000 tortas diarias, algo que se dice muy rápido, pero para lograrlo, todos los miembros de la familia tuvieron que cooperar, así como han cooperado al máximo muchachos de 17 a 24 años, y matrimonios con sus automóviles. Algunos de los muchachos terminan de trabajar a las ocho de la noche y vienen después a repartir agua hasta la madrugada. Con esa ayuda todo resulta bien, además de la incondicional de César que está aquí colaborando desde el primer día.

Sí —interviene el señor César Molina, un hombre fornido y sonriente no obstante que su jornada ha empezado a las nueve de la mañana y son las ocho de la noche—, no salimos ni a comer. Durante una semana comimos tortas, hasta que la señora María Luisa nos trajo de su casa comida caliente. Mi esposa me dice por teléfono que quiere un retrato mío porque ya mis hijos no se acuerdan cómo soy. Pero hay muchísimo trabajo, y la cerrajería puede aguantar un poco más.

La señora de Pérez Priego, delgada, de facciones muy finas, el pelo rubio en cola de caballo, aparenta no más de dieciocho (además muy bonitos) años.

—Hoy se mandó agua a Nezahualcóyotl y a Aragón, también a la colonia de los Doctores, les urge porque las pipas que llegan la venden a 400 pesos cubeta.

A pesar de ser evidente su cansancio, hojea una libreta en donde tiene anotados los donativos recibidos. Quisiera enumerar todo —dice— pero sé que es imposible, además tampoco a los donadores les interesa ser mencionados, pero mire, los señores Alberto y Susana Laposse de El Globo nos envían siete mil panes dulces todos los días. Bancomer nos mandó 500 cubetas de plástico con tapa ajustable y ahí despachamos el agua hervida, al regresárnoslas se lavan y esterilizan y se vuelven a enviar; ahora ya la estamos enviando también en bolsitas de plástico esterilizadas, para que les llegue a los atrapados en los escombros. Se sellan con la flama de velas o en las casas que tienen máquina selladora. Afortunadamente Spin S.A. nos hizo llegar diez galones de Clorizide, un desinfectante muy fuerte, se usan doscientos cincuenta centímetros cúbicos por cada diez mil litros de agua. De Corrugados Eureka tenemos 8 325 cajas de cartón, y hay muchos, muchos donadores más —dice haciendo pasar las hojitas de su libreta cuidadosamente anotada—. Cuando el formol se agotó y se pensó en usar vinagre, la planta Domecq nos ofreció toda su producción de vinagre Los Reyes. Por fortuna, de Estados Unidos llegó la ayuda del formol, porque los cadáveres estaban en descomposición. Por eso un grupo de señoras de aquí del Pedregal se dedicaron a hacer tapabocas con tela Yes, compraron rollos y rollos de esa tela. Han hecho 40 mil que se entregan a los trabajadores directamente, pero como son caseras se las tienen que cambiar cada tres horas, porque pronto se saturan de polvo. Ahora en cada paquete de tapabocas incluimos una latita de Vick Vaporub para que se pongan un poco en la tela y se protejan de los olores y polvo. La colaboración ha sido espontánea en todos los niveles. El señor Alejandro Cornejo, dueño de las mueblerías Rattan, es un gran señor, nos ha prestado su bodega, sus camionetas, sus choferes, y él mismo ha venido por la noche a hacer viajes para repartir agua. Agua que su esposa vigila para que llegue en condiciones óptimas.

Hay algo que quisiera contarle: ayer al ir a entregar agua en calzada de Tlalpan y Taxqueña, llegó una persona de la delegación para suspender la labor de rescate, y pararon máquinas y hombres porque iba a ir el señor presidente a inspeccionar y tenían que barrer la calle, ¿qué le parece?

Se distribuye comida para 8 o 10 mil trabajadores, principalmente en el Centro Médico y el Hospital Juárez. En cada bolsita se pone una torta, galletas, un jugo Jumex y una gelatina. Al hacerse la entrega se le pregunta al oficial que encabeza el grupo de trabajadores adónde se debe dejar, y él señala el sitio, porque cuando cambian de turno es cuando comen. Todo se empaqueta muy bien porque hay una cantidad de ratas tremenda.

Cuando supimos que el ISSSTE y el IMSS ya les iban a llevar de comer, así se los dijimos, pero todos nos pidieron que por favor siguiéramos llevándoles la comida nosotros, porque de lo contrario estaban seguros de que no comerían.

De los distintos albergues nos llaman por teléfono y nos movilizamos para enviarles lo que necesiten.

Son muy conscientes, si les enviamos en exceso nos lo regresan. No necesitamos tanto, nos dicen.

Hace días empezamos a repartir desayunos para las familias que están en el camellón del Hospital Juárez: té, chocolate, café caliente y pan de El Globo. A las cinco de la mañana lo llevan un grupo de señoras del Pedregal.

Ahora mi plan futuro es hacer pequeñas despensas para ser entregadas regularmente a familias damnificadas que más lo necesitan. Espero que lo logremos. ▦

LA COORDINADORA DE DAMNIFICADOS, CENTRO DE UNA LUCHA URGENTE

Sobre la taza del atole de fresa más delicioso que he probado jamás, Lucrecia Mercado y Cuauhtémoc Abarca hablan de los problemas de Tlatelolco y de la Coordinadora Única de Damnificados (CUD), que está integrada por los siguientes grupos: Unión de Vecinos y Damnificados 19 de Septiembre, Coordinadora de los Organismos de Residentes de Tlatelolco, Unión Popular de Inquilinos de la Colonia Morelos, Peña de Morelos, Unión de Vecinos de la Colonia Guerrero, Campamento Salvatierra, Unión de Vecinos de la Colonia Doctores, Unión de Vecinos y Damnificados del Centro, Centro Morelos, Multifamiliares Juárez, Centro de Unión de Inquilinos y Damnificados, Unión Emilio Carranza, Unión de Vecinos del Centro, Arcos de Belén Centro, Colonia Narvarte, Colonia Álvaro Obregón, Colonia Alfa, Colonia Faja de Oro, Colonia Valle

Gómez, Colonia Peralvillo, Centro Médico Militar, Colonia Asturias, Colonia Nicolás Bravo, Colonia Obrera, Sindicato Nacional de Costureras 19 de Septiembre.

Lucrecia Mercado afirma que la Coordinadora Única de Damnificados a los tres días de constituida tuvo la capacidad de convocar una marcha a Los Pinos. 30 mil personas recorrieron juntas tres y medio kilómetros, del Ángel a los Pinos, gritando: "Que el gobierno entienda, primero es la vivienda"; "Que el dinero de la deuda se destine a la vivienda", "A luchar, a luchar, por vivienda popular"; "Tienda de campaña al Presidente para que vea lo que se siente"; "Desalojo al Presidente para que vea lo que se siente"; "Carrillo Arena, el pueblo te condena".

Creo —dice Cuauhtémoc Abarca— que es una elemental obligación del Presidente atender las demandas de los damnificados. La primera vez, cuando le enviamos una solicitud por escrito que incluso se publicó en los diarios, nos dijeron sus ayudantes, su secretario particular, que no nos podía atender. ¿Cómo es posible que el Presidente estuviera en Cuautla, descansando, como nos informaron sus ayudantes, en vez de responsabilizarse de las prioridades nacionales? El gobierno, el mismo Presidente, dijo en todos los tonos que la prioridad número uno ahora era la atención a los damnificados, pero cuando los propios damnificados acuden a Los Pinos para decirle al señor Presidente: "Mire, éstas son nuestras necesidades", el Presidente no está.

Lilia Mercado, sentada junto a Cuauhtémoc Abarca, informa:
Son 25 los edificios desalojados. Nos fuimos a vivir con unos familiares y amigos, por lo que desde un principio no fuimos considerados como damnificados. Yo vivía en el Chihuahua. Todavía el jueves en la noche dormí en mi casa. Vivo en el piso 12 del Chihuahua, al cual no le pasó nada; sólo se siente un desnivel en el piso porque el edificio se inclinó.

TLATELOLCO Y EL NUEVO LEÓN, UN SOLO PROBLEMA
El viernes a las 10 de la mañana pasó el ejército y nos exigieron que desocupáramos cinco edificios; esto significa aproximadamente 4 mil departamentos y 500 cuartos de servicio desalojados. Haciendo un cálculo de cinco miembros por familia, son casi 25 mil los desalojados. Es decir que el sismo no se limita al edificio Nuevo León, sino a todo Tlatelolco. Los que vivían en el módulo A y B del Nuevo León, que quedó en pie, tienen una situación distinta de la del resto de los vecinos de los edificios de la unidad, porque allí no hubo

muertos. Ellos pudieron sacar sus muebles y obtuvieron una serie de prestaciones que el resto de los residentes de Tlatelolco no han conseguido.

Los del Nuevo León olvidaron que muchas personas de los otros edificios de Tlatelolco fueron a ayudarles en las labores de rescate. Siempre fue un edificio separatista, automarginado y apático. Nunca nadie acudía a las asambleas; siempre se consideró parte del Paseo de la Reforma y no de Tlatelolco.

Plácido Domingo dio mucha publicidad a la situación de ese edificio, y desde entonces se buscó separar al Nuevo León del resto de la unidad y decir: "Hay dos problemas, uno el del Nuevo León y otro el de Tlatelolco"; pero nosotros decimos: "No es cierto, hay un problema: Tlatelolco".

A Cuauhtémoc Abarca no le gusta la palabra líder. Sin embargo, caminar con él por los pasillos y jardines de Tlatelolco es darse cuenta de que todos se le acercan, todos recurren a él: Cuauhtémoc, ¿no me puedes conseguir...? Cuauhtémoc, ¿qué no sabes dónde puedo...?; Cuauhtémoc, si tú nos acompañas, entonces sí lo logramos. Cuauhtémoc, ven para acá. Cuauhtémoc dice que quiere invitar a almorzar a dos que tres periodistas, ocho señoras de distintos edificios ofrecen su cocina y su comedor: "¿Quieres chilaquiles?, ¿huevos a la motuleña?, ¿pechugas empanizadas?, ¿atole?, ¿chocolate bien espumoso? A mí me sale rico el café".

En la vida social de Tlatelolco —dice este nuevo Cuauhtémoc, chaparrito de pelo lacio, moreno, que parece estar siempre sonriendo, o será que no puede cerrar la boca— tenía yo una participación limitada. Llegué con mi familia hace quince años a vivir en los edificios de tipo A. Del Chihuahua me vine a vivir al Yucatán y soy su presidente. Los A son los edificios que por fortuna han presentado menores problemas; mal que bien la administración atendía los problemas más apremiantes, de basura, gas, agua, etcétera. Nunca se vio que hubiera necesidad específica de organización de vecinos.

A través de la autoadministración, la asociación civil representativa de los residentes tiene facultades para organizar el gasto del presupuesto del edificio, establecer las prioridades, señalar qué hay que atender, captar las necesidades de la gente, etcétera, pero nada de esto sucedía y en ese sentido uno de los edificios más desidiosos era el Nuevo León. El problema no era el gasto, sino si éste se justificaba. Nuestra comisión representativa acudió a AISA y a Fonhapo para pedir una información tan sencilla como la siguiente:

¿Nos podrían presentar ustedes un informe del estado de cuenta de nuestro edificio para saber cuánto está ingresando y en qué se está gastando ese ingreso? AISA no tenía la más elemental información acerca de qué recibe y qué gasta y nos dieron una explicación absurda de que Tlatelolco era como un gran saco y lo que entraba de todos los edificios se metía allí, y cuando había necesidad se sacaba dinero, pero no sabía ni cuánto entraba ni cuánto salía.

Da mucho gusto escuchar la firmeza con la que habla Cuauhtémoc Abarca, la claridad de su voz fuerte, mientras toma una taza de atole de fresa tras otra. Se comprende que gracias a su asesoría, un gran número de edificios pasaran a la autoadministración. El Yucatán, donde vive el propio Cuauhtémoc, fue el ejemplo; después —gracias al ejemplo o a la buena experiencia— siguieron el Mariano Escobedo, el Ramón Corona, el Santos Degollado, el Leandro Valle, el Francisco Zarco, el San Luis Potosí, el Tlaxcala, Michoacán, Nayarit, Sonora y muchos otros. Cuauhtémoc Abarca dio origen a toda una generación de edificios en autoadministración.

LA VIDA DE MILES DE CAPITALINOS TODAVÍA PERMANECE TRASTORNADA

Un millón de niños quedaron sin escuela —dice Cuauhtémoc Abarca—. Son millones también los capitalinos que no tienen agua. Hay más de mil edificios semiderruidos que representan un peligro grave para los transeúntes y nadie ha ordenado su demolición. Sólo el DDF puede creer que una barda azul cielo de lámina significa protección. Ojalá y no tengamos que lamentar nuevas muertes. Más de 15 mil capitalinos no tienen teléfono porque su línea quedó cortada desde el 19 y aún no se repara. La vida de miles de mexicanos sigue tan trastornada como en los días que siguieron al sismo, y está empeorando porque ya no hay el apoyo entusiasta de vecinos que se volcaron a la calle los primeros días.

El jefe del DDF, Ramón Aguirre, nos atendió. Nos escuchó con mucha atención y mucho respeto e incluso dijo que se solidarizaba con nuestros planteamientos; dos o tres veces "metió en cintura" muy diplomáticamente, por así decirlo, a Carrillo Arena. Las reuniones que tuvimos solos con Carrillo Arena fueron de cinco a seis horas de burla para nosotros porque jamás avanzamos ni se llegó a conclusión alguna. En cambio, el secretario de Trabajo y Previsión Social, que tiene fama de ser hosco, bronco, Arsenio Farell, resultó muy atento. Creo que el gobierno está temeroso porque se les han abierto muchas grietas; se sabe que Farell rechazó sindicalizar a las costureras hace tres años.

264

El jefe del DDF nos había pedido que lleváramos nuestro pliego petitorio en forma de preguntas para obtener una respuesta concreta. La idea no le gustó a Carrillo Arena, pero tuvo que aceptarla porque venía de Ramón Aguirre, y el subsecretario de Gobernación atestiguaba su actuación.

En el caso del edificio Nuevo León, la primera pregunta específica era: "¿Cuál es el número de expediente, en qué mesa radica la averiguación, qué avance lleva, cuándo podemos ir a declarar?" Tampoco para eso había respuesta alguna. Personalmente interpuse la demanda especial en la Procuraduría General y todavía no hay respuesta. Nos dicen que es un asunto tan grave y de tanta prioridad que está turnado directamente al procurador. Por lo tanto, el 2 de noviembre, en una manta enorme pintamos unà calavera y escribimos lo siguiente, a propósito de nuestro problema: "Eibenschutz los mandó al hoyo y Carrillo Arena los enterró, don Micky se hace guaje y la Procu dice: nada pasó". Eibenschutz, director de Fonhapo, fue quien se negó a la recimentación de los edificios y por eso se ganó a pulso su manta de "Eibenschutz, asesino".

El expediente del Nuevo León en manos del procurador es el 6865-85, con el cual se inician las averiguaciones para llevar hasta sus últimas consecuencias —palabras de Gabino Fraga— a los responsables de la mala construcción del Nuevo León. Jamás pudimos obtener una copia porque es de tal envergadura y de tal interés que el acceso nos ha sido vedado, a nosotros los interesados. Incluso ahora, las autoridades manejan siempre nuestra incapacidad.

Fraga, el representante del gobierno, se presentó con una gran cantidad de colaboradores que llenaron el escenario del teatro Antonio Caso, representantes del ISSSTE, la banca, Somex, el Infonavit. Cuando entró, la gente aplaudió, pero en un momento dado cuando le planteé:

—El primer punto es el deslinde de responsabilidades...

Fraga respondió:

—Yo lo quería dejar al último porque quiero expresarles en primer lugar, y antes que nada, el pésame del señor Presidente, que está muy dolido por lo que les ha sucedido a ustedes.

Fue una especie de detonador, porque la mitad de la gente lloraba; el auditorio se puso de pie, y un tlatelolca, un hombre hecho y derecho, se levantó a decir:

—Lo único que quiero es que la SEP me devuelva las constancias de estudio de mis hijas; es el único recuerdo que tendré de ellas porque mis hijas murieron sepultadas bajo el Nuevo León.

La gente entonces se levantó y empezó a gritar:

—Justicia, asesinos.

Fraga temblaba de miedo; seguramente pensó que la gente podría agredirlo físicamente.

Alguien gritó: Beristáin es uno de los grandes autores de la desgracia del Nuevo León; manejó en complicidad con Eibenschutz la cuestión de AISA, Banobras y Fonhapo, para recimentar el edificio, y él fue quien declaró que el Nuevo León era la construcción más segura de la ciudad de México después de la Latino y el Monumento a la Revolución. ¡Acabo de ver a ese canalla y si lo tengo ahora enfrente lo mato!

Fraga se despidió y salió, pensó seguramente que de quedarse exponía el pellejo. Carrillo Arena en una ocasión se puso muy violento: "Ustedes son agitadores profesionales que no tienen derecho de presentarse a presionar al Presidente de la República. Son ustedes malos ciudadanos, inmorales porque no se dan cuenta de la crisis del país y quieren manifestarse en contra del gobierno"; todo esto lo decía a manazos y con guaruras atrás para amedrentar a la gente. Pero sólo se amedrenta la gente de espíritu pequeño; ésa sí puede aterrarse, nosotros no. En México, a cualquiera que reclama su legítimo derecho lo tachan de agitador, o de traidor a la patria, o de estar al servicio de una potencia extranjera. Es la historia eterna. Estamos "coludidos con intereses extraños". Pero es más traidor a la patria el que detenta el poder del gobierno y teniendo la posibilidad no gobierna a favor de la patria y de los mexicanos. Ahora mismo pregunto: ¿quién es un traidor a la patria: López Portillo o Demetrio Vallejo? ¿Aquél que teniendo el poder lo usó para su vulgar enriquecimiento personal y para sus vulgares intereses rastreros no es un traidor? Creo que muchos mexicanos estamos hartos de aguantar a funcionarios ineptos. Lo peor de nuestro país es su clase política.

NADA ES DE NADIE

Desgraciadamente la conducta es producto de una educación larga —dice Alberto Beltrán— y el hombre no cambia por un terremoto. La gente cambia momentáneamente, pero pesa más la formación que ha recibido desde pequeña. Ahora mismo, los caseros están dando muestras de su egoísmo al desalojar a sus inquilinos, al igual que en la colonia Algarín los dueños de talleres de costura intentaron sacar sus máquinas antes de que les importara si había o no costureras atrapadas. La solidaridad no se puede prolongar. Si el peligro está latente, la solidaridad continúa, pero si desaparece, también se esfuma la solidaridad. Desgraciadamente no creo que un movimiento generoso y solidario de unos días signifique una transformación de la conducta. Hemos vivido en estado de emergencia —lo cual equivale a un estado de guerra—, la gente se ha unido al cavar túneles, repartir ropa, comida, sin importar clase social u antecedentes, pero esto es sólo momentáneo.

Tampoco se llevará a cabo la descentralización. No es fácil que se vaya la gente. Se irá cuando haya fuentes de trabajo estables pero más que sacar a gente del DF la desconcentración se cumplirá cuando se le dé trabajo a la gente de provincia para que no se venga y no siga engrosándose el número de personas que vienen al DF. Que se queden allá, eso es lo importante.

A lo largo de más de veinticinco años, varias veces en mis cartones políticos he repetido que la ciudad de México debería sacarse de aquí, mi idea es que los poderes deberían irse fuera de la ciudad de México. Si se va el Presidente y con él las secretarías más importantes, se iría un número enorme de personas, no se pierde la vida económica de la ciudad, ni la vida cultural que está construida en el DF; tampoco se afectan las relaciones sociales.

No soy pesimista pero tengo la convicción de que la sociedad mexicana se mueve lentamente, marcha poco a poco, no da saltos. Si los idealistas creyeron que la Revolución Mexicana iba a cambiar todo el país, siguen latentes los desequilibrios sociales, el reparto injusto de bienes, un terremoto no va cambiar a un país. Incluso los que ahora descubren que son "cristianos" y hacen tortas, al rato volverán a acumular sus bienes, a esconderlos o a enviarlos a los Estados Unidos. No es cierto, como tú lo crees ilusamente, que cambian los valores. El heroísmo es momentáneo; el heroísmo de la burguesía, porque el pueblo mexicano es heroico todos los días: el comer mal, vivir mal, dormir mal, ése es su heroísmo cotidiano; lo tienen todo el tiempo, son héroes que están soportando la situación crítica económica mientras los patrones siguen ganando dinero a montones. Ahora mismo los restaurantes de lujo están llenos, los aviones están llenos, eso quiere decir que hay mucha gente ganando mucho dinero. En cambio los trabajadores se limitan a sus ingresos y es la gran mayoría la que equilibra a este país. Es ése el heroísmo de todos los días, no sólo el del terremoto, y es mayor porque es un heroísmo en frío, consciente. La crisis económica no la están cargando parejo todos sino los sectores de menos ingresos.

Nacieron después del sismo 37 cooperativas

TIPOS DE DAMNIFICADOS EN TEPITO: LOS DE AHORA

Y LOS DE SIEMPRE

Tepito es uno de los más importantes centros de fabricación de calzado; aquí hay muchos artesanos, un chingo. Aquí se hacen trofeos de todos tipos; aquí el calzado lo aparcelan. Además hay herrerías, talleres eléctricos; en varias de las bocacalles hay mecánicos talacheros, talabarteros; José Vega, el que viene para acá caminando, es talabartero. En Tepito hay damnificados de tres tipos: los que se quedaron sin casa; aquellos que perdieron sus materiales de trabajo, ropa o aparatos eléctricos porque se cayeron las bodegas, y los que son damnificados desde siempre. Tepito en realidad no es un barrio, es un pueblo en sí, de 350 mil habitantes o más.

A cada rato se abren los batientes de la tienda de campaña, que en su interior tiene una mesa, tres sillas plegadizas y un catre con una almohada y una muy buena cobija; la conversación se ve interrumpida cada tres minutos. Se asoman rostros interrogantes.

—¿Ya no hay agua?

—No, señora, ya se acabó el agua, señora. ¿Necesita usted para su bebito?

—Pos sí...

—Sólo le podemos dar dos o tres botellas de las chiquitas gringas; no ha llegado ninguna pipa, usted perdone.

Pobrecita, esto es una chinga, no hay nada, es un desmadre, es enfurecedor; ayer llegaron los de la Cámara de Diputados porque los mandaron llamar, habíamos hecho una carta pidiendo su destitución y ayer nos destituyeron al cabrón de Fabre del Rivero.

De nuevo un rostro interrogante.

—¿Quieren un chocolatito caliente? ¿Un bolillito?

Traen el chocolate en vasos de plástico Stelaris, Continental Acapulco, Hyatt. El chocolate está muy dulce.

—¿Y esos vasos?

—Creo que alguien se los chingó de los hoteles y los trajo pa'cá. Pues sí, al cabrón ese conseguimos darle un madrazo, pa'que entienda. Oigan, no la chinguen, ¿por qué tantas galletas?

Con el chocolate nos han traído cuatro vasos llenos de galletas de animalitos.

—Llévense dos. Llévate dos de éstos, mano, son demasiadas galletas.

—¿Bolillito?

—No, gracias, oigan, ya no jodan; déjenme platicar un ratito.

Las galletas, llévenselas, nos vamos a empachar, no quiero hacerles la competencia a los gorditos.

Quien así habla no es un tepiteño, sino el pintor Felipe Ehrenberg, con su sombrero de fieltro marrón de ala ancha, sus bigotes zapatistas sobre sus labios carnosos y un arete de oro que refulge muy sexy, muy acá, bajo sus cabellos rubios y ensortijados:

Llegué aquí porque todos son cuates míos desde hace muchos años, son mis compadres, me invitan a sus fiestas, los 15 años de la hija, el baile, la posada, el reventón; vine el día 19 a ver qué les había sucedido y me quedé. Éste es el Centro de Asistencia Díaz de León, en la cerrada Díaz de León, esquina con González Ortega, colonia Morelos, Tepito. Éste no es un campamento, no mames, este es un centro de acopio; nosotros recolectamos agua, recibimos comida preparada que nos envían voluntarios, cinco o seis gentes se encargan de dar las tres comidas al día y están todos los servicios. Damos pañales desechables, klínex, toallas sanitarias, biberones, aceititos, talcos; los bodegueros son ocho y su trabajo es bárbaro, son costales de víveres que hay que separar; se arman las despensas cada dos días; damos arroz, frijoles, latería, leche en polvo; de aquí también salen brigadas de limpieza y las que recogen los víveres, así como las que se quedan a velar en la noche. Yo aquí duermo, me quedo de velador casi todas las noches; además llegan de la provincia a las 2, 3 o 4 de la mañana camiones con víveres y hay que recibirlos, atenderlos, darles su café, platicarles, tenerlos informados.

—¿Quieren más chocolatito? ¿Otro bolillito?

—No m'ija, ya no, gracias.

—¿Un tamalito?

—No m'ija, ya nos llenamos.

—¿Migas? Salieron requetesabrosas.

—M'hijita, estamos platicando, los señores tienen prisa.

Junto a Felipe Ehrenberg está sentada una mujer muy guapa, de pelo negro largo, serena y sedante como ella sola. No se inmuta, en torno nuestro todo son gritos, parloteos, algarabías, entradas y salidas, carreras, preguntas dirigidas todas a Felipe, que obviamente tiene las respuestas.

Conocí a Felipe el sábado pasado —dice con su voz tranquila Dolores Campos—. Vine a hacerle una entrevista sobre la expropiación, que va a salir el jueves en el suplemento de *Siempre!*, que dirige Carlos Monsiváis. Quedé de traerle vasos que había juntado con una amiga y ahora me he propuesto ayudarle con los niños que andan aquí en la calle y no tienen qué hacer y tampoco van a la escuela porque se les cayó. Estudio en el Claustro de Sor Juana y trabajo con Carlos Monsiváis, y aquí quiero implantar algunos módulos para mantener ocupados a los niños; ir juntando material educativo, enseñarles juegos y poco a poco insertar materias de su nivel escolar: matemáticas, español.

Felipe, que salió de la tienda, alega con alguien: "No mames, buey, ¿por qué hacen eso?, calmados, ¿no? No hagan esas pendejadas. ¿Qué no oyen o son sordos, además de pendejos? Esas madres déjenlas en su lugar, pinches locos, así no se puede jalar, bueno, tú, cállate por favor... y mañana vienes y ayudas".

Entra tranquilo a la tienda y se sienta; allá a lo lejos se oye: "...pero sigo siendo el rey".

—La figura de uno sólo ha servido para encauzar las pocas atenciones que hemos recibido tanto gubernamentales como de particulares: varias gentes, sobre todo chavos, Enrique Pérez Guarneros (aquí tenemos varios Enriques, no sé por qué tantos en Tepito se llaman Enrique) ha asumido la responsabilidad de atender a su gente: la de Tepito. Una cuadrilla de seis o siete chavos aprendió a tener una actitud, primero de eficacia y luego de total desprendimiento, porque una vez que tú comienzas a reunir y a acumular te cuesta trabajo soltarlo y repartirlo. En esta zona de Tepito hay dos tipos de organizaciones: las de antes del terremoto, que tienen todo un historial, son cooperativas, o la Unión de Locatarios o de Inquilinos o uniones de vendedores ambulantes, lo que sea. En total son 320 cooperativas y 37 más que nacieron a raíz del temblor. Tepito es una zona de mucha riqueza; aquí hay gente pesudísima; Tepito, en ese sentido, las puede todas. En otra zona de Tepito, en Granaditas 36, Miguel Galán es otro líder que está trabajando con la gente, pero lleva a cabo otro tipo de talacha, distinta a la mía. Puedo decir con orgullo que de Tepito nació la idea de la expropiación. La Delegación Cuauhtémoc envía y envía cuates, pero cuando ellos van nosotros venimos. Conmigo están jalando 58 gentes, activas, de tiempo completo; lo de la expropiación de terrenos fue una medida emergente; hemos trabajado de día y de noche en eso, es obvio que la gente se desespera pronto y el gobierno tiene que recuperar el tiempo perdido. Nos trajeron una tienda de campaña a toda madre, pero como aún no se necesitaba, la teníamos sin armar, hasta que varios chavos me dijeron que tenían ganas de tenerla para jugar adentro, alguien se autonombró cancerbero de la tienda de campaña; los chamaquitos estaban muriéndose por usarla y vinieron a decirme que no les daban permiso, y dije:

—Oigan, no se porten como autoridades, como los de la delegación, si la tienda está vacía, dejen a los niños —y durante cinco o seis días los niños estuvieron jugando ahí pero si de maravilla.

Establecimos horarios pero me pareció imposible mantenerlos inflexibles y rígidos porque hay que contar siempre con el desgaste de la gente. Al principio los dos primeros días, todo el día distribuimos pañales; señora que necesitaba pañales aquí los recibía. De repente, establecimos un nuevo horario:

—No, señora, falta un minuto para las 10, ya no hay servicio.

Intervine, bien encabronado:

—Oigan, no mamen, no sean ojetes, si la señora es de una vecindad que está del otro lado del eje y la oigo que dice: "Ay, pues yo no sabía y mi hijito tiene diarrea", pues se le da medicamento en este mismo momento.

Es importante hacer flexible y generosa la ayuda, sin desorden, pero que la gente sepa que puede tocar a cualquier hora y siempre obtendrá respuesta. Al primero que corrí yo en lo personal fue al diputado suplente del tercer distrito, que venía aquí a vender favores. Mendizábal Mejía se llama el idiota troglodita. Lo corrí. Aquí en Tepito todas las cartas se estaban dirigiendo a los diputados del PRI porque hay una costumbre de dirigirse al PRI antes que a nadie, la gente le decía:

—¿Qué pasó con las vacunas?

—No; es mejor que no se vacunen porque las vacunas causan, con demasiada frecuencia, la reacción opuesta.

Un pendejo, ese diputado. Entonces le grité:

—Ya cállate, pendejo, ¿qué vienes a ofrecer realmente aparte de tratar de hacer campaña?

—Y tú ¿quién eres?, ni eres de Tepito.

—A tu chingada madre, buey, aquí tú tienes que decir las cosas derechas.

Todo el mundo se comenzó a impacientar, le gritaron y salió corriendo y al salir todavía me encontró y me dijo:

—Mañana tú vas a saber lo que es el poder.

Y yo le respondí:

—Mañana tú vas a saber lo que es la fuerza.

Regresó a la mañana siguiente y entre todos lo corrimos.

Cuando los funcionarios vienen a algo concreto les abrimos las puertas, pero a los demás los corremos. Hace cuatro días que llegó *El Ratón* Macías distribuyendo en una camioneta grandota la ropa que ya nadie necesita y que nosotros mismos hemos estado devolviendo a los albergues. Aquí en Tepito todos andan vestidos de Polanco y de las Lomas, ya no pueden más; nos asfixia la ropa, y este boxeador Macías distribuyendo ropa a lo pendejo; así como corcholatitas y palillitos que le quedaron de su campaña. Entonces le dije:

—¿Sabes qué, *Ratoncito*? Mejor tráete tiendas de campaña. Señores, todos ustedes oyeron lo que *El Ratón* dijo, que pasado mañana vienen para acá las casas de campaña, acuérdense, si no llegan, el que promete y no cumple pierde.

Cuando llegó el delegado Fabre del Rivero, muy oficioso, con un chingo de guaruras, no sabía ni dónde se estaba metiendo. Cerramos aquí y no lo dejamos salir hasta que nos escuchó. Y aunque nos escuchara, a ese buey había que correrlo. Definitivamente nosotros le tiramos a llegarle a la Presidencia a como diera lugar; gracias a un señor Zorrilla que trabaja en la Presidencia y es cuatito, hicimos contacto con Emilio Carrillo Gamboa, que es el secretario personal del Presidente de la República, y Carrillo Gamboa me recibió de inmediato y platiqué dos horas y media a fondo con él y preguntó veinte cosas que no sabía y al día siguiente el Presidente nos recibió 48 minutos, a sabiendas de que íbamos a pedirle la expropiación. Por eso digo que la expropiación salió de aquí mismo, de Tepito. ¡Y qué bueno!

¡AY TEPITO, NO TE RAJES!

El problema de la reconstrucción es de titanes. Mire, la gente vive en cuartitos de 3 por 3. Hay personas que en ese cuarto metieron láminas y palos para construir un tapanco y ahí meten al primo o al hermano y su familia. Eso genera muchos problemas de convivencia, pleitos, trancazos. Entre toda la población tienen un baño. Como eran rentas congeladas, de 60 pesos a 150 pesos, los dueños no se preocupaban en mejorarlas. Realmente no sé cómo le va a hacer el gobierno, si quiere construir viviendas decorosas no van a caber en los terrenitos tantas familias. Hay gente a raudales. En una calle de diez vecindades viven dos mil gentes. Además a ellos les gusta vivir así, sin privacía, sin decoro. Porque en esta colonia hay gente que trae Carnet, tarjetas de Liverpool, de Sears, de Suburbia, tienen dinero, podrían mudarse a apartamentos, pero ya les gustó ese tipo de vida, la promiscuidad. Va a ser necesario reeducarlas.

Nuestro trabajo normal es el mantener un dormitorio para ochenta hombres alcohólicos y transeúntes. Aquí se les brinda una cama, pan, café y una torta. También tenemos entre semana un grupo de Alcohólicos Anónimos para pláticas. Y el año entrante abriremos un centro de rehabilitación de alcohólicos, se podrán internar hasta su recuperación.

"SI NOS ENSEÑAN CÓMO, NOSOTROS LEVANTAMOS CASAS"

Si nos mandan a uno que nos enseñe cómo, nosotros reconstruimos nuestra casa —dice Antonio Peña Lara—. Al trabajo no le tenemos miedo; estamos dispuestos a hacerlo con estas manos.

De las improvisadas tiendas de campaña frente al edificio número 62 de la calle de Penitenciaría esquina Tapicería, en la colonia Morelos, salen entre diez y quince personas. Antonio Peña Lara asegura:

—Nadie nos va a mover de aquí.

Su mujer Reina Cándida Lara explica:

—Nosotros no podemos ir a los albergues porque perdemos nuestra casa y nuestras chivas allá recargados contra la pared.

Al dueño le conviene corrernos. Nosotros quisiéramos conseguir orientación técnica, y con lo que nos diga algún ingeniero, volvemos a levantar la casa.

Los que más han venido son los peritos: cuatro ingenieros y todos dicen algo distinto. Uno que el edificio está por desplomarse, otro que basta apuntalarlo, el tercero, que está muy bien. "Uy —dice—, hay muchísimos peores que éste". El cuarto: "Hay que derrumbar el inmueble". Avisaron: "Mañana venimos a dar el peritaje final" y es la hora que los estamos esperando. Tenemos ocho días en la calle, pero lo que nos ha ayudado muchísimo es que no ha llovido, apenas tantito.

Dormir en la calle no cuesta nada.

Muchos de los habitantes de la colonia Morelos se han volcado a la calle; duermen bajo colchas y sábanas que les sirven de techo. Después del kilómetro Cero del Canal del Desagüe, pasando Lecumberri, a mano izquierda se encuentra la colonia Morelos.

—No vamos a irnos de la colonia, yo vivo aquí hace veinte años. Nadie se va a mover. Aunque sintamos hambre.

Viene don Melitón con bolsas de agua, vienen los del DIF con los desayunos, bueno, ésos sólo han venido dos veces, pero mire, hay otros más amolados. Este bulto de ropa (una sábana a grandes rayas azules atiborrada de trapos) queremos devolverlo; dos señoras de la vecindad de al lado, la del 56, escogieron unas prendas, pero nadie más. La comida que nos traen la calentamos en unos anafres.

Han venido de la UAM, UNAM, del CREA, pero más que alimentos nos han dejado ropa, pero no la necesitamos; es mejor que se canalice para otros a quienes de veras les hace falta.

Antonio Peña Lara es mecánico tornero: Vivíamos mi mujer Reina Cándida y nuestros siete hijos en dos cuartos, uno que hacía las veces de sala, cocina y comedor y el otro dormitorio; eso sí, teníamos baño completo. Yo vi actos de pillaje, como está vacío el edificio y es muy fácil saltarse, anoche se metieron unos cuates; los de la guardia los sacaron, se los encontraron en el tercer piso; también han cometido actos de pillaje unos que andan en un Mustang rojo y una patrulla Ford, la 1106, de la policía, que los vieron en la calle de Miguel Domínguez y en Penitenciaría 12.

—Oye, no digas eso —le dicen al denunciante que responde al nombre de Alberto Salcedo—, no te vayan a amolar después.

—No, si ya está comprobado y ¿qué más podrían hacerme después de lo que nos ha sucedido? Ponga usted mi nombre, Alberto Salcedo.

LOS LADRONES SON DE AFUERA

Los vecinos ahora se protegen, se han unido, se cuidan los unos a los otros. Los que roban vienen de afuera, de las otras colonias, la Moctezuma, la Romero Rubio, Tepito.

—Antes —dice Antonio Peña Lara— nos dábamos el saludo, pero esto del temblor y el salir juntos a defender nuestros intereses nos ha permitido conocernos. Antes ni nos dirigíamos la palabra, ignorábamos cómo nos divertíamos, qué nos pasaba cuando nos enfermábamos, pero ahora, juntos defendemos nuestra casa, porque ahora los caseros están aprovechándose de la situación y han elevado sus rentas de quince a sesenta mil pesos. Por eso a nosotros se nos hace prohibido salir a buscar un nuevo domicilio. Piden no sólo un aval, sino tres meses de renta por adelantado. Y ni quieren niños ni perros ni mascotas ni pericos. (Una señora ríe; creo que es una de las pocas risas en estos últimos ocho días, si no la única.) Somos clase pobre. Íbamos para clase media pero de clase media, ya bajamos a la pobre.

—No tenemos ni dónde ir al baño, no podemos hacer nuestras necesidades en la calle porque sabemos que es un foco de infección; los que se atreven se meten de nuevo a los edificios para ir al baño, a pesar del peligro. Las mujeres son las que más se arriesgan a entrar a algún departamento, ni modo de hacerlas en la vía pública. Y aquí estamos y no sabemos cuánto va a durar esto.

—¿Y el casero?

—El dueño ni se ha aparecido; quiere que nos vayamos para cobrar más caro; del Gobierno, nosotros sentimos una apatía muy grande a la clase popular; dicen que los hoteles, ésos sí, los van a reconstruir porque el gobierno quiere quedar muy bien para el Mundial, pero aquí, todo está abandonado.

—Yo diría —interviene David Ibarra—, que somos damnificados desde hace mucho. Pienso que deberían hacerse viviendas para los damnificados; pero para los de las colonias populares; aquí no ha venido un periodista. Ni la tele. Nadie.

ASESORÍA ES LO QUE PIDEN

Terca, enraizada, la gente no se mueve. Cuidan lo poco que tienen. Aguardan a que vengan a darles una asesoría. Es lo único que piden: asesoría. "Si hay que trabajar lo hacemos; inmediatamente nos ponemos a fincar. Lo que necesitamos es varilla, trabajamos lo que haya que trabajar, horas extras, todo lo que se pueda."

A los ocho días, después del 19 de septiembre, para los de la colonia Morelos el principal problema es el habitacional. Tienen ánimos de colaborar y no saben. "¿Qué tal si se nos cae la casa encima?" Saben que como inquilinos tienen derechos, incluso si no tienen contrato, incluso si los recibos son "unas boletitas", unos "papelitos" con cantidades que no corresponden a la renta real. "Aquí cabemos todos, aquí hay lugar, el suelo es nuestro, es nuestro el pedazo, lo vamos a defender, de aquí nadie nos saca."

—Aunque sea un terregal —interviene Félix Cáceres.

—El Gobierno ahora no puede ofrecerles soluciones

—No. Al contrario, nos hablan del contrato registrado, de propiedad real, de depositar en el juzgado el recibo de los 750 pesos, de muchos trámites; todos son ires y venires para que acepten nuestra solicitud, dizque hay que registrar el contrato en la Tesorería.

(Al salir de la colonia Morelos, donde la mayoría son damnificados "desde antes", Antonio Peña Lara señala un autobús que va pasando: Águilas Azules, Brigada Iztacalco, Ruta 100, placas 43145.) "Mire, esos son chavitos de catorce años que andan ayude y ayude."

—En el radio anunciaron que unos muchachos habían tomado 150 unidades de la Ruta 100 y andaban cometiendo desmanes y tropelías.

—Eso —dice muy serio Antonio Peña Lara— nosotros no lo hemos visto. Son los más pobres los que han venido a vernos a nosotros. Por eso queremos ser nosotros los dueños de nuestro problema.

Pancho, un sacerdote que ha escogido vivir con los pobres

En la Parroquia de Nuestra Señora de los Ángeles, a un costado de Tlatelolco, en la calle de Sol 168, de la colonia Guerrero, el jesuita Francisco Ramos (a quien casi todos llaman Pancho), de 46 años de edad, participa en la tarea de reconstrucción de tres vecindades.

Francisco Ramos siempre ha vivido con los pobres; ocho años en Nezahualcóyotl, ahora en la Guerrero. Es sacerdote desde hace más de veinte años. Comparte totalmente las condiciones de vida de sus parroquianos, lo dicen sus cabellos blancos, su rostro adelgazado y su pobreza.

A propósito de las declaraciones de algunos auxiliares de obispos, acerca de que el terremoto es castigo de Dios, Francisco Ramos se indigna:

Me parece una rebuznada. Cualquier afirmación en ese sentido no tiene ningún sustento teológico ni científico. Es simplemente una declaración de ignorancia; es una pastoral equivocada. Ya Camus, en *La peste*, lo había señalado. Aterrorizar a la gente, tratando de darle a un fenómeno natural —como lo es un temblor— un contenido de castigo, es no querer entender primero a la naturaleza, y desde el punto de vista teológico no entender lo que es la historia, la sociedad que hemos generado históricamente. Dios jamás va a intervenir para castigarnos. Eso sí, Dios nos está dejando construir el mundo que queramos; justificamos las injusticias a través de interpretaciones de los fenómenos naturales como castigos o premios de Dios, en vez de construir una sociedad más justa, más igualitaria. Desgraciadamente no hay una pastoral que modifique la religiosidad popular, que llamaría yo poco ilustrada.

La teología de la liberación es la que da otra interpretación de Dios, de la historia y del mundo. Creo que es una respuesta más adecuada a nuestra sociedad latinoamericana tan injusta.

Creo que por ella habría que luchar.

Insisto ante Francisco Ramos en la cantidad de gente que hizo cola para confesarse en los días que siguieron a los dos sismos. Insisto en las misas que por todas partes se están oficiando, los servicios religiosos. Ahora más que nunca la gente se refugia en la religión.

Confesarse es una expresión de la fe de la gente, pero también tiene sesgos de una religiosidad poco instruida. Fundamentalmente nuestra gente es creyente; tiene una fe profunda, poco instruida y con muchos sesgos mágicos. Un recurso que tiene la gente para consolarse es la religión; refugio contra el miedo —porque el terremoto nos espantó a todos— y refugio contra el desamparo. Personalmente conozco el problema porque he trabajado en muchas comunidades campesinas, en educación popular. Viví en Chiapas, en Veracruz, en Hidalgo, y hasta hace poco participé en un proyecto aquí en el sur de la ciudad, en la colonia Ajusco. Ahora mismo, trabajo con los colonos y les ayudo a apuntalar sus casas, a conseguir polines, a conseguir pipas de agua, recursos para la reconstrucción, impedir el desalojo. En la vecindad de Héroes del 47 hubo muertos, creo que más de 26, en Estrella —un edificio relativamente nuevo— hubo siete muertos, y en la última vecindad que se cayó no hubo muertos pero en este barrio hay vecindades muy dañadas que hay que demoler y reconstruir; seis en total, y muchas más que necesitan una reparación estructural, sobre todo para que aguanten el tiempo de lluvias, cuando se presentan naturalmente los derrumbes.

LOS CASEROS SON LA PLAGA DE LOS POBRES

Aquí nos encontramos con la Unión de Vecinos de la Colonia Guerrero, que lleva trabajando muchos años; los habitantes se han reunido en torno a la reconstrucción de sus viviendas, a raíz de una vecindad que se cayó y en la que murieron dos niños. De esto, hace nueve años. Después se ha dado la lucha por la permanencia en la Guerrero en contra de las demandas de desalojo de los caseros. Los caseros son la plaga de los pobres, los acosan, los exprimen. Asisto a la Unión de Vecinos Independientes de la Parroquia porque colaboramos con ella; alimentos, ropa, víveres y ayudamos a la Unión de Vecinos de la Morelos, que están muy temerosos de que el Gobierno aproveche la circunstancia del terremoto para desalojarlos. Esta zona es muy céntrica y la gente que la habita es muy pobre; sin embargo el valor de los terrenos sin habitantes sería muy alto. La gente tiene mucho miedo porque la Delegación ha estado promoviendo este plan, que favorece a los caseros, en la ley inquilinaria, y le espanta la posibilidad de la destrucción de sus viviendas. Han oído hablar día tras día de la zona dorada, un plan gubernamental para hacer de la Alameda a Tlatelolco un gran parque con museos, edificios coloniales (los que ya existen) y una zona comercial dirigida fundamentalmente al turismo. Los colonos de la Guerrero y la Morelos lo viven como una amenaza; son proyectos que se hacen sin consultarlos y sin proponerles alternativas. En México, los pobres no tienen alternativas. Ser pobre, en nuestro país, es una verdadera desgracia. ¡Cuánta razón la de Franz Fanon al llamar a los pobres los condenados de la tierra!

La inquietud entre los habitantes de la Guerrero, de la Morelos es enorme. ¿Aprovecharse del sismo para implantar sus planes? ¿Limpiar el centro? ¿Qué se va a hacer con Tlatelolco? ¿Qué será de la gente? Se habla de que toda la zona centro va a ser desalojada. Todo el comercio pequeño, todos los oficios pequeños de esta zona, serían también desalojados. Los habitantes de la Morelos, de la Guerrero, llevan mucho tiempo en este rumbo y mucho tiempo unidos. Nuestras Uniones de Vecinos son realmente eficaces. Desde el día 19 hemos estado trabajando en brigadas, luchando por conseguir recursos, hablando de reconstrucción. Casi todas las vecindades de la colonia Guerrero resultaron afectadas, no son daños de la misma magnitud, pero sí se han presentado cuarteaduras. Los vecinos entre sí han sido muy solidarios; han ofrecido albergues, alojamiento a los compañeros que no podían quedarse en sus casas. Han colaborado en los peritajes compañeros tanto de la Facultad de Arquitectura de la UNAM como de Casa y Ciudad, un agrupamiento de arquitectos que se dedica a la legislación urbana y se encarga de los peritajes. El problema de la Guerrero no se resuelve con el apuntalamiento ni con la colocación de polines, madrinas, etcétera, sino con la seguridad de que los colonos no serán evacuados o expulsados. Muchos caseros querían aprovecharse de los efectos del temblor para sacar a los inquilinos; recorrieron las calles hablando de fugas de gas. Andaban asustando gratis a la gente. También recorrieron las calles hombres desconocidos, diciendo que venían a hacer peritajes, declarando inhabitables las vecindades o los edificios, y con base en muchas amenazas, se dedicaron a sembrar el pánico entre la población para favorecer la desocupación masiva de los inmuebles. Se estuvo sembrando el rumor de que iba a intervenir el ejército para desocupar.

¿Y si la solución fuera distinta? —pregunto al jesuita Francisco Ramos—. ¿Si de pronto las colonias Morelos y Guerrero ya no fueran para los caseros sino para los pobres?

Francisco Ramos sonríe de oreja a oreja.

—¿No cree usted que los inquilinos podrían ganarle la batalla a los caseros?

—Es algo que me gustaría ver.

La Jornada. El cardenal Corripio Ahumada giró instrucciones a los sacerdotes de toda la arquidiócesis de México para ayudar moral y materialmente a la población.

"Debe permanecer la fe en Dios."
"Unámonos en el Amor."

Marisol Martín del Campo

A las vecindades que son grandes, como hay más gente, pues sí las oyen. Pero las vecindades en que somos menos, no nos hacen caso —dice Yolanda Hernández López—. Aquí la señora mi vecina que le diga las agüitas que pasamos; estamos dispuestos a aguantar el frío. No queremos que nos manden a los albergues porque entonces ya no nos van a hacer caso. Vivíamos en Carpintería 26. La expropiaron.

Aquí ya les dieron casa de campaña y a nosotros nada. Estamos desesperados, en primera porque no sabemos qué destino nos toca. En segunda pues nos gustaría ampararnos, para los fríos. Tengo seis niñas, la mayor de ocho años, se llevan entre sí año tres meses. Nosotros mismos nos hicimos un cuartito y con nosotros se queda mi vecina con sus tres hijos.

La mitad de la vecindad se afectó demasiado, la otra mitad sólo se cuarteó. Mi cuñada vivía ahí y en la esquina parecía que no se iba a derrumbar y se cayó solito, como un soplo.

La verdad ni hemos querido ir a un albergue oficial pues hemos visto en el periódico que en los albergues roban. Yo tengo miedo por mis niñas. Mi esposo se quedó sin empleo, él trabajaba en Díaz de León y yo pos hacía trabajos domésticos para ayudarnos. ¿Ahora cómo puedo trabajar? No tengo dónde dejar a mis niñas y antes lavaba y planchaba ropa, pero ya no tenemos agua ni luz. Me estoy poniendo a tejer, hago colitas para el pelo.

Donde vivimos, cuando llueve escurre el agua. Necesitamos trabajo. Estamos conscientes que no nos van a regalar nada, dinero de dónde. Puedo hacer el aseo en cualquier parte, lo que sea, para salir adelante.

(Yolanda, su marido y sus vecinas traen en bolsas de plástico los originales de sus papeles: actas de nacimiento, certificado de primaria. Les da miedo dejarlos en lo que fueron sus casas, no se vayan a caer y se queden sin nada.)

La ayuda que recibimos fue de un padre que nos trajo de comer hasta el primero de noviembre. Hizo una misa y avisó que ya no tenía más que traernos. Bastante hizo, pues nos llevaba cena en la noche, desde el 19 de septiembre. ■

"Tenía la losa sobre el pecho"
EL HOMBRE QUE SALIÓ SOLO DE LOS ESCOMBROS DE LA SECOFI

Vi a Roberto Victoria y a Panchito Morales salir del Departamento de Operación de la Secofi, y de pronto se recargaron en el muro.

—¿Qué pasa, Panchito?

—Está temblando...

—No, ha de ser uno de esos camiones de mucho peso...

—Está temblando, agárrate del muro.

Entonces quise salir corriendo.

—Quieto, agárrate del muro, estate ahí.

—No, yo no me agarro.

Y que me echo a correr hacia la escalera porque las tenía yo a un lado: el edificio comenzó a tronar muy feo; vi la pared partirse claramente en dos, caer en picada a la calle.

Supongo que me desmayé. Ya no supe nada hasta las 9 de la mañana, cuando oí que alguien gritaba pidiendo auxilio:

—Sáquenme, tengo una losa, no puedo menear la pierna, auxilio.

Entonces empecé a gritar también:

—Sáquenme, soy Marco Antonio Sánchez, trabajador de informática de la Secofi. ¡Auxilio!, estoy vivo.

Me respondió otro que se llama José González.

—Soy Marco Antonio Sánchez, ¿quién eres tú? Sácame de aquí.

—No, yo también estoy atrapado. ¿Tú en qué piso estás?

—Estoy en el segundo piso.

—Yo estoy con Guillermo González, pero él no puede moverse de tanto que le cayó encima.

Empecé a gritar: "¡Auxilio, socorro", y José González gritaba también: "Sáquenme" y nos contradecíamos a gritos.

Al rato José González volvió a decirme:

—Por aquí le voy a escarbar para ver si salgo, veo una luz que se filtra.

Creí que lo habían sacado porque ya no lo oía, era mi esperanza porque él veía una luz y yo nada. Tenía una losa sobre el pecho, como a unos quince centímetros, y había tierra y piedras, y pedazos de muebles. Empecé a oír a José González rascar, entonces le preguntaba a cada rato:

—¿Qué pasó?, ¿ves luz?

—Sí, veo luz pero no alcanzo a salir.

—Sigue escarbando...

—No me puedo menear, simplemente estoy picando con un tubo para hacer un hoyo.

Se cansó y se quedó dormido. Ya podía yo oír murmullos de la gente; inclusive los oía que estaban picando. Les gritaba y no me oían, era tanta mi desesperación que empecé a sudar y a decir no sé cuantas cosas hasta que el señor José González me dijo:

—Cálmate, Marco, cálmate, ahorita vienen por nosotros.

Oíamos la pala y yo me encogía dentro de la tierra: "Si no morí en el primer momento, con la pala ahorita nos matan". Perdí la noción del tiempo porque estaba todo oscuro y ya no podía ver nada; pero sí sentía corrientes de aire y podía respirar y José González abajo también. Se acabó el ruido.

—¿Qué pasó? Se supone que este edificio es del Gobierno; con mayor razón deben estar movilizándose para que salgamos los que estamos adentro.

Empecé a gritar:

—¿Qué pasa? ¿Qué no hay nadie?

—Cálmate, Marco, ya se hizo de noche.

A él si se le filtraba la noche. Oíamos el ruido de la calle, muchísimas sirenas de ambulancias, muchas patrullas. De nuevo oímos pasos arriba; pegué con una piedra, José González con una varilla o algo que sonaba como lámina y gritamos y gritamos y nadie. Me puse a chiflar y nada.

A José González no tuve el gusto de conocerlo, pero me dio bastante ayuda y yo se la di también. Nos hablábamos los dos. De estar solos, a lo mejor nos entra una crisis nerviosa, porque a cada instante pensaba yo "Ahora sí, la voy a perder", pero tanto me decía él "Ten calma, ten calma", que me ayudaba. En un momento dado cuando grité como loco pidiendo auxilio, él me dijo:

—Vas a perder fuerza, duérmete, Marco.

Él sí pudo dormirse; yo nunca logré dormirme, pero sí pude estarme quieto para no sudar y no gastar el líquido de mi cuerpo. Quería yo orinar y dije: ¿cómo me voy a orinar así, acostado? Estaba tirado y no podía menearme... Voy a ensuciar el pantalón. Ya no pude aguantarme y dije: "Ni modo, ya me hice" y me oriné. Ésa fue la primera vez. Al rato mi estómago de nuevo; me volvieron a dar ganas de orinar, me alcancé a arrastrar de la pura desesperación unos 15 o 20 centímetros, estaba boca abajo y en el momento de orinar pensé, tengo mucha sed, porque ya la lengua la sentía hinchada, y dije, ahora sí me voy a tomar mis orines, pero no me dio tiempo, ahora sí que me ganó, y no pude beber ni una gota.

—Marco, Marco, ¿estás ahí?

—Sí, aquí estoy.

—Trata de salir, trata de salir.

—No puedo.

Tenía una lámina en el cuerpo, una solera, algo que se me encajaba en la cintura; si me movía tantito me picaba.

—Si se cae una piedra la lámina me va a partir en dos. Ya pasó todo un día y no nos pueden sacar. A lo mejor tampoco nos encuentran mañana.

—Seguro que ahora vienen por nosotros. ¿No oyes las máquinas?

Oíamos que arriba arrastraban pedazos de concreto. Yo no sabía que se había caído todo el edificio, nada más creía que era la losa del segundo piso que estaban quitando para alzarla y llegar a nosotros.

Llegó un momento en que me adapté a la oscuridad y comencé a ver chispitas de luz. Y me tallaba los ojos y me los cerraba a la fuerza y volvía yo a abrirlos y otra vez las chispitas. Pues eso no puede ser luz, porque todo está oscuro. Traté de dormirme y de decirme: "Si no me morí en el primer momento es que todavía no me toca". Una voz —a lo mejor era mi imaginación— me decía: "Ayúdate que yo te estoy ayudando, si no te ayudas tú, yo no puedo". Alcancé a tocar una pared que sentí como hormigón. Recordé que en el segundo piso teníamos un bote cuadrado para la basura, e imaginé que arriba estaban jalando ese bote porque se oía ruido.

Jalando ese bote ya van a dar conmigo. Nada, no dieron, siguieron jalando palas, botes, no se qué tanto, se oían voces, jalaron muchas cosas y hasta oí: "Jala esto y jala lo otro". Nada. Se hizo de noche de nuevo y pensé: "es el segundo día que estamos aquí", y como soy católico me encomendé a Dios. Me despedí de mis hijos como pude, con las manos les di la bendición y les dije: "Hijos, ya no voy a verlos". Pero seguía oyendo esa voz interna que jamás me abandonó: "Ayúdate, que yo te estoy ayudando", y me arrastré, había soleras en los escombros y como pude jalé una, y que se cae un palo largo. Con ese empecé a picar en la pared y nada. Hasta que en un momento dado se hizo más o menos grandecito el agujero, entró el palo y dije: "Ya está; ya la hice". Pensé que esa pared daba a Frontera porque estábamos en la esquina de Morelia y Frontera, y creí que iba a salir a la luz, y me dije: "Voy a sacar una mano para que me vea la gente que está abajo" y nada. No era la salida que estaba buscando. Seguí oyendo que arriba estaban jalando piedras y escombros.

Me imagino que José González era una persona mayor porque ahora su chiflido apenas si se alcanzaba a oír. Yo también me cansé mucho, seguí sudando y me quedé quieto boca abajo y perdí las esperanzas. "Tengo que conservar la calma", pensé; ¿y el palo que traía? Volví a encontrarlo y con la punta sentí que la tierra allí estaba suavecita, puros escombros, con la mano tenté la tierra y dije: aquí hay que rascarle, rascarle, y zas caí en un agujero como tubo, me hice chiquito, lo más pequeño que pude, pero sólo entraban mis piernas y mi cuerpo, pero mis hombros no, y sin embargo veía luz.

—Yo me empujo, y me encojo, lo que sea, pierdo un brazo, pierdo dos, pero yo salgo.

Ya veía la luz. Me vi sin un brazo jugando futbol, pero contento, quería vivir por mi familia, por mis hijos; pensé que afuera me esperaban, que las voces que alcanzaba a oír eran las suyas, que me estaban llamando: "Aunque salga sin una pata o sin un brazo, salgo". Me desgarré todito, pero pasé. Después vino otro tramo: ¿por qué estaré tan barrigón? Lo que me está estorbando es la barriga; fueron tantas las ganas de vivir que me lastimé todo el cuerpo, el vientre ni se diga, ya no me importaba salir mutilado, quería salir.

El último tramo en que me arrastré ya no me fijé en lo pequeño, porque al ir a medio agujero ya vi la luz clarito y oí el ruido cerca; lo tenía tan cerca que podía palparlo. Oía yo la grúa y escuché una voz que preguntaba:

—¿No será peligroso quitar esa losa?

Alguien respondió;

—Sí, es peligroso.

Empecé a chiflar, a gritar auxilio, y nada. Decía yo: "Dios mío ¿pues qué son tan sordas esas gentes que no oyen? ¿Tantos que están allá arriba y no oyen?" No me podía ni regresar ni adelantar. Mis pies estaban atorados y mi estómago aplastado, y veía la luz y decía: "Ésa es la vida, ésa es la vida, es lo mío, lo tengo que alcanzar". Me lastimé, pero no perdí la fuerza, al contrario, adelante, cada centímetro que ganaba me repetía: "Ésta es la vida, aquí voy a vivir yo, allá voy, hijos, allá voy". Era un embudo el tramo final, piedrotas, la mano cortada, pero yo quitaba las piedras; las horas crecieron en ese tramo tan corto, y cuando por fin llegué a donde se veía la luz, había varillas que formaban una reja como de cárcel.

Pero veía la luz y ya había aire en mi cara. Quise gritar:

—Aquí estoy; aquí estoy.

Pero no me salía la voz. Ni un hilito de voz.

Cuando vi el enrejado de varillas y pude sacar la mano, sentí el aire en la cara, le grité al de la máquina:

—¡Auxilio, socorro!, aquí estoy yo.

El señor creo que me alcanzó a oír porque al momento se quedó tenso, volteó para todas partes pero no me veía. Como pude saqué una mano a través de la trabazón de las varillas y grité:

—Aquí estoy, aquí estoy.

Vio la mano, apagó el motor:

—Silencio, silencio, aquí hay alguien vivo.

Cuando vi sus ansias por quitarme el obstáculo, las ansias con las que quería liberarme, fue tanta mi emoción, que empecé a llorar. En ese momento ellos podían resbalar a la calle, caer, lastimarse tratando de llegar hacia mí, pero eso no parecía importarles y pensé: "Caray, qué padre, qué bonito es esto, que unas personas no midan el peligro y estén aquí para ayudar".

Alguien dijo:

—Pásenme una leche.

Me pasaron un tetrapack, y hasta me atraganté.

Lo sorbía, repitiéndome:

—Yo ya estoy vivo, estoy vivo.

Les pedí más:

—Denme más leche porque tengo bastante sed.

De los nervios se me caía la mitad en el pecho.

—Cómo no, no te desesperes, vamos a sacarte.

Veía yo la desesperación, la ansiedad de estos señores por levantar la reja. Si por ellos fuera, hubieran alzado el obstáculo de inmediato, pero no se podía.

—Ya vienen las pinzas, ten paciencia.

—¿Quieres más leche?

—Bueno.

Unas horas después con unas pinzas largas, especiales, empezaron a cortar la trabazón de varillas y me sacaron. Al ver a todos los que estaban allí pendientes de mí lo único que pude hacer fue oprimir mi puño y decir:

—Gracias.

Los camilleros de la Cruz Roja me llevaron allá.

Marco Antonio Sánchez, hombre pequeño y robusto, muy jovial, de trato cordial y accesible, es capturista en la Dirección General de Estadística, Sectoría e Informática, en la Secofi: cargaba los datos en la computadora, la alimentaba, en el turno de la mañana.

En la Secretaría de Comercio y Fomento Industrial, en la calle de Colima 55, murieron varias personas; y una señora y su hijo de 15 años, que vivían en una casita en el 63, fueron aplastados cuando el edificio de la Secofi les cayó encima.

El director, Antonio Martín del Campo, llegó el jueves en la tarde a la Secofi, se espantó y no hizo absolutamente nada; no envió ni tortas siquiera para los voluntarios que buscaban sobrevivientes. Para variar, todo lo hicieron los voluntarios.

LOS POBRES SABEMOS AHORA A QUÉ ATENERNOS

A dos meses del terremoto, después de múltiples reuniones en distintos hoteles, aún no se organiza el trabajo en Informática de la Secofi, y 180 personas aguardan para reanudar su tarea; una desidia inexplicable por parte de las autoridades. Más se preocuparon los empleados que los altos jefes; ¿por qué un funcionario menor o un empleado, en determinado momento, tiene una respuesta más inmediata que el jefazo? Antonio Martín del Campo, director del Centro de Procesamiento de la Dirección General de Informática y Análisis Económico de la Secofi, atragantado quizá por tantas siglas a las que hay que dirigir, no supo tomar el pico y la pala. Tampoco se apareció en la misa que se ofició sobre los escombros y no juzgó necesario compartir el duelo de sus empleados. Los jefes de los mandos medios sí dieron su apoyo. José Molina, por ejemplo, rescató a José González. José Molina conocía bien el edificio. "Tuvimos la alegría de rescatar a una niñita viva —dice José Molina— y los cadáveres que pudimos sacar los entregamos a los familiares."

De la Secofi cayó el edificio principal en Cuauhtémoc 80 y el Centro de Desarrollo Infantil —muchos edificios de la Secofi—, pero a la fecha no se sabe cuál es el número total de muertos de la Secretaría. Se dice que en Cuauhtémoc 80 murieron 38 trabajadores. A los quince días se convocó a una junta del personal con la Dirección en la que hubo un discurso interminable del director, del que sólo dedicó diez minutos al sismo; lo más se refería a problemas internos y administrativos de trabajo; sólo uno planteó: ¿por qué el edificio de Colima 55 se vino a tierra prácticamente cuando empezó a temblar? ¿Cómo se va a indemnizar a los familiares de los trabajadores? ¿Hay o no responsabilidad? El seguro ofrece 1 millón 440 mil pesos y todo lo demás se maneja como si fuera un negocio del Estado, condicionado por la siguiente advertencia: "Les vamos a dar su plaza; por lo tanto estense quietos, porque si no corren el riesgo de perderla".

Marco Antonio Sánchez, vuelto a la vida, prosigue su relato: Gracias a Dios llegué a mi casa. ¡Qué bonito sentí que todos fueran a buscarme! Tan hermoso como ver a esas personas reunidas apoyándome, tratando de sacarme. También allá adentro pensé que allí donde estaba no servía de nada el dinero, ni ser un hombre importante, nada. Sólo podía servir el corazón de los demás. Desde el 20 vivo como resucitado, pensé que si esperamos al Gobierno, allí moríamos todos, porque no hay peor tortuga. En la Secofi murieron mis compañeros Roberto Victoria, Panchito Morales, Panchito Servín, José Medina Equihua, Esteban Ventura Molina. De la SPP, Juan Oliva, Guillermo González; y en la casita sobre la cual cayó el edificio de Colima murieron Gloria Soto y su hijo de quince años, Víctor Hugo Mendoza.

Concha Creel

Fernando López Padilla, *Pantera*, relata: Yo estaba despierto, acostado en la cama, mi esposa organizaba a los niños para irse al colegio, de pronto empezó a temblar, ella en la recámara gritó: "Fernando, levántate, está temblando". Me puse de un salto en pie, parecía que el King Kong de la película golpeaba el edificio por fuera, el ruido era tremendo, mi hijo David trataba de abrir la puerta que da a las escaleras del edificio, estaba trabada, la jalé con fuerza y vi que la escalera ya no existía, sólo caían personas gritando, corrí hacia adentro, mi esposa me pidió que me calmara, fue entonces cuando me di cuenta de que no había dejado de gritar, tomé a mi hija de doce años y nos pusimos bajo el marco de la puerta, mi esposa y la bebita de cuatro meses en otro marco, vi cómo se desprendían los ladrillos de un lado y otro de las paredes, salían volando como proyectiles y chocaban frente a mí. El suelo daba la impresión de ser una tortilla dorada quebrándose bajo mis pies, en un momento el edificio se dobló y vi cómo mis otros tres hijos desaparecían gritando y pidiéndome ayuda, después ya no sentí miedo, me encomendé a Dios, sabía que era el fin. Recuperé la conciencia al sentir una fuerte presión de tierra en los oídos, me di cuenta de que estaba vivo, boca abajo, no podía mover mi cuerpo pero sí mis manos, me sacudí la tierra, entonces vi un pequeño rayo de luz, seguí quitándome cosas de encima y pude ver a mi cuñado sentado junto a mí, menos enterrado que yo, le grité para que reaccionara y le pregunté qué tenía sobre la espalda que no me dejaba mover, era una viga que solamente me aprisionaba, me ayudó a salir de allí, sacamos

286

a mi hija, después vi a mi esposa, prisionera de otra viga, entre los dos tratamos de levantarla con gran esfuerzo, y sentí que los intestinos se me salían, por fin las sacamos a ella y a la bebita, teníamos que escalar como cinco metros hacia la salida, entonces oímos voces que preguntaban ¿hay alguien allí? No tengo idea cómo en tan poco tiempo se juntó la gente con cuerdas de todos tamaños para rescatarnos, salimos practicamente ilesos, y yo aquí estoy vivo, *Pantera* no murió y *Pantera* tiene que salir adelante de esta tragedia, tengo que encontrar a mis hijos, pues yo sé exactamente dónde cayeron.

Poco tiempo después me enteré de que dos de sus hijos estaban listados en el pizarrón identificados muertos.

Volví a encontrar a *Pantera* tres días después. Él no había suspendido su búsqueda en las ruinas del edificio. Me dijo: "Esa información es mentira, ellos no han muerto, yo los vi desaparecer y estaban los tres abrazados y así tengo que encontrarlos". ■

EL GOBIERNO TRATÓ DE MINIMIZAR EL CONFLICTO

El jueves, viernes y sábado hubo un vacío de dirección por parte del gobierno y esto hizo que la gente de una manera desesperada y espontánea saliera a la calle y se organizara no para gobernar el país ni para controlarlo sino para tratar de ayudar, dice Manuel Peimbert, astrofísico. El gobierno está organizado para controlar, mantener las instituciones y el statu quo, no para ayudar a la población. Para él, ésta pasa a último término; lo importante es detentar el poder. Por lo tanto no supo qué hacer y trató de minimizar el conflicto. Fue una aberración sobre todo en el momento en que había gente sepultada que habría podido salvarse. Si en el canal 11 y en el 13 un ingeniero especialista o varios especialistas hubieran dado directrices de salvamento se habrían evitado derrumbes secundarios y otras fallas producto de la ignorancia y del descuido. Hubo un gran vacío de directrices y de ideas. El DN-III es un programa para gente no preparada. No es imaginativo, no propicia la participación de los que sí saben y pueden y no se aboca a la resolución de problemas sino simplemente al control de la gente. "No hagan, no se muevan." Es un programa ante todo represivo.

En cuanto al DN-III, el gobierno tuvo miedo de cederle el poder a los militares y que luego éstos no se lo regresaran. Por eso ordenó: "Restrínjanse a acordonar las zonas de peligro" y así lo hicieron. Impidieron que los familiares y los rescatistas entraran a la zona de desastre.

A propósito de la falta de preparación del gobierno y su impericia disfrazada de autoritarismo, Manuel Peimbert declara: Japón, la URSS, y otros tienen programas antisísmicos, preventivos; periódicamente se hacen simulacros de evacuación. Los edificios públicos, hospitales, escuelas, son controlados; rajaduras, cuarteaduras, hundimiento, inclinación. En un principio el gobierno trató de minimizar las consecuencias del terremoto: "Señores, el terremoto no fue tan importante como se dice..." Con tal de no perder al turismo empezó a negar la gravedad; a esconder el número de muertos, damnificados, edificios dañados. Una política absurda e inmadura, porque daríamos una impresión de mayor seriedad hacia el exterior si planteamos alternativas de recuperación inmediata y demostramos que hay una acción inteligente detrás del temblor. Nuestra reacción fue decir: "El problema es muy pequeño", tanto que hasta nos dimos el lujo de rechazar durante las primeras 24 horas aviones con ayuda internacional. Resultó no sólo estúpido sino contraproducente. Dijimos, por ejemplo, que sólo había de 300 a 400 construcciones derrumbadas dentro del millón y medio del DF, y después resultó que se cayeron 400 edificios de cinco o más pisos, 2 400 están muy dañados y es indispensable tirar 800 más. Estoy seguro de que no hay un millón y medio de construcciones de esa envergadura en la ciudad, o sea que el daño es mucho mayor. Por declarar que el daño es menor, no por eso va a ser menor. Hubiera sido más justo decir desde el principio: "Los daños son muy grandes; hay estos proyectos, intégrense a ellos, ayúdennos a resolverlos, colaboren de esta o de esta otra manera". Pero nuestro gobierno al tratarnos como niños cae en el infantilismo. La realidad acaba siempre por imponerse.

LOS CINES Y LOS TEATROS SON TRAMPAS MORTALES

En todos los países del Tercer Mundo los gobiernos tratan de minimizar las situaciones de catástrofe e impedir la acción de los habitantes; la única excepción fue Argelia, donde el gobierno hizo un llamado a toda la población para que se organizara junto con el ejército, la policía y los bomberos y participara en el rescate.

En México, el gobierno le tiene miedo a la organización de la gente. Se debió integrar a los civiles con cualquier organización estatal e ir al auxilio de las personas atrapadas. Creo que la acción de los voluntarios rebasó al gobierno; la participación genuina y generosa, lo atemorizó.

México no tiene ya no digamos refugios antiaéreos sino las mínimas medidas de seguridad. Los cines son trampas mortales, los bares y restaurantes también, las tiendas y los centros nocturnos. Los televiteatros eran unos cajones con escalera eléctrica, sin salida de emergencia, construidos sólo para hacer dinero y almacenar gente. ¡Con razón le tienen mala fe a Televisa!

Estudiar el subsuelo para saber cuáles son las regiones de alto riesgo, las microfallas como podría ser el Centro Médico, es una urgencia inmediata. Saber dónde construir. No se puede hacer al vapor. Existe una resonancia entre la frecuencia de oscilación del suelo y la altura de los edificios entre 6 y 10 pisos; por lo tanto, deberían estar prohibidos ese tipo de edificios. Ingenieros geólogos, geofísicos, mecánicos deben decir qué regiones de México son aptas para construcciones de cierto tamaño; el reglamento de construcción tiene que ser rígido y, sobre todo, cumplirse.

¿DÓNDE ESTÁN LOS CUATRO MIL DAMNIFICADOS DEL MULTIFAMILIAR JUÁREZ?

Lo primero que escuché fue: "Se cayó el edificio A". Todo el Multifamiliar Juárez era una polvareda inmensa, la gente corría de los edificios al parque. Alguien gritó: "Se cayó el edificio C4". Sentimos pánico. En el edificio C3 vive mi cuñada, en el C4 mi consuegra, la madre de Arturo Whaley, que es el padre de mis nietos. Corrí a ver qué había sucedido y el C4 se había derrumbado como un polvorón. No era más que polvo, arena y polvo.

Lo que más me impresionó es que no sé de dónde salió tanta gente joven, hombres y mujeres, y frente al derrumbe del edificio A, y el del C4, se hizo una inmensa hilera de voluntarios que con las manos en cadena iban pasándose piedra por piedra, para tratar de rescatar a la gente. Desde la cadena humana podían escucharse los gritos de los atrapados entre los escombros. Quienes integran las pandillas, muchachos drogadictos, alcohólicos, fueron los más tenaces, los más arriesgados, increíble lo que hicieron. Fuerza yo no sé de dónde sacaron, valor, audacia; eso, comprenderás, me hizo recapacitar sobre la enorme responsabilidad que tenemos nosotros los viejos con respecto a la juventud.

Armando Rodríguez Suárez, periodista, fundador del periódico *Punto y Aparte* de Jalapa, Veracruz, que dirige Froylán Flores Cancela, llora inconsolablemente. Da una gran tristeza ver a este hombre recio, alto, de pelo blanco, acostumbrado a la lucha desde muy joven, conmocionado, dolido hasta la médula. Sólo habla del sufrimiento de sus vecinos, jamás del suyo; de los actos de heroísmo de los demás, no de su ayuda incansable desde el 19, en que su casa de dos recámaras en el edificio D1, departamento 105, en la colonia Roma Sur, con el teléfono 564-12-69, se convirtió en refugio de damnificados, centro de operaciones, cuna para bebés, dormitorio para jóvenes y viejos, niños que buscan a sus padres; padres enloquecidos que no sabían a quién dirigirse. Armando Rodríguez Suárez organizó rescates, dio indicaciones a los brigadistas, tomó niños entre sus brazos, sacó gente viva y sacó cadáveres. Por eso, ahora que caminamos junto a él entre los escombros, sus vecinos lo saludan y vienen hacia él. En todas las esquinas del conjunto habitacional hay tambos de agua, en muchas puertas se leen indicaciones acerca de la basura: "No la tiren por favor".

En medio de un campo de beisbol se han apilado los restos de los departamentos derrumbados, sofás panza arriba, colchones, ropa, aparatos domésticos destrozados, algodón, sábanas manchadas de sangre, fotos familiares que son las que más duelen: un grupo de tres parejas sonrientes en torno a una mesa del restaurante El Gallo; una gordita en traje de baño; una abuelita peinadísima de ondas, tras sus lentes. ¡Ay!, unas pantimedias; un saco de terciopelo negro manchado de lodo, y una infinidad de pares de zapatos. ¡Como el 2 de octubre, cuando la Plaza de las Tres Culturas de Tlatelolco amaneció cubierta de zapatos como flores machucadas! Armando Rodríguez Suárez llora, no se seca las lágrimas que manchan su camisa azul. Pedro Valtierra y yo tratamos de no imitarlo.

HAY QUE INTEGRAR UN NUEVO TIPO DE BRIGADAS
PARA RESCATAR A LOS VIVOS

¿En qué iba yo? ¿En los chavos de las bandas? Demostraron en ese momento que sí se han estructurado pandillas y han encontrado en el alcohol y en la droga una forma de escaparse de una realidad cerrada en donde no los comprenden sus familiares, y muchísimo menos el gobierno, que lo único que sabe es reprender, demostraron que a la hora de la verdad están dispuestos a jugarse la vida, no le temen a nada y son mucho más generosos que cualquiera de los que se creen ejemplos a seguir y están siempre dando lecciones de moral. Aquí vinieron varias veces grupos de policías de la judicial con un pretexto u otro a sacar a estos muchachos. Siempre sentí que había por estos chavos de las bandas un total desprecio, pero a la hora del rescate, ante una situación tan grave, tan trágica, mostraron con creces su calidad humana y probaron que su organización, siempre marginal, siempre rechazada —por la sociedad—, sirve para algo.

(¡Cuántos parias a raíz del terremoto; cuántos personajes parecidos a *La Pulga*, originario de Cuautla, delgado, pequeño, resistente a morir, se han deslizado en las grietas y salvado muchas vidas!)

La hora en que sucedió el sismo es la de mayor tránsito, sobre todo en la avenida Cuauhtémoc. Los niños de inmediato se pusieron a dirigir el tráfico y a hacerlo con un absoluto respeto a todo el mundo, porque el derrumbe no se limitaba al multifamiliar Juárez, sino al Centro Médico y al Hospital General, que son contiguos. El único teléfono que funcionó fue el de mi casa; imagínate, nos llegaban los médicos y las enfermeras que intentaban comunicarse a su casa o a otros hospitales, los habitantes de otros edificios del multifamiliar, el B —la gente más pobre—, en fin, la actividad no cesó ni de día ni de noche.

El tono de Armando Rodríguez cambia abruptamente. Ahora se trata de denunciar, y lo hace con rabia:

Yo les pediría que nos ayudaran a integrar un nuevo tipo de brigada, no del rescate de los muertos, sino del rescate de los vivos, porque lo que han hecho las autoridades con el Multifamiliar Juárez no tiene nombre. Alejandro Carrillo Castro, director general del ISSSTE, no sabe ni lo que dice o de plano mintió en la conferencia de prensa a que convocó el 11 de octubre. Se permitió decir: "El área de vivienda del Multifamiliar Benito Juárez presenta a consecuencia del siniestro la siguiente situación: de 35 edificios, 6 quedaron totalmente destruidos, y 11 más tuvieron que ser desalojados. De mil 24 viviendas, 212 quedaron destruidas, 524 tuvieron que ser evacuadas y sólo 288 no sufrieron daño aparente". Todo ello es falso, porque en primer lugar no existen 35 edificios en el multifamiliar Juárez. Son 19.

De acuerdo con la memoria publicada por el arquitecto Mario Pani, autor de los proyectos del Multifamiliar Juárez y del Multifamiliar Alemán (que se construyó antes que el Juárez), son 19 edificios los del Multifamiliar Juárez. Carrillo Castro informó que no serán construidos nuevos edificios y que en unos días comenzará la demolición de los once que más daño sufrieron.

"No se van a hacer nuevos edificios —alegó Carrillo Castro— porque es ofender la memoria de los muertos. Vamos a hacer espacios verdes como un homenaje". ¿Qué es esto? —se enoja Armando Rodríguez Suárez—. ¿No se van a restituir las viviendas? ¿En dónde va a vivir la gente, en dónde? ¿Significa que nosotros que tenemos 33 años de vivir aquí, sí podemos perder la vecindad y la

291

morada simplemente por guardarle la memoria a los muertos y crear problemas más graves? Los edificios que fueron desalojados son nueve del tipo D, que tienen dos entradas y 32 departamentos cada uno, es decir, 288 departamentos. Nos han traído las autoridades del ISSSTE, Fovissste y Sedue para arriba y para abajo. Primero nos amenazaron con el desalojo; el día 17 de octubre hicieron los peritajes y, salvo un departamento, lo demás es perfectamente habitable.

En el Multifamiliar Juárez viven 5 mil personas, bueno, vivían, porque solamente estamos viviendo aquí mil en los edificios que no presentan daños, al menos aparentes. ¿Dónde están los cuatro mil damnificados? ¿Cuántos están muertos, cuántos desaparecidos?

¿Dónde están las pertenencias y los valores rescatados? ¿En qué situación se encuentran los damnificados? En el deportivo del Benito Juárez casi no queda nadie. ¿Dónde están entonces los que perdieron su casa y sus pertenencias? Las autoridades dijeron: que cada quien se salve como pueda. Por esto es urgente establecer un censo. Tenemos una cédula hecha y requerimos de personas que vengan a ayudarnos a levantarlo. Y no se trata sólo de los damnificados del Multifamiliar Juárez, sino de los del edificio Nuevo León en Tlatelolco, los de la colonia Roma, los de Tepito, la colonia Morelos. Se trata de una brigada de rescate de vidas, porque el ISSSTE, el Fovissste, la Sedue están cometiendo las estupideces más grandes que puedan imaginarse; de ninguna manera debemos permitir que queden impunes.

Yolanda Serratos

Me encontraba en el colegio cuando todo se empezó a mover, entre los gritos y las carreras, salí todo aturdido al patio; cuando dejó de moverse nos retiramos a nuestras casas —nos cuenta el brigadista César Hernández de 20 años—. Junto con unos amigos me fui al hospital Humana para ver en qué podíamos ayudar. Llegaban ambulancias con los heridos. Me tocó ver cómo sufrían ellos y sus familiares. Nos pusimos a trasladar medicinas, ropa y comida a todos los albergues que nos mandaban. Ya era de noche, cuando de uno de los albergues solicitaron transporte para ir a la colonia Roma y traer a las personas que habían perdido su hogar. Me apunté con uno de mis cuates, con mucho temor partimos; sentía una gran responsabilidad y el deseo de ayudar, avanzamos por el Viaducto hasta donde había unos soldados desviando el tránsito; les explicamos que queríamos llevarnos a las personas al albergue y nos abrieron el camino. Eran ya las 10 de la noche; no había luz, ni coches, sólo campamentos de soldados por un lado, y grupos de gente por el otro, cuidando las cosas que habían podido salvar. Lo que se veía era impresionante, yo tenía mucho miedo, nos colocamos un tapabocas y empezamos a preguntarle a la gente si querían ir al albergue donde encontrarían comida, cama y medicinas. Era inútil, decían que la calle era lo más seguro pues no les caería nada encima; el pánico, la ignorancia y su temor eran más fuertes que nuestras súplicas. Llegamos a uno de los edificios derrumbados; ahí todo el mundo escarbaba, olía muy mal, entre llantos y desesperación quitaban piedras, varillas, sus seres queridos se encontraban debajo de aquel montón de escombros. Ahí parado sin poder hacer nada, vi que ésta es la desgracia más grande que ha sufrido México, el llanto ahogó mi voz y me puse a ayudar con todas mis fuerzas. Nunca antes había tenido un deseo mayor que ayudar en ese momento a todos. Hasta grité de emoción. ■

¿Cómo pagar una casa de cuatro millones?
QUE LA TRAGEDIA NOS CONVIERTA EN UN MÉXICO NUEVO

Durante el tiempo que duraron las labores de rescate del Multifamiliar Juárez no hubo una coordinación gubernamental. El doctor Jesús Kumate dice que se rescataron 170 personas vivas. ¿Quién le proporcionó la información? ¡Quién sabe! ¿Cómo puede afirmarlo? ¡Quién sabe! Lo que se dio fue un movimiento de vecinos y voluntarios, gente que iba pasando; juntos sacamos cuerpos de los escombros. Doce o quince horas después, el ejército llegó a acordonar, pero ¿por qué el ISSSTE o el Fovissste o la Sedue o cualquier otra secretaría quiere adornarse, si los que se ayudaron entre sí fueron los propios inquilinos?

Armando Rodríguez Suárez vivió hora tras hora el 19 y 20 de septiembre, y sigue habitando el Multifamiliar Juárez. Por eso sabe de lo que habla:

En el Multifamiliar Juárez la gran mayoría de los habitantes son jubilados. Una anciana quedó atrapada en el edificio C4; las dalas le hicieron una especie de pirámide protectora. El día 20 la gente se percató de que entraba y salía un perrito. Dos socorristas lo siguieron y encontraron a la señora, que permaneció más de veinte horas atrapada. En el momento que iban a sacarla llegaron al Juárez las cámaras de televisión, la prensa, la policía. Los vecinos protestaron por ese despliegue publicitario, sobre todo porque la policía quería lucirse a toda costa. Los boy-scouts se agarraron de los brazos y echaron a los oportunistas para atrás, de manera que no pudieran filmar; ni los cuicos intervinieron en el rescate de esta señora.

Un empleado de comunicaciones salió muy temprano del edificio A, llegó a su trabajo y se dio cuenta de la fuerza del temblor. Regresó y encontró su hogar caído. Allí perdió a su esposa y a su hija de 19 años. Se quedó sin nada absolutamente. Ahora vive en una azotea de un edificio cercano; usa ropa prestada y cuando escucha a un damnificado exagerar o exigir que se le resuelvan sus problemas antes que a otros (porque para cada damnificado no hay otro problema peor que el suyo) le sale al paso, y todos guardan silencio. Su ejemplo ha servido de freno a los desesperados y a los exagerados.

En vez de organizar y controlar mediante un censo a los damnificados, el ISSSTE y el Fovissste primero, después la Sedue y el DDF, se dedicaron a dispersar a los habitantes con la idea peregrina y estúpida de que cada damnificado absorba no sólo su tragedia sino todos sus problemas.

El desalojo de los edificios que quedaron en pie fue precipitado; en los edificios de tipo C, metieron a conscriptos, gente del ejército y empleados del ISSSTE que en sólo dos horas sacaron muebles y pertenencias. Decían que era una colaboración del Puerto de Liverpool, que había enviado veinte camiones de mudanza; claro que al ver que se llevaban sus cosas, los habitantes tuvieron que salir. Los representantes del Fovissste dijeron que las rentas baratas se habían acabado, que el Multifamiliar Juárez desaparecería para convertirse en espacio verde, y que se ofrecían 4 mil casas que se darían a los damnificados mediante créditos amplios e intereses bajos (de 4%). Esto sólo puede hacerse atropellando los derechos y las prestaciones a las que tienen derecho los trabajadores al servicio del Estado, sobre todo los jubilados y los pensionados. El porcentaje de habitantes de edad avanzada es muy elevado; hay personas que ni siquiera se pueden mover de su departamento. Si te pones a pensar en el ingreso mensual de los jubilados —la mayor parte de los inquilinos— es de $34 800.00 ¿cómo van a poder pagar una casa de 4 millones? Además, el propio Fovissste, al momento en que vieron llegar a jubilados y pensionados dijeron: "Pues perdónennos, pero ustedes no son sujetos de crédito y no pueden adquirir estas casas".

Una pregunta: "¿Dónde están las casas?" En el estado de México, Coacalco I y Coacalco II. Cinco familias salieron en un autobús al estado de México y a Coacalco, y se encontraron con que las casas estaban ocupadas unas, otras no tenían ventanas, las más no cuentan con servicios y, además, no hay medios de comunicación. Imagínate, venir desde 30 o 40 o 50 kilómetros a su trabajo. ¿Cómo? ¿Dónde? ¿En qué escuela van a estar los niños? ¿Cómo se van a resolver los servicios de agua o drenaje? Estas cinco familias regresaron absolutamente decepcionadas. El engaño no se detuvo allí. El licenciado Jorge de la Rosa Sánchez, vocal ejecutivo del Fovissste, visitó los albergues que se improvisaron en el deportivo Hacienda y en la Escuela Constitución, contiguos al multifamiliar. Ofreció llevar a los damnificados a unidades habitacionales; en dos autobuses de la Ruta 100 salieron 220 personas. Supuestamente allí los iban a recibir con una cena, pero no encontraron ninguna unidad habitacional, mucho menos la cena, y la gente tuvo que regresar a los albergues.

¿Cómo podemos enfrentarnos al autoritarismo y a la prepotencia de tipejos como Guillermo Carrillo Arena? La Sedue ha llegado al extremo de decir que en tres años proporcionará 50 mil viviendas ¿Por qué mienten en esa forma? ¿De dónde sacan esas estupideces? ¿O van a llegar a las aberraciones en que incurrieron las autoridades del Departamento del DF, encabezadas por el inefable Ramón Aguirre, quien exactamente el 22 de septiembre, en uno de los solares arrasados en la esquina de San Luis Potosí y Tonalá, hizo un jardín, y otro más en la esquina de Tonalá y Coahuila, al que ya le pusieron un letrero: "Los Mártires del 19 de septiembre" y una corona mortuoria. Esto ya es hacer escarnio del pueblo de México.

Junto a Armando Rodríguez Suárez, el joven Gabriel aprieta bajo su brazo, en un fólder, las actas de defunción de su padre y de su hermano. No puede pronunciar palabra. Perdió su departamento en el Multifamiliar Juárez. "A su madre, con una pierna y un brazo fracturados, la mandaron al 20 de Noviembre, allí la tuvieron tres días y la dieron de alta. ¿A dónde podía ir si ya no tiene casa? Desesperado consiguió una póliza del Seguro Social; la internaron tres días más y la sacaron de nuevo. ¿A dónde va a meterla si no cuenta con familiares, ni techo, ni ropa, ni un cacharro siquiera donde calentar café? ¿Qué no entienden que él no tiene nada absolutamente? Incluso, lo que trae puesto es prestado. Hasta los tenis son de otro." Reto a Alejandro Carrillo Castro, a este director tan mal informado, a que venga al Multifamiliar Juárez para que se dé una idea de lo que es. Lo reto a que hable conmigo. Reto al arquitecto Roberto Eibenshutz Hartman, subsecretario de la Sedue, a que se atreva a repetir que hay 13 mil 986 viviendas en unidades habitacionales disponibles para los damnificados de Nonoalco-Tlateloco y Benito Juárez.

Nuestro problema es de derechos humanos y hemos tenido una respuesta burocrática, mezquina, desinformada y absolutamente canallesca.

OIGA, NO QUIERO MORIR TAN JOVEN Y SIN HABER AMADO"

Curiosamente, desde hace unos días, los entrevistados se niegan a dar su nombre "por miedo a las represalias". Un socorrista de la Cruz Roja dijo: "Oiga, yo no quiero morir tan joven y sin haber amado", exclamó mirando con desconfianza el cuaderno forma francesa de 100 hojas, marca libre. Otro ambulante de la Cruz Roja, que estuvo en las calles de Versalles y avenida Chapultepec, tampoco quiso darlo: "Luego me pasan a amolar a mí, señito". El que sí quiso darlo fue el doctor Mario Castro, que hora por hora contó sus días del sismo, ahora sintetizados en este relato. Una de las cosas que más le llamó la atención es que por más amolados que estuvieran, los habitantes de Tepito, de la Guerrero o de la Romero Rubio preferían quedarse en la calle que ir a los albergues. En la colonia Roma también los damnificados prefirieron el camellón de la avenida Álvaro Obregón o los parques públicos, que los albergues "para cuidar sus chivas y que no se las fueran a robar":

Como médico tuve a mi cargo una ambulancia, de las que facilitó la Ford Motor Company, en la que presto mis servicios. Salimos de Cuautitlán, estado de México, a las 11:50 y a las 12:20 nos presentamos en el hospital de la Cruz Roja para recibir instrucciones, pero todo era caos. Salimos al Centro Médico Nacional del IMSS; ahí encontramos que las autoridades estaban sesionando. Era la una de la tarde. En ese lugar, en la explanada del IMSS, estaban concentrados numerosos vehículos, carros de traslado y principalmente ambulancias, para transportar pacientes. Ya que no encontramos quién nos diera un sector donde nuestros servicios pudieran ser más útiles, recorrimos las zonas de desastre. A las 14:55 nos ubicamos frente al edificio de la Secofi, en avenida Cuauhtémoc y Doctor Navarro, donde fueron solicitados nuestros servicios por personal directivo de esa secretaría. Nos hicieron señales pidiendo una camilla, pero necesitaban en realidad un apoyo mayor; ningún vehículo de auxilio estaba a la vista. En el sexto piso de Secofi los bomberos trataban de sacar a una persona prensada por el material de derrumbe. Había otras personas atrapadas que luego fueron bajadas: a las 16:40 el señor Domingo Martínez, con probable fractura de la pierna izquierda; a las 17:45 rescatamos a Rafael Vargas con fractura múltiple de fémur en la pierna derecha. Mandé la ambulancia con ambos lesionados al hospital central de la Cruz Roja. Me quedé con Rafael Ramos, comandante de la Cruz Roja de Cuautitlán, cuando un joven se acercó a decirnos que se escuchaban voces por el lado del callejón que se forma entre los dos edificios de Secofi. Lo único que veíamos en lo alto era el derrumbe de los pisos siete, ocho y nueve que habían quedado volando sobre el callejón. Las rampas de acceso al estacionamiento subterráneo se encontraban totalmente cubiertas de escombros desprendidos de esos pisos. Hicimos bocina con las manos para hacernos oír, pero no escuchamos absolutamente nada. La ambulancia del comandante Ramos tiene magnavoz, y habló diciendo: "Si alguien se encuentra vivo hagan una señal, abajo no los escuchamos, avienten piedras, algún objeto". Por un hueco, entre los pisos que estaban colgando, empezaron a caer piedritas y unos papeles. Se hizo una coordinación de personal, e iniciamos el trabajo de rescate rompiendo una losa sólo con cincel y marro. Comenzamos a las 17:55; quince minutos después llegó una ambulancia de la Cruz Roja de Huejotzingo, Puebla, con personal de socorristas, y otra de Neza, Estado de México, que dieron apoyo a mi personal. Tardaron más de seis horas en horadar la losa a mano. Era lento, porque podía romperse el concreto, pero no las varillas del armado. Cerca de la media noche llegó la unidad que habíamos pedido, del Escuadrón de Rescate y Urgencias Médicas del DDF, con una sierra de mano. Subieron y cortaron las varillas. Se rescató con lesiones varias, pero no de importancia, a Eduardo Méndez González y Marciano Corona Méndez, que permanecieron atrapados durante diecisiete horas en el piso séptimo. Los revisé, les di un sedante y bebida para que se tranquilizaran, y en otra ambulancia los envié a sus domicilios, a la media noche. A cada rato llegaba gente preguntando por sus familiares desaparecidos, pero no sabíamos a quién íbamos a encontrar en el derrumbe. Por Marciano habían preguntado todo el día.

LOS SOCORRISTAS TEMEN REPRESALIAS

Habíamos acondicionado un faro de la ambulancia para que iluminara los trabajos, pero llegaba la luz muy débil al séptimo piso. En la esquina de Doctor Navarro y Doctor Lucio la policía bloqueaba el tránsito. Vimos una camioneta pick-up de unos jóvenes de buena clase social, que iba equipada con faros de halógeno y se prestaban, como mucha gente, a dar ayuda. La camioneta era rechazada por la policía, le indicaban que circulara. Intervinimos para que los dejaran acercarse. Eran jovencitos ya con experiencia, probablemente en campismo, venían preparados con una estufa de gas, garrafones de agua potable, café, nos ofrecieron bebidas calientes, porque se sentía el frío de la noche igual que el frío de la presencia de la muerte. Gracias a ellos se terminó el rescate.

LOS CURIOSOS IBAN A UN ESPECTÁCULO

En el mismo sector, en las calles de Coahuila, se había derrumbado un edificio en esquina con Tonalá, donde había una sucursal de la Compañía de Luz. Como a las cinco de la tarde rescatamos el cadáver del señor Correa, contralor de la Compañía. Era difícil trabajar en medio de los curiosos que iban a ver como si fuera un espectáculo. Había personas detrás mío que comentaban: "Es usted muy enojón, déjenos ver un poco". Los familiares y un hijo del señor Correa pretendían subir a la ambulancia para acompañar el cuerpo de su padre. Había órdenes de que ninguna persona podría ir en la ambulancia. Tomé la decisión de dejar que el hijo fuera en el estribo, en el exterior, para no perder de vista el cadáver de su padre.

A las 19:40 horas del día 20 se inició otro temblor, que nos sorprendió en la calle de Coahuila y Monterrey; la gente reaccionó corriendo o gritando, otros lloraban. Un ingeniero, a través de un magnavoz, y yo, les dijimos que se movieran al centro de la calle, que no corrieran; los postes se movían y caían cables. El vaivén de las casas producía ruido, más derrumbes. Llamamos a la gente que se guarecía en los quicios. Al cesar el temblor me pidieron que asistiera a una señora histérica, en el cubo de una vecindad en la calle de Monterrey. Un niño a su lado le cogía la mano y le decía: "Mamá, qué te pasó, levántate, mamá, no quiero verte así". La actitud del niño me facilitó hacer reaccionar a la señora. "Contrólese, está usted angustiando a su hijo, tiene que ser valiente, levántese, acompáñelo, cuídelo". Se puso a reconfortar al niño que le preguntaba: "¿Por qué se mueve todo?"

VAYAN A TEPITO, A LA MORELOS, ALLÁ HAY MUCHO DESAMPARADO

El día 21 desde las 7:00 permanecimos como puesto de primeros auxilios y dando apoyo en el traslado de cadáveres al parque de beisbol del IMSS, que ya se había improvisado como anfiteatro. Apoyamos a equipos de salvamento. Los curiosos nos pedían cubrebocas por el hedor.

A las 10:50 llevamos el cadáver de la señora Judith Lindenfeld de Barx, recuperado del edificio derrumbado en las calles de Tonalá y San Luis Potosí.

A las 13:00 horas, en la esquina de Monterrey y Coahuila se hacían maniobras de recuperación de los cadáveres de una familia. Era difícil controlar la imprudencia y el morbo de los curiosos y de algunos medios de información internacional. Tuve un altercado. Me sacó de quicio ver el detalle con que un camarógrafo italiano hacía tomas de varios minutos y paralizaba los trabajos de recuperación de los cuerpos. Filmó desde todos los ángulos a una familia entera cuando era recuperada, después de 48 horas, y que se encontraba ya con signos de descomposición: el hombre, semisepultado, mantenía los brazos extendidos en actitud protectora; los cuerpos de dos pequeños con las manitas cerradas y comprimidas hacia sus pechos. Le dije al capitán de guardia: "Señor, baje usted a las personas que están tomando esas escenas". El capitán respondió: "Están cumpliendo con su deber". Por fin me hizo caso y bajó al camarógrafo italiano, pero este señor nuevamente subió a la defensa de la pluma que hacía las maniobras. Entonces le dije: "Basta", puse la mano frente al lente de la cámara de televisión, y le dije que se bajara de allí. Cuando bajó lo tomé del brazo y me dio un manotazo diciéndome en inglés que no lo tocara, profirió insultos que entendí. Lo único que pude responderle fue "Go, go", empujándolo. Le dije al capitán que los retirara detrás del cordón, ya que los camarógrafos tienen lentes de acercamiento. Esos cuerpos que se recuperaron fueron del señor Francisco Cázares Coss, de 28 años, Rosa Cázares de 27 años, el niño Francisco Cázares de ocho años y la niña Michèle Cázares de cinco, muertos en Coahuila 147.

El 22 de septiembre por la mañana iniciamos un rondín por la ciudad para ofrecer un albergue que la empresa para la que trabajo abrió en una de sus plantas de ensamble.

En las calles de Jesús Carranza, cerca del cine Bahía, en pleno Tepito, entramos a algunas vecindades cuyos muros estaban por caer, cuarteaduras severas, insalubridad en el medio. Cortésmente los vecinos rechazaban mi ofrecimiento.

De allí me fui a la colonia Morelos. Los vecinos en plena calle nos dijeron que se habían presentado vehículos con torretas, y con individuos armados, y que habían sufrido robos. No se veía ninguna vigilancia por ningún lado. Pasamos por la plaza de San Sebastián. Apenas podíamos circular entre tantos muebles de gente que estaba emigrando. Regresamos a la Morelos a ofrecer albergue. Niños desnudos, hambrientos y aún así la actitud de los padres era negarse a aceptar el auxilio.

A una señora joven, sentada en una silla a la mitad de la calle le preguntamos: "¿Cuál es la ayuda que ustedes esperan?" "La ayuda que esperamos es que el Gobierno nos dé una casa, yo no me voy de aquí, si me muevo pierdo ese derecho."

INVALUABLE LA AYUDA JUVENIL EN EL RESCATE

"¿Cómo ayudamos? Queremos hacer algo." Muchas brigadas se organizaron espontáneamente, muchísimos albergues funcionan en forma autónoma. A pesar de que el rector cerró la UNAM el jueves en la tarde, lo cual fue un error porque retrasó considerablemente las labores de rescate, los estudiantes organizaron en sus escuelas y facultades 852 brigadas de auxilio.

Algo así como 10 mil muchachos se presentaban espontáneamente todos los días, y la propia UNAM surtía los guantes, las palas, los picos, las barretas, seguetas y marros; hubo brigadas nocturnas de rescate y brigadas de reparto de víveres, servicio de información higiénica a las colonias afectadas, entrega de medicamentos, de ropa y hasta de ataúdes.

A cada brigadista, hombre o mujer, se le entregaba un tapabocas con Vick Vaporub embarrado como desinfectante. En el centro de acopio de San Agustín, en la avenida Homero, los brigadistas piensan continuar trabajando "en los próximos dos meses".

A mí ya me corrieron de mi trabajo —dice Marco Antonio Ruelas, apodado *Rambo* por aventado. Trabajaba en la boutique de ropa Fiorucci que pertenece al arquitecto Freddy Helfon—, pero desde el jueves quise venir a ayudar y espontáneamente me incorporé a la brigada 56. Fui al Centro Médico, después me mandaron al General y me dijeron: "Allí hay un túnel en el que nadie se quiere meter." Junto con otros dos cuates nos metimos. Nos dieron equipo, una mascarilla de doble filtro, tanque de oxígeno en la espalda, casco, lámpara, guantes, y nos fuimos hasta adentro; oímos quejas, rascamos con los guantes, y no pudimos encontrar, así es que volvimos a salir para informar y hacer un nuevo intento. A la segunda vez logramos sacar a una señora y esto nos emocionó mucho.

Allí mismo en el Hospital General me ofrecieron 800 mil pesos. Te los damos si te metes por allí, y me señalaron una grieta. Me metí pero al salir no los quise aceptar. Nosotros no estamos cobrando nada, porque otros sí estaban cobrando, tanto por cadáver como por rescatar bienes materiales. El topo es el que se mete a los túneles para explorarlos. Hay topos clasificados que apuntalan y topos comunes (es el que va sacando tierra e instalando el cable de la luz y colgando lámparas en lugares estratégicos).

Yo —dice Marco Antonio Ruelas—, soy topo común, los topos comunes somos deatiro la carne de cañón, nos mandan a ver si no se cae y después se avientan los buenos, los técnicos con su equipo. Trabajé junto a unos mineros que vinieron de Pachuca y otros del Socorro Alpino; ésos sí que son mexicanos a toda madre, para que vea, ésos sí que arriesgaron su vida, todo el jueves y todo el viernes; recuerdo que el mismo jueves en la noche, nos acompañó una señora Vicky, Victoria Romero de Rodríguez, de Torreón, Coahuila, que fue la que más ayudó a hacer el albergue de la calle de Doctor Barragán; con dos muchachos iba y venía distribuyendo víveres y los iba a dejar a Tepito, ella manejaba, toda la noche trabajó, sólo una hora se metió a dormir en una ambulancia de la Cruz Roja. Ahora ya tuvo que regresar a Torreón pero nos dejó su dirección, por si queríamos visitarla. Dijo que ojalá y nos casáramos con sus hijas, porque opinó que valíamos más por nuestro corazón que por cómo nos vemos, o sea que somos más bonitos por dentro que por fuera. Va usted a decir: "Chale, qué presumidos", pero como quien dice, dijo que somos muy buena onda. Cuéntele Chofi, cuéntele, usted que ha estado en todo, cuéntele.

QUE ESTO SIGA PARA SIEMPRE

Dos autobuses de la Ruta 100 y tres combis de particulares salen constantemente a repartir víveres a los albergues. Entre los choferes y los brigadistas hay mucha camaradería: Ya no quieren regresar a su trabajo —dice Mario Mendoza Yáñez—. Dicen que quieren que esto siga para siempre. Y tiene que seguir, pues ¿qué va a ser de la gente sin casa y sin trabajo? El estado de emergencia empieza ahora, y si las brigadas dejan de existir por el regreso a clases o porque el gobierno da la orden de que se disuelvan, mucha gente quedará sin ayuda.

Yo me incorporé a la brigada por medio de un aventón —dice Marco Antonio Ruelas—. Me subí a la combi y me quedé. Este primer día fui al Monumento a la Revolución y ayudé al rescate de una persona atrapada, un señor vivo, a quien le había caído encima un marco de fierro. Levantamos el marco con gatos de botella, gatos hidráulicos, y me entró un gran entusiasmo y me seguí. Mire, seño, sin los jóvenes no se habrían solucionado los problemas de la población, yo vivo en la colonia Del Valle y en todas partes vi brigadas de jóvenes; los propios muchachos damnificados que se vienen a los albergues al rato se incorporan y quieren ayudar, nosotros no somos aquí de Polanco, algunos no conocíamos la avenida Homero, ni la calle de Musset, pertenecemos a la clase media baja, venimos de la Jardín Balbuena, de la Sotelo, y estamos aquí de voluntarios.

LAS BRIGADAS PERMANENTES

Ojalá que al Gobierno no se le vaya a ocurrir decir que hay que desaparecer las brigadas; al contrario, que las fortalezca, que utilice a fondo la voluntad de ayuda que está en todas partes. Mire, todos trabajamos por la satisfacción de rescatar, salvar vidas, y no es que queramos que nos digan frente a las cámaras de la televisión: "Jóvenes, sin ustedes, esto no se soluciona", pero sí queremos un reconocimiento de que la labor sirvió y de que puede y debe seguir adelante.

Todos aquí somos muy chavos —insiste Gerardo Rodríguez—: el mayor tiene 23 años, hay unos, claro, que vienen a darse su taco, los fresas, pero los de la Condesa nos ayudan mucho. Ellos nos entregan el turno de las 8 de la noche y ah ¡cómo se fajan estos cuates! También los scouts del grupo 156.

Pertenezco a un grupo que se llama Juventud en México, y a mí me pasó un detalle macabro y chusco a la vez. Me encontré con un cádaver; la mitad de su cuerpo estaba hinchado porque se le había caído una viga encima, como globo. Cuando le quitamos la viga se levantó el muerto, quedó de pie y ¡sopas! que nos desmayamos los tres brigadistas y yo. Luego luego hubo que llamar: Clave 34, clave 34, es decir a un paramédico. Clave 34 quiere decir pásame a un paramédico. Éste nos explicó que al quitarle la viga el cádaver liberó gases y por eso se irguió. ¡Pero el pinche susto que nos pegó! Ahora tenemos práctica y no volveríamos a desmayarnos; ahora somos milusos, hacemos de todo, podemos componer un carro, moverlo si está tapando un eje vial, controlar el tránsito, repartir víveres, y hasta dar primeros auxilios, y fíjese, ya hasta sabemos guisar. A mí me dicen *El Terminator*. Oigan (voltea a ver a sus compañeros). ¿No creen ustedes que el aguacero de anoche derrumbó los edificios más débiles?

¡Olvídate de los edificios! —interviene Humberto Mendoza Yáñez— ¿Qué tal toda la gente que está en la calle y no quiere irse y se la pasa a la intemperie bajo sábanas y colchas?

Al centro de acopio de la avenida Homero esquina con Musset están llegando tráilers con costales de 70 y 80 kilos de arroz, informa el chofer Alfredo Cervantes Lara que maneja el número 3785, módulo 15, de la Ruta 100: Hay mucha solidaridad de los estados, tráilers llegan repletos de cobertores y chamarras nuevas, ropa sin usar, ropa buena, y utensilios, cubetas, todo; primero llegaron bultos, bolsas de plástico que venían a dejar señoras; luego fue tan alto el montón de ropa que los voluntarios terminaron durmiéndose encima de ella. Lo que más tenemos son galletas, pan, arroz, pero lo que más falta es el agua. ¿Qué será de la gente sin casa y sin trabajo? Antes de pagar la deuda, el gobierno debe fincar casas para los damnificados. Con los únicos con los que tiene que quedar bien el gobierno es con los mexicanos. Nosotros, creo, ya quedamos bien con él y le demostramos que sabemos responder. Pero si los de las altas esferas no le responden al pueblo y a nosotros los jóvenes que hemos andado de arriba para abajo, entonces quién sabe a dónde pueda llevarnos esta situación de emergencia.

DIEZ PUNTOS BÁSICOS PARA LOS VOLUNTARIOS
SEARS-CRUZ ROJA

1. Recuerda que tu seguridad es lo más importante en tu labor. Maneja los carritos y los artículos con precaución, no corras con ellos.

2. Te rogamos acudir bien abrigado y no exponerte al frío y a la lluvia sin necesidad.

3. El voluntariado que maneje alimentos y agua deberá extremar las precauciones de hacerlo con manos limpias y desinfectadas.

4. El tapabocas es indispensable para el manejo de ropa, zapatos y cualquier artículo que despida polvo.

5. Solicita que los donadores de medicinas pongan atención a los medicamentos que generosamente traen. La medicina con fecha vencida es basura, hay que tirarla.

6. Recomienda a los voluntarios que se dirijan a zonas afectadas que lleven tapabocas.

7. Si observas que otros voluntarios cometen errores no les llames la atención con descortesía, recuerda que ellos sólo quieren ayudar.

8. Toda el agua que bebas deberá ser hervida por lo menos durante diez minutos después de que suelte burbujas grandes.

9. Todo voluntario deberá circular en su vehículo con moderación, sin usar sirenas.

10. Te rogamos que cuando acudas a un turno de voluntario lo hagas por un tiempo mínimo de dos horas a fin de que tu labor sea verdaderamente útil.

Ésta es la del estribo, la última crónica de la serie. Y va de agradeci-
miento a los que confiaron el testimonio de su tragedia. Las voces
duraron muchos días con sus noches, los rostros y los labios profie-
ren sus frágiles, sus airadas, sus terribles, sus dolorosas palabras.
El rostro de Judith García —toda ella entelerida— traspasada por
su propio dolor que la hacía regresar a la posición fetal y adquirir
la forma más aniñada del desamparo. El de Gloria Guerrero súbita-
mente envejecida, su relato interrumpido por el espasmo de sus sollozos, el de Salomón Reyes, cuyos ojos miraban sin entender. ¿Quién
entiende la pérdida de seis hijos? El de Andrés Escoto anonadado,
repitiendo: "Yo tranquilo, tranquilo; estoy mejor que nunca", su
único hermano, al que llevaba siete años y quería como un hijo, sepultado bajo los escombros de la Universidad Chapultepec. El del
cirujano del Hospital General que al ver que una trabe había caído
sobre su mano supo que jamás volvería a operar y bajo los escombros empezó a hacer el duelo de esa mano y a pensar en la posibilidad de dedicarse a la medicina social, el de la madre que perdió la
fe y asfixió a su hija; tres días después habría de ser rescatada viva,
el de los que lucharon hasta el último momento: Marco Antonio Sánchez alentado por las voces de afuera, el júbilo de los rescatistas cuando podían sacar en su cuna de fierro al recién nacido y recibirlo todos
con un ¡Aaaaaaaaaaah!" emocionado, la gratitud de los rescatados
que sólo conocen el primer nombre de sus salvadores: Pedro, Marta, Rubén, Toño, Lourdes, los cuerpos en el parque Delta cubiertos
de cubos de "Hielo Club" en sus bolsas de plástico, los deudos que
aguardaron durante horas la bendición final del sacerdote que ofició misas también con tapabocas frente a la fosa común, el heroísmo de los brigadistas y el de las mujeres como Consuelo Romo que
convirtieron su tragedia en un acto de amor a los demás, las víctimas de siempre, como lo dijo en *La Jornada* Hermann Bellinghausen, las "víctimas del fenomenal engaño llamado ciudad de México,
que perpetraron al alimón constructores privados y representantes
gubernamentales. La corrupción no somos todos, son sólo ellos, los
que están por cumplir un siglo de rapiña, especulación y despojo".

EL SURGIMIENTO DE UNA SOCIEDAD CIVIL

México vivió días de guerra, la ciudad devastada, días de heroísmo
y de miseria: En lo personal —dice Mario, brigadista de la UNAM—,
imaginé que la familia que estaba rescatando: un matrimonio con
dos niños eran mi familia; eran los míos los que estaban allí sepul-

tados, eran mis hijos, mi esposa y yo mismo. La impresión duró las cinco noches en que permanecí con el pico y la pala dándole a la losa. Dada la posición en que murieron se notó la solidaridad de este núcleo; la mujer abrazaba a uno de los hijos, el marido los cobijaba a los tres. Murió aplastado encima de ellos, sus brazos extendidos cubriendo los tres cuerpos. "Al irlos sacando, entendí el significado de la familia: dar protección, dar la propia vida."

La doctora Celia Delgado, psiquiatra, ofreció sus servicios en el Instituto de Pediatría: Nos llamaron a mi esposo Emilio Gibaud y a mí para decirnos que una niña de nueve años desde el terremoto había quedado muda. Salió de los escombros y como su madre estaba de viaje de trabajo, una mujer soltera, le angustió sobremanera la idea de morir sin volver a verla y desde el 19 dejó de comer, de dormir y sobre todo de hablar. Después de una entrevista de dos horas, entre Emilio y yo logramos disminuir su ansiedad al grado de no tener que recurrir a ningún fármaco en dosis masiva como los que estaban usando en esos días. Su abuela y su hermana pudieron recogerla y llevársela del hospital.

Tres días después del sismo se identificaron los casos de niños que habían perdido el habla. Uno de los más dramáticos el de una criatura de cuatro años que quedó totalmente sola. En la sala A hay una niña que nomás ve el techo. La habían internado con leves daños físicos pero lo único que se sabía de ella era que se llamaba Leti. Cuando por fin salió de su mutismo hizo un relato muy vívido de lo que le había pasado. Vivía en una de las vecindades de Tepito y cuando empezó el temblor salió corriendo llamando a su mamá: "Después te alcanzo, estoy en bata, tengo que vestirme, así no puedo salir".

Cuando la niña volvió la cabeza, su vivienda estaba en el suelo, su madre bajo una losa, su hermanita y su padre bajo otra.

Unos brigadistas la llevaron al Instituto de Pediatría y no se supo nada más. La niña hablaba de una abuela que vivía en un rancho. Ahora la niña es huérfana, en la casa-hogar del DIF ningún miembro de la familia se ha presentado a reclamarla.

Miguel Cházaro recogió en un albergue:

—Ese niño que está en el rincón es muy difícil de convencer para que hable o coma. Perdió a su madre, a su abuelita y a cuatro hermanos. Se cree que vivía en la Colonia Roma. Ayer empezó a jugar con unos cubitos de madera. Los arma formando una torre y después los tira. No hace causa común con otros niños. No sostiene la mirada con su interlocutor.

¡Ahí viene el temblor! ¡Córranle! Son los niños damnificados que juegan en cualquier lugar despejado que encuentran.

Dentro de los daños físicos y materiales ocasionados por el sismo se pierde de vista la dimensión de los daños psicológicos. Un brigadista tuvo que ser atendido por la doctora Isabel Díaz Portillo. Sufría de opresión precordial, se asfixiaba, no podía deglutir, ese hombre perspicaz y sensible sabía que lo que necesitaba era llorar pero no podía hacerlo. Habitante de uno de los barrios más dañados de la ciudad, salió directamente de su casa a rescatar de entre los escombros a sus vecinos menos afortunados. Sintió temor y asco al ver los cuerpos destrozados pero se sobrepuso y trabajó sin descanso durante diez horas. Cuando descendió a tomar alimentos cayó en los escombros y no se levantó. Familiares que también ayudaban lo llevaron con la doctora. Eran evidentes tanto su tristeza como su control. "Le pedí —dice la doctora— que me describiera lo más detalladamente posible lo que le había sucedido desde que empezó a temblar. Cuando relataba en qué forma había entrado al edificio derrumbado por una ventana le pregunté qué había visto primero. Contestó entre sollozos: Cabezas desprendidas y muchas piernas, como treinta y cinco piernas sueltas. No pudo contener su llanto, perdió el control. El foco único de terapia es aliviar el sufrimiento a través de las emociones retenidas."

LA DIMENSIÓN DE LOS DAÑOS PSICOLÓGICOS

La demanda de atención a niños con síntomas de ansiedad es cada vez más elevada, incluso de adolescentes que no se enfrentaron directamente al desastre y sin embargo padecen trastornos del sueño, problemas en la alimentación, ansiedad por la separación incluso momentánea de los padres, y retroceso a conductas infantiles.

Naturalmente la voz de los damnificados en *Nada, nadie* es crítica, la mayoría se cuenta entre los mexicanos más pobres a los que se ha dado en llamar "los damnificados de siempre" porque lo son mucho antes del 19 de septiembre. ¡Por qué no habrían de ser críticos si no le deben favores a nadie? En México se calla por compromiso. ¿A quiénes se dirigen en sus críticas? A las autoridades, a los constructores, a los ricos, a los empresarios, al gobierno. Su ciudad quebrada. Su vida quebrada. Cada uno habla a su leal saber y entender. Cada quien habla de la feria como le va en ella.

—¡Qué fácil es para un niño bien de la Universidad Anáhuac, un fifí bien comido, un rotito, un fresa con coche de su papi decir que un sardo, un pobre Juan soldado es un ladrón. ¡Qué fácil! ¿Verdad? ¿No será más ladrón su papá empresario constructor o el mismo fifí a quien ya le regalaron coche y viaje a Acapulco? ¡Qué fácil es jugar al héroe yendo una noche o dos a la Colonia Roma! ¡Qué fácil es demolerlo todo desde una casota en el Pedregal o en Las Lomas: el ejército, el gobierno, las instituciones! ¡Qué fácil es reproducir las críticas de la prensa extranjera, contar que las delegaciones internacionales salieron enojadas de nuestro país, como si los alemanes protagonistas del nazismo tuvieran algo que enseñarnos, los franceses colonialistas, ¿o acaso hemos olvidado Argelia? ¿Tienen acaso autoridad moral para hablarnos de humanismo? ¡Qué fácil hablar mal de nuestras instituciones, la concentración del poder en el DF, la inconsciencia y la corrupción y la vanidad de los funcionarios públicos cuando no hay a la vista ninguna autoridad que pueda suplir a la que actualmente nos rige! ¿O acaso la va a suplir el PSUM? ¿O los mochales oportunistas y entreguistas del PAN?

Y la crítica muy directa de un atento lector:

"¿Por qué no hay en tu testimonio, que no sólo calificaría de parcial sino de nota roja o amarillismo, la voz del funcionario público, la del que se entregó a un trabajo arduo, la del soldado o la del policía —que los hubo— que tomó el pico y la pala? ¿Por qué en tus crónicas un político, un soldado o un policía son automáticamente techados de ladrones? ¿De qué sirve evidenciar las lacras si no se ofrecen soluciones?

SE HAN PERDIDO DEMASIADAS VIDAS

No, no se trata sólo de sacar a la luz los errores. Este proceso ha sido demasiado doloroso para muchos mexicanos y se han perdido demasiadas vidas. El criterio que califica los testimonios de nota roja o de amarillismo es el mismo que desde el primer día pretendió que no había pasado nada, que ordenó la vuelta a la normalidad. No cabe duda que padecemos una profunda castración mental. No he generalizado, no he afirmado que todos los soldados, funcionarios políticos y autoridades son ladrones, me limité a consignar acusaciones muy específicas y comprobables. Por lo demás los funcionarios han tenido todos los medios de información a su servicio (visuales y escritos) y han podido hacerlo con abundancia, explicar con lujo de detalles lo que hicieron o quisieran haber hecho. Su actuación recibió una amplísima cobertura, tanto que hasta algunos brigadistas se presentaban sólo donde había cámaras para salir en la tele, los que no tiene voz fueron acogidos en *La Jornada*. Conocer a Evangelina Corona, a Victoria Munive, a Lourdes Calvario, a Consuelo Romo, a Cuauhtémoc Abarca, ver de nuevo a Juan Guerrero, a Victoria Guillén, presenciar la congoja de Rosa Nissan, la de Alicia Trueba, la de Tesa Brissac, ver a Antonio Lazcano trabajar toda una noche junto a Fedro Guillén el hijo de Fedro, su paliacate azul sobre la boca, bajando sólo a limpiar sus anteojos redondos cubiertos de polvo, mirar a Claudia Obando cargar piedras de las nueve de la noche a las seis de la mañana, seguir a Marisol Martín del Campo en su angustioso recorrido por las salas de hospital y los camellones convertidos en albergues callejeros, escuchar al doctor Manuel Cruz Casillas, residente del Hospital General, quien le dijo a otro sepultado: "Oye, como yo no quiero ser un pediatra cojo, mejor me voy a suicidar", y el sepultado responderle: "Ay, tienes muy buena suerte porque yo estoy boca abajo y no me puedo mover y Basaldúa tiene su cabeza sobre mí y no la puede mover" (Basaldúa, otro médico, a quien le decían Vicente Fernández porque cantaba como él), admirar al doctor Cuauhtémoc Sánchez, a la doctora Chiringas y a las enfermeras que me hicieron llegar a la conclusión: "Nunca me voy a ir. Jamás quisiera salir de este país". El sismo hizo nacer en muchos de nosotros el deseo de participar responsablemente en brigadas permanentes, el de sistematizar nuestro esfuerzo, el de crear un voluntariado nacional. Que el afán de las señoras que supieron repartir miles de comidas diarias no se pierda; que junto a las despensas y las bolsas de ropa permanezca la voluntad de conocernos, la de conformar esa sociedad civil fuerte que se enfrente al gobierno inepto y corrupto, una sociedad que diga junto a Carlos Monsiváis: "Democracia puede ser también la importancia súbita de cada persona."

La importancia de Esperanza Arias, la vendedora de cuentos viejos y envases en el mercado de Morelos, descubierta por Marisol Martín del Campo, la viejita Esperanza quien se quedó sin su ropero, "tanto que ahorré para comprarlo, tenía dos lunas", la importancia de Juan Antonio Sáenz, voluntario de la Cruz Roja que sólo vio el pelo de Lourdes bajo los escombros, pensó que estaba muerta y cuando movió su cabeza empezó a sacarla. "Me dijo: me duele la cadera. Sáquenme de aquí. Encima tenía una losa. Cuando al fin la sacamos se dejó morir de paro cardiaco. Murió tres minutos antes de sacarla, entre mis brazos." La importancia de Ricardo Castellanos, paletero, boxeador, bolero que coordinó el albergue improvisado en el Parque México y le dijo a Marisol: "Mis padres murieron cuando tenía cuatro años y me vine a vivir a la calle. Mi familia han sido los periódicos con los que me tapo en la noche". La importancia de Adela, de 105 kilos, luchadora libre, "yo creo que para enero subo al ring", quien estaba en el gimnasio cuando empezó el temblor y salió corriendo a su casa para ver en uno de los departamentos cómo una viga de concreto le caía encima a una inválida en silla de ruedas "y el cuerpo explotó". La importancia de Judith García, quien en diciembre de 1985 escribió esta carta:

Hubo una vez en un lugar, una mujer que vivía con sus hijos y su esposo soñando con la fantasía de la existencia. Una mañana muy temprano la realidad se resquebrajó arrancando de su vida la vida misma, de su corazón el amor y de su mente la razón. Ahora recuerda con dificultad, no tiene conciencia, su memoria está confundida, no sabe si lo que recuerda existió o lo imagina, sólo siente algunas veces que el dolor es tan fuerte, casi insoportable, la angustia y la ansiedad oprimen su pecho.

Guarda silencio.

¿Pensando o dudando?

No lo sabe.

El día 19 me pesa en la mente, me abruma la espalda, y me entierra en la tristeza.

¿Dónde está la niña Estrella? ¿Dónde Álvaro, la alegría de vivir? Y los ojos esmeralda de Rodrigo, la esperanza de una nueva vida, ¿dónde están?

No encuentro el cariño y la amorosa comprensión de Luciano. ¿Qué sucede? ¿Qué pasó?

No lo entiendo.

Han transcurrido casi tres meses y para muchos nada ha cambiado.

¿Sólo yo he muerto?

No, estoy viva y a veces no encuentro el significado de la vida; comer, dormir, caminar. Desde que murió mi familia sigo existiendo. Y no lo entiendo.

¿Tiene sentido estar y no ser?

Hace tres meses sigo viviendo, me ha crecido el pelo, he tenido que cortarme las uñas, el tiempo transcurre mientras yo vivo en una ausencia total.

...mann Bellinghausen: "No quería ojos para ver lo que vi, pero
...i sucedieron en la ciudad de mi vida las cosas que vieron mis ojos,
no me cambio por nadie y me alegro de estar aquí, entre todos".

Anne Marie Mergier

Me golpeó mucho volver a México. Me golpeó la Avenida Juárez.
Viví en el centro muchos años, calle López esquina con Arcos de
Belén. Conocía cada rincón, cada calle, cada tienda. Lloré. No por
fuera; sí por dentro. Es más doloroso aún. Hace ya años compré
un vestido muy bonito en Salinas y Rocha. Costaba quinientos pesos. Era italiano. Me lo probé, me gustó, me quedé con él puesto
y paseé por Juárez, toda orgullosita.

Estaba muy, muy feliz.

Feliz por el vestido, por estar en México, por vivir en español.
Tenía la certeza de estar donde debía estar.

Lo del vestido resurgió como un fantasma irrisorio en esa nada
que llaman Plaza de la Solidaridad. Por eso todo lloró dentro de
mí, mi bella avenida y su gigantesca sonrisa chimuela; como reen-
contrar a una amiga muy bella que se hubiera vuelto vieja, así de
repente. Desfigurada. Algo dentro de mí intentó decir cosas a los
muertos que aún erraban por las calles heridas. Pero me hicieron
como una señal con la mano, siempre el mismo gesto que no entendí muy bien.

Sólo supe que no debía hablarles. Bastaba con mi dolor y mi ternura. Sobre todo mi ternura.

Aquí en París me preguntan sobre México. Esperan anécdotas.
No puedo contar nada. No puedo, realmente. Y si pudiera, los muertos no me dejarían, me callarían con su gesto extraño.

Por la noche el viento se vuelve loco entre los esqueletos de las
torres de Tlatelolco.

Lo sé, lo vi.

Llovía a cántaros, además; cuando estuve llovía tanto que dejé
de llorar y me pregunté qué palabra usarían los aztecas para decir:
resistencia.

Me pregunté qué escribir y con qué escribir sobre esta gran cóle-
ra de las entrañas de la tierra.

Decir el caos dentro del caos, siendo uno mismo el caos. ¿Los
aztecas tenían una palabra para el caos?

Uno se hace todas estas preguntas aquí, en esta fría noche de otoño, en este mundo donde no tiembla, o tan poco que nadie lo recuerda.

Aquí no sabría decir si soy feliz, ni tampoco si estoy donde debo estar. Sólo sé que estoy donde quieren que esté, sin poder explicar exactamente quiénes son los que lo quieren.

Lo entendí en estos cuatro días allá.

Finalmente lo que me pregunto sobre la escritura y el temblor no concierne a las crónicas escritas en caliente sino a algo más reflexionado. ¿Dejarían que su escritura fuera sacudida también? ¿Es posible dejar que las frases estallen y estallen las imágenes y quien las escribe también?

En México todo el mundo me contó su temblor. Es más, cada amigo reencontrado no me dejaba decirle buenos días. Me contaba primero su temblor. Era condición *sine qua non* para reiniciar el diálogo. Yo tenía que ser iniciada, enterada, involucrada de algún modo. Así medí lo que había sido. Y me pregunto: si el temblor marcó tanto a los mexicanos, si invadió tanto sus vidas, sus recuerdos, sus mentes, si los sacudió tanto y si a cada rato de una forma u otra resurge, ¿cuál será la marca que deje? ■

Fotocomposición:
Redacta, S.A.
Av. Primero de Mayo 249
Col. San Pedro de los Pinos
México, D.F.

Impresión:
Editorial Melo, S.A.
Av. Año de Juárez 226-D
09070 México, D.F.
19-IX-1988
Edición de 6 000 ejemplares

Biblioteca Era

ENSAYO

Fernando Benítez, *Los primeros mexicanos*
Fernando Benítez, *Los demonios en el convento. Sexo y religión en la Nueva España*
Fernando Benítez, *Los indios de México*, Tomo I [Serie Mayor]
Fernando Benítez, *Los indios de México*, Tomo II [Serie Mayor]
Fernando Benítez, *Los indios de México*, Tomo III [Serie Mayor]
Fernando Benítez, *Los indios de México*, Tomo IV [Serie Mayor]
Fernando Benítez, *Los indios de México*, Tomo V [Serie Mayor]
Fernando Benítez, *El libro de los desastres*
Paul Westheim, *Arte antiguo de México* [Serie Mayor]
Paul Westheim, *Ideas fundamentales del arte prehispánico* [Serie Mayor]
Paul Westheim, *Obras maestras del México antiguo* [Serie Mayor]
Paul Westheim, *Escultura y cerámica del México antiguo* [Serie Mayor]
Luis Cardoza y Aragón, *Pintura contemporánea de México*
Adolfo Sánchez Vázquez, *Las ideas estéticas de Marx*
Georg Lukács, *La novela histórica*
Georg Lukács, *Significación actual del realismo crítico*
El oficio de escritor (Entrevistas con grandes autores)
Carlos Monsiváis, *Días de guardar*
Carlos Monsiváis, *Amor perdido*
Carlos Monsiváis, *A ustedes les consta. Antología de la crónica en México* [Serie Crónicas]
Carlos Monsiváis, *Entrada libre*
Octavio Paz, *Apariencia desnuda (La obra de Marcel Duchamp)*
Maxime Rodinson, *Mahoma*
Eric Wolf, *Pueblos y culturas de Mesoamérica*
Mircea Eliade, *Tratado de historia de las religiones*
Jan Kott, *El manjar de los dioses* [Serie Claves]

Chales Olson, *Llámenme Ismael. Un estudio de Melville* [Serie Claves]

Gilles Deleuze/Felix Guattari, *Kafka. Por una literatura menor* [Serie Claves]

Nelson Reed, *La guerra de castas en Yucatán*

Jorge Aguilar Mora, *La divina pareja. Historia y mito en Octavio Paz* [Serie Claves]

Robert A. Rosenstone, *John Reed. Un revolucionario romántico* [Serie Claves]

Jaime García Terrés, *Poesía y alquimia. Los tres mundos de Gilberto Owen*

Jaime García Terrés, *El teatro de los acontecimientos*

Wiktor Woroszylski, *Vida de Mayakovski* [Serie Claves]

José Joaquín Blanco, *Función de medianoche* [Serie Crónicas]

Augusto Monterroso, *La palabra mágica*

Augusto Monterroso, *La letra e*

Bárbara Jacobs, *Escrito en el tiempo*

Juan García Ponce, *Thomas Mann vivo* [Colección Alacena]

Emilio García Riera, *México visto por el cine extranjero*, Tomo I: 1894-1940, Tomo II: 1906-1940, filmografía

NARRATIVA

Malcolm Lowry, *Bajo el volcán*

Malcolm Lowry, *Por el canal de Panamá*

Elena Poniatowska, *Lilus Kikus* (Ilustraciones de Leonora Carrington)

Elena Poniatowska, *Hasta no verte Jesús mío*

Elena Poniatowska, *Querido Diego, te abraza Quiela*

Elena Poniatowska, *De noche vienes*

Elena Poniatowska, *La "Flor de Lis"*

Rosario Castellanos, *Los convidados de agosto*

Gabriel García Márquez, *El coronel no tiene quien le escriba*

Gabriel García Márquez, *La mala hora*

Gabriel García Márquez, *La increíble y triste historia de la cándida Eréndira y de su abuela desalmada*. Relato ilustrado a color por Roberto Fabelo

Carlos Fuentes, *Los días enmascarados*

Carlos Fuentes, *Aura*

Carlos Fuentes, *Una familia lejana*

Juan Rulfo, *El gallo de oro (y otros textos para cine)*
José Lezama Lima, *Paradiso*
José Lezama Lima, *Oppiano Licario* [Serie Claves]
Juan García Ponce, *La noche*
José Luis González, *La galería*
José Luis González, *El oído de Dios*
Pierre Klossowski, *La vocación suspendida*
Pierre Klossowski, *Roberte esta noche*
José Emilio Pacheco, *El viento distante*
José Emilio Pacheco, *Las batallas en el desierto*
Héctor Manjarrez, *No todos los hombres son románticos*
Héctor Manjarrez, *Pasaban en silencio nuestros dioses*
Mario Benedetti, *Gracias por el fuego*
Samuel Walter Medina, *Sastrerías* [Serie Claves]
Agustín Ramos, *Al cielo por asalto* [Serie Claves]
Carmen Castillo, *Un día de octubre en Santiago* [Serie Claves]
Miguel Bonasso, *Recuerdo de la muerte*
Claribel Alegría, *Pueblo de Dios y de Mandinga*
Eduardo Galeano, *Días y noches de amor y de guerra*
Georg Groddeck, *El escrutador de almas. Novela psicoanalítica* [Serie Claves]
Bárbara Jacobs, *Las hojas muertas*

POESÍA

José Carlos Becerra, *El otoño recorre las islas (Obra poética 1961/1970)*
José Emilio Pacheco, *Los elementos de la noche*
José Emilio Pacheco, *El reposo del fuego*
José Emilio Pacheco, *Irás y no volverás*
José Emilio Pacheco, *No me preguntes cómo pasa el tiempo*
José Emilio Pacheco, *Islas a la deriva*
José Emilio Pacheco, *Desde entonces*
José Emilio Pacheco, *Los trabajos del mar*
José Emilio Pacheco, *Miro la tierra*
Efraín Huerta, *Transa poética*
José Lezama Lima, *Muerte de Narciso* (Antología poética)
Jaime Reyes, *La oración del ogro*
Héctor Manjarrez, *Canciones para los que se han separado*
Isabel Fraire, *Sólo esta luz* [Colección Alacena]

David Huerta, *Cuaderno de noviembre* [Colección Alacena]
David Huerta, *Incurable*
Paloma Villegas, *Mapas* [Colección Alacena]

TESTIMONIO

Elena Poniatowska, *La noche de Tlatelolco*
Elena Poniatowska, *Fuerte es el silencio* [Serie Crónicas]
Luis González de Alba, *Los días y los años*
José Clemente Orozco, *Autobiografía* [Serie Crónicas]
José Clemente Orozco, *Cartas a Margarita*
Vera Figner/Vera Zasúlich/Prascovia Ivanóvskaya/Olga Liubató-
    vich/Elizabeta Kováslkaya, *Cinco mujeres contra el zar* [Serie
    Crónicas]
Rogelio Naranjo, *Elogio a la cordura*
John Reed, *Guerra en Paterson* [Serie Crónicas]
Foto Estudio Jiménez. Sotero Constantino, fotógrafo de Juchitán
    (Presentación de Carlos Monsiváis) [Serie Crónicas]
Ivor Thord-Gray, *Gringo rebelde. Historias de un aventurero en la
    revolución mexicana* [Serie Crónicas]